新
思
THINKR

有思想和智识的生活

THREE STONES MAKE A WALL

THE STORY OF ARCHAEOLOGY

ERIC H. CLINE

考古的故事

[美] 埃里克 · H. 克莱因——著　　林华——译

中信出版集团 · 北京

图书在版编目（CIP）数据

考古的故事 /（美）埃里克 · H. 克莱因著；林华译
. -- 北京：中信出版社，2018.10（2020.12重印）
书名原文：Three Stones Make a Wall: The Story
of Archaeology
ISBN 978-7-5086-9289-0

I. ①考… II. ①埃… ②林… Ⅲ . ①考古发现－世
界－通俗读物 Ⅳ . ① K86-49

中国版本图书馆 CIP 数据核字（2018）第 167229 号

考古的故事

著　　者：[美] 埃里克 · H. 克莱因
译　　者：林　华
出版发行：中信出版集团股份有限公司
（北京市朝阳区惠新东街甲 4 号富盛大厦 2 座　邮编　100029）
承 印 者：北京诚信伟业印刷有限公司

开　　本：880mm×1230mm　1/32　　印　　张：16.25　　字　　数：330 千字
版　　次：2018 年 10 月第 1 版　　印　　次：2020 年 12月第 7 次印刷
京权图字：01-2018-5958
书　　号：ISBN 978–7–5086–9289–0
定　　价：82.00 元

服务热线：400–600–8099
投稿邮箱：author@citicpub.com

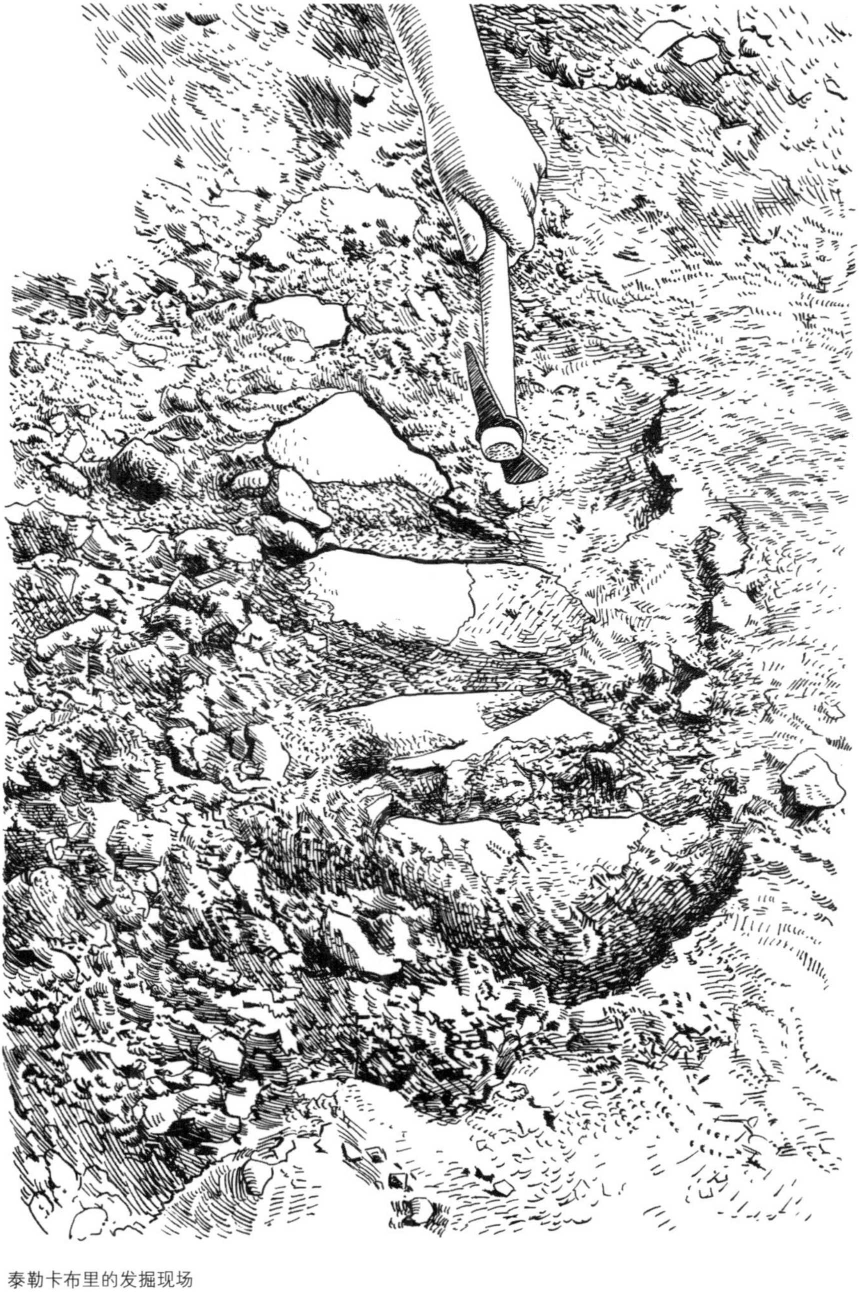

泰勒卡布里的发掘现场

目 录

一石为石

二石为迹

三石为墙

四石为房

五石为宫

（六石为外星人所建之宫）

——**考古学原理**

前　言

一只“石化的猴爪”

泰勒阿纳法的古希腊青铜像

我 7 岁时，[1] 妈妈送给我一本书，书名是《风声呼啸的特洛伊城墙》（*The Walls of Windy Troy*）。那是一本儿童读物，讲的是海因里希·谢里曼（Heinrich Schliemann）和他寻找特洛伊古城遗址的故事。我读完那本书后，立志长大后要当考古学家。后来，在初高中期间，我又读了约翰·劳埃德·斯蒂芬斯（John Lloyd Stephens）的《尤卡坦旅行记》（*Incidents of Travel in Yucatán*）和C.W.策拉姆（C.W. Ceram）的《神祇、坟墓和学者》（*Gods, Graves, and Scholars*）。书中讲的那些在丛林中寻找湮没的古城[2]、发掘古老文明的故事使我心驰神往，从事考古的心意愈加坚定。进大学选择主修专业时，我毫不犹豫地选了考古学。大学毕业时，母亲把 14 年前使我立志考古的那本关于谢里曼的小书再次赠送给我。它至今仍摆在我在乔治·华盛顿大学的办公室里。

并非唯独我对考古着迷，喜欢考古的人显然为数众多。《印第安那·琼斯》(*Indiana Jones*)系列电影大受欢迎*，几乎每天晚上都有某个电视频道播放考古纪录片，这些都是证明。数不清的人对我这样说过："你知道吗，如果我不是 ____（此处可以填上医生、律师、会计师、华尔街金融家等等），我本来会干考古这一行。"然而，大部分人对考古几乎一无所知。也许在他们的想象中，考古就是搜寻沉埋的宝藏，去风情奇异的地方旅行，使用牙刷和牙医工具小心翼翼地从土中挖宝。其实通常根本不是那样，多数考古学家和印第安那·琼斯毫无共同点。

我自从大学二年级开始，几乎每年夏天都参加考古挖掘工作，过去的 35 年间共参加了 30 多次。由于我去的考古地点主要在中东和希腊，所以人们一般把我算作旧世界考古学者。但是，我也在美国加利福尼亚州和佛蒙特州的考古现场从事过挖掘工作，而根据考古学的分类，美国属于新世界。

---

* 该系列电影的主角是考古学家印第安那·琼斯，第一部是 1981 年上映的《夺宝奇兵》(*Raiders of the Lost Ark*)，下面作者写到他在《波士顿环球报》上发表文章，其标题就是以这部影片的名字为基础的。——译者注

我参与过各种各样有趣的挖掘项目，考古地点包括以色列的泰勒阿纳法（Tel Anafa）、美吉多（Megiddo）和泰勒卡布里（Tel Kabri），希腊雅典的阿哥拉（Agora，也译为市政广场）、维奥蒂亚（Boeotia）和皮洛斯（Pylos），埃及的泰勒马斯库塔（Tell el-Maskhuta），克里特岛（Crete）的帕莱奥卡斯特罗（Palaiokastro），约旦的卡塔莱特萨姆拉（Kataret es-Samra），还有塞浦路斯的圣季米特里奥斯（Ayios Dhimitrios）和帕福斯（Paphos）。这些遗址或地区鲜有人知，只有考古学家知道。一般人也许只听说过雅典市中心的阿哥拉和《圣经》记载的大决战的发生地——以色列的美吉多。我可以肯定地告诉你，在那些场址，实际挖掘和电影中的场面大相径庭。

常有人问我："你找到过的最好的东西是什么？"我的回答是："一只石化的猴爪。"此事发生在我大学二年级那个学年结束的夏天，我第一次参加海外挖掘的时候。那是密歇根大学在以色列北部泰勒阿纳法的希腊-罗马遗址开展的一个挖掘项目。

有一天，时近中午，酷热难耐，我觉得自己快中暑了。就在那时，我的小考古锤敲到了一件物体，它飞到半空，打了几个转才落回地面。那个物体还在空中时，我就注意到它是绿色的，于是我那热得发昏的大脑里蓦地出现一个念头："哦，是只石化的猴爪！"物体落了地，我也清醒过来："以色列北部怎么会有石化的猴爪？"

果不其然，我仔细一看，原来是一件古希腊青铜家具的饰物，形似希腊神话中的潘神（Pan），就是那个头上长角、喜欢吹排笛的神。这件饰物原来也许安在一把椅子的木质扶手顶端，但木质部分早已朽烂解体，只有这件青铜饰物保留下来，被我挖到。它之所以呈绿色，是因为在地下埋了两千年，青铜变了颜色。我们小心地把它运出场址，摹画下它的形状，并拍了照片，留待以后发表。在那以后，我与它暌违近 30 年。再次看到它是在海法大学博物馆，当时它正作为耶路撒冷以色列博物馆出借的藏品在那里展出。

不过，2013 年，我们的挖掘队在以色列北部泰勒卡布里的迦南遗址有了一个重大发现，就连我那“石化的猴爪”都无法与之相比。从 2005 年起，我每隔一年都和海法大学的阿萨夫·亚苏尔-兰多（Assaf Yasur-Landau）一起在迦南指导考古挖掘。每个挖掘季都有新的惊喜，但这一次的发现完全出乎意料：我们发现了迄今为止出土的世界上最早、最大的酒窖[3]，时间可上溯至公元前 1700 年左右，也就是近 4 000 年前。

那年 6 月，挖掘季开始不到一周我们就发现了一个大陶罐，给它起名为“贝西”。我们花了近两周的时间使它全部出土后，发现它横倒在一个房间的灰泥地上。在它附近又发现了许多类似的陶罐，数量最终确定是 39 个。算上贝西，我们在那个房间和房间北边的走廊里总共发现了 40 个约 0.9 米高的陶罐。

尽管那些陶罐都碎成了陶片，但由于每个陶罐都塞满了泥土，所以仍保留了原来的形状。我们起初以为每罐能装约 50 升液体，但文物修复员复原那些陶罐时告诉我们，其实每罐能装 100 升以上

泰勒卡布里的酒罐特写

的液体，也就是说那些陶罐一共可装 4 000 升液体。

泰勒卡布里的助理指导安德鲁·科赫（Andrew Koh）使用有机残余物分析法对碎裂的陶片做了检测，以确定陶罐原来盛放过什么。检测结果大多显示丁香酸阳性，而丁香酸是红葡萄酒的一种成分；少数结果显示酒石酸阳性，而红葡萄酒和白葡萄酒都含有酒石酸。因此，我们确信无疑，那些陶罐都装过酒，多数装的是红葡萄酒，少数装的是白葡萄酒。按今天的量算，约合 6 000 瓶酒。当然，酒早已挥发，只有少量残余渗入陶罐。常有人问我酒的味道如何，我当然无法确知，干脆回答说，它现在有一股“泥土味”。

后来，我们在一本同行评审的期刊上发表了一篇关于这个发现的论文。我们的发现和论文被众多报刊争相报道和转载[4]，报纸包括《纽约时报》《华尔街日报》《华盛顿邮报》《洛杉矶时报》，杂志则包括《时代》《史密森学会》《葡萄酒观察家》等。在那之后，我们又发现了 4 个房间，里面装着另外 70 个陶罐。我们期待以后在这个有趣的遗址能有进一步的发现。

当然，我 7 岁立志要当考古学家时，做梦也想不到自己以后能发现迦南遗址的酒窖，但这正是考古的魅力所在——你永远也不知道会发现什么。我在乔治·华盛顿大学的非考古专业的同事们说，世界上最大的笑话是问“有什么考古新发现”，因为考古出土的自然全是老物品。然而，即使在发掘已久的考古场址和地点，也总有惊人的新发现。比如，我们现在知道特洛伊遗址比原来想象的至少大 10 倍，法国肖维洞穴（Chauvet cave）中的史前岩画比原来以为的更早，使用遥感技术在伯利兹（Belize）发现了一处被丛林遮得严严实实的玛雅遗址，埃及的塔尼斯（Tanis）古城竟然一直在光天化日之下却无人知晓。上述每一项发现都令人大跌眼镜。

几乎每天都有关于考古新发现或新猜想的消息，这些报道形成了一股令人欣喜、日益汹涌的洪流。比如，2016 年 6 月初的短短一天内[5]，关于考古的媒体报道就包括：一支考古队再次前往以色列的骷髅洞（Cave of Skulls）寻找死海古卷，伦敦发现 400 块刻有拉丁文的木板，罗马挖出 2 000 年前哈德良皇帝（Hadrian）

时代的军营，一个加拿大少年也许在墨西哥发现一处玛雅遗址；美国华盛顿哥伦比亚特区的一个展览展出 500 件古希腊文物，考古人员对埃及的大金字塔进行新式遥感探测。还有一条消息说，图坦卡蒙（Tutankhamen）有把匕首，锋刃是陨石铁做的。《纽约邮报》就此刊登的新闻的标题尽管不完全准确，却非常巧妙——“图坦卡蒙的匕首来自太空”。不到一周后[6]，又传来新的消息：考古人员利用新式遥感技术，在柬埔寨找到一个被丛林遮蔽的考古遗址。

这种情形的好处是新发现层出不穷，速度之快在考古史上也许前所未有；坏处是它意味着本书的有些内容到出版时可能已经过时。比如，前面提到的那些事情以及后面将讨论到的话题资料在本书完稿时都是最新信息，但本书付印期间以及出版后又会出现更新的消息。

对考古学者来说，眼下的确是令人兴奋的时代，但我在本书中也要纠正一些偶尔出现在电视纪录片、媒体报道、博客文章和其他地方的关于某些考古发现的无稽之谈，因为有时公众很难分清什么是真正的考古发现和专业考古学家的论述，什么是伪考古学家的信口开河。每年都有几乎完全没受过考古训练的热心业余考古爱好者去寻找约柜（Ark of the Covenant）那样的东西，或亚特兰蒂斯（Atlantis）那样的地方。他们的寻觅也许是扣人心弦的故事，也可能是纪录片的好素材，但他们搅浑了水，使真正的科学进步反而得不到注意。有些说法简直太离谱了，2007 年我忍不住在《波士顿环球报》上发表了一篇专栏文章，标题是《夺假宝之兵》(*Raiders of the Faux Ark*)。我在文章中告诫公众切勿受骗[7]，并呼吁我的同行追究流言。

许多人受伪考古学家蛊惑，不肯接受事实，不相信人类单凭自身之力便能实现驯化野生动植物这样的伟大创举、造得出金字塔或斯芬克斯(Sphinx)*那样的建筑杰作[8]，硬说这些成就是拜外星人或者神力所赐。此种言论散布极广，我们考古学者甚至给(本书开头引述的)戏作的考古学原理加上了一条："六石为外星人所建之宫。"

然而，我现在撰写本书最迫切的原因是，过去几年来，世界各地对考古遗址和博物馆的袭击有增无减，其严重性和速度前所未有。在中东大部分地区，从伊拉克到阿富汗，以及叙利亚、利比亚和埃及，古物遭到蓄意掠夺和破坏，这在很大程度上与那些地方的战争和动乱直接有关。不过，掠夺古物的现象不仅限于中东地区，而是从希腊到秘鲁[9]，遍及世界各地，这对我们人类独一无二的遗产构成了规模空前的威胁。早在2008年，一位记者就说，破坏古迹的行为"几乎达到了工业化"的规模[10]。他写道："盗宝者使用反铲挖土机和小型推土机对古遗址下手，把几个足球场大的地方的表土铲掉。然后，他们使用金属探测器探宝(有钱币的地方通常也有其他文物)，打下竖井，挖走一切有价值的东西。"2015年，联

* 斯芬克斯即人面狮身像。——译者注

合国教科文组织总干事[11]使用了同样的措辞，警告说："叙利亚境内发生了工业化规模的掠夺。"

考古学者一直在积极记录，并尽力防止人类遗产遭受损失[12]，但保护历史人人有责，大家都应该帮助拯救并保存已逝文明的遗址和遗物。我希望本书能提醒所有人记住历史及其迷人之处，并促使广大公众在人类遗产尚存之时为保护它们而出力。并非所有读者都有时间、有条件参加考古发掘，但每个人都能出声支持考古工作，保护我们人类的共同遗产。

我撰写此书的另一个原因是，现在是时候再出一本介绍考古的书了。这样的介绍须适合各个年龄段的读者，下至我初次接触考古学那个年纪的稚童，上至对考古完全陌生的成年人和老年人。过去几十年间，考古发掘硕果累累，进步巨大，成果包括在埃塞俄比亚的哈达尔（Hadar）发现被称为"露西"（Lucy）的一具早期人族骨架遗骸，在坦桑尼亚的莱托里（Laetoli）发现距今 360 万年的脚印，在法国的肖维洞穴中发现壮观的史前岩画，在土耳其西南海岸的盖利多尼亚角（Cape Gelidonya）和乌鲁布伦（Uluburun）发现装载着地中海各国产物的青铜时代沉船，在土耳其另一处地点发现世界上最古老的神庙——哥贝克力石阵（Göbekli Tepe），在加泰土丘（Çatalhöyük）新石器时代的遗址重新进行挖掘，在中国发掘兵马俑，在阿尔卑斯山（Alps）上发现"冰人"奥兹（Ötzi the Iceman），在秘鲁发现莫切文明（Moche）。本书将向读者展示大量类似的成果，还将介绍考古学者的观点及挖掘与研究方法。

本书将追踪考古学的发展轨迹，从其发源开始，一直介绍到它成长为一门结构严整的学科，使用系统化科学方法专门研究逝去的民族与文化。其间将提及一些探险家和考古学家，包括霍华德·卡特（Howard Carter）、海因里希·谢里曼、玛丽·利基（Mary Leakey）、海勒姆·宾厄姆（Hiram Bingham）、多萝西·加罗德（Dorothy Garrod）和约翰·劳埃德·斯蒂芬斯。他们和许多其他人一道，发现了过去的民族和已逝文明的遗迹，这些民族包括赫梯人（Hittites）、米诺斯人（Minoans）、迈锡尼人（Mycenaeans）、特洛伊人（Trojans）、亚述人（Assyrians），已逝文明则包括玛雅文明（Maya）、阿兹特克文明（Aztec）和莫切文明。我们将检视在（从欧洲大陆和英伦三岛到中东及以外地区的）旧世界开展的工作，也会介绍在（由北美洲、中美洲和南美洲组成的）新世界进行的活动。

我认为，上述考古学家和考古发现最令人神往，最能表明考古学一路走来如何发展为一门学科，也最能显示它如何揭开一些尘封已久的遗址和文明的奥秘[13]。读者会注意到，本书各章以及题为“更深一层”的各节，都有一些关于考古遗址和出土文物的论述；有些话题贯穿始终，比如目前世界各地十分猖獗的盗掠文物的问题。读者还会了解到，考古这一行需要下大力气，是体力活；考古学者寻求的不是金银财宝，而是知识信息；技术进步使我们得以发现新的遗址，并对早已发掘过的遗址获得更多的了解。

我还会讲到考古工作的具体细节，并做出相关的解答，因为常有人问我这样的问题：

“你怎么知道在哪里挖掘？”

“你怎么知道某件东西年代有多久？”

“你找到的东西归你吗？”

回答这些问题时，我引用了一些别处的例子，如“冰人”奥兹和兵马俑，也借鉴了我自己在世界各地考古现场的工作经验，这些经验来自克里特岛、塞浦路斯、美国加利福尼亚州等地。有时，过去的教训可使我们在将来的勘察和挖掘过程中避免重蹈覆辙，这方面的事例包括我在希腊勘察时不慎摔下一座小悬崖，当然也包括我第一次在以色列挖掘时以为自己发现一只石化的猴爪。然而，这意味着本书讨论的有些内容只适用于某个地点。比如，我们在中东挖掘时通常使用丁字镐，而在美国东海岸的考古挖掘工作中几乎从不使用丁字镐。如果我描述的方法在世界其他地方并不适用，我都会特意说明。在提到日期时，我使用了 BCE（Before the common Era）和 CE（Common Era）来表示公元前和公元，而不是有些读者熟悉的 BC/AD 的写法。* 这样做绝非有意冒犯任何人，不过是遵循了现代大多数考古学者和考古报告的惯例。

总的来说，本书的内容取自我从 2001 年起在乔治·华盛顿大学教授“考古学入门”这门课所使用的教材，当然我每年都会更新笔记和讲义，在里面加入新的发现和关于过去发现的新想法。换个教授或作者也许会采用不同的写法，但本书反映了我本人对考古现

---

* 中文没有分别，都是公元前和公元。BC/AD 是基督教的用法，而 BCE 和 CE 则去除了基督教的色彩。——译者注

场工作特别的热爱和激情，还叙述了一些我最喜欢的故事和我觉得可资说明的例子。我希望读者通过本书能燃起对考古的兴趣，进而去阅读其他关于特定考古遗址、历史时代和有关民族的专著。

至少，读罢本书后，读者会对一些著名考古遗址和考古学家获得更多、更详尽的了解，会认识到古迹与外星人根本无关，还会更加明了考古工作的内容。我希望读者还能明白考古为何重要、为何要为子孙后代保存历史，因为考古不仅教我们懂得过去，而且帮我们了解人类多姿多彩的经历，丰富我们对现在和未来的理解。

我要说明，考古的故事实际上是关于全球各地（甚至来自太空）考古发现的许多故事。然而，一个共同的目的把这些故事和故事中的人串在了一起，那就是：试图了解人类历史，从最久远的过去到各个文明的崛起（和崩溃）。这些故事汇于一体，就是我们人类的故事。

序　章

奇妙的东西：图坦卡蒙和他的陵墓

图坦卡蒙的黄金遗容面具

1922 年 11 月 26 日，霍华德·卡特第一次窥见了图坦卡蒙国王陵墓的内部。他眯起眼睛，凑在他打开的小洞上，借着手中蜡烛的微光往里面看。他看到墓室里从地面到房顶塞满了各种物品，其中不乏金制品；到处都能看到金子的闪光。挖掘行动的赞助人卡那封伯爵（earl of Carnarvon）迫不及待地拽着卡特的衣服，连珠炮似的问道："你看见什么了？你看见什么了？"卡特回答说："我看见了奇妙的东西。"[1]

当时，卡特和他的赞助人卡那封伯爵为寻找图坦卡蒙的陵墓已经忙了 5 年，最后发现它原来就在他们的营地下面。每个挖掘季他们都在同一个地方扎营，在国王谷（Valley of the Kings）中隔着尼罗河与如今的卢克索（Luxor）遥遥相对。他们不知道陵墓就在脚下，部分原因是陵墓上面盖了一层厚厚的碎石，那是图坦卡蒙陵墓建好约 200 年后，工人在修建拉美西斯六世（Ramses VI）的陵墓时倾倒于此的。

卡特花了整整 10 年的时间挖掘图坦卡蒙的陵墓。墓中的文物都送到了开罗的埃及博物馆，今天仍陈列在那里。然而，卡那封却没能活着看到这一切。图坦卡蒙陵墓被打开后不久，他就于 1923 年 4 月初去世，死因是意外——他在剃须时割破了蚊子咬的一个包，造成血液中毒。他的死立即引起了谣言，说陵墓带有诅咒。自那以后，陵墓打开时在场的人中只要有人死去，媒体就大加渲染。卡特本人在发现图坦卡蒙的陵墓后又活了 17 年[2]，证明这个传言毫无根据。巧合的是，现在关于图坦卡蒙死因的最可靠猜测也认为他死于受蚊子叮咬[3]而染上的疟疾。

图坦卡蒙在位的时间属于埃及的新王国时期。他是第十八王朝的一位法老，那个王朝始自公元前 1550 年，终于公元前 1300 年之后不久。第十八王朝出了几位埃及最著名的统治者，包括在位 20 年的著名女法老哈特谢普苏特（Hatshepsut）；她的继子，征服了今天以色列、黎巴嫩、叙利亚和约旦所在地区大部分土地的图特摩斯三世（Thutmose III）；人称“异教徒法老”的阿肯那顿（Akhenaton），可能是他发明了我们今天所说的一神教；还有阿肯那顿的美貌妻子奈费尔提蒂（Nefertiti）。阿肯那顿和奈费尔提蒂很可能是图坦卡蒙的父母[4]。

图坦卡蒙年方 8 岁就登上了法老的宝座，时约公元前 1330 年。10 年后，他突然身亡，下葬在国王谷。后来，他的陵墓遭碎石掩盖，逐渐被人遗忘，3 500 年后才重见天日。

卡特初次踏足埃及时才 17 岁。1907 年，他已成为名重一时的埃及学家。然而，卡那封找到他的时候，执拗暴躁的卡特却处于失业状态，因为他与一群法国游客起了争执后拒绝道歉，结果失去了在政府的工作。于是，卡特每天只能靠画水彩画来打发时间。卡那封则是因为在一次车祸中肺部受创[5]，遵医嘱不能在英国过冬，必须去埃及。

两人在几个不同的遗址合作挖掘了 10 年后，决定去国王谷寻找图坦卡蒙的陵墓。自公元前 1500 年开始，新王国时期的埃及法老大多埋葬在这个与今天的卢克索隔河相望、布满石块的干燥山谷中。许多在山腰上挖出的陵墓几世纪前就已经被盗墓者发现并劫掠一空，但仍然有几个陵墓未被发现。图坦卡蒙陵墓就是其中之一。

5 年的漫长寻觅成果甚微，卡那封的资金即将告罄，他本人也开始有些意兴阑珊；此时卡特才忽然想到谷中还有一个地方没有找，那就是他们每年安营扎寨的地方。他们从 1922 年 11 月的第一天开始挖掘。仅仅 3 天后，11 月 4 日星期六上午 10 点钟，就发现了向下通往图坦卡蒙陵墓的第一级台阶[6]。

那天剩下的时间内和第二天一整天，卡特沿着台阶一级级挖到了陵墓的入口处。11 月 5 日太阳落山时，他看到了封闭墓道的灰泥上王室墓地的印章，这表示墓主一定是位大人物。他叫停了当天的工作，给仍在英国的卡那封发了封电报。他在日记中逐字记下了电报内容[7]："终于在谷中有了大发现。壮观的陵墓封印完好。留待你来。恭喜。"

他没有告诉卡那封他担心这可能是一座空墓。虽然守墓人在墓门上打下的封印没有损坏，但是卡特在封闭的墓道上方可以看出，墓地曾两次被打开后又重新封起。他几乎可以肯定这个墓在古代遭过盗。不知里面还有没有东西剩下来。

卡那封 11 月 23 日到达了挖掘现场。工人们立即开始继续挖掘。第二天就可以确认这是图坦卡蒙的陵墓了，因为在皇家墓地的印章下方可以清楚地看到刻有他名字的印章。

11 月 25 日，他们终于打开了沉重的石门，发现面前是一条填满了泥土、石块、灰泥以及碎砖烂瓦的近 10 米长的墓道。第二天，工人们开始清除堵住墓道的渣土。渣土好像怎么也清不完，在陵墓入口外堆成一座越来越大的小山。下午两点，他们挖到了第二条封闭的墓道，它通往现称为墓室"前厅"（Antechamber）[8]的房间。

至此，他们仍然不能确定等待他们的到底是本世纪的重大发现，还是早就被古代盗墓者洗掠一空的墓室。能够肯定的是，卡特没有猜错，陵墓曾两度被破。第一次显然发生在刚下葬后不久，当时墓口的通道还是空的，只放着一些盛放防腐香料的瓶瓶罐罐。第二次发生在进入墓门的通道填满了碎石之后。盗墓者在左上方挖了一条隧道，卡特和卡那封在清除渣土时看得清清楚楚，因为那条隧道在后来某个时候被填上了深色的燧石片和硅石片[9]。

卡特扒在第二扇门上打出的小洞向内张望时，如释重负地发现“前厅”仍然装满了东西。后来，他写道：

> 起初我什么都看不见，墓室中泄出的热气吹得蜡烛的火焰不断摇晃，但过了一会儿，随着我的眼睛适应了墓室内的光线，里面的情况逐渐从黑雾中显现出来，我看到了奇怪的动物、雕像和金子——到处都金光闪闪。一时间——对我旁边的人来说一定如永恒那么久——我惊得目瞪口呆。当卡那封勋爵心痒难耐地问道“你看见了什么？”[10]的时候，我费尽力气才说出“看见了奇妙的东西”这几个字。

卡特在11月26日的日记中比较详细地叙述了接下来发生的事，听起来如同好莱坞电影的情节，不过这是真事，不是虚构的。他们把墓门上的小洞扩大了一些，以便卡特和卡那封两人能同时看到里面，又加上了一个手电筒和另一支蜡烛来照明。眼中所见使他们二人大为震惊，那是个“令人叹为观止的宝库”。卡特这样写道：“黑暗中浮现出两个奇怪的国王雕像，通体乌黑，脚穿金质凉鞋，手持权杖和狼牙棒；几把奇形怪状的镀金躺椅，上面雕刻着狮头、哈索尔（Hathor）* 头和地狱中野兽的形状；……雪花石膏花瓶，有些刻着精巧的莲花和莎草图案；奇怪的黑色神龛，里面盘着镀金的蟒蛇；……精雕细刻的椅子；一个嵌金宝座；……各种形状的凳子，有普通材料做的，也有罕见材料做的；最后是东倒西歪、支离破碎的几架战车，上面的金子闪闪发光[11]，那堆战车下还压着一个人形雕像。”

卡特在那段日记结尾时[12]好像仍未从震惊中恢复过来：“我们堵上了小洞，锁好了第一条墓道上的木栅门，骑上毛驴踏上归途，一路上脑子里全是刚才看到的情形。”卡特和卡那封二人多年来寻寻觅觅，经过无数次失望，终于发现墓中宝藏。那一瞬间的感受，旁人难以想象。他们的梦想终于成真了，而且远超预期。

后来，卡特带队搬运第一个墓室中的物品时，发现了用一条围巾的残存部分系成的一个小包[13]，里面包着 8 枚纯金戒指。卡特猜想，也许发生了这样的情形：一群盗墓者被发现后，这条包着戒指的围巾被后来的闯入者或当局顺手扔进了一个盒子。

陵墓第二次被盗时，盗墓者进入了后面的几个墓室，包括现在被称为“侧厅”（Annex）和通称“宝库”（Treasury）的墓室。尽管那几个地方被盗的程度比“前厅”轻一些，但是卡特估计盗墓者还

---

* 哈索尔是埃及神话中的爱神。——译者注

是偷走了“宝库”中60%的珠宝。

不过，墓室中仍然留有许多文物，卡特用了几乎3个月的时间才完成登记分类和搬运的工作。1923年2月中旬，他终于进入了安放棺椁的墓室。他在1923年2月15日的日记中只写下了“准备打开通往墓室的封闭墓道”的字样。16日，他仅写了“打开了封闭的墓道”[14]，并记下了那天和他一同在场的人的名字。

在场的人见证了被《纽约时报》称为“埃及考古史上最不寻常的一天”。卡特和其他人后来就此做了更加详细的叙述，特别描述了围绕在图坦卡蒙棺椁周围的巨大镀金神龛和墓室别处堆放的无数物品。

后来，事情横生枝节，法律纠纷不断。过了两年左右，直到1925年10月，卡特才终于看到图坦卡蒙的木乃伊。木乃伊安放在一个套一个的3层棺材之中。外面的两层为木制，上贴金箔，最里层的棺材乃纯金制成，重量约113千克。图坦卡蒙的尸身仍然躺在棺材之中，脸上戴着黄金的遗容面具[15]，面具上镶嵌的青金石和蓝色玻璃仍未脱落，面具以下的躯体和双腿覆盖着厚厚的一层柏油（沥青）。

为了把木乃伊弄出棺材，卡特用尽办法，甚至试过在棺材下生火，但均不见效。最后，他决定在原地对木乃伊进行检查。他在1925年11月11日的日记中虽然矜持自制，却仍难掩激动：“今天是考古史上一个伟大的日子[16]，也是考古发现史上的伟大日子。做了这么多年的挖掘、保存和记录工作，我一直渴望看到原来的猜测

霍华德 · 卡特和助手在研究图坦卡蒙

成为事实，所以今天对我来说更是个特别的日子。”卡特和助手们忙了 9 天，小心地打开图坦卡蒙的木乃伊外面的包布，对其进行研究，也记录下了包布内的一切。

图坦卡蒙的骨架清楚地显示，他死时还很年轻，大约在 18 岁到 22 岁之间。近几年来，人们对图坦卡蒙的木乃伊重新做了研究，就他为何年纪轻轻就命丧黄泉和他是如何死的这些问题提出了新理论。新的研究大多使用了新技术，增加了我们对图坦卡蒙生前和死后情况的了解。

2005 年，曾任埃及最高文物理事会秘书长的扎希·哈瓦斯（Zahi Hawass）带领学者对图坦卡蒙的木乃伊做了一次 CT 扫描 [17]，发现他的一处腿骨发生过开放性骨折 *。这个创伤可能发生了感染，最终使他丧命。倘若真的如此，他可能是从战车上摔了下去 [18]，意外而亡；不过也有人认为他是被谋杀的。

同年，3 组不同的法医人类学家受托重现图坦卡蒙的面容 [19]，结果大相径庭。法国团队还原的图坦卡蒙容貌比较纤柔；埃及团队则认为他长得更加粗犷；美国团队不知道他们重建的头颅属于谁，重现的面容与其他两个团队都不一样。

2014 年对图坦卡蒙的木乃伊做的又一次 CT 扫描引起了学术界和媒体上的争论。参与扫描的科学家根据大约 2 000 张扫描图像对图坦卡蒙进行了虚拟尸检，据此达成结论说，图坦卡蒙有多种生理缺陷 [20]，包括龅牙、畸形足，还有一些遗传病。他们还认为造成他死亡的也许是疟疾，而不是原来以为的断腿。

2010 年，学者对图坦卡蒙的木乃伊做了 DNA 检测，从中获得了关于他的父母和祖父母的更多信息。大多数学者猜测图坦卡蒙的父亲是阿肯那顿法老，尽管古铭文中从未将他们二人放在一起提过。新的 DNA 研究 [21] 显示，这种猜测也许是正确的。不过他的母亲是谁仍不清楚。一说是奈费尔提蒂，却无法确认。随着技术的不断进步，也许总有一天我们能确定图坦卡蒙的血统。

---

* 开放性骨折（compound fracture），断骨刺透皮肤的骨折。——编者注

图坦卡蒙及其陵墓还有一些别的谜团。包括埃及学家尼古拉斯·里夫斯（Nicholas Reeves）在内的一些学者指出，图坦卡蒙的许多陪葬品似乎本来是别人的，因为上面有别的皇族成员名字的痕迹。就连图坦卡蒙那著名的黄金遗容面具都是如此。可能年轻的他死得太突然，只能用本来不是为他准备的东西殉葬，就连陵墓也许原本都不是为他建造的[22]。

2015年，里夫斯的理论一跃成为新闻媒体注意的焦点。当时，一个设在马德里、专门复制艺术品的公司真相艺术（Factum Arte）在网上登出了图坦卡蒙墓内壁画的高精度照片，这个公司正在执行一个大项目，要在真正的图坦卡蒙墓附近仿建一座陵墓[23]，专供游客参观。游客在原墓参观造成了毁损，有无心的，比如人的呼吸增加了空气的潮湿度[24]，也有故意的，比如在墓墙上乱刻涂鸦。我们在以后的章节中会看到，西班牙的阿尔塔米拉（Altamira）以及法国的拉斯科（Lascaux）和肖维的洞穴中旧石器时代的岩画也遇到了同样的问题。真相艺术的工作人员还把壁画后面的墓壁扫描成图像，也登在了网上。

尼古拉斯·里夫斯看到这些扫描图像后，和近一个世纪之前的霍华德·卡特一样，相信自己看到了“奇妙的东西”。里夫斯认为，墓室北墙和西墙上的壁画后面看得出两条隐秘墓道的轮廓。他因此认为可能还有别的墓室，而且陵墓中没有打开的那部分也许安放着奈费尔提蒂的遗体[25]。

埃及当局很快采取了行动来验证里夫斯的假设。他们请了一位名叫渡边广胜（Hirokatsu Watanabe）的日本专家来使用高科技探地雷达扫描墓室那两面墙的后面。探地雷达的工作原理和普通雷达一样，可以探测出地下或墙后的物体。2016 年初，两面墙的初步探测结果都显示墙的后面应该还有一个墓室，里面可能有金属和有机物品。然而，2016 年 3 月由美国国家地理学会的一支工作队进行的第二次扫描[26]却“没有发现同样的特征”，因而对第一次扫描的结果提出了疑问。此事充分说明，即使是最先进的遥感探测，其结果也需要通过实际挖掘来确认；后面的章节还将讲述世界其他地方的此类事例。现在我们正在等待探测图坦卡蒙墓的进一步结果和经过同行审查的相关论文。

自发现图坦卡蒙陵墓至今，已经过去了近一个世纪，但这个故事仍然令人百听不厌。它是最广为人知的考古事件，显示了考古的魅力和诱惑，以及等待人去发现的意外惊喜。我的亲身经历表明，考古工作充满了这样的意外，从平凡小事到惊人发现。我们下面将看到，科学技术的进步为考古发现贡献着力量。

第一部

早期考古学和考古学家

第 1 章

火山灰下的古意大利

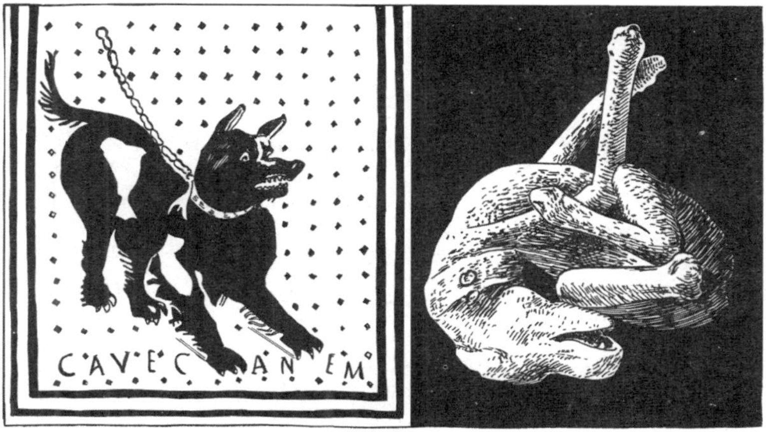

马赛克镶嵌画“小心有狗”和熟石膏脱出的狗形

1752 年，卡特在埃及发现图坦卡蒙国王陵墓的整整 170 年前，意大利考古人员发现了 300 个古代莎草纸卷轴。在维苏威火山（Mount Vesuvius）和如今的那不勒斯附近，有一座名叫赫库兰尼姆（Herculaneum）的古城。公元 79 年 8 月 24 日，维苏威火山爆发，把赫库兰尼姆埋在了火山灰下。考古人员在挖掘这个古城的遗址时，在一座别墅的废墟里发现了这些卷轴。它们属于别墅主人私人图书馆藏书的一部分。这座别墅现在被恰当地命名为“古卷精舍”

（Villa of the Papyri），主人可能是尤利乌斯·恺撒（Julius Caesar）的岳父。虽然卷轴 250 多年前即已出土，但它们保存至今仍毫发无伤，只是已经碳化，纸质非常脆弱，无法打开[1]。

这些卷轴看起来如同一块块炭化的木头，所以，几世纪以来，它们一直仅仅被视为古董。但最近，从 2009 年到 2016 年，莎草纸古文稿学者（指专门研究这样的卷轴和莎草纸碎片的学者）虽然没有打开卷轴，却辨认出了卷轴上的部分文字[2]。他们借助 X 射线光束发现了几个字母，因为碳化的莎草纸和纸上字迹的墨水颜色不同，尽管墨水也含碳[3]。学者们发现，墨水中还含有少量的铅[4]，这对他们的研究颇有帮助。随着技术的进一步改善，也许有一天我们能读到卷轴的内容。那就太好了，因为（鉴于房主人是有钱人，而且卷轴是他私人图书馆的收藏）里面很可能有李维（Livy）的《罗马史》（*History of Rome*）[5] 等现已佚失的著作。

发现赫库兰尼姆之前150多年的1594年，邻近的庞贝（Pompeii）古城的废墟就已经被发现。在那里挖灌溉渠的工人无意中挖出了庞贝的一部分废墟，但它随即又被埋了起来，时人没有做进一步的调查。

所以，赫库兰尼姆反而比庞贝挖掘得早。挖掘工作于 1709 年开始。要想有个大致的时间概念，可以参考如下事实：当时本杰明·富兰克林（Benjamin Franklin）只有 3 岁；后来组成美利坚合众国的 13 个殖民地只有 12 个建立了起来（佐治亚到 1732 年才建立）；

安妮女王（Queen Anne）君临的大不列颠还是个新生国家，议会在1707年刚刚通过法令，把英格兰、威尔士和苏格兰统一起来；还要再过60年左右，库克（Cook）船长才在澳大利亚登陆。

那是欧洲，甚至是世界上的第一次考古发掘。一般认为这要归功于埃尔伯夫公爵，即埃马纽埃尔·莫里斯·德·洛兰（Emmanuel Maurice de Lorraine）。当时他住在意大利那不勒斯附近，因为在赫库兰尼姆发现了古老的大理石碎片[6]，所以他特意将整块地方买了下来，出资进行了第一次挖掘。

德·洛兰的工人挖掘的地方正好是赫库兰尼姆的古罗马剧院，一下子出土了一批古代大理石雕像。公爵把大部分雕像用于装点自己的领地，别的卖到了欧洲各处，包括一些博物馆。确切地说，这不算考古，更像是劫掠，因为没有留下关于出土文物的记录，挖掘的目的仅仅是寻找古代的精美物品，而不是试图了解那些古物所属的时代。不过，几十年后，人们在赫库兰尼姆开始了真正的考古挖掘工作，接着又开始挖掘附近的庞贝。它们标志着我们如今所谓的旧世界考古的开始，具体到这两个遗址，则是（专门研究古希腊和古罗马的）古典考古的开端。在很大程度上，名副其实的考古工作始自约翰·约阿希姆·温克尔曼（Johann Joachim Winckelmann）。人们普遍认为他是古典考古学之父，他也是第一位研究赫库兰尼姆和庞贝文物[7]的学者。

自那以后，从18世纪一直到19世纪，考古学这个学科不断成长。也许应该指出，温克尔曼的工作也是启蒙运动的一部分。启蒙运动与赫库兰尼姆最早的发掘工作大约同时开始，接下来席卷了几乎整个欧洲大陆。鉴于当时的时代大背景，人们对考古学和古迹的突如其来且持续不断的兴趣并不令人意外。启蒙运动时期，各门科学都在进步，国家博物馆和私人收藏不断增加，达尔文主义和社会达尔文主义开始崛起，欧洲人征服了世界的大部分地区，建立了殖民地。

我们现在知道，公元 79 年维苏威火山的爆发摧毁并埋没了若干古城，包括赫库兰尼姆、庞贝和斯塔比伊（Stabiae）。只庞贝一地就死了 2 000 多人，赫库兰尼姆和该地区其他城镇死的人更多[8]。其中有些是那不勒斯湾沿岸的高级城镇，里面的一些房子是罗马的富人在周末和夏天的度假屋。从某个意义上说，这个地区从古到今变化不大，现在仍然是旅游热点。

有人目击了维苏威火山的爆发，其中一人是著名博物学家老普林尼（Pliny the Elder）的外甥（和养子），17 岁的小普林尼（Pliny the Younger）。为回答罗马历史学家塔西佗（Tacitus）的询问，小普林尼给塔西佗写了两封信，描述了火山爆发造成的破坏。

小普林尼写道，他当时在邻近的米塞纳城（Misenum），从那里看得到乌云、闪电、火焰和火山灰——铺天盖地的火山灰。他说，天地间一片漆黑，犹如处身于一个没有灯光、没有窗户的房间。他能听到女人和孩子的哭声和男人的叫喊声。不久后，出现了光亮，但那只是因为全城陷入了迅速蔓延的火海。接着，黑暗再次降临，灼热的火山灰不断从天而降。要不是他和同伴不停掸落身上

从庞贝拱门眺望维苏威火山

的火山灰，他们会被活活压死[9]。

那是罗马历史上一个有趣而重要的时期。大约100年前，罗马共和国开始向罗马帝国转变，公元前44年尤利乌斯·恺撒被刺后，奥古斯都（Augustus）于公元前27年成为第一位罗马皇帝，开启了克劳狄王朝。维苏威火山在公元79年爆发时，克劳狄王朝已被弗拉维王朝取代，在位的皇帝是提图斯（Titus）。

1750年，与在赫库兰尼姆发现碳化的卷轴几乎同时，人们开始在附近的庞贝开展发掘工作。在庞贝，时间也永远定格在了公元79年那个8月末的早晨。有些桌子上还摆着杯盘和食物；饭摆好了，却永远没人来吃。街上可以看到尸体——有寻找避难所的一家人，也有单独死在街上的人，有些人手里还抓着珠宝。

瞬间降临的灾难使庞贝全城居民的生活戛然而止。火山灰、浮石灰和雨水混合成一种近似水泥的物质，很快结成一层坚硬的壳，幸存者回来想从家里取走东西，却无法打破这层硬壳。还有很多人和庞贝城一起被活埋在火山灰下。慢慢地，木头、面包、人体等易腐物质朽烂消失，形成了中空的凹陷，每个凹陷都保留了原来物品或尸体的形状。

1863 年，负责发掘庞贝遗址的意大利考古学家朱塞佩·菲奥雷利（Giuseppe Fiorelli）琢磨出了那些凹陷是什么，或者应该说曾经是什么。他想到了雕塑家常用的失蜡法（lost wax）[10]，让工人像用模子铸造青铜像一样，脱出那些凹陷的形状。

于是，菲奥雷利的考古队在挖掘过程中每当遇到凹陷，就用熟石膏脱模。灰渣运走了，但考古队留下了和原来物体的形状分毫不差的复制品。他们复制了许多遗骸，包括抱在一起的全家人，还有其他一切有机物品，如木桌和别的家具，甚至是面包。他们也复制了一些宠物的尸体，包括一条被主人拴住的狗。它肚皮朝上，肢体扭曲，石膏上还清楚地留下了狗项圈的痕迹。

虽然菲奥雷利的方法用在面包[11]和木制品上效果很好，但用于人体时却有一个重大的缺陷，因为用熟石膏脱模后，人体腐烂后留在凹陷里的骨头和其他物品都看不到了，全部包在了石膏里。如果不用石膏，改用树脂等透明材料，成本就会高得多。考古队只在 1984 年对维苏威火山爆发的一位受害者使用过这种方法。那位“树脂女士”[12] 还戴着黄金首饰和发针。

考古学者们后来发现，可以对脱好的石膏模，包括菲奥雷利的工人无意中包进石膏里的骨头和其他物品重做研究。2015 年 9 月，一支由放射学家、考古学家和人类学家组成的团队开始对包在石膏中的物品进行激光造影、CT 扫描和 DNA 抽样。CT 扫描带来了尤为惊人的发现，包括找到一个和父母及弟弟死在一起的 4 岁男孩。我们可以看出他临死之前是多么害怕，但他的致死原因并不清楚。扫描还显示许多受害者头部受创，这可能是房屋倒塌或石块坠落造成的。死去的人各种年龄都有 [13]，而不是像人们以前猜想的那样只有老弱病残。

赫库兰尼姆和庞贝不同，它被高达 10 米、汹涌而来的泥石流完全淹没。地质学家把这样的泥石流称为火山泥流。1985 年哥伦比亚火山爆发和 1991 年菲律宾火山爆发 [14] 时也出现了火山泥流。

泥石流把赫库兰尼姆城的大部分地区保存了下来，所以，考古人员发掘出土的赫库兰尼姆城完好地呈现了它在公元 79 年时的状态。许多房屋的二楼完好无损，这在考古工作中非常罕见。许多装饰画和彩色瓷砖仍挂在墙上。发掘时甚至发现了木制品，包括房梁、门、床和一个摇篮 [15]。

过去人们一直以为赫库兰尼姆的居民在火山爆发时都逃走了，但是 1981 年和 20 世纪 90 年代进一步发掘出至少 300 具尸体。考古学者认为，发现尸体的地方是海岸边的船库。那些人也许正在等待救援，但火山爆发产生的近 1 000 华氏度（约 538 摄氏度）的极热气流使他们瞬间死亡。热气和随之而来的灼热火山灰把他们活活烤死，皮肉和内脏全部烧光，只留下永远定格在痛苦挣扎姿态中的骨架[16]。

庞贝的许多房屋和赫库兰尼姆的一样，也由于火山爆发而保存了下来，但庞贝的房屋埋在了数米深的火山灰和浮石灰之下。有一所房子被称为“农牧神之宅”，因为房子内院中，一个用来收集雨水的水池中有一个罗马神话里农牧之神（Faun）的青铜雕像。他长得很像希腊神话中的森林之神（Satyr），有两只角和一条尾巴，通常还吹着排笛。

这所房子有一处美丽的园地，长满了树木花草。火山爆发把庞贝和赫库兰尼姆的许多这类私家花园都埋在了下面。马里兰大学的威廉明娜·亚舍姆斯基（Wilhelmina Jashemski）教授和其他考古学家从 1961 年开始专门在这些园地的所在地小心挖掘，发现了曾经生长在那里的植物根部留下的凹洞。植物的根部形状各不相同，所以他们通过研究根的凹洞，知道了这些园地当时都种植了哪些植物，至少在一处发现了一个葡萄园[17]。

经过 300 年几乎连续不断的考古挖掘，庞贝古城的一大部分已经重见天日，不过还有很多东西尚待出土。庞贝城的布局现已清晰地展现出来，可以看出哪些地方是富人居住区，哪些地方的居民主要是中层阶级乃至下层阶级的人[18]。今天，旅游者能够参观城中的不同地区以及其中的建筑物，包括公共浴室、制革厂、商店和住房。比如，2014 年，史蒂文 · 埃利斯（Steven Ellis）博士带领辛辛那提大学考古队在庞贝的一个主要城门斯塔比亚门（Porta Stabia）旁边进行挖掘后，宣布发现了 10 座建筑物，带有 20 个食品店或饭馆的铺面。这似乎是庞贝的典型格局，即使私家房屋也经常设有临街的店铺[19]。

那么，庞贝的居民都吃些什么、喝些什么呢？这个问题的答案是综合几方面证据得出的，因此站得住脚。埃利斯和他的团队挖掘了好几处下水道、公共厕所和粪池。有人也许觉得挖掘这类地方令人恶心，但事实是，在这类地方找到的东西有时对考古学者来说千金难买，因为他们可以根据这些东西重建两千年前居民的生活。在尚未实行垃圾收集的时代，城里的垃圾经常丢在公共厕所里，可供考古学家去发现。

庞贝的情况正是如此。埃利斯和他的团队发现了遗存的“谷物、水果、坚果、橄榄、兵豆、当地产的鱼、鸡蛋，还有少量较贵的肉和西班牙的咸鱼”。在靠近城中心的一处可能是富人住宅的下水道中，发现了遗存的“贝类、海胆，甚至珍馐美味，包括一块长颈鹿的腿肉”[20]。这些不仅揭示了当时庞贝居民的膳食状况，而且证明了不同阶级吃的食品不同这一意料之中的事实。

埃利斯带领的辛辛那提大学考古队在发掘庞贝的过程中采用了一些新的技术手段。比如，2010 年，他们在挖掘现场使用了苹果平

庞贝街景

板电脑。他们即使不是开风气之先，也属于首批这样做的考古队。他们在现场记录数据、拍摄照片、使用各种现成的应用程序，但改动了其中有些程序的用途，然后当场把数据上传到设在辛辛那提的服务器。[21] 相比之下，世界各地的许多挖掘队仍然把数据记录在纸质表格上，有时一式三份，等挖掘季结束后再用复印机印出副本。

庞贝城的一些富人住宅的地板上配有镶嵌画。比如，“农牧神之宅”的地板上就有一幅马赛克镶嵌画，描绘了公元前 333 年或公元前 331 年亚历山大大帝（Alexander the Great）和波斯国王大流士三世（Darius III）作战的著名场景。“悲剧诗人之宅”门口地板上的马赛克镶嵌画描绘了一只毛色黑白相间的狗（品种不详），脖子上戴着红色的项圈。狗爪下方写着拉丁文“CAVE CANEM”，意思是“小心有狗”。

有些房子内部的壁画被保存了下来。“神秘别墅”中有一个小房间，可能是餐厅，四面墙上都有壁画，画中描绘的情景据信是狄俄尼索斯的秘密崇拜仪式[22]，可能还包括一位年轻女子初次参与仪式的场景。其他住宅中的壁画有舞蹈的场景，有家庭肖像画，还有对水果和其他物品的描绘。从某种意义上说，它们和我们自己家中墙上挂的照片和画作并无二致。

房屋的外墙上涂写着广告和竞选告示，相当于两千年前的社交媒体。[23]广告和告示写在外墙上，为的是让街上的行人和街道两边商店里的顾客能够看到。一份广告宣布将于 4 月 8 日至 12 日举行角斗士比赛，但不清楚是哪一年。另一份通知宣布了各城举办露天集市的日子，时间显然是按次序安排的，星期六在庞贝，下星期五在罗马，中间几站是努色利亚（Nuceria）、阿泰拉（Atella）、诺拉（Nola）、库迈（Cumae）和普提欧利（Puteoli）。

一家酒馆外墙上的布告很像今天酒吧外面的张贴。它是一份酒水单，还标有价格。上面写道：“您花一阿斯（一种低值钱币）就能买一杯酒，两阿斯能买好酒，四阿斯能买一杯费乐纳斯葡萄酒。”*另一家店铺外的布告说，店里有一口铜锅失窃，找回铜锅或举报偷锅贼者有赏。

还有数百份竞选告示。有些支持竞选人的告示非常有趣，其中

---

* 费乐纳斯葡萄酒是罗马产的高级葡萄酒。——译者注

一份写道："我请求你们选举马库斯·切里尼乌斯·瓦提亚做市政官。所有深夜喝酒的人都支持他。"另一份显然是支持同一个人的告示说："小偷们支持瓦提亚做市政官。"不知他后来有没有胜选。

庞贝和赫库兰尼姆不仅是世界上最早发掘的遗址，而且时至300年后的今日，这两个地方的发掘工作仍在进行。所以，也许只要看一看这两个发掘地的工作状况，就能对考古发掘及成果记录方面的技术发展史一目了然。发掘初期使用的粗陋方法与盗取文物几无二致，后来发展到使用熟石膏重现腐烂的尸体和木制家具的形状，今天则采用各种先进技术，包括CT扫描、X光、激光造影和DNA分析，在现场直接把信息录入平板电脑，将数据储存于云端服务器。庞贝和赫库兰尼姆的发掘史昭显了3个世纪以来考古学的长足进步。

此外，这两个遗址维护得很好，成了旅游景点。这样，不仅考古学者，而且所有参观者都得以瞥见两千年前的世界，并认识到，在某些方面，那个古老的世界与我们今天的世界同大于异。今天的技术更加先进，比如有了平板电脑、手机和无线网，但意大利这个地区的房屋结构和古时相差不大，食物也类似。今人和古人都依靠选举出来的官员管理市政，去商店购买必需的物品，在饭馆和酒馆喝酒，因财物失窃而烦心。今人和古人养同样的宠物，都佩戴珠宝、用盘子吃饭，使用相似的器皿。虽然如今孔雀舌不再被当作珍馐美味，许多人不再用尿液来清洗衣服[24]，但总的来说，这两处遗址的发掘成果使我们了解到，地中海地区的古人与今人没有太大的不同。现在，对“古卷精舍”中所存卷轴的研究仍在进行中，如果有一天终于能够打开并阅读那些卷轴，我们可能会发现，古人的私人图书馆和我们的也没有太大差别。

第2章

挖掘特洛伊

索菲娅·谢里曼佩戴“普里阿摩斯宝藏”中的饰品；特洛伊木马的绘画

1873年5月的一天早上，海因里希·谢里曼在土耳其西北部的古老山丘上四处走动，观察着工人们的挖掘进展。他确信古特洛伊就在脚下，尽管他没能说服所有心存怀疑的人。

他忽然注意到，有个工人挖到了一口铜锅，下面闪着金光。他叫工人让开，和妻子索菲娅一起“用一把大匕首挖出了那批宝藏”。他们挖得飞快，因为顶上的一大块泥土看似随时会塌下来砸到他们。[1]

索菲娅把挖出来的物件包在围巾里，带回了他们的住所。在那里，两人对物品做了记录分类，这才意识到他们找到了一个名副其实的宝藏，里面满是金项链、金戒指和金耳环，一共有两顶王冠、一条头巾、60 个耳环和近 9 000 件小饰物，还有用金、银和琥珀金制成的杯、碗和其他容器，包括一个纯金的船形器皿（该器型总共只出土过两件，这便是其中之一）和一个石榴状的金容器。里面还有别的物品，如一面铜盾和一个铜花瓶，13 个矛尖，14 把战斧，几把匕首、一把剑和其他铜制或青铜制物品，一些可能原来安装着青铜剑身的石柄，以及许多在世界其他地方从未于同一个地点发现过的物品。[2]

他们把这批宝贝全部装箱，悄悄地搬上船，运回了他们在雅典的住所。索菲娅在雅典佩戴过许多当时找到的首饰，还照了一张照片，这张照片至今仍是考古学最重要的标志性形象之一。

谢里曼向世界宣告，他们找到了普里阿摩斯（Priam）* 的宝藏。这个发现使他们夫妇名扬四海，他们寻宝故事的每个细枝末节都被反复讲述[3]。但是，他们说的是真的吗？谢里曼真的发现了特洛伊吗？

我们对特洛伊战争的了解主要来自古希腊诗人荷马（Homer）的史诗《伊利亚特》（*Iliad*）。另外，《史诗集群》（*Epic Cycle*）**,[4]

---

*　普里阿摩斯是希腊神话中特洛伊的末代国王。——译者注

**　《史诗集群》是有关特洛伊战争的古希腊史诗集。——译者注

特洛伊 VI 的城墙

中收集的一些不太有名的诗人作品也提供了一些详细信息。虽然这些史诗叙述的事件可能发生在青铜时代晚期，大约是公元前 13 世纪或公元前 12 世纪，但必须记住，特洛伊的故事大概诞生于事件发生的至少 500 年后。

据荷马所说，希腊人和特洛伊人为了一个叫海伦（Helen）的女人打了 10 年的仗。海伦的丈夫墨涅拉俄斯（Menelaus）是希腊本土南部一个小王国或城邦的统治者。他的兄弟是统治迈锡尼（Mycenae）的阿伽门农（Agamemnon），号称王中之王。考古学家就是以阿伽门农治下城邦的名字将希腊历史的那个时期命名为迈锡尼时代的。

特洛伊位于土耳其西北部，是个重要的港口城邦，控制着与东方和北方进行的贸易。它派了一个使团前来拜访墨涅拉俄斯。使团中的一个成员叫帕里斯（Paris），有时也被称为亚历山大（Alexander），他是特洛伊的王子，普里阿摩斯国王的儿子。使团返回特洛伊时，也把海伦带了回来。特洛伊人说她是自愿跟着使团回来的，因为她爱上了帕里斯。希腊人却说她是被劫持的。

希腊人派出了一支大型舰队去围攻特洛伊，夺回海伦。领头的是阿伽门农和墨涅拉俄斯，队伍中包括奥德修斯（Odysseus）和阿喀琉斯（Achilles）等迈锡尼英雄。他们花了 10 年时间才达到目的，而且还是靠了特洛伊木马的计策才成功。最终，希腊人摧毁了特洛伊，把它烧作白地，把海伦带回了家。

荷马的故事非常详细，但学者们依然质疑不断。历史上是否真的发生过荷马史诗描写的特洛伊战争？到底能不能找到这方面的考古证据？我认为，对这两个问题的回答都是肯定的。有证据表明，公元前 1184 年左右的确发生了战争，那恰好是迈锡尼文化和整个青铜时代晚期文化崩溃的时候。也许特洛伊战争是一场更大灾难的一部分[5]。

特洛伊战争是否发生过？若真有其事，是何时发生的？关于这些问题，古希腊人说法不同。19 世纪欧洲的大多数古典学者坚信，特洛伊战争从未发生过，完全是荷马的杜撰。所以，当海因里希·谢里曼这个考古门外汉决定去寻找特洛伊遗址的时候，他是与当时大多数学者的意见背道而行的。

谢里曼不顾大多数学者的否定意见，决心要找到特洛伊，证明特洛伊战争确有其事。很久之后，谢里曼说他在 1829 年自己年方 7 岁时就下了这个决心。那时，他父亲送给他一本书作为圣诞节礼物，书中的一幅插图描绘了埃涅阿斯（Aeneas）* 逃离燃烧的特洛伊城的景象，图中还可以看到迈锡尼人围困了 10 年的特洛伊城的高墙。埃涅阿斯逃去了意大利，传说他的后代罗穆卢斯（Romulus）和瑞摩斯（Remus）在那里创立了罗马城。谢里曼说，他当时就下定决心要找到特洛伊。他对父亲说："这些墙要是真的有过，就不可能被完全毁掉，一定还有大片的残余，不过是埋在了几个世纪的泥土下面"。他说，最后"我们俩都认为有一天我应该发掘特洛伊"。有的学者对此说表示怀疑，因为谢里曼很久以后才讲到这个故事，而他以前的大量日记、笔记、信件和其他著作都对此只字未提[6]。

谢里曼四十五六岁时挣够了钱，不必再操心生活，可以专心去寻找特洛伊和特洛伊战争的证据了。他为发财干了不少坑蒙拐骗的事，说明无论是在私人生活还是在职业生涯中，他的话都不可全信。

一个例子很能说明他的为人，直接涉及谢里曼对特洛伊的"发现"——"发现"二字是要加引号的。1868 年，谢里曼去希腊旅行，然后去了土耳其。他说他手持荷马史诗走遍了土耳其西北部，

---

* 埃涅阿斯是希腊神话中特洛伊的王子，特洛伊战争的英雄。——译者注

寻找符合书中描述的地方：那个地方应该不太大，那样阿喀琉斯才能追着赫克托耳（Hector）绕城好几圈，而且那里应该既有温泉也有冷泉。

他看了几处传说的遗址，但它们都不符合荷马的描述。后来，他遇到了一位名叫弗兰克·卡尔弗特（Frank Calvert）的美国驻土耳其副领事。卡尔弗特也在寻找特洛伊，并且认为自己已经找到了。事实上，他已经买下了那座古老的山丘，那座山丘现在的土耳其名字是希萨利克（Hissarlik），意思是“碉堡之地”。

卡尔弗特做了一些初步的挖掘工作，但由于资金不足，无法继续深入。谢里曼却囊橐充足，并很乐意和卡尔弗特合伙。挖掘开始后，谢里曼一旦认定这座土丘就是古特洛伊的遗址，就有意在后来所有的正式公告、讲演和出版物中绝口不提卡尔弗特的名字，自己独揽所有的名声和荣耀。直到1999年苏珊·霍伊克·阿伦（Susan Heuck Allen）出版了一本书，讲明了事情的前因后果，卡尔弗特才赢得了他作为古特洛伊的真正发现者在历史上应有的地位[7]。

1870年4月，谢里曼在希萨利克开始了第一个挖掘季。当时他尚未得到土耳其当局发放的正式发掘准可证，但他照挖不误。那一季他所获无几，第二季也没有起色。于是，1872年他带领一大队当地的工人对这个古遗址大动干戈，让工人们挖了一条深约14米的巨大壕沟，几乎把土丘劈为两半。今天，这条被称为“谢里曼大沟”的深壕仍然赫然横亘，像是在遗址中心划出的一道巨型伤口。

那时，考古学仍处于萌芽期。尽管庞贝的发掘工作已经进行了一个多世纪，但在19世纪70年代，其他地方的发掘活动并不多。不过，包括卡尔弗特在内的具有考古知识的人都警告过谢里曼，说如此鲁莽的挖掘方式可能会造成灾难性的结果。果不其然，他们不幸言中。

在大沟里，谢里曼和工人们不停地往下挖，挖穿了各种建筑物和地层。最后发现，土丘里一层层埋了9座特洛伊城，而谢里曼起初以为只有6层。他挖到倒数第二层时停了手，并将其称为“被焚之城”，认定这就是普里阿摩斯统治的城邦。可是他错了。今天，根据陶器分析和碳-14测年法的结果，我们知道特洛伊Ⅱ存在的年代是青铜时代早期，约公元前2400年，比特洛伊战争发生的年代早了1 000多年。

今天，站在大沟的沟底，也就是谢里曼和他的工人们停止挖掘的地方向上看，可以看到高处有一座巨石制成的建筑。它离丘顶表土只有几英尺，有一棵长在表土中的小树用枝叶为它遮挡阳光。这座建筑的年代可以追溯到特洛伊Ⅳ，在特洛伊Ⅶ期间被再次起用。它是一座青铜时代晚期的宫殿硕果仅存的部分；那正是谢里曼寻找的时期。

然而，宫殿大部均已湮没无存，这是海因里希·谢里曼一手造成的。他只顾求快，率领工人挖穿了普里阿摩斯的宫殿石墙，把宫殿里的大部分东西扔进了废土堆。如果现在能去那个废土堆挖掘，很可能会找到普里阿摩斯和赫克托耳时代的特洛伊的各种物品，也许还有古时抄写员用的泥板。

那么，谢里曼凭什么认定特洛伊Ⅱ是普里阿摩斯的特洛伊呢？一个原因是，他在那层发现了一座巨大的城门，认为它就是荷马笔下的悉安门（Scaean Gate），因为据荷马所述，悉安门极为宽阔，可容两架战车并排驱驰。接着，谢里曼就发布了关于“普里阿摩斯宝藏”的报告。

他讲述的他和索菲娅发现宝藏那一天的故事一直是考古入门教科书的固定内容，虽然那个故事很可能并不属实。谢里曼后来承认故事中关于索菲娅的那部分是谎话。找到宝藏那天，索菲娅根本不在现场。谢里曼自己的日记和日志表明她当时在雅典。谢里曼解释说，他想让妻子更多地参与他的事业，希望她能对他做的事情更感兴趣，所以才把她写进了故事，好让她分享他的荣光。今天，没有一个正派的考古学家敢做这种事情[8]。

一些学者还提出，谢里曼发现的那些宝物不是在同一个地方找到的[9]。他们认为，谢里曼从那个挖掘季发现的古物中挑出了所有的精品，然后向不明所以的公众宣布，这些宝物是一次性发现的。而且，既然那些宝物是在特洛伊Ⅱ发现的，那么它们比普里阿摩斯的时代早了 1 000 年。所谓的“普里阿摩斯宝藏”可能既不是普里阿摩斯的，也不是一个“宝藏”。

谢里曼宣布了他的发现后不久，就将那些宝物捐给了柏林博物馆，也许是为了换取德国某个大学的考古学博士文凭。但是，第二次世界大战后，宝物不知所踪。有近 50 年的时间，人们一直以为它们丢失了。直到 20 世纪 90 年代初期，俄罗斯人才承认宝物在他们手中。他们把宝物作为战利品带回国内，并声称这是为了补偿他们在战争中遭受的损失。

今天，“普里阿摩斯宝藏”正在莫斯科的普希金博物馆展出。宝物仍然留在莫斯科，但 4 个国家声称拥有其所有权：有土耳其，因为它是特洛伊的所在地，而且土耳其说谢里曼是把宝物非法偷运出境的；有希腊，因为谢里曼最初把宝物存在了他在雅典的住所；有德国，因为宝物被谢里曼赠予柏林博物馆之后一直保存在那里，直到 1945 年失踪；还有俄罗斯，因为苏联人解放柏林后将宝物运走了，现在声称它们是纳粹侵略的赔偿[10]。到底谁真正拥有这批宝物呢？这个问题仍未解决，俄罗斯也丝毫没有将它们拱手让人的意思。

关于这些物件最有意思的一点是，爱琴海东北部的岛屿和莱昂纳德·伍莱（Leonard Woolley）在现代的伊拉克发掘的所谓“乌尔的坟场”（Death Pits of Ur）等地发现了类似的物品。谢里曼发现的那些金质耳环、别针和项链也许不属于普里阿摩斯或他的妻女，但肯定是公元前第三个千年末期在爱琴海地区和古中东大部分地区流行一时的饰物。它们可以为我们提供关于古代贸易和联通的线索，这才是考古学家更看重的；它们与普里阿摩斯和《伊利亚特》这些传说之间的关联就没有那么受考古学家关注了。

19 世纪七八十年代，谢里曼在特洛伊的挖掘工作一直未停，不过他同时也在迈锡尼挖掘寻找阿伽门农国王的遗物。他雇用了威廉·德普费尔德（Wilhelm Dörpfeld）作为挖掘特洛伊的助手。德普费尔德是建筑师，有一些考古经验，他最终说服谢里曼认识到自己过去弄错了，本应调查希萨利克的特洛伊Ⅵ或特洛伊Ⅶ。于是，谢里曼开始制订计划，准备对希萨利克土丘再次展开挖掘，重点挖掘年代靠后的几层，但1890年圣诞节那天，他在那不勒斯的街上突然昏倒，次日便撒手人寰。

执行计划的重任落到了德普费尔德肩上。他担起了这个任务，索菲娅·谢里曼为他提供了资金支持，希望他能完成先夫的遗愿。德普费尔德集中力量挖掘谢里曼没有挖到的地方，主要是土丘的边缘地区。事实证明，那些地方的古迹非常丰富。他挖出了高大的石墙遗存，墙体厚达数米，能够抵挡任何来犯者；也有宽大的通道可以进城，但首先要经过守门的卫兵。

这些遗存属于特洛伊Ⅵ，那个时代看来持续了近500年，从公元前1700年左右到公元前1250年。德普费尔德发现，特洛伊Ⅵ有许多阶段，他用字母把各阶段标了出来，从"a"到"h"。最后的阶段——特洛伊Ⅵh——显示该城几乎完全被摧毁。德普费尔德认为，这就是他们一直在寻找的特洛伊战争的证据。他在发掘结束后公布了发掘的结果。

与此同时，去往土耳其的其他地方，特别是深入土耳其内地高原的旅行者发现了另一个古代文明的几处遗址。早在1879年，谢里曼仍在发掘特洛伊的时候，一位名叫 A. H. 塞斯（A. H. Sayce）的英国亚述学家就提出了一个大胆的假设，说那些遗址是古时赫梯人留下的。

这个假设十分大胆，因为《希伯来圣经》* 里面提到了乌利亚（Uriah）和其他赫梯人，这似乎说明赫梯人住在迦南。塞斯所言能够服人，最终被其他学者接受。到谢里曼去世的 1890 年，塞斯关于赫梯人的著作已经再版，标题为《赫梯人：一个被遗忘的帝国的故事》（*The Hittites: The Story of a Forgotten Empire*）[11]。

1906 年，人们开始挖掘安卡拉（Ankara）以东约 200 千米处的小城博加兹考伊（Bogazköy），后来发现它是赫梯人的首都哈图沙（Hattusa）。人们不到一年就找到了城中的档案库，内存数千块泥板，内容包括条约、记录，还有皇家的信件。研究发现，赫梯人从公元前 1700 年左右到公元前 1200 年之间活跃在安纳托利亚（Anatolia）各处。他们的版图甚至远及叙利亚北部，所以后来《圣经》的作者才把他们算作那个地区的居民。

我们现在对赫梯人了解得很多，这要部分归功于过去的一个世纪里德国人在哈图沙持续不断的挖掘工作。发现赫梯人的泥板仅仅 10 年后，一位名叫贝德日赫·赫罗兹尼（Bedřich Hrozný）[12] 的捷克籍东方学者就破译了上面的文字，其内容证明赫梯帝国在公元前第二个千年期间是古中东地区的一个强国，曾与埃及和亚述等其他

* 《希伯来圣经》是犹太教的宗教经典，内容和《圣经·旧约》基本一致。——译者注

强国互通有无，有时也会兵戎相见[13]。

据几片泥板记载，当时赫梯人和一个位于安纳托利亚西北部、被他们称为威鲁萨（Wilusa）的小附属国之间经常发生摩擦。最终，公元前13世纪早期的某个时候，也许是公元前1280年左右，赫梯人和威鲁萨的国王亚拉克山度（Alaksandu）签署了一项条约。

这片泥板被破译后不久，有些学者提出了这样的见解：亚拉克山度是赫梯人的叫法，与荷马所说的伊利奥斯（Ilios）的亚历山大（帕里斯）是同一个人，就是他爱上了海伦，引发了特洛伊战争。从语言学角度来看，“Wilusa”和希腊地名“（W）Ilios”十分接近，希腊语中原来有“W”音（digamma，大写为F，小写为ϝ），后来逐渐停用，所以该词到荷马的时代变成了Ilios。当然，亚拉克山度的发音也和亚历山大非常接近。

这个观点是否正确，目前尚无定论，但是至少这些泥板显示，赫梯人和安纳托利亚西北部一个他们称为威鲁萨的地方是有关系的。泥板上的记录还表明，那里至少打过4次仗，后3次都是在公元前13世纪发生的，那正是特洛伊战争发生的时间段[14]。对于相信威鲁萨就是赫梯人对特洛伊的称呼的学者来说，这进一步说明，特洛伊战争很可能真有其事，而不只是神话传说。

然而，并非所有人都相信德普费尔德关于特洛伊Ⅵh就是荷马史诗中的特洛伊的意见。辛辛那提大学的考古学家卡尔·布利根（Carl Blegen）研究了德普费尔德的发掘结果后，得出结论说特洛伊

Ⅵh 毁于一场地震，而非战争。此论的凭据是，一些城墙东倒西歪，大块的石头四散各处。布利根认为，只有大自然的力量才能造成这种结果。另一方面，他觉得上一层的第一阶段，即特洛伊Ⅶa，看起来才像是一座曾经被围攻，然后被大军摧毁的城。于是，20 世纪 30 年代，他重新在希萨利克进行了挖掘，试图证实自己的判断。

到他挖掘的时候，遗址中的东西已所余无几，因为德普费尔德把谢里曼没有发掘的大部分物品挖走了。不过，布利根还是找到了足够的证据，使他确信特洛伊Ⅶa 是经过长期围攻后被人力毁掉的。他的证据很有说服力，包括从墙上挖出的箭镞、躺在街上的尸体和其他表明至少打过一场大仗的迹象。

他发现，城中的大房子和宫殿被分成了几块，这样，原来一家住的地方可以住好几家。他还发现许多巨大的瓦罐埋在土里，地面上只留罐口部分，因而大大增加了储存空间。布利根认为，这一切都表明这座城受到了围困，这与荷马史诗中的叙述恰好相合，年代也相符——这座城毁于公元前 1180 年左右，正好在古希腊人传说的特洛伊战争爆发的时间范围内。

另外，布利根认为，陶器和其他人工制品所代表的物质文化显示，特洛伊Ⅵh 和Ⅶa 之间有连续性，也就是说，没有证据显示住在特洛伊Ⅶa 的是另外一群人。特洛伊Ⅵh 的人似乎在地震后重建了特洛伊Ⅶa。事实上，二者如此相似，以致布利根和当时仍然在世的德普费尔德都认为，考古学家所谓的特洛伊Ⅶ的第一阶段更有可能是特洛伊Ⅵ的最后阶段，是特洛伊Ⅵi，而不是特洛伊Ⅶa，只是那时再改用语为时已晚。所以，布利根确信是一场地震摧毁了特洛伊Ⅵh，迈锡尼的希腊人在夺回海伦的过程中摧毁了特洛伊Ⅶa。

布利根的推测很可能是正确的。时隔50年，出现了新的一代考古学者。1988年，一个新的考古队决定再探希萨利克山丘。这一次，考古队的成员来自不同国家，带队的两人一个是青铜时代专家，图宾根大学的曼弗雷德·科夫曼（Manfred Korfmann），一个是后青铜时代专家，辛辛那提大学的布莱恩·罗斯（Brian Rose）。

除了清理并重新检查“谢里曼大沟”之外，科夫曼团队做的最重要的一件事也许就是对希萨利克周边的农田进行了勘察。他们没有动土，而是使用遥感设备对地下进行探测。为找到最有效的遥感设备，他们几经试验，最终确定对于当地的土壤需要用铯磁力仪。

人类活动，包括焚烧这类活动，能改变土壤中微量铁元素的磁性，所以，坑、渠，甚至墙体这类东西有时即使埋在地下也能被发现，尤其是被烧过或部分被烧过的话。然而，科夫曼团队从自己尴尬的经历中认识到，对初步发现做出解释须慎之又慎。

1993年，距海因里希·谢里曼在特洛伊开展传奇般的发掘行动一个多世纪之后，科夫曼宣布，他们的遥感图像显示，离城堡约400米远的地下埋着一堵绕希萨利克一周的高墙。他说，这可能就是因荷马的《伊利亚特》和《奥德赛》（*Odyssey*）这两部史诗而名垂千古的高墙[15]，它在特洛伊战争中将阿伽门农、阿喀琉斯和迈锡尼希腊人的大军挡在城外达10年之久。

可是，他们动手发掘后，找到的却不是墙，而是一条大沟，沟中有些地方深达 6 英尺（约 1.8 米）。多少世纪以来，沟里填满了各种废物，有破碎的陶器，有石块，也有各种垃圾。它们在遥感图像上显示为绕城一周的固体物质。事后，考古队争论说沟渠和高墙异曲同工，也能起到护城的作用，但这个论点并不特别服人[16]。

科夫曼和整个考古界从此事中学到了两点。第一，在通过发掘予以确认之前，切勿轻易召开新闻发布会宣布遥感探测的结果；第二，尽管科夫曼和他的团队对遥感结果的解释大错特错，但遥感技术用于考古探测显然是成功的，因为他们很快在其他遥感图像上注意到，今天的农田下面埋着一个巨大的特洛伊下城，这是以前从未想到过的。

原来，从谢里曼到德普费尔德再到布利根，所有以前的考古学家都只是发掘了特洛伊城的城堡部分，或称上城，那是国王及其直系家人和扈从住的地方。科夫曼团队对农田下遗址的发现使特洛伊城的规模至少扩大了 10 倍，显示它在青铜时代晚期[17]至少占地 50 英亩（约 20 公顷），人口在 4 000 到 10 000 之间。这表明它的确抗得住 10 年的围攻——如果荷马的故事属实的话。科夫曼在后来发表的学术著作中把这座遗址称为特洛伊 / 威鲁萨，以表示对赫梯人留下的记录的承认，他认为赫梯人所谓的威鲁萨就是特洛伊。

科夫曼团队的其他发现似乎证实了布利根的理论。比如，他们在城堡和下城都发现了证据，表明特洛伊Ⅵh 遭到过地震破坏，特洛伊Ⅶa 则受到了人为的破坏，也就是遭遇过战争。一个例子是，他们发现特洛伊Ⅵh 有一座房屋毁于地震，而在特洛伊Ⅶa，那所房子的废墟上建起了另一所房子，而这所房子后来毁于战火。

至于发生过战事的证据，科夫曼发现了一些未经埋葬的尸体，包括一个约 17 岁的少女部分被焚的尸体，还有一些爱琴海地区（或希腊）特有的箭镞。另外还发现了至少一堆石块，大概是用于从城墙内投向来犯的敌人的[18]。

科夫曼的工作还以其他方式确认了布利根过去的发现。特洛伊Ⅶa 在公元前 1180 年左右被毁之后，居民似乎换成了另一群人。在被考古学家称为特洛伊Ⅶb 的阶段，我们看到的完全是另一类陶器、建筑和另一种物质文化，包括一枚刻字的印章，那是在特洛伊首次发现文字。

这些都表明，原来城中的居民被另一群人取代了。因此，特洛伊Ⅶa 遭到的人为破坏可能就是证据，证明荷马讲的特洛伊战争确有其事。但是，荷马的故事似乎加上了特洛伊Ⅵ的内容——故事中讲到的美丽建筑和高峻城墙属于特洛伊Ⅵ，城毁人亡却是特洛伊Ⅶ的命运，两座城就这样被合二为一。荷马作为史诗的创作者有权进行这样的艺术发挥。

特洛伊木马甚至可能是诗人对夷平了特洛伊Ⅵh 的那场地震的比喻，因为希腊的地震之神是波塞冬（Poseidon）。在希腊诸神当中，女神雅典娜（Athena）的象征是猫头鹰，波塞冬的象征是马。在诗意的想象中，“地震 = 波塞冬 = 特洛伊木马”是可以成立的。

至少这是德国学者弗里茨·沙赫尔迈尔（Fritz Schachermeyer）在20世纪50年代提出的观点[19]。

在希萨利克发掘时，辛辛那提大学的布莱恩·罗斯领导的后青铜时代团队也有许多新发现，包括在1993年发现一个比真人还大的罗马皇帝哈德良的雕像，1997年又发现一个奥古斯都的大型大理石头像[20]。古希腊文化晚期的希腊人以及后来的罗马人在城堡之上进行了重建，又在城堡下方建立了一个规划整齐的下城，这就是科夫曼除青铜时代的遗迹之外找到的遗址。

后来的居民也相信此地是古特洛伊的遗址。事实上，他们给它起的希腊名字和罗马名字都是“新特洛伊”。连亚历山大大帝都莅临致敬。后来的几世纪中，尤利乌斯·恺撒和其他名人也曾到访。弗兰克·卡尔弗特和后来的海因里希·谢里曼就是因为先挖掘了这些较晚时期的遗址，发现了一些古物，才确信自己挖对了地方。

后来，土丘顶上建造了一座雅典娜神庙，再后来，又建了一座朱庇特*神庙。这解释了普里阿摩斯的特洛伊为什么比谢里曼想象的离地表近得多。古希腊和古罗马的建筑者都先把土丘铲去一层，整平地面，再在上面建造神庙、剧场和其他的建筑物，他们的城现称为特洛伊Ⅷ和特洛伊Ⅸ，修建的时间距今最近。

曼弗雷德·科夫曼于2005年突然去世，但国际考古队的挖掘

* 朱庇特（Jupiter），罗马神话中的主神，相当于希腊神话中的宙斯。——译者注

工作在新队长的带领下仍在继续。人们对在希萨利克及周边地区进行挖掘和遥感探测的兴趣至今不减。关于特洛伊这座为历史上最伟大的史诗提供了灵感的古城，希萨利克也许还会告诉我们更多的秘密。

第3章

从埃及到永恒

罗塞塔石碑上的象形文字

金字塔、木乃伊、象形文字——埃及学似乎是考古学中最令人着迷的领域。它可能也是被人误解最深的领域。从幼儿园的小朋友到白发苍苍的老爷爷，似乎谁都为古埃及所迷醉，谁都对它多少有些了解——可是他们真的了解吗？坊间流传的信息，特别是互联网上关于古埃及的信息，错误多得惊人。

每一年，埃及学家和其他考古学家都不得不站出来纠正公众的误解："不，金字塔不是希伯来奴隶建造的。"每一年，他们的电子邮箱都塞满了如潮涌来的邮件，询问某个电视节目的内容是否属实，而这方面的电视节目多如过江之鲫，有的说金字塔是外星人建的，有的说它们是为了存粮所建，有的说斯芬克斯已有 1 万年的历史，还有的宣扬其他荒诞不经的说法，这些说法通常是业余考古爱好者臆想出来的[1]。因此，我们在本章将从各个方面来讨论金字塔、木乃伊和象形文字这 3 个话题，以使读者在听到关于这些话题的各种可疑说法[2]时，能够辨识真伪。

第一批在埃及考古的人并非埃及学家，至少起初没有专门研究埃及的打算。仅举“伟大的贝尔佐尼”为例，他的全名叫乔万尼·巴蒂斯塔·贝尔佐尼（Giovanni Battista Belzoni）[3]，出生于 1778 年。他是一家马戏团的大力士，身高 6 英尺 6 英寸（约 198 厘米），一次能举起 12 个人，但他也可以算是工程师。1815 年，他首访埃及，向奥斯曼帝国的统治者呈交从尼罗河引水的方案，结果却踏入了首批埃及学家的行列。不过，埃及学家这个词用在贝尔佐尼身上不太恰当，因为他干的事主要是盗墓和收集木乃伊，在科学或考古学领域并无多大建树，尽管他属于第一批[4]探索拉美西斯二世（Ramses II）在阿布辛拜勒（Abu Simbel）建造的神庙的人。

卡尔·累普济乌斯（Karl Lepsius）和奥古斯特·马利耶特（Auguste Mariette）才是埃及学领域当之无愧的巨人，尽管他们二人的身高都比不上贝尔佐尼。累普济乌斯是普鲁士埃及学家，1842 年带领一支工作队前往埃及，他们的任务是尽量记录那里的古迹。

任务完成得非常出色，成果惊人。从 1849 年到 1859 年的 10 年间，他们以德文陆续出版了 12 册厚厚的素描和图解，总标题为《埃及和埃塞俄比亚的古迹》（*Monuments of Egypt and Ethiopia*）。文字部分过了 40 多年才得以出版，此时累普济乌斯已经去世 10 多年了。许多人认为，这些图文并茂的文献构成了现代埃及学的基础[5]。

奥古斯特·马利耶特 1821 年生于法国。1850 年左右，他受卢浮宫委托，开始在埃及进行考古挖掘工作。8 年后，他被任命为埃及古物研究所的第一任所长。他的成就包括创立埃及的第一所国家博物馆，其藏品至今仍是开罗的埃及博物馆[6]的压箱之宝。

累普济乌斯和马利耶特走上这条职业生涯之路，部分是由于 1823 年发生的一件事。当时马利耶特只有两岁，累普济乌斯也才 13 岁。那是埃及学历史上最轰动的一个事件——对埃及象形文字的破译。

要想明白此事的来龙去脉，得先回到 1799 年，那是拿破仑为了下好夺取中东这盘大棋而率军入侵埃及的一年后。拿破仑随军带了 150 多名平民。这些人被统称为学者（savants），里面有科学家、工程师和其他学科的专家。他们的任务是对埃及全国，包括它的古物和古迹进行研究和记录。如今有人认为，这些学者的工作代表了古埃及研究的真正开端，为紧接其后的累普济乌斯和马利耶特打下了基础[7]。这些随军学者还无意中掀起了欧洲人对古埃及的狂热。这种狂热持续至今，还传到了美国，拉斯维加斯的卢克索酒店*就

* 卢克索酒店（Luxor Hotel），以埃及城市卢克为名，从外形到内部装饰均仿效古埃及风格。——编者注

是明显的例子。

法国军队正在尼罗河三角洲地区的一个名叫罗塞塔（Rosetta）的村子里重建碉堡，或者是挖掩体——就此说法不一——挖土的时候发现了一块刻有铭文的石碑，后来确定铭文的年代是公元前196年。铭文是献给托勒密五世（Ptolemy V）的，这位本来默默无闻的埃及法老因此出了名。这段铭文重要至极，因为它以3种不同的文字写成。罗塞塔石碑上部的文字是埃及象形文字。中部重复了上面的内容，文字却是所谓的通俗文字，即埃及文的草写体。石碑下部1/3的地方再次重复了铭文的内容，但这次用了希腊文。

才华横溢的法国学者让-弗朗索瓦·商博良（Jean-François Champollion）利用这份以3种文字写成的铭文破译了埃及象形文字。他先读铭文的希腊文部分（当时的所有学者都懂希腊文），注意到托勒密和克娄巴特拉（Cleopatra）的名字屡屡出现。于是，他在埃及象形文字那部分中寻找重复出现的符号，因为那可能就代表这两个名字。最终，他以此为钥解开了象形文字之谜。商博良并非唯一就此下功夫的学者，英国语言学家托马斯·扬（Thomas Young）差一点赶在商博良之前破译成功。但在1823年，罗塞塔石碑上的铭文发现仅仅24年后，破译埃及象形文字的功劳归于商博良[8]。

一夜之间，人们意识到，贵族陵墓中墙上画的和其他地方刻的那些“漂亮的图画”其实是长长的铭文，讲述了墓主的生平、成就等等。我们现在知道，其中经常出现的一组象形文字象征着永恒，在陵墓中看到这样的字句合情合理。

还有一个发现是，象形文字的七八百个符号可以朝着不同方向去读，但此中有规律可循，因为它们总是面向句子的开头处。象形符号也可以有不同的解读。比如，一个符号可以是字形，代表它描绘的物体，如一只鸟或一头牛；它也可以代表一个音，像一个字的第一个字母；它还可以是音节符号，代表几个辅音的组合；它又可以是一个义符，指示它后面的字该怎么读。难怪古埃及识文断字的人不多，可能只占人口的百分之一。抄写员在宫廷中地位崇高，因为很可能就连国王和女王都不识字或不会写字[9]。

今天发现的许多铭文之所以能保存下来，是因为它们刻在了石头上，比如神庙和其他建筑物的墙上，但是古埃及人更多的是用莎草纸来写字。莎草是一种长在尼罗河岸边的芦苇，古埃及人把它的茎切开压平后当纸来用。尽管莎草纸不如石头经久，但是埃及气候干燥，数千卷莎草纸卷轴遂得以保存下来。

古埃及人用炭和其他材料制作墨水，颜色有黑红两种，在手稿中经常两色都用。在这种情况下，用红墨水写的字也许是新句子的第一个字，这样就能清楚地知道句子到何处为止、从哪里开始，因为象形文字没有标点符号。根据上下文，或依需要而定，红墨水也可能标志着一段咒语的开始，或者是标题或题目。

一旦破译了古埃及文字，学者们就能够读懂石头和莎草纸上留下的各种记录了，于是他们开始有把握地重建古埃及的历史。在这方面，古希腊和古罗马时代的历史学家、游客和祭司留下的著作既给学者们提供了帮助，也设置了障碍。其中一个撰著者是生活在公元前 5 世纪的古希腊历史学家希罗多德（Herodotus）。他对埃及做了考察报告，还介绍了建造金字塔和制作木乃伊的详细方法，不过其中许多内容严重失实。另一个作者是生活在公元前 3 世纪、深受希腊文化影响的埃及祭司曼内托（Manetho），他列出了埃及自古以来所有统治者的名单。

曼内托把埃及历史分为几个时期，这种划分法至今仍在使用。虽然他把许多法老的名字拼错了，有些事件的次序也先后颠倒，但是总的来说他叙述的埃及史相当准确，尤其是考虑到他开列法老名单时离埃及第一王朝的创立已经过了近 2 500 年。所以，我们说“古王国时期”始于大约公元前 2700 年的第三王朝。那个时期最出名的大事就是第四王朝[10]的法老们自公元前 2600 年到公元前 2500 年间开始修建金字塔。

古王国持续了大约 500 年，到佩皮二世（Pepi II）法老结束他长达 91 年的统治后，在公元前 2200 年左右崩溃。这不一定是佩皮二世这位 6 岁登基的法老的漫长统治造成的。最近的研究显示，古王国崩溃的原因可能是气候变化造成的干旱和饥荒[11]，当时埃及和古中东的大部分地区是赤地千里。

古王国崩溃后出现了一段无政府的混乱时期，称为“第一中间期”，其间好几个王朝竞相夺取对全国的控制权，却无一成功。后来建立的中王国持续到公元前 1720 年左右，遭到了来自北方迦南地区的希克索斯人（Hyksos）的入侵和占领，直到公元前1550年左右埃及军队才在卡莫斯（Kamose）和阿莫斯（Ahmose）两兄弟的带领下将入侵者赶走。

奇怪的是，虽然他们是兄弟，但是卡莫斯被认为是第十七王朝的末代国王，而阿莫斯却被认为是埃及“新王国时期”的第十八王朝的开国之君。“新王国时期”延续到公元前1200年之后，那个时期的统治者有强势的女法老哈特谢普苏特，有军事上锐意进取的图特摩斯三世，有相信一神教的阿肯那顿，有仍然是个孩子的图坦卡蒙，还有10位名叫拉美西斯的法老。公元前1177年前后，青铜时代[12]轰然崩塌。公元前第一个千年期间风云变幻，先是“第三中间期”，然后是塞易斯王朝的复兴，接下来是希腊人和罗马人的统治，统治者包括亚历山大大帝和在他之后的克娄巴特拉。尽管埃及历经浮沉得以幸存，但它再也没能重回新王国时期的力量巅峰。

19世纪初，象形文字被破译，学者们遂得以阅读研究古埃及人留下的其他著作，从诗歌和故事到经济报告和宗教文件。我们不仅经常在莎草纸上，而且经常在富人坟墓的墙上看到《亡灵书》（*Book of the Dead*），或称《通往来日之书》（*Book of Going Forth by Day*）。它实质上是帮助死者立即进入来世的手册，因为它为人死后进入来世之前将被问到的问题提供了答案——说穿了就是帮人作弊的书。除了回答问题，书中还提到了称心仪式，也就是把死者的心放在天平的一端，把一片代表真理和正义的羽毛放在另一端，以此来判断该人生前是否与人为善，处事公平。只有死者的心和羽毛重量相等或比羽毛轻（那说明他心里没有罪与恶的负担），他才获准进入来世。

为了留在来世，死人的肉身必须完好无损，即使在他死后很久也须如此。这就用到了制作木乃伊的手艺。埃及最早的一些木乃伊似乎是天然风干的，但木乃伊显然并非总是靠天然力量制成的。还有一个问题，那就是如何确保尸体埋葬后一直安全，不受豺狼、鬣狗或其他食腐动物啃咬。

于是发展出了两个对策。一个是制作木乃伊的工序，另一个是为了保护墓穴而用土坯建造的玛斯塔巴（mastaba），即平顶、长方形、外呈斜面的台式坟墓。许多学者认为玛斯塔巴是金字塔的前身。让我们分别来看这两个对策。

先来看木乃伊制作。即使在今天，也有许多人试过制作木乃伊，这常常是小学生的手工作业；对象通常是鸡，而不是人或家里的宠物，这可真是万幸（当然，除非家里的宠物正好是一只鸡）[13]。

我们对木乃伊制作了解甚多，部分原因在于希罗多德在埃及逗留期间了解到木乃伊制作的整套工序，对此做了相当详尽的描写。他写道，首先要把尸体埋在泡碱中，在这种有干燥效果的盐堆里放置 70 天。泡碱可以把水分吸出身体，助其变干。这当然不能一蹴而就，所以才需要放 70 天。

有一些内脏需要取出。木乃伊制作师在尸体侧面切开一个口子，伸进手去把胃、小肠、大肠、肺和肝脏取出。这些内脏都放进被称为克诺珀斯坛（canopic jars）的坛子中。这个名字是现代人起的，因为早期埃及学家以为这些坛子与希腊神话中的克诺珀斯（Canopus）有关；克诺珀斯是希腊迈锡尼的一位武士，参加过特洛伊战争，在埃及遭蛇咬身亡。

克诺珀斯坛为墓中所必备。每一套坛子的形状可能各不相同，但在新王国时期，坛盖一律做成埃及神话中太阳神何露斯（Horus）4个儿子的模样，由他们来守护坛中的内脏。豺狼头盖子的坛子用来装胃和小肠，大肠装在猎鹰头盖子的坛子里，装肺的坛子盖是狒狒头，肝脏则装在盖子做成人头形状的坛子里。然后，把有香气的草和香料填在腹腔里原来有内脏的地方，再把身侧的开口缝起来。

然而，心脏要留在原处，因为古埃及人认为心乃理智之源，来生中还会需要。脑子却被当作无用之物丢弃。取脑有两个办法。

一个办法是拿一根长金属丝，顶部弯成钩状，把金属丝从死者的鼻孔往上一直捅进颅腔，然后快速地把金属丝拉出，用钩子把脑子带出来。如果第一次没有清干净，就再做一次，直至把脑子全部取出。

另一个办法是把死者的头向后倾，往鼻孔里滴液。滴下的液体是一种强酸，它到达颅腔后，会把脑子溶化。再把头扶正后，一股灰色的黏稠液体就会顺着鼻孔流出来——好啦，颅腔被清空了。

至于古埃及人到底使用的是哪个办法，至今仍在争论，就连科学论文也说法不一。无论如何，今人所知信息均来自希罗多德。是他首先告诉我们，木乃伊制作师用一根弯曲的铁丝把大部分脑子通过鼻孔钩出来，然后“用药水涮洗”，把剩下的部分清干净。2012年，有人在一具2 500年前的木乃伊颅骨内发现了一个被认为是“取脑工具”的物体。研究者猜想，也许溶脑和取脑[14]用的都是这个工具。

人们对尸体进行防腐处理时不准家人在场——的确应该如此，因为有时会发生事故。比如，一具女性尸体由于防腐手法失当，脸颊瘪了下去。她是第二十一王朝的一位女祭司，名叫亨塔维（Henttawy），生卒年月在大约3 000年前的公元前10世纪。防腐师用棉花把她的面颊垫了起来，可能是为了尽量让她看起来面目如生。垫棉花似乎是当时惯用的方法，可是棉花塞得太多，把她的两颊撑破了。当然，这样她就无法进入来世了，因为她的身体不再完好无损。但是她的木乃伊外面的包裹直到现代才被打开[15]，所以之前无人知晓此事。

最近，研究者使用新的CT扫描和三维显像技术重新检查了大英博物馆以及英国、德国和埃及其他博物馆收藏的木乃伊，发现了一些有趣的事情。木乃伊里有皇室贵胄，也有平民百姓，年代从公元前3500年到公元700年不等，有孩童也有成年人。他们有的文身，有的患有各种疾病，大多数人有牙科疾病[16]。一个女性在大约公元前900年被制成木乃伊，生前是歌手，叫塔穆特（Tamut），是底比斯人。检查了这具木乃伊后，研究者发现包布内藏有驱邪的护身符，死者的动脉血管中有钙化的斑块[17]，这可能引发了心脏病或中风，成为她的致死原因。检查动物木乃伊时则发现，1/3的木乃伊打开外面的包布后里面一无所有[18]，于是人们对此中原因猜测纷纷。

古埃及人不仅把尸体做成木乃伊，还努力保护木乃伊不受大自然破坏。这就是为什么公元前3000年之前出现了玛斯塔巴。玛斯塔巴建造在安葬木乃伊的墓穴上方，是用土坯垒成的类似长凳的长方形土堆。玛斯塔巴在现代阿拉伯语中的意思就是"长凳"，那种形状的坟墓因此而得名。即使沙暴刮过墓地，把所有的沙子全部卷走，玛斯塔巴仍然会岿然不动，这样，木乃伊就不会暴露在风吹日晒之下，不会遭到鸟啄，也不会被鬣狗或其他食腐动物啃咬。

玛斯塔巴也许是几世纪后出现的金字塔的前身。到底是什么触发了古埃及人建造金字塔的念头，这一点并不清楚，但无论如何都不可能与外星人有关[19]。最先建造金字塔的似乎是第三王朝的法老左塞尔（Djoser，也拼写为Zozer）。公元前2700年刚过，他就要维齐尔*（也就是他的左右手）伊姆霍特普（Imhotep）为他建造一座更有皇家气派的墓地。埃及的第一座金字塔——阶梯金字塔——就这样建造了起来。伊姆霍特普似乎既是左塞尔的建筑师，也是他的私人医生。后来，他被誉为埃及医学之父，最终被尊为医神，与希腊的阿斯克勒庇俄斯（Asclepius）平起平坐。

伊姆霍特普主持建造的阶梯金字塔看上去好像是6个玛斯塔巴叠罗汉，越往上面越小，形成一座阶梯状的金字塔[20]。阶梯金字塔

---

* 维齐尔（Vizier），古埃及由法老任命的高级官员，地位相当于宰相。——编者注

塞加拉的左塞尔阶梯金字塔

与我们今天在开罗郊外看到的外表光滑的巨型金字塔十分接近，只是没有把各层间的空隙填满，再把外墙抹平。

当然，实际远没有那么简单，人们至今仍在争论金字塔到底是如何建造起来的。许多学者倾向于认为使用了木板、滑轮和滑车，正如今天吊运巨石所用的方法，但也有人认为石块是沿着一条围绕金字塔盘旋上升的泥土甬道拉上去的。如果用的是后一种办法，安装好金字塔顶部的最后一块石头后，就需要拆掉金字塔周围的泥土甬道。还有许多其他的假设，比如认为金字塔内部建有通往顶端的斜坡，但现在这样的斜坡已看不到了[21]。近几年，通过复制金字塔的建造过程，可以肯定，虽然修建金字塔用的石块既大且多，但当时埃及人的技术能力可以做到，无须仰仗外星人的力量。

另一点需要记住的是，这些巨型金字塔并非孤立的建筑，而是通常处于更大的墓区之中。除金字塔外，还有祭祀厅、神祠和其他建筑物，全部用于纪念国王。所以，左塞尔法老有一整个墓区，阶梯金字塔只是其中的一部分。

在吉萨（Giza）也是一样的情况。吉萨地处现代开罗的郊外，是埃及最大的3座金字塔的所在地。在最初的古代世界七大奇迹中，如今只有这些金字塔硕果仅存，它们也是少数能从国际空间站看清的地球文化标志之一[22]。

这3座金字塔属于古王国时期的第四王朝，即所谓的“金字塔时代”。它们先后由胡夫（Khufu）、哈夫拉（Khafre）和门卡乌拉（Menkaure）祖孙三代法老建成，后来希腊人称这三位法老为“Cheops”、“Chephren”和“Mycerinus”。胡夫（亦称Cheops）法老在公元前2600年过后建成的金字塔在3座当中建得最早，也是最大的，所以今天它被称为“大金字塔”。我们之所以知道这座金字塔是胡夫建的，部分原因是工人在金字塔内留下的涂鸦提到了他的名字[23]。哈夫拉（亦称Chephren）建的第二座金字塔可能就是斯芬克斯所属的金字塔，因为斯芬克斯所处的位置就是哈夫拉墓区原来的入口。第三座金字塔最小，为门卡乌拉（亦称Mycerinus）所建。我的亲身经历证明，这座金字塔里面特别逼仄：我个子不算高，但我在金字塔里面从一头走到另一头的时候，必须低头弯腰以免碰头，双肩一直挤蹭着两边的墙。我至今清楚地记得那种头上压着几十吨石块的压迫感。

3 座金字塔中最出名的是“大金字塔”。它也许花了 10 到 20 年的时间才建成，但不太可能是由奴隶建造的［而且肯定不是像有些人声称的那样，是由希伯来奴隶所建，因为金字塔建造的时间比《圣经》中约瑟（Joseph）把希伯来人带到埃及的时间至少早了 800 年］。

希罗多德（就是那位描述了木乃伊制作工序的古希腊历史学家）说，建造这样一座金字塔需要 10 万人每年分 4 班[24]不停歇地劳动。20 世纪 90 年代以来，人们对金字塔附近的工人住区和公墓进行了挖掘，根据挖掘结果达成的普遍结论是，修建金字塔的劳动大军可能由贫苦农民和自耕农以及下层阶级的其他成员组成，他们利用庄稼收割后的农闲时期做工挣钱，而且待遇不错[25]。除了这种季节性工人之外，还有几千名修建金字塔的长期专业工人，他们负责指挥劳动、提供技术指导。金字塔实际上是巨大的公共工程项目，因为建筑金字塔需要皇家金库投入巨额资金。

建造金字塔显然需要大量劳动力，因为每一座金字塔都是用无数大石块筑成的。比如，大金字塔建成后约 145 米高，每边约 230 米长。大金字塔用了 230 万块石头，有些石块重达数吨。整个金字塔据估计重约 600 万吨。它的外面本来包有一层白色石灰岩[26]，但那些石灰岩块早已剥落，其中许多后来被用于建造开罗和金字塔周围村庄里的房屋。

大金字塔内部甬道纵横，墓室众多。尽管尚无定论，但似乎按建造者原来的计划，从入口进去的走道会通往一个墓室，国王本应埋葬在这个墓室的地下。然而，可能计划发生了变化，因为又有一条通道向上通往被称为“大回廊”（Grand Gallery）的甬道，从那里才能到达真正的国王墓室，里面安放着一具巨大的花岗岩石棺。

国王墓室有两条细长的竖井通往金字塔的两侧。它们曾经被称为通风井，今天还有人使用这个名称，但现在有一种说法认为它们有仪式性的用途。近年来，文物保护部门注意到，进入金字塔内部的大批游人呼出来的潮气对金字塔造成了破坏，于是这两条竖井派上了用场。在竖井中安装空调（或抽风扇），把金字塔内部的潮湿空气抽出来，再把沙漠的干燥空气送进去，问题随即迎刃而解。所以，如果你在大金字塔内觉得似乎听到了空调的嗡嗡声的话，那绝不是你的幻听。

至于斯芬克斯，它矗立在哈夫拉建造的第二座金字塔的入口处。埃及学家注意到，它的脸和哈夫拉雕像的面孔非常相像。斯芬克斯不像有些业余考古爱好者所说的有 1 万年的历史，而是建成于公元前 2550 年左右。它的所在地是一个采石场，埃及人就是用这里的石头建造金字塔的。但建造斯芬克斯的石头没有被拿去建金字塔，因为它的内核是“烂的”，也就是说石头的质量不好，不能用作建筑材料。于是，建筑者把内核雕成了狮身的形状，然后用石块堆砌成爪子和头面部分。

斯芬克斯在古代已经被挖掘过一次，因为图特摩斯四世（Thutmose IV）法老留下了一段铭文，里面说他自己还是位年轻王子的时候，有一次在斯芬克斯的阴影中睡着了，当时斯芬克斯的身体从颈部以下被沙子埋得严严实实。那应该是公元前1400年左右的事。他梦到斯芬克斯告诉他，如果他把它身上的沙子清除掉，就让他做埃及的国王。于是，他挖走了沙子，修复了破损的石块。他最终登上国王的宝座后，在斯芬克斯的爪子之间立了一块碑，现代埃及学家[27]发现这块碑的时候，它仍在原地。今人称它为斯芬克斯碑，也叫记梦碑。

传说斯芬克斯的鼻子是被拿破仑的军队在1798年或1799年打掉的。此言不实。虽然拿破仑的军队的确用斯芬克斯做过打靶练习，但那时斯芬克斯的鼻子早已脱落了。据15世纪的阿拉伯历史学家马克里齐（al-Maqrizi）说，埃及的农民曾向斯芬克斯献祭，把它作为异教偶像来崇拜，一个苏非派穆斯林统治者为禁止此种行为，在1378年砍下了斯芬克斯的鼻子。

如今，人们使用了一些新技术来研究埃及的一些最著名的古建筑，包括图坦卡蒙的陵墓和几座金字塔，比如位于达舒尔（Dashur）的“弯曲金字塔”（Bent Pyramid）和“红色金字塔”（Red Pyramid），还有坐落在吉萨的胡夫金字塔。

比如，2015年，埃及、日本、加拿大和法国科学家使用红外热成像法探知，有几个金字塔内部存在奇怪的现象，比如不同的石块温度不同。这些热数据[28]也许表明金字塔内部存在空洞，或者原来没有注意到的某种内部结构。

科学家还使用了 μ 子放射技术，以期获取更多数据，确定金字塔内部是否确实存在空洞。μ 子收集器（或称探测器）可以测量穿透固体结构的宇宙粒子，也可以显示固体结构内部的空洞。2013 年研究者曾对伯利兹的一座玛雅金字塔使用这种技术。2015 年末，在达舒尔弯曲金字塔（它比坐落在吉萨的那 3 座最著名的金字塔早建了一个世纪）的底层墓室里，科学家铺设了 40 块 μ 子探测板，覆盖面积约 1 平方米，把它们在那里放了 40 天。探测结果的报告于 2016 年 4 月发表，它清楚地显示出了金字塔内部已知的第二个墓室，也确定探测所及之处不可能存在未被发现的墓室。下一个要探测的是大金字塔[29]。这一切表明，自考古学和埃及学这两个学科确立伊始就备受重视的金字塔再次成为实地勘察的首要对象。

总的来说，本章对古埃及的介绍是为了使读者稍窥这个伟大文明的辉煌成就，了解最近的一些发现以及做出这些发现的过程中使用的新技术。我希望读者读过本章后，在面对关于古埃及，特别是关于金字塔、木乃伊和象形文字这 3 大话题的一些说法时，能做出更准确的判断，无论那些说法是来自网上、电视节目，还是来自朋友或邻居。要记住，埃及学家研究的远不止上述为公众所津津乐道的话题。埃及美国研究中心（American Research Center in Egypt，缩写为 ARCE）2016 年的年会上介绍的学术论文包括《“第三中间期”的国王统治》《“新王国时期”东部边界区的泰勒埃伯格的墓葬方法，第二部分》《埃及皇家石刻的机械学》，还讨论了其他不大会拍摄成电视节目的内容。[30]

第 4 章

美索不达米亚之谜

乌尔的普阿比女王

2001 年，大英博物馆举办了一场名为“阿加莎·克里斯蒂（Agatha Christie）和考古”的展览。据说，以创作悬疑故事，包括名侦探波洛（Poirot）的破案故事而著名的克里斯蒂曾说过：“女人能找到的最好的丈夫就是考古学家。她年纪越大，他对她越感兴趣。”[1]

这是阿加莎·克里斯蒂的经验之谈。许多人都读过她的小说，但没几个人知道她的丈夫是考古学家马克斯·马洛温（Max Mallowan）。在现代伊拉克境内的乌尔考古现场，马洛温是莱昂纳德·伍莱的得力助手。1930 年，马洛温 26 岁，阿加莎 40 岁，阿加莎来到乌尔参观发掘现场，是因为她和当时的大多数英国人一样，听说著名的“乌尔的坟场”做出了考古发现，心向往之，要亲睹为快。然而，阿加莎发现马洛温比“乌尔的坟场”更令她着迷。6 个月后，他们结为连理。不过，阿加莎结婚后在乌尔的考古现场受到排挤，结果，他们夫妇很快便离开乌尔，去别的地方自己挖掘。自那以后，马洛温每次去挖掘考古现场，基本上都有阿加莎陪伴在侧。阿加莎的许多小说都是在挖掘现场写的，不写作时，她就帮助丈夫处理找到的文物。

至于阿加莎和马洛温结婚后为何在乌尔不受欢迎，传说是因为伍莱的妻子凯瑟琳·伍莱夫人[2]不容任何人与她分享挖掘现场的男性的注意。但阿加莎似乎很快就报了一箭之仇。许多人认为，她的小说《美索不达米亚谋杀案》(*Murder in Mesopotamia*)里第一个被杀死的“可爱的路易丝”就是以伍莱夫人为原型的，因为小说中的路易丝是“考古学家的妻子，容貌美丽但难以相处”。据说，了解内情的人一眼就看出路易丝就是伍莱夫人，而她本人显然一点也不在乎。

乌尔考古现场坐落在幼发拉底河边，在河水流入波斯湾的入海口以北。这个地区名叫美索不达米亚(Mesopotamia)，地名由希腊文的“meso”和“potamia”组成，意思是“两条河之间”，两条河指的是底格里斯河和幼发拉底河。

乌尔在古代即已名声远播。人类从公元前6000年左右就开始在那里定居，直到公元前400年幼发拉底河改道才迁往别处。青铜时代期间，自公元前3000年起，乌尔已具备了美索不达米亚城市的所有典型特征，包括建有直耸入云的金字形神塔（ziggurat）。伍莱说这个地方就是《圣经·创世记》中讲到亚伯拉罕（Abraham）时所说的“迦勒底的吾珥”（Ur of the Chaldees）[3]，但我们无法确知他的判断是否正确。

伍莱和马洛温1922年开始在乌尔挖掘，和卡特在埃及发现图坦卡蒙的陵墓是同一年，但直到1926—1927年的第五个挖掘季过了一半的时候，他们才开始挖掘遗址的墓葬区。自那以后，从1927年到1929年，这两位考古学家发现了16座国王墓，因此声名远扬。总算起来，加上伍莱在1931年马洛温离开后的挖掘结果，考古人员在墓葬区发现了大约1 850处完好无损的坟墓。国王的陵墓只占挖掘出来的所有坟墓的一小部分[4]。

乌尔那些王陵建造的时间大约是公元前2500年，几乎与吉萨的金字塔同时。虽然墓葬区的许多其他坟墓十分简陋，但是国王的陵墓相当气派。王陵里通常设有石室，或者是拱形，或者带穹顶，国王的遗体就安放在里面。墓室位于墓坑深处，可能有陡坡与地面相接。陪葬的宝物大多和遗体一起放在墓室中，墓室内外的墓坑里还发现了带轮的车子、牛和殉葬的人[5]。

乌尔的坟场埋着许多殉葬的随从，只在一处墓中就发现了70多个追随主人或女主人而去的殉葬者，另一处墓中有60多个人，还有一处墓中有 40 个人。多数殉葬者是女性，但也有男性。伍莱猜想那些人先是沿着陡坡走进墓坑，然后饮鸩而亡，但 2009 年宾夕法尼亚大学对其中一些头骨做了 CT 扫描后发现，至少有些人[6]是被一种尖利的物体砍在耳后下方而死的，应该是一击毙命。

伍莱和马洛温在各个王陵中发现的殉葬品令人惊艳，尽管许多陵墓在古代已经被盗过。他们发现了黄金制成的冕状头饰、黄金和青金石的首饰、黄金和琥珀金的匕首，还有一顶金头盔，很可能是仪式用品，因为金质头盔在作战中挡不住剑或战斧的打击。他们还发现了一些精美的雕塑，包括一对山羊上树的雕塑［由于雕塑使人想起《圣经》里用以撒（Issac）献祭的故事*，所以它们经常被称为“树丛里的公羊”］。现在，这对可爱的雕塑一个收藏在大英博物馆，另一个在费城宾夕法尼亚大学的大学博物馆。

乌尔还出土了一架镶嵌着象牙和青金石的木制竖琴的残骸，伍莱后来复原了这架竖琴。人们还在一个国王墓中发现了一个木头框子，正反两面都有镶嵌画。伍莱称其为“乌尔的旗帜”，他认为那可能是打仗时挑在杆子顶端的军旗，正如几世纪后罗马人用的旗帜那样。他是根据画中描绘的图景得出这个观点的——画中有一个看似作战的场景，接下来似乎是把战利品献给国王的仪式，然后是庆功宴。宴会上有个人物是拿着竖琴的乐手，伍莱修复那架出土的竖琴时就部分参考了画中乐手抱持的竖琴。当然，这些场景也可能描

* 上帝为考验亚伯拉罕，命其献祭独子以撒。亚伯拉罕即将动手之际，天使止住了他。后改用旁边树丛中的公羊献祭。——编者注

绘的是完全不同的活动，也许那就是个木头框子，不是什么“旗帜”。今天，离伍莱和马洛温在乌尔发现那些国王陵墓已经过了几乎一个世纪，但关于如何解释“乌尔的旗帜”和一些其他文物的讨论和争辩仍在继续。

伍莱和马洛温并非第一批在美索不达米亚做出惊人发现的考古学家。19 世纪中期，中东的几处古遗址都开始了认真的发掘工作，出资方是大英博物馆和卢浮宫[7]这样的机构，指导发掘工作的是奥斯丁·亨利·莱亚德（Austen Henry Layard）和保罗·埃米尔·博塔（Paul Émile Botta）等考古学家。他们发掘的遗址位于现代伊拉克境内的尼尼微（Nineveh）和尼姆鲁德（Nimrud），这两个地方分别是公元前 8 世纪和公元前 7 世纪亚述帝国的帝都所在。挖掘者把一些华美的文物运回了博物馆，包括今天在大英博物馆和卢浮宫展出的巨大带翅兽、狮像雕带和其他展品。德国和美国的博物馆也不甘落后，纷纷出资赞助考古队前往美索不达米亚，对巴比伦、乌鲁克（Uruk）和尼普尔（Nippur）等古遗址展开发掘。

碑铭专家会在挖掘过程中与考古人员并肩工作。他们是研究古代文字的学者，19 世纪 30 年代帮助破译了楔形文字（cuneiform）[8]的英国学者亨利·罗林森（Henry Rawlinson）就是其中一员。楔形文字是一种楔子形状的书写符号，事实上，“cuneiform”这个词的意思就是“楔形”。阿卡德语、巴比伦语、赫梯语、古波斯语和古中东的其他语言都使用楔形文字，正如我们今天用拉丁字母来书写英语、法语、德语、意大利语、西班牙语等等。

罗林森是英国军官，驻扎在今天的伊朗。他借以解开楔形文字秘密的方法和商博良用来破译埃及象形文字的方法一样，即翻译一段以 3 种文字写成的铭文。罗林森依靠的铭文是用古波斯语（这门语言一直延续到现代）、埃兰语（另一种古波斯语，但很久以前就不再使用）和巴比伦语写成的。这段铭文是大约公元前 519 年奉波斯大流士大帝（Darius the Great）的敕令刻下的，刻在伊朗的贝希斯敦（Behistun）沙漠中一处离地约 120 米的悬崖上。

罗林森讲的一个故事众口相传[9]：从 1835 年到 1847 年的 12 年间，他全靠自己沿着摇摇晃晃的梯子和脚手架爬上爬下抄录铭文，最后，他雇了个“库尔德野孩子”从悬崖顶部缒绳而下，抄完了那段长长的铭文的最后几行。那个孩子吊着绳子荡来荡去，好不容易才在陡峭的崖壁上固定住身体，把最后一点铭文抄好。

1837 年，罗林森抄录研究那段铭文才两年，就读懂了古波斯语部分的头两段内容。1837 年和 1839 年，他发表了介绍自己研究成果的正式论文，比别人早了一步，当时其他人也在努力破解那段铭文，包括一位名叫欣克斯（Hincks）的爱尔兰老牧师。据说罗林森又花了 20 年[10]才破译了铭文中巴比伦语和埃兰语的部分，成功读懂了全文。

与此同时，1842 年 12 月，保罗·埃米尔·博塔开始在今天的伊拉克发掘，那是在伊拉克开展的第一次考古发掘行动。博塔虽然出生在意大利，但他是法国驻摩苏尔（Mosul）领事，这个闲职使他有大量时间为巴黎的卢浮宫进行考古挖掘。他在摩苏尔的时间主要用在了挖掘工作上，此事也得到了其法国上司的全力支持[11]。

博塔最初集中力量挖掘与摩苏尔城隔河相望的一片名叫库云吉克（Kuyunjik）的山丘，但所得甚微，不久后就放弃了这里，后来的事情证明他此举是操之过急了。他听一个工人说向北约 23 千米的豪尔萨巴德（Khorsabad）出土了一些雕塑，于是他从 1843 年 3 月开始在豪尔萨巴德挖掘。这次立见成果，挖掘了不到一周，就发现一座宏大的亚述宫殿。起初，博塔以为自己发现了古尼尼微的遗址，但我们现在知道，豪尔萨巴德是杜尔沙鲁金（Dur Sharrukin）[12]的遗址，是公元前 721 年到公元前 705 年在位的亚述国王萨尔贡二世（Sargon II）的都城。

至于奥斯丁·亨利·莱亚德，他本来没想在美索不达米亚进行考古挖掘，至少起初无此打算。1839 年，22 岁的他和朋友一起从英国走陆路去锡兰（Ceylon，今天的斯里兰卡）。他们取道土耳其，一路上参观了耶路撒冷、佩特拉（Petra）、阿勒颇（Aleppo）和其他古城[13]，1840 年 5 月到达摩苏尔。在那里，莱亚德忽然迷上了考古，产生了发掘摩苏尔对岸的古山丘的兴趣。不过，他真正回到摩苏尔去考古挖掘还要再等几年。

莱亚德 1845 年开始在尼姆鲁德发掘，他本来以为那是古尼尼微。尼姆鲁德位于摩苏尔下游几英里处，那里的统治者是个独眼独耳的暴君，名叫穆罕默德·帕夏（Mohammed Pasha）。为了骗过他，莱亚德假装是来打猎的，在行李中偷带了一些挖掘设备[14]。

到达挖掘现场的第一夜，他睡在当地村长的茅屋里，梦到了自己可能会做出的发现。后来，他说在梦里发现了“地下宫殿、巨大的怪兽、雕像和数不清的铭文”[15]。事实证明，那与其说是梦，不如说是预感，因为他在后来的几年间发现的东西比他梦到的还要多。

第二天早上，挖掘工作开始了。莱亚德的挖掘队里有 6 个当地的工人，他把他们分为两组，在山丘上两个相距很远的地方开挖。第一天的挖掘工作尚未结束，两个组就都发现了墙上刻满铭文的房间，但那些房间属于两个不同的宫殿。一天之内，莱亚德就发现了不是一座，而是两座亚述的宫殿，今天我们分别称其为西北宫和西南宫。于是，他将团队规模扩大了一倍，增加到 11 人。后来他再次扩招，工人总数达到了 30 人[16]。

人们研究了莱亚德发现的铭文后得知，西北宫是亚述纳西拔二世（Assurnasirpal II）国王建造的。西北宫建成 200 年后，一位名叫以撒哈顿（Esarhaddon）的国王建造了西南宫。那片遗址中还有一个中宫，是后来发现的，建造者是提革拉-帕拉萨三世（Tiglath-Pileser III）。亚述纳西拔二世的儿子撒缦以色三世（Shalmaneser III）也下令在那个地方建造了房屋和纪念碑。所有这些统治者建造的建筑物都是在公元前 884 年到公元前 669 年那 200 多年时间内建成的。

莱亚德以后，其他考古学者也在尼姆鲁德进行过挖掘，挖掘活动一直持续到不久前。2015 年 3 月，尼姆鲁德又上了新闻。“伊斯兰国”（ISIS）极端组织的激进分子公布了一段视频，表明他们用推土机和大锤摧毁了那里的古迹，还砸毁了摩苏尔博物馆收藏的尼姆鲁德的出土文物[17]。

莱亚德出了一本书，介绍他在尼姆鲁德的惊人发现，其中包括撒缦以色三世的黑色方尖碑，它高达 6 英尺（约 1.8 米）以上，通体刻满铭文，详细记录了国王的功绩，还提到了《圣经》中说到的以色列王耶户（Jehu）。该书 1849 年甫一出版，莱亚德立刻名声大噪，人人皆知他既是考古学家，又是无畏的探险家，还是妙笔生花的作家。他把该书的标题定为《尼尼微遗址上的发现》（*Nineveh and Its Remains*），因为他以为自己发掘的是尼尼微的遗址。这个标题起得不好，因为罗林森破译了那里找到的铭文后，发现那座古城不是尼尼微[18]，而是《圣经》里所说的迦拉（Calah，又拼为 Kalhu）。

迦拉是亚述帝国的第二个都城；第一个都城是亚述本身。从公元前 879 年到公元前 706 年，迦拉做了近 175 年的亚述帝国首都。在那之后，萨尔贡二世迁都杜尔沙鲁金。不久，辛那赫里布（Sennacherib）国王再次迁都，定都尼尼微。但是，尼尼微到底在哪里呢？当时还没有发现。

1849 年，莱亚德返回摩苏尔开始又一轮挖掘，一直挖到 1851

年。这次，他把挖掘重点放在了7年前被博塔放弃的库云吉克山丘。他现在资金充足，一次就雇了300名工人[19]，人数是他在尼姆鲁德挖掘时的10倍。

莱亚德的运气比博塔好。他的工人马上就发现了刻有浮雕和图案的墙体，后来确定它们属于公元前704年到公元前681年在位的国王辛那赫里布的王宫。开始时，莱亚德只知道它是“西南宫”。在宫中，他发现了今天我们所知的“国王图书馆”（King’s Library）。那是两个大房间，地上堆的泥板高达1英尺（约30厘米）。翻译这些泥板后，人们才知道了宫殿的真正名字——“无匹宫”（Palace without Rival）。这一次，罗林森翻译了宫中找到的泥板后，终于确认这里就是尼尼微古城，因为辛那赫里布登基后把亚述的帝都从杜尔沙鲁金迁到了尼尼微[20]。

今天，辛那赫里布的王宫中最著名的也许就是所谓的“拉吉室”（Lachish Room）。在这里，莱亚德发现了石墙上图文并茂的浮雕，描述了公元前701年辛那赫里布攻克拉吉的故事。那时，拉吉是犹太王国（Judah）的第二大城。辛那赫里布攻克了拉吉后，对耶路撒冷发动了围城战。

拉吉失陷和耶路撒冷被围在《希伯来圣经》中都有记述（《列王纪下》18:13–14）。莱亚德的发现首次证明，来源于《圣经》以外的信息可以确认《圣经》故事的真实性。

1815年，莱亚德发现辛那赫里布王宫的近30年前，拜伦勋爵（Lord Byron）发表了诗作《辛那赫里布的覆灭》（*The Destruction of Sennacherib*），《圣经》里的这个故事因拜伦的诗句而千古流传："亚述王率领身披紫色和金色甲胄的大军，如狼扑羊圈般汹汹而来；当夜色降临，深邃的加利利海掀起蓝色波浪之时，他们长矛的反光如同海面的星光。"[21]

20 世纪 30 年代以及 70 年代至 80 年代期间，人们对位于今天的以色列境内的拉吉古址开展了进一步的挖掘工作。挖掘结果确认，拉吉毁于公元前 701 年前后。人们还挖出了亚述人用数吨泥土和石块修成的一段围城坡道，它和辛那赫里布王宫的浮雕中描绘的坡道非常相似[22]。

在尼尼微发现的浮雕还展示了许多可怕的景象，包括战俘被拔舌、被活剥皮，首级被砍下来挂在杆子上等。普遍认为，亚述人并非虚言恫吓，而是的确犯下了此等暴行，不过辛那赫里布宫中的描绘更像是宣传——以此来震慑别的王国，使之不敢反叛。当时亚述人也许会把外国大使带到王宫深处的这个房间参观，然后让他们报回国内，告诫其国人切勿以任何方式反叛或激怒亚述人[23]。

谈起在尼尼微挖掘辛那赫里布的王宫时，莱亚德说："在那座辉煌的建筑里，我打开了不下 71 处大厅、房间和通道，它们的墙上几乎都装着雪花石膏的浮雕板。"按照他的估算，工人们挖掘的壕沟出土了约 3 千米的浮雕墙，还有 27 条由巨大的带翅兽和狮身人面像组成的门道[24]。

不过应当注意，莱亚德是外交官，不是专业考古学者，博塔也是一样。布莱恩·费根*直言不讳地说："按照今天的标准来看，博塔和莱亚德是很差劲的挖掘者。"[25]具体来说，莱亚德挖掘时采取的"顺墙挖"的办法，今天的考古人员是不会用的。他的工人先是在山丘表面一直竖着往下挖，挖到石墙后再沿墙横着挖，到石墙与另一面墙相接的时候，就转弯顺着第二面墙挖，直到房间的四面都挖成沟。博塔也基本上采用同样的办法。

莱亚德使用这种挖掘方法发现了墙上许多刻有铭文的石板，还有巨大的雕像。但是，这种方法意味着他经常挖不到房间中央。他对工人在挖掘过程中发现的陶器也不太感兴趣。他挖出的许多石板运回了大英博物馆，今天还在那里展出。其余的石板，以及在尼姆鲁德和豪尔萨巴德发现的石板则分散到了世界各地的博物馆，美国的达特茅斯学院和阿默斯特学院也收藏了一些。

莱亚德费了很大的劲才把石板运回大英博物馆，博塔和他的继任者维克多·普拉斯（Victor Place）把他们的发现运回卢浮宫时也用尽九牛二虎之力。博塔的发现于 1847 年 5 月在卢浮宫展出，比莱亚德在大英博物馆的展览早了几个月，后者的展出时间是当年 9 月。博塔为了把出土的物品运回法国，专门定制了一架车子，轮子宽约 1 米，结果却发现车子太重，200 多个工人[26]都推不动。莱亚德把出土物品运回英国[27]时也遇到了同样的困难。

---

* 布莱恩·费根（Brian Fagan），人类学教授，考古学家。——译者注

接替博塔在豪尔萨巴德继续挖掘的维克多·普拉斯最倒霉。他在任期间，一批重要的船货——二三百个装满古文物的箱子——在1855年5月运往法国[28]的途中，在底格里斯河上丢失了。运货船先是在巴格达短暂停留，然后沿底格里斯河顺流而下，这时遭到了匪帮的拦截。盗匪发现船上装的不是黄金之后，愤怒之余凿沉了货船，还杀死了几个船员。所有箱子都很快沉到了河底，里面那些独一无二的珍稀古文物也一起遭了殃。其中将近120个箱子装着豪尔萨巴德的出土文物，其他68个箱子里是辛那赫里布在尼尼微的王宫里的雕塑——尼尼微的雕塑是英国考古队发掘的，但英国人同意让普拉斯运回卢浮宫。美索不达米亚其他地方出土的部分文物也遭此厄运，它们是一支法国考古队在巴比伦尼亚（Babylonia）发现的。后来，人们只打捞起来78个箱子。堪称当代最伟大的英国考古学家之一的塞顿·劳埃德（Seton Lloyd）因而称此次事件为“考古史上最可怕的灾难之一”[29]。其余的文物再也没有被找到。也许应该用现代遥感技术探测一下那段河道的河底。

新发现源源不断。在莱亚德之后，他的弟子、伊拉克考古学家霍尔穆兹·拉萨姆（Hormuzd Rassam）接棒在尼尼微继续挖掘。1853年，底格里斯河上的灾难发生的两年前，和维克多·普拉斯在同一个地方挖掘的拉萨姆在普拉斯的眼皮底下发现了亚述巴尼拔（Assurbanipal）的王宫。亚述巴尼拔是辛那赫里布的孙子，统治期为公元前668年到公元前627年。拉萨姆带领工人在山丘上挖掘的

杜尔沙鲁金（现代的豪尔萨巴德）的人头带翅兽

那块地方究竟属英还是属法尚有争议，他们悄悄地连干了3夜，终于挖到了王宫的宫墙和宫内的雕塑。事已至此，普拉斯只能对他们的发现[30]表示祝贺。

拉萨姆在王宫内发现了一个图书馆，里面装满了楔形文字写成的文件，就像莱亚德先前在辛那赫里布的王宫中发现的一样。普遍认为，这两个王宫中存放的2.5万片泥板是亚述的国家档案，尽管两处的泥板在时间上相隔两代人。现在这些泥板全部存于大英博物馆。[31]

拉萨姆在亚述巴尼拔的王宫中找到的文件属于所谓的皇家图书馆。里面存放的国家文件全面介绍了亚述帝国的政治、经济和社会状况，此外还有亚述巴尼拔指示抄写员在帝国各地收集或抄录的各种宗教、科学和文学资料。[32]因此亚述巴尼拔的皇家图书馆算得上是古代世界一个伟大的图书馆，毫不逊色于过了很久才出现的帕加马图书馆和亚历山大图书馆。它保存的泥板中有《吉尔迦美什》(*Epic of Gilgamesh*)[33]和巴比伦大洪水故事的抄本。

大洪水的故事最初由乔治·史密斯(George Smith)翻译为英文。史密斯是伦敦的一个印钞工，业余研究亚述历史，在大英博物馆兼职。1872年，那些泥板被拉萨姆发掘近20年后，史密斯在拼接其中的一片时惊奇地发现那是对一场大洪水的记叙，与《希伯来圣经》中对大洪水(就是诺亚经历的大洪水)的叙述非常相似。后来史密斯发现，他看到的那一片是《吉尔迦美什》的第十一片泥板，根据那上面的叙述，大洪水的幸存者不是诺亚，而是一个名叫乌特纳皮什提姆(Utnapishtim)的人。1872年12月，史密斯在圣经考古学会的一次会上宣布了他的发现，整个伦敦都为之兴奋不已。

但问题是那块泥板当中缺了一大块，而那正好是故事渐入佳境的地方。于是，当时的一家报纸《每日电讯报》悬赏1 000英镑，鼓励人们去寻找缺失的那一块泥板。史密斯决定亲自揭榜，尽管他从未到过美索不达米亚，也从未受过考古的训练，但他到达尼尼微后未满一周，就找到了缺失的那一块。[34]

他究竟是怎么做到的呢？其实很简单。他推测，工人发现泥板残片后，收集的时候可能漏掉了那一块。所以，他没有去山丘那里再往下挖，而是到考古人员所谓的“废土堆”，也就是考古人员和工人从遗址挖出来的土堆成的小山中去寻找。

一般来说，应当挑出所有古物之后才丢弃废土，但尼尼微的废土堆中满是古物，因为工人挖得太快，经常没有仔细拣出挖掘时发现的物体，无论是陶器还是泥板。史密斯不仅找到了他要找的那一块，而且还发现了另外大约300块被工人大意丢弃的泥板碎片。他回到伦敦后，把找到的那块残片和记录大洪水的泥板一对，分毫不差。

但是，这只是关于洪水的众多记叙中的一个。最近，大英博物馆的一位亚述学家欧文·芬克尔（Irving Finkel）在2014年宣布发现了大洪水故事的又一个版本。在这个版本中，侥幸活下来的人叫阿特拉哈西斯（Atrahasis）。有趣的是，芬克尔发现的故事中描述的舟船形状是圆的，不是我们通常印象中的“方舟”。那片泥板是私人藏品，主人1985年把它拿给芬克尔看过，但不肯把它留在芬克尔那里让他翻译上面的内容。直到2009年，芬克尔才有机会再次接触那片泥板并开始翻译其内容。[35]

19世纪期间，考古发掘工作先在尼姆鲁德、尼尼微和豪尔萨巴德展开，后来扩及乌尔、巴比伦、尼普尔、乌鲁克等地，这一地区的考古发掘自那时开始，持续至今。通过在美索不达米亚进行考古挖掘和古文献分析，今人可对西方各种文化的起源窥其一斑，也能略知这些早期文化对当今社会的政治、法律、数学、医药、教育、税收等方方面面的影响。[36]

今天的一些学者回顾早期考古学家的工作时，曾讨论过是否应将其视为欧洲殖民主义的一部分，是否应对其报以轻蔑的态度，因为那些早期考古学家做的事，体现了欧洲强行将其他民族历史纳入自身的企图[37]，或者他们不过是为一己私利参加了由博物馆牵头或出资的挖宝竞赛。然而，即使他们的根本动机是寻宝，最终结果仍然是：莱亚德、博塔和其他探索者使亚述、巴比伦和苏美尔这些原来不为人知或深埋地下的文明重见天日，为增加我们对西方文明起源的了解做出了贡献。至于出土文物是否应物归原主这个合理的问题，有一个因素不能不考虑，那就是自 20 世纪 90 年代早期即开始荼毒中东的严重动乱，这样的动乱至今仍在伊拉克和叙利亚等国肆虐。

近至 1988 年，伊拉克考古学家还在尼姆鲁德做出了惊人的发现。他们发现了公元前 9 世纪亚述纳西拔二世时期几位亚述王后的墓，墓中的陪葬品包括精美的金项链、金耳环和其他宝物。这些文物在第二次海湾战争期间一度失踪，后来在一家银行的保险库里被找到。它们经过精心修复[38]后，现已对外公开。该地区其他地方的考古工作在 20 世纪 90 年代初暂停了一段时期，现在也得以恢复。这些考古探索在 21 世纪会有什么发现，非常值得期待。

第5章

探秘中美洲丛林

奇琴伊察的骷髅架

近年来，玛雅文明研究最令人兴奋的一件事发生在2009年。一个考古队使用安装在一架双引擎飞机上的先进激光雷达（LiDAR）系统在伯利兹探察到了丛林掩盖下的玛雅古城卡拉科尔（Caracol）。他们仅用了4天就成功地显示，在一大片看似无法穿越的丛林中，存在一座巨大的城市，有房屋、道路，还有其他建筑，全部被繁枝茂叶盖得严严实实。[1]

激光雷达的英文缩写“LiDAR”代表“Light Detection and

Ranging”，意思是用光来探测和测距。它是一种遥感技术，原理和雷达一样，但它是把激光束投向地面，根据反射的光束得出非常准确的测量数据，并根据几十万个数据点[2]制成三维影像。它通常装在飞机上使用，在中美洲这种地方特别合适，因为它可以穿透丛林或热带雨林的茂密枝叶，照出被完全遮在下面的庙宇、房屋，甚至整个城市的图像。

大部分甚至所有的玛雅文明遗址都有一个问题：它们掩在大林莽中，长期与外部世界完全隔绝。即使在今天，若非有人为接待成群结队的游客而不停维护那些遗址，丛林也会很快地再次将其全部覆盖。还有一些古城至今仍被掩没在丛林之中，所以 2014 年有考古队再次出发，去寻找中美洲其他被丛林遮蔽的玛雅古城。一位研究者说 ：“在丛林里，哪怕离一个大型遗址只有不到 200 米远，也看不到丝毫痕迹。”激光雷达出现后，情况立变，因为它不仅能找到被丛林掩盖的古城，而且能够在几天内，甚至几小时内就测出已知古迹的全貌，而在过去，这要花上几周、几月，甚至几年的时间[3]。

1750 年，“一群在墨西哥内地旅行的西班牙人……在一片广大的荒原中发现了古老的石头建筑，那是一座城的遗址”。那些西班牙探险者看到藤蔓把巨大的建筑物遮得严严实实，曾经的窗户中钻出了大树，一定惊得目瞪口呆。我们现在知道，他们发现的是帕伦克（Palenque）玛雅遗址[4]。

这个消息虽然迅即传开，却没有引起官方的重视。直到 30 多年后的 1784 年，西班牙国王才派了一位探险者来调查这个传言。后来的 50 年间，虽然好几个西班牙探险队勘察过这个遗址，他们的勘察报告也最终于 1822 年和 1835 年出了英文版，但仍未引起多少注意。结果，西方世界大部分人对帕伦克遗址的发现毫不知情。直到 1841 年，美国探险家约翰·劳埃德·斯蒂芬斯发表了自己在那个地区的游记，广大读者才初识帕伦克遗址。再过不到 10 年，莱亚德就会公布他在美索不达米亚做出的考古发现。

斯蒂芬斯惊讶地发现，他的《旅行记》出版之前，公众对帕伦克几乎一无所知。他先描述了 1750 年西班牙人初次发现帕伦克的经过和后来的考察成果，接下来写道："如果在意大利、希腊、埃及或亚洲这些欧洲人能够旅行的地方做出类似的发现，它所产生的轰动一定不亚于对赫库兰尼姆、庞贝或帕埃斯图姆（Paestum）遗址的发现。"[5] 他和一位名叫弗雷德里克·卡瑟伍德（Frederick Catherwood）的英国艺术家兼建筑师一起在中美洲的探险改变了这一切。他们写的游记成为畅销书，里面记录了他们对若干玛雅遗址的发现，其中大多是先前不为人知的[6]。

当然，斯蒂芬斯和卡瑟伍德绝非第一批到达这些遗址的外国人，他们也没有进行大规模挖掘，只是探察了整个遗址区，清除了树木和灌木丛，对遗址进行了测绘。不过，是他们后来发表的游记引起了外部世界对中美洲遗址的注意。在此过程中，他们开启了我们现在所谓的新世界考古[7]。正如一位学者所指出的，这一切都发生在海因里希·谢里曼发掘特洛伊的30年前和霍华德·卡特发现图坦卡蒙陵墓的80多年前。[8]

斯蒂芬斯很小就学会了希腊文和拉丁文，年方13岁就上了哥伦比亚大学。他20岁时成为律师，但没做多久就启程游历欧洲和中东[9]，到过希腊、土耳其、埃及和约旦。他归来后出版了一部游记，很快大为畅销，使他名利双收。[10]

卡瑟伍德比斯蒂芬斯大几岁，两人结为好友，决定一起去中美洲探险。具体来说，他们想去寻找今人所谓的玛雅文明的废墟。于是，1839年，他们从美国出发，去探访书里提到过的3个中美洲古遗址——科潘（Copán）、帕伦克和乌斯马尔（Uxmal）。他们两次探索中美洲，不仅去了那3处地方，还去了近50个其他的古遗址，如奇琴伊察（Chichén Itzá）。

他们的考察报告以游记的形式分别于1841年和1843年出版。斯蒂芬斯在书中不仅详细描写了他们看到的古城和建筑物，而且描述了他们在旅途中患上的各种疾病。他数次提到蚊虫叮咬使他们染上疟疾，虫子钻到他们的脚指甲下面产卵，还有别的可怕疾病，其中有些甚至有可能致命。[11]这些第一手的叙述，使人不禁惊讶于他们居然能两次活着走出丛林回到美国。

斯蒂芬斯的观察敏锐精微，他能够把自己对旧世界的观察和新世界的发现进行对比。过去有一种说法，认为科潘和帕伦克这些古城是埃及人或亚特兰蒂斯的后人建造的，但斯蒂芬斯根据自己游历中东的经验正确地断定此说有误，建造古城的是当地的原住民——

玛雅人。

他把在科潘看到的金字塔、圆柱及雕塑和在埃及看到的这类古迹进行对比之后，专门指出："除非我错了，否则我们达成的结论远比把这些古城的建筑归功于埃及人或任何其他人都更有趣、更奇妙……。我的想法与所有以前的猜测都大相径庭，我倾向于认为（遗址）建造者是西班牙人入侵时住在那片土地上的民族，或者是他们不久前的祖先。" [12]

他和卡瑟伍德忠实地记录下了科潘和其他地方的纪念碑上镌刻的象形文字。斯蒂芬斯坚信，这些象形文字一旦破译，将揭示玛雅文明的历史。他写道："有一点我坚信不疑：它的历史刻在了纪念碑上。现在还没有一个像商博良那样的人致力于破译这些文字。谁会来读懂它们呢？" [13] 后来他再次谈及此事，写道："我仍然相信这些象形文字终有一天能够被破译……。埃及的象形文字在几个世纪里曾如天书一样不可解读。我相信，虽然目前也许尚未找到，但将来一定会发现比罗塞塔石碑还可靠的解谜之钥。" [14]

斯蒂芬斯提到的让-弗朗索瓦·商博良通过研究罗塞塔石碑上用 3 种文字镌刻的铭文，于 1823 年破译了埃及象形文字。斯蒂芬斯说得一点不错：刻在纪念碑上的象形文字最终得到破解后，人们发现它们的确是对玛雅历史的记录，其中包括一切血淋淋的细节。玛雅文字的准确破译耗时良久，最近几十年间才终于做到，但我们现在知道了，玛雅文明不像我们原来想象的那么宁静祥和，它的历史和所有其他古文明一样，充满了争夺和战争。

玛雅文字最终得到破译要归功于若干人的协同努力，这些人包括英国学者艾瑞克·汤普森（Eric Thompson）、俄裔美国学者塔季扬娜·普罗斯科里亚科夫（Tatiana Proskouriakoff）和乌克兰学者尤里·克诺罗佐夫（Yuri Knorosov）。汤普森和克诺罗佐夫通常被说成是激烈竞争的对手[15]，就像争当破译埃及象形文字第一人的法国学者让-弗朗索瓦·商博良和英国学者托马斯·扬那样。

汤普森是研究玛雅象形文字的耆宿，1950年出版过一部巨著。普罗斯科里亚科夫最先指出玛雅象形文字记录了历史日期和事件。她还在象形文字中找到了与男人名字有别的某些女性的名字。但是，现在普遍承认，真正迈出关键一步的是冷战期间在苏联做研究的克诺罗佐夫。他利用16世纪一位名叫迭戈·德·兰达（Diego de Landa）的西班牙主教留下的一份关于玛雅文明的手稿，实现了破译玛雅象形文字的最终突破。虽然德·兰达对玛雅文字的理解有误，但是他的手稿为克诺罗佐夫提供了至关重要的解谜线索。为此，德·兰达的手稿被称为玛雅象形文字的罗塞塔石碑。这特别具有讽刺意味，因为普遍认为德·兰达是造成玛雅树皮书大批被毁的罪魁祸首，就是由于他的毁坏，留至今日的树皮书才少而又少。[16]

破译玛雅象形文字方面最新、最重要的进步是美国学者戴维·斯图尔特（David Stuart）在过去几十年间实现的。他出生于1965年，父亲乔治·斯图尔特（George Stuart）是研究玛雅文化的学者，在国家地理学会工作了近40年[17]。戴维3岁还在蹒跚学步的时候就在父母的带领下去过玛雅废墟，8岁起开始研究象形文字，10 岁就在帕伦克跟随伟大的玛雅碑铭学家琳达·谢勒（Linda Schele），给她打下手。

斯图尔特 1995 年拿到博士学位时，已经发表了 13 篇文章和专题论文。他年方 18 岁就荣获麦克阿瑟“天才”奖学金，至今仍是该奖最年轻的得主，也是获奖者中为数不多的考古学家之一。他还是屈指可数的麦克阿瑟奖学金和古根海姆奖学金双料获奖者中的一员。[18]

然而，公众知道他的大名也许主要是因为他在 2011 年写的一本书，那时媒体正纷纷报道一个所谓的玛雅人预言，说世界将于 2012 年完结，因为那是当前的玛雅历 5 000 年周期的结束之年。斯图尔特成功地表明，其实玛雅人并没有预言世界何时将完结，只是把某个国王的统治期放在了时间循环的大背景中而已。[19]

由于这些学者的努力，约翰·劳埃德·斯蒂芬斯的预言得以成真。玛雅象形文字终于得到了破解，科潘和其他玛雅古城的历史的确如斯蒂芬斯所说，是“刻在纪念碑上的”。

比如，我们现在知道，在位于洪都拉斯、被联合国教科文组织列为世界遗产的科潘，玛雅人列出了他们的 16 位统治者的名字，这些统治者在位的时间涵盖约 4 个世纪，从公元 427 年到公元 810 年过一点。他们的名字被刻在 Q 号祭坛上。那是一块体积不大的方形石头，约 2 米见方、1.2 米高，每面刻着 4 位国王的形象。这个王朝的创始国王被称为“伟大的太阳神-绿毛金刚鹦鹉”（Great Sun Green Quetzal-Macaw）。科潘古城的历史从公元 200 年持续到公元 900 年，Q 号祭坛上有名的那些统治者在位的那 4 个世纪似乎是它的鼎盛时期。[20]

通过发掘并研究各个遗址及其中找到的铭文，我们还对玛雅文明的兴衰获得了更多的了解。考古学家把玛雅历史分为几个主要阶段。最初的农业活动和村落出现于公元前 2000 年之前，属于古代时期。前古典期约为公元前 2000 年到公元 300 年，其间公元前 750 年左右开始出现城市。古典时期始于公元 300 年左右，终于公元 900 年前后。古典后期，即公元 800 年到公元 900 年左右，高度发达的玛雅城市纷纷崩溃，但不同城市崩溃的时间各不相同。在那之后是后古典期，从公元 900 年前后持续到西班牙人到来的 16 世纪。

古典时期辉煌一时的科潘是约翰·劳埃德·斯蒂芬斯和弗雷德里克·卡瑟伍德 1839 年 11 月初次启程去寻找的 3 个城市之一（他们把 3 个都找到了）。斯蒂芬斯说他仅花了区区 50 美元就从当地人手中买下了整个科潘遗址，并认真考虑过把那里的所有纪念碑都运回美国，但最后他只是请卡瑟伍德把它们画了下来。然而，最近发现的有斯蒂芬斯签字的合同原件表明，他并未真的买下科潘古址，只是租赁了 3 年，这给了卡瑟伍德充足的时间[21]，使他得以把那里所有的纪念碑都细细临摹下来。

斯蒂芬斯和卡瑟伍德在科潘一共逗留了 13 天，其间他们发现了 14 块刻有铭文的直立石头。这样的石头通常称为石碑（stelae，单数是 stele），这是个希腊词语，考古学家用以指代刻有铭文的直立石头。卡瑟伍德把他们在科潘发现的所有石碑都画了下来，也画了 Q 号祭坛。斯蒂芬斯略微猜到了 Q 号祭坛上的刻像究竟是何方神圣，他描述了那 16 个刻像，猜测说人像下方的象形文字也许是他们的名字和职位。他猜对了。他还说祭坛上的象形文字“肯定记录了曾在这座古城中居住的神秘民族的历史事件”[22]。他又猜对了。

斯蒂芬斯和卡瑟伍德清除了科潘遗址所有废墟上的杂草树木，这些废墟包括“象形文字石阶神庙”（Temple of the Hieroglyphic Stairway）[23] 和“圣球场”（Sacred Ball Court）。“象形文字石阶”有 63 级，直通约 23 米高的神庙屋顶，整条石阶上刻有至少 2 200 个象形字符。这是已知篇幅最长的玛雅文献之一，似乎是对王朝历史的记录。最先留下记录的是科潘的第十三任国王，他运气不佳，在和另一个王国作战时被俘，并遭到斩首。最后留下记录的是公元 8 世纪期间的第十五任国王，他的记录比前面一位国王长了一倍，还采用了一种奇怪的双语形式，右边一行是玛雅象形文字，左边一行刻的是奇怪的“特奥蒂瓦坎象形符号”，那些符号似乎仅为装饰，没有真正的含义。

科潘的“圣球场”是玛雅遗址中此类场所保存得最完好的。古人球赛的规则，至今尚无定论，有人说大约与足球差不多，把球踢过一个小圆环就算赢了，但如果球落了地或碰了手，比赛就宣告结束。胜方的球员固然经常得到英雄般的待遇，但有些学者认为，输球的一方有时会被处死[24]。这样的球场在中美洲各处都有，甚至传到了美国西南部。

斯蒂芬斯和卡瑟伍德在科潘考古现场逗留的时间不足两周，所以进一步探索和挖掘科潘的工作留给了其他人。19 世纪 80 年代来了一位名叫阿尔弗雷德·莫兹利（Alfred Maudslay）的著名业余考古爱好者；20 世纪 30 年代期间[25]，卡内基研究所的一个考古队也对科潘进行了发掘。

斯蒂芬斯和卡瑟伍德休息了一段时间之后，于 1840 年 4 月再次踏上旅程，去寻找帕伦克。他们原本能够顺路探访一个被掩没在危地马拉热带丛林中的古遗址，那可能就是我们今天所知的蒂卡尔（Tikal）这个重要遗址。虽然他们二人听说过关于蒂卡尔的传言，斯蒂芬斯也计划拨出 10 天时间，去那里画出遗址的地图后再继续前行，但是他们最终决定不再耽搁，直奔帕伦克，结果与那里失之交臂，把发现该遗址的机会让给了别人。

他们一定后悔莫及，因为在不到 10 年后的 1848 年，蒂卡尔就被发现了，而且就在他们认为它应在的地方。如果他们当时抓住机会去了那个地方，那么发现这个玛雅城市的功劳就是他们的了。蒂卡尔曾有 10 万居民，是该地区最大的城市之一。它被发现后，其他考古学者和探险者竞相前来探索，但直到一个多世纪之后的 1956 年到 1970 年，才由宾夕法尼亚大学首次在这个遗址上开展大规模考古发掘工作[26]。

遗址上尚可看出约 3 000 座建筑物，还有许多建筑仍掩盖在热

蒂卡尔的大美洲豹神庙（一号神庙）

带雨林中。建筑物中有公元 200 年到公元 900 年的古典时期神庙和宫邸，它们大多是在古典时期的最后 3 个世纪中建成的。国家地理学会的考古学家乔治·斯图尔特估计，在蒂卡尔可能还会找到 1 万座更早时期的建筑物。蒂卡尔现在成了国家公园，1979 年被列入联合国教科文组织的世界遗产名录[27]。

蒂卡尔有 6 座神庙金字塔，包括称为大美洲豹神庙（Temple of the Grand Jaguar）的一号神庙。1962 年，人们在这座神庙内发现了建造了它的玛雅国王的墓。这位国王的名字一般翻译为“巧克力大王”（Lord Chocolate）。他对蒂卡尔的统治长达 52 年，时间在公元 700 年前后。他的墓中有玉片、贝壳饰物和原本装满了食物和饮料的陶制容器。另外有一些不同寻常的骨雕，雕刻的场景似乎是玛雅人的创世故事。除建筑物以外，人们还在蒂卡尔发现了为城里提供饮水的 10 个水库[28]。

当然，斯蒂芬斯和卡瑟伍德并非第一批去寻找帕伦克的西方人。他们之所以起意去中美洲旅行，就是因为他们看过若干西班牙探险者的报告的英译本，读到了对这个消失的城市的简短叙述。其中有些报告说中美洲的巨大废墟是埃及人留下的，至少有一份报告［作者是探险家迪佩（Dupaix），他在探险途中也到过科潘］认为帕伦克是亚特兰蒂斯人修建的[29]。这类假设都出于一个错误的想法，认为今天住在遗址附近小村庄里的贫穷玛雅原住民不可能是造得出如此宏伟建筑的民族的后代，这些建筑一定是欧洲人知道的某个民族建造的，比如埃及人、罗马人，或亚特兰蒂斯人。斯蒂芬斯与这种意见针锋相对，宣布帕伦克和其他遗址就是玛雅人建造的[30]，与别处的人没有关系。

斯蒂芬斯和卡瑟伍德在旅行中历尽艰辛，终于在 1840 年 5 月抵达墨西哥南部的帕伦克。他们在那里待了 3 周，清除掉遗址上的杂树乱藤，画下了依然矗立的纪念碑和建筑物，包括所谓的王宫、十字神庙和大球场。

他们使之重见天日的古迹中有我们现在所谓的“铭文神庙”（Temple of the Inscriptions），它位于一座 24 米高的石头金字塔的顶端。这座神庙对它的盛名当之无愧，因为它有 3 块巨大的石板，上面刻着 600 多个象形字符，是已知的玛雅世界中第二长的铭文。

斯蒂芬斯确信，那些象形文字与他们在科潘看到的为同一种，所以他请卡瑟伍德毫厘不差地把它们描摹下来，留待将来的学者将其破译。最终，这些字符果真得到了破译[31]。

此事听起来容易做起来难。斯蒂芬斯描述了为使卡瑟伍德能够临摹那些象形文字所做的事先准备，从中可大略知道他们花了多少力气。他说："刚看到它们（指石板）的时候，它们上面盖着厚厚的一层青苔，需要把青苔刮掉洗净，用小棍把刻痕里的东西挑出来，把石板彻底擦洗干净……。由于茂密的树荫遮光遮得厉害，卡瑟伍德先生临摹时我得举着蜡烛或火把给他照亮。"[32]

他们当时不知道，铭文神庙所在的那座约 24 米高的金字塔也是帕卡尔大帝（Lord Pacal）的陵墓。帕卡尔统治帕伦克近 70 年，从公元 615 年到公元 683 年。他和几乎比他早两千年的图坦卡蒙一样，也是孩提时登基，但和图坦卡蒙不同的是，他寿命较长，在王位上一直坐到暮年。帕卡尔的墓到 1952 年才被发现，此时离斯蒂芬斯和卡瑟伍德初探帕伦克遗址已经过了一个多世纪，正好在霍华德·卡特发现图坦卡蒙陵墓的 30 年后[33]。

发现了帕卡尔墓的是墨西哥考古学家阿尔贝托·鲁斯·吕利耶（Alberto Ruz Lhuillier）[34]。建在金字塔顶部的铭文神庙地上的一块石板引起了他的好奇心。石板上有两排圆形的凹陷，里面装有石环，他猜想那是为了便于挪开石板。他借石环之力把石板拉了起来，发现了一条被碎石填满的阶梯，一直通往下面的金字塔内部。他的考古队用了几年的时间才把那条长长的阶梯清理出来，他们顺着阶梯走到了约 24 米下的地面，在那里发现了帕卡尔的墓。墓基本上与地面平齐，但藏在金字塔内部。现在普遍认为，当时的人先修了墓，然后围着墓建造了金字塔。

帕卡尔的遗骨躺在一口约 4 米长的石灰石棺材里。石棺盖上刻有一幅精细的雕刻，描绘了帕卡尔前往阴间的旅途[35]。考古人员起初没有意识到盖子下面是一口石棺，还以为那是一座实心的石头祭坛，雕刻的部分是祭坛的台面。他们在石头上钻了一个小探孔后才发现里面是空的，不是实心的。

石棺内帕卡尔的遗骨完好无缺，他 1 300 年前去世时脸上戴的玉制面具也仍在原处。石棺中还发现了无数其他玉制品[36]，包括项链、耳饰、一顶王冠、一个戒指、胸饰、手镯、两个小雕像和一条玉带。帕卡尔的遗骨旁边还发现了 6 个人的遗骨，显然是陪侍帕卡尔去阴间的殉葬者。

1987年，帕伦克被联合国教科文组织宣布为世界遗产。[37]最近，越来越多的探险者和考古人员开始探访帕伦克。从 1993 年到 2000 年，人们又发现了别的建筑物和墓葬地。[38]新发现中有所谓的“红后”（Red Queen），她是 1994 年在十三号神庙中一个结构复杂的墓室里被发现的，墓室里还有数不清的陪葬品。这座神庙离帕卡尔墓所在的金字塔很近，所以有人猜测红后也许是帕卡尔的妻子[39]，比他早大约 10 年去世。从 1998 年到 2000 年，绘制帕伦克地图的项目热火朝天，人们对那里的各种建筑物，包括一些仍被森林遮蔽的建筑物，进行了勘察并绘制了地图。

斯蒂芬斯和卡瑟伍德离开帕伦克，再次踏上征程，前往他们计划探访的第三个遗址——乌斯马尔。但到乌斯马尔后不久，他们便不得不中止探索之旅，因为卡瑟伍德病倒了。他们两人在旅行中都病痛缠身，疟疾多次发作，况且他们至此已经旅行了 10 个月，该回纽约去了。尽管归途中他们又经历了诸多险境，几乎死在回家的船上，但他们终于在 1840 年 7 月平安返回了美国。斯蒂芬斯很快就出版了一套两卷本的历险记，配以卡瑟伍德画的插图。那部书 1841 年 6 月问世，到 12 月即销售了 2 万套，两卷本售价为 5 美元，不算太贵。[40]

未几，他们开始计划再访尤卡坦。1841 年 10 月，书刚刚出版 4 个月，他们就启程了。这次去了 8 个月，1842 年 6 月返美。第二次旅行的游记于 1843 年 2 月出版。

第二次旅行的亮点是他们对位于尤卡坦半岛顶端的奇琴伊察遗址的探索。[41] 他们在那里逗留了 18 天，雇用当地的工人帮他们清除了一些树木、灌木和其他碎石杂物，使一些建筑物重见天日，包括美洲豹神庙（Temple of the Jaguars）、武士神庙（Temple of the Warriors）、羽蛇神金字塔（Pyramid of Kukulkan）和维纳斯平台（Platform of Venus）。羽蛇神金字塔也叫城堡金字塔（El Castillo），它的阶梯非常奇特，每年春分那天，上面可以看到一条大蟒蛇的影子，每年都有数千游客前来参观。

美洲豹神庙和武士神庙等神庙的墙上绘有壁画，描绘了托尔特克人（Toltecs）在托皮尔岑·魁扎尔科亚特尔（Topiltzin

Quetzalcoatl）* 的带领下征服这个地区的场景。托尔特克人算是奇琴伊察的外来户，[42] 是在这个地方有人居住的最后两个世纪（大约公元 1000 年到 1200 年之间）从墨西哥迁徙过来的。壁画显示这些入侵者渡海而来，打败了划着独木舟迎击他们的玛雅战士。之后，他们又和玛雅人大战一场，再次打败了玛雅人。

遗址上有一个天文观象台；有一条长长的石头“骷髅架”，石上雕刻着许多骷髅，无疑是对实物的替代；还有一个巨大的球场，这是在中美洲发现的最大的球场，斯蒂芬斯对它做了详尽的描述。这些建筑物中有许多是托尔特克人居住期间建造的，有的是把原来玛雅人的建筑推倒重来，有的是在其基础上进一步加建。[43] 奇琴伊察的兴盛时期比大多数玛雅人居住区来得晚，它在公元 800 年到 1200 年达到巅峰，部分原因是那段时间当中托尔特克人来了。

虽然斯蒂芬斯和卡瑟伍德在 1841 年至 1842 年就到了奇琴伊察，莫兹利 1886 年也前来探察过，但是直到爱德华·汤普森（Edward Thompson）1895 年来到后，奇琴伊察的考古行动才真正有系统地展开。汤普森的发掘行动历时 30 年。到了 1988 年，也就是汤普森到达之后过了几乎一个世纪，[44] 奇琴伊察才被联合国教科文组织列为世界遗产。

汤普森在发掘过程中抽干了遗址上的一口天然井。如果哪位读者不知道天然井是什么，斯蒂芬斯在他的书中给出了清楚的解

---

* 他也被称为羽蛇神托皮尔岑。——译者注

释。他说，天然井是“巨大的圆坑，直径约 20 米到 60 米，深度约 15 米到 30 米，岩石坑壁直上直下，坑底蓄满了水”。奇琴伊察有两个天然井，斯蒂芬斯说其中一个是“我们见过的最大、最阴森的”[45]。他描述说，那口井处于一片密林当中，四周弥漫着“诡异的气氛”。他知道古时有把活人扔进井里献祭的传统，还说井沿上的一个建筑物“可能就是把人扔进黑沉沉的井里的地方”。

汤普森和助手们抽干了那口天然井后，下去探察了一遍，的确发现了人的遗骸，至少有 50 具骨架——都是年轻的男女，还有几个孩子。他们还发现了玉制品、黄金圆盘以及铜铃和其他物品。显然，历年来在这口天然井旁举行过多种祭祀活动。献祭的不仅是玛雅人，因为打捞上来的许多物品是后来的托尔克特人制作的。[46]

还有众多其他大大小小的玛雅城市值得介绍，但通过科潘、蒂卡尔、帕伦克和奇琴伊察这 4 个遗址可窥其一斑。虽然我们现在对玛雅人和他们的文明了解得很多，但是玛雅文明为什么在公元 900 年过后戛然而止，几乎所有宏伟的城市都被遗弃，落得藤封树蔽、与世隔绝的结局，至今仍是未解之谜。通常认为，造成玛雅文明灭绝的原因是长达一个世纪的旱灾，也就是气候变化，但此说无法证实。也有许多其他假设，包括人口过多和森林砍伐。[47] 也许玛雅文明的崩溃并非只有一个原因，要探讨各种可能性需要整整一本书才行。目前有一点是清楚的：要想彻底解开这个谜团，肯定需要更多的调查，很可能需要进一步的考古挖掘。

不过，可以确定的是，玛雅文明是考古学家在新世界发现的第一个以前不为人知的文明。西班牙人来到美洲后知道了印加文明和阿兹特克文明，但在约翰·劳埃德·斯蒂芬斯和弗雷德里克·卡瑟伍德探索之前，公众对玛雅文明一无所知。当时的人普遍认为，美洲原住民不过是贫穷的土包子，活该被先进的欧洲人征服，他们没有能力取得像埃及人、希腊人和罗马人那样的成就。斯蒂芬斯和卡瑟伍德出版的游记挑战了这个观念。后来的研究成功破译了玛雅人留下的大量文字记录，表明他们的文明与旧世界的人比较熟悉的各个文明相比，在政治、军事和文化上都毫不逊色，和它们同样复杂（也同样血腥）。

更深一层 1

如何确定挖掘地？

走过横切面的勘察员

前几章讨论了世界各地最早的考古发现，范围涵盖了埃及和中美洲等地，现在我要换个话题。这是夹杂在本书各章之间的几节中的第一节，我将在这几节中讨论我最常被问到的关于考古工作的一些问题。考古既是一项技术，也是一门工艺，其中的门道也是考古故事的一部分。

人们经常问我："你如何确定挖掘地？"这个问题问得好，它牵涉到考古人员使用的一些最重要的工具和方法。这一章就来回答这个问题。下面将讨论考古勘察，也就是在地表寻找遗址的过程，因为有些遗址明显可见，有些却并非如此。地表勘察也能帮助我们在找到遗址后决定在哪个地方下手开挖。[1]

不过，首先需要界定遗址是什么，因为各个遗址的大小形状各不相同。比如，我参与挖掘过的雅典阿哥拉和以色列的巨型土丘美吉多都属于明显的古遗址，但是也有一些遗址很小，很难找到。如费根和杜拉尼（Durrani）所说*，一个遗址可以小至“狩猎-采集者留下的一小堆人工制品”，也可以像墨西哥的特奥蒂瓦坎古城（Teotihuacán）那样庞大。遗址就是“可以找到过去人类活动踪迹的地方……通常以人工制品的存在为标志”。[2]

人工制品是什么，不是什么，也需要界定。简而言之，值得写进发掘或勘察报告里的“好东西”大部分是人工制品。这个类别包括的内容五花八门，从最古老的石器到陶器、武器、首饰、衣服和人类能够制造的一切拿得动的东西。然而，有些人工制品和与它们相连的东西是无法挪动的。我们把这类东西称为遗迹。[3]所以，沟壕一类的东西是遗迹——它显然是人挖的，但是它不能挪动，否则就会被毁掉。门道、火坑、石头祭坛等也属于这一类。有时，我们不确定某个物体是什么，但知道它是值得注意的东西，这种东西也称为遗迹。所以我们说：“一石为石，二石为迹，三石为墙。”

---

* 他们二人合著了《起初：考古学入门》（*In the Beginning: An Introduction to Archaeology*）。——译者注

寻找古遗址有几个办法，但几乎都需要进行考古勘察。考古勘察的方式多种多样，有地表勘察、空中勘察、遥感勘察和抽样勘察，大部分在本节中会谈及。所有形式的勘察都是为了在特定地区寻找遗址，比如，我就曾在希腊南部皮洛斯周边的地区做过勘察。[4]

传统的地表勘察是派考古队员到现场巡查，看能找到哪些遗存。这种方法经常被称为侦察或全覆盖勘察，但由于明显的原因，也叫徒步勘察。然而，有些地区植被茂密，几乎看不到任何东西，美国东北部的一些地方就是如此。在这种地方进行勘察有时需要每隔几米就用短锹挖一个浅探坑，看地下是否有人工制品的迹象。[5]一个地方能否确定为古遗址、是否需要绘制它的地图，全要看在那里能找到多少人工制品。

地表勘察在 20 世纪六七十年代开始流行，到 80 年代更是大行其道，部分原因是地表勘察通常比挖探沟成本低，范围也更大。挖探沟只能调查一个点，地表勘察却能覆盖一大片，考古学者因而得以对许多不同种类的问题有所了解。比如，有人也许想了解希腊某个地方在历史上不同时期的人口密度，从青铜时代到后来的古希腊黑暗时期、古风时期和古典时期，罗马时期和拜占庭时期，以及土耳其奥斯曼帝国时期。在这些不同的历史时期中，居住方式有没有发生变化？能否从遗址的数目和规模中推测出不同历史时期的人口数量？住区的变化能否表明居民使用了什么资源？他们处身的环境有多危险？当时的政治状况如何？

地表勘察可以帮我们找出这些问题的答案。若通过地表勘察在某个地区找到了不同历史时期的各个遗址，一般无须挖开任何遗址即可大致重建那个地区的历史。不过在许多情况中，做过地表勘察后会进行考古挖掘，尤其是如果考古人员认为某个新发现的遗址有发掘价值，想对它深入研究，并申请到了挖掘许可的话。

如今时代变了，考古不再总是从地表勘察开始，有时先做空中勘察更加有效，至少在有古代建筑物，或遗留着尚能辨认的其他耐久结构的地方是如此。空中勘察可以非常简单，比如从专业公司那里购买航拍照片或卫星图像，也可以复杂而昂贵，比如在飞机上安装激光雷达飞越勘察区。

买照片最容易，有几个办法可供选择。一是购买解密的军事卫星图像，比如“科罗纳计划”（Corona Program）拍摄的图像。“科罗纳计划”是美国情报机构从1960年到1972年执行的一项侦察行动。1995年，一纸行政命令解密了该计划执行期间拍摄的图像，现在这些图像被用于各种目的，包括找寻考古遗址。[6] 即使在这些多年前拍摄的照片中，有时也能非常清楚地看到古代遗址，有的用肉眼就看得清，有的需要在电脑屏幕上放大，或用放大镜来看。

这样的老照片非常宝贵。过去的100年间，人们为了作战、谍报或一般性侦察的目的，拍摄了许多航拍照片。有些老照片之所以有用，部分原因是拍摄它们的时候，考古遗址尚未因最近的经济发展或城市扩张而遭到摧毁或破坏。最早利用航拍照片的有一个名叫约翰·布莱德福德（John Bradford）的人，他是位考古学者，第二次世界大战期间在英军服役。1943 年，他在研究英国皇家空军为了军事目的拍摄的照片时，仅靠照片中显示的草地或土壤的不同颜色就发现了意大利北部的 2 000 多座伊特鲁里亚人（Etruscan）的坟墓。[7]

后来，布莱德福德在 1956 年和米兰的一位意大利工程师卡洛·莱里奇（Carlo Lerici）联起手来，从 1957 年开始一起对布莱德福德在航拍照片上看到的许多伊特鲁里亚人的坟墓进行探索。他们用小型的高速螺旋钻或钻孔机钻入地下，起初是把一根装了微型相机的空心管从洞里伸进去拍摄坟墓的内部，后来他们很快发明了被称为“莱里奇潜望镜”的设备，这种专门设计的探镜配有强力照明灯，可以放进狭小的钻孔。有了这个工具，他们不必等待照片冲洗出来就可以看到坟墓的内部，确定哪些坟墓在古时或现代遭过盗，哪些仍然保留着古代的遗存，甚至墓墙上的壁画。就这样，他们每一季都能调查几百座坟墓，而不必进行挖掘，也丝毫不会破坏古墓。[8]

另外一个办法是向数字地球（DigitalGlobe）这样的公司购买最新的高清彩色卫星图像，或从航天飞机上拍摄的照片。比如，很多人看过“奋进号”航天飞机拍摄的一张柬埔寨吴哥古城的照片，所有仍未倾圮的建筑物在里面都看得清清楚楚。[9]

我的同事萨拉·帕卡克（Sarah Parcak）是国家地理学会的考古学者，亚拉巴马大学的副教授，但人们知道她的大名可能主要因为她是“太空考古学家”，是金额 100 万美元的 TED 大奖 2016 年度的获奖人。她就是使用卫星图像做勘察的。她利用红外成像等各种高级技术手段来突出图像中的有些内容，弱化其他内容。她依靠这些技术手段在埃及发现了几百处过去未发现的遗址，包括 17 座金字塔，还有塔尼斯这个近乎传奇的遗址。用她的话说，这一切“就在那里，偏偏看不见”[10]。

处理卫星图像的新技术使我们得以看到原来看不到的东西，包括沙漠上纵横交错的古道。1992 年人们就是利用这种技术发现了阿曼的乌巴尔古城（Ubar）。“奋进号”航天飞机拍摄了一张那个地区的照片，考古学者注意到了古道交会的地方。后来，他们对那里进行了挖掘，发现了乌巴尔的遗址。[11]

埋在土里的墙体、土木工事和其他大型建筑等与人类居住相关的构造物在地面上通常不容易看到，哪怕人就走在它们上面，但在空中就比较容易看到。在侧光中，或如果航拍照片的角度稍微斜一点，有时能看出埋在土里的墙的影子。更常见的情况是，航拍照片[12]可以显示“作物标记”。作物标记能够精确地显示埋在地下的建筑物的位置，无论是沟渠还是像房屋和墙体这样的建筑结构。原因很简单：埋在土中的这类建筑物影响了土壤吸收的水量，因而也影响了生长在它们正上方的植被的颜色和高度。如果地面修建了如现代停车场之类的东西，就什么都看不出来，但如果是长着青草、小麦、大麦或野草的田野，就可以看到作物标记。

如果地表下面埋着一条沟，沟的正上方的植被就比旁边的植被更高、更茂盛，因为那里的土壤中含的水分和养分都更多。而如果地表下面埋的是一堵墙，正上方的植被与旁边的植被相比就低矮稀疏，长势较差，因为那个地方土壤中的养分比较少。[13]

植被高度和密度上的差别在地面上可能看不出来，但在一年中的某些季节，这种差别从空中可一目了然。在英伦三岛和欧洲大陆，尤其是意大利，约 1 米宽的作物标记如同箭头一样笔直地穿过田野，标志着地下埋藏着罗马时期的道路。其他的作物标记呈圆形，布莱德福德在英国皇家空军于意大利北部上空拍摄的照片里看到的就是这一类，它们显示地下也许有古墓。

如果乘飞机去欧洲，飞机下降时我经常会从窗口向下张望，看能不能在机场周围的田野里发现作物标记，以此自娱。我不知多少次看到过我希望以后能去挖掘探索的地方。

2010 年 1 月，萨拉·帕卡克和我买了一些以色列美吉多周边地区的“快鸟”（Quickbird）* 卫星图像，看看她的新分析方法能有什么发现。我们几乎马上就在古丘旁边的田野中看到了一个大型建筑的轮廓，那正是以色列考古学家尤塔姆·泰珀（Yotam Tepper）认为的公元 2 世纪时罗马第六军团“铁甲团”（Legio VI Ferrata）扎营[14]的地方。

我们把看到的轮廓与其他已知的遗址和建筑物做了对比后，发现它与其他的罗马军营，如公元 73 年或 74 年罗马人围困马萨达（Masada）时修建的兵营几乎一模一样。我们确信这就是罗马第六军团营地的遗址，泰珀说对了。

---

* 它是数字地球公司发射的卫星。——译者注

我们把那些卫星图像传给了泰珀和耶斯列谷（Jezreel Valley）地区项目的主任马特·亚当斯（Matt Adams）。他们使用探地雷达和电磁探测等手段做了进一步的遥感勘察后，于2013年和2015年在那里开展了两次挖掘行动，几乎立即就发现了壕沟和墙体的遗存，还有罗马时期的钱币、甲胄的残片和屋瓦的碎片——最后这一项最为重要，因为屋瓦上印有第六军团的团徽，因此证实了此地的确是罗马第六军团的营地。[15]

前面说过，考古学者也使用激光雷达作为工具。它在中美洲或东南亚这种地方最有用，因为它通过向地面发射激光，可以穿透丛林或热带雨林的覆盖，显示出被掩蔽的庙宇、建筑物，甚至长满了树木藤蔓、几乎无法进入的城市，像2009年在伯利兹发现的玛雅古城卡拉科尔。

2016年6月，在柬埔寨工作的考古人员宣布他们发现了“离吴哥窟不远的几个过去没有文献记载的中世纪城市……可能会推翻关于东南亚历史的一些关键假设”。那些古城的历史大约有900年到1 400年之久，发现它们的是澳大利亚考古学家达米安·埃文斯（Damian Evans）。他使用的数据来自2015年的一次空中勘察，那次勘察中安装在直升机上的激光雷达收集的数据覆盖了约1 900平方千米的地域。埃文斯认为：“这些人口稠密的巨大城市在12世纪的兴盛时期可能构成了地球上最大的帝国。”其他考古学家同意他的判断，说这些城市是过去一个世纪中这个地区最重要的考古发现。[16]

激光雷达在植被不太繁茂的地方也很有用，曾用来为以色列北部的耶斯列遗址绘制地图，在英格兰寻找罗马时期的道路。[17] 我在本书开头处讲过 2013 年我们在以色列的泰勒卡布里发现酒窖的事，当时也在地面使用了激光雷达，以迅速准确地记录酒窖中的情况。

最近，考古人员的工具箱中又新加了商用无人机，可以像航模爱好者操纵航模一样使用无人机寻找并记录遗址，还可以侦察有无盗墓行为。考古人员能使用无人机在一个地区拍摄低空或高空照片，有时会直接把照片发到电脑上留待以后调整分析。[18]

还有其他在地面上使用的遥感技术可以帮助考古人员探知他们想挖掘的地面下有没有遗址存在。这类技术包括电阻率或电导率探测，基本原理是使电流在两个电极之间流经地下，如果地下有墙体这类东西，电流就会受到阻断，如果没有，电流就畅通无阻。用这种方法可以获得地下情况的模糊影像，但经常无法确定遗存的古迹在地下埋得有多深，甚至不能确定研究者对图像的解释正确无误。[19]

这就用得着“地面实况调查”了。地面实况调查指的是去实地核查或确认考古人员在照片或遥感图像中注意到的物体，以确定它真的存在、对它的解释无误。地面实况调查经常需要徒步勘察或实际挖掘。2003 年，我们对以色列北部的泰勒卡布里遗址做了电导率遥感探测，图像显示地下可能有墙体，于是 2005 年我们对那个地方做了地面实况调查，通过挖掘来核查图像的准确性。连续两个多星期，我们挖出来的除了土，别的什么也没有。最后我们终于挖到了迦南王宫的墙和地板，它们的确在那里，不过是埋藏在地下约 2 米的深处。[20]

磁力仪的原理是一样的，考古人员用它来测量他们感兴趣的地区的磁场。如果地下埋有建筑物、壕沟或其他遗迹，就会影响所在地的磁场，磁力仪的读数可能就会有所不同。

这些技术都有同样的限制。虽然它们能够显示地表下土壤中的异常之处，但是很难确知这种异常是否意味着地下存在某种建筑结构。地表下的土壤密度是否一致，会决定异常之处能否明白地显示出来，从图像中也并不总能看出遗迹埋得多深。不同的技术手段也许会产生看似不同的结果。无论使用何种遥感技术，都需要通过挖掘来确认遥感仪器[21]显示的结果。

由于上述种种原因，我们在以色列的泰勒卡布里使用磁力仪的尝试一败涂地，这很可能是因为现场土壤的性质造成的。但戴维·施勒恩（David Schloen）在土耳其的津吉尔利（Zincirli）挖掘现场使用磁力仪的效果好得出奇，测出的结果看起来就像已经出土的遗迹的照片，其实遗迹仍埋在地下尚未发掘。前面说过，挖掘特洛伊时试过好几种磁力仪，最终发现只有铯磁力仪有效，考古人员用它探测出了埋在山丘旁农田下面的整个特洛伊下城。自从 19 世纪晚期的谢里曼开始，挖掘特洛伊的考古队一个接一个，但是没有人想到去挖掘山丘旁边的农田，因为那里看上去什么也没有。但也要记住，考古人员没有对他们认为是特洛伊周围城墙的图像做地面实况调查，结果挖出来才知道那不是墙，而是一条大沟。

特洛伊并非唯一一个未经地面实况调查就贸然向媒体发布报告的考古现场。有一种常用的遥感技术是探地雷达，其原理正如名字所示：向地下发出雷达信号，如果碰上了埋在地下的物体，信号就会反弹回来。[22] 最新的探地雷达极为强大，可以“看到”地下近 4 米处。2014 年和 2015 年，考古人员靠它在英格兰的巨石阵（Stonehenge）做出了令人难以置信的发现，包括发现巨石阵本来是一个完整的圆形。[23]

考古人员使用探地雷达、磁力仪和其他遥感技术执行了“巨石阵隐藏景观项目”。根据媒体报道，短短几年内，他们就发现了青铜时代的坟墓、铁器时代的神坛和青铜时代或铁器时代用以养牛和其他牲畜的牲口圈。这些都是过去从未注意到的。[24]

巨石阵附近的拖拉机和探地雷达

最令人兴奋的是2014年9月传来的报告，报告中说在离巨石阵约3千米的德灵顿墙（Durrington Walls）那里又发现了一组巨石，年代大概与巨石阵相差不远，即4 500年前。这座石阵似乎比巨石阵大得多，因此得名超级石阵（Superhenge）。人们认为它是由50多个，甚至多达90个长约3到4.5米、直径约1.5米的巨型石柱组成的C形圆阵。地面上什么也看不见，因为石柱似乎是被故意横倒埋在了地下约1米的地方，所以过去才没有被发现。只有靠遥感技术，人们才第一次探知了它并发布了消息[25]。

然而，两年后的2016年，媒体又报道说，探测到超级石阵后考古人员对它进行了试挖，想挖出石阵中的两块石头作为对遥感图像的地面实况调查。可是，试挖的结果使考古人员大吃一惊：没有什么巨石，只有两个大坑，也许原来坑里有大木头立柱。立柱已是杳无踪迹，如果它们真的曾经存在过，那么就是在后来的某个时候被挪走了，坑里现在填满了碎白垩石。遥感仪器把碎石当成了整块的石头而非石坑，所以起初才报告说发现了“巨石”。如果报告中所说的超级石阵的所有其他“巨石”也都是碎石坑的话，那么就成了乌龙，就像把特洛伊的壕沟误认为“护城墙”一样。现在，有些媒体报道说超级石阵是一个用木头立柱围成的直径500米的圆圈，但并未完工。[26]此说确否尚无定论，但这些事情给我们提了醒，告诫我们应当等考古人员完成了工作，在有同行审查机制的期刊上发表了工作结果后，再做进一步的猜测和假设。

过去的20年里，虽然遥感技术有了长足的进步，但是有时卫星图像和其他高技术手段对寻找遗迹毫无帮助。在那样的情况下，考古人员就只能采用徒步寻找考古遗址这个屡试不爽的方法。有时很简单，只需利用大自然对地表造成的侵蚀，在可能有遗址的地区边走边注意观察就能成功。下面会看到，唐纳德·约翰松（Donald Johanson）就用这个办法在1974年发现了露西的遗骨。

如果在地面上可以直接看到遗址、构造物、遗迹和人工制品，那么最好进行有组织的地表勘察。地表勘察可以追溯到考古学确立之初，在20世纪六七十年代发展为一种更加系统的方法。我在希腊参加的两次考古行动都采用了地表勘察，在以色列也做过一次，所以我知道在这样的勘察中应该做些什么。地表勘察在世界各地都很普遍，仅有的限制来自地表是否有可见的痕迹和能否获得土地拥有者的允许。

地表勘察有两类，可用于特定区域。前面说过，一类是大规模勘察，意在迅速勘察大片地区，即侦察，或者叫全覆盖勘察。这种勘察的目标是绘制地图，标明一大片地区内哪里可能有古遗址。另一类是密集勘察，通常集中于经过大规模勘察后发现极有可能存在遗址的地点或一小片地方。[27]这种勘察的目标是尽可能多地了解勘察地点的具体情况，如范围、年代、文化归属和物品种类，经常是为挖掘做前期准备。密集勘察非常细致，考古人员会把能找到的所有人工制品都捡起来带回营地。

如果某个地区没有一张显示不同历史时期古遗址的全面地图，

考古人员就要先做一般性的侦察式勘察。如果是有系统的徒步勘察，由考古队员一步步走遍整个地区的每一寸土地，这就是全覆盖勘察。[28]20 世纪 80 年代我们在希腊底比斯城（Thebes）附近的维奥蒂亚就做了这样的勘察，90 年代初又在皮洛斯的迈锡尼王宫附近做过一次。

在皮洛斯，我们分成 3 个勘察队，每队大约 6 人。我负责 A 队，于是我们立即自封为第一梯队。尽管我多次声明自己有恐高症，但上级还是派我们这队去勘察山谷一侧的山峰。果不其然，第一天刚开始勘察，我就动不了了，别人只能半推半抱地把我从悬崖边抬回车里。这对我们队和我这个队长来说都算是出师不利。后来我们去了地势较低的地方，我再也没出过问题，但我从中学到了一条宝贵的教训，至今仍牢记在心：务必倾听队员的声音，尤其是他们说自己有某种特别的恐惧，可能会影响工作的话。

我们一旦开始工作，就每天都遵循固定的模式。首先，我们在现有的地图上找到要勘察的地点，通常是道路这类容易辨认的东西。如今有了卫星定位系统，这种事容易多了。然后，我们一字排开，彼此相隔约 10 米，这样，我们覆盖的宽度就达到了 60 米左右。我一声令下或吹响哨子之后，每个人都开始沿直线朝既定的方向走去，一直走到事先定好的一点，通常是地图上标的另一条道路或界墙。一次走的距离相当于一个美式足球场的长度——约 100 米，再长就不好管理了。

用考古勘察的术语来说，这叫走过横切面。我说的沿直线走真的是不打折扣地沿直线走，无论那意味着要涉过溪流，要吊着绳索缒下或摔下小悬崖，还是要直面一头公牛或一个手拿猎枪、不想让我们进入其土地的农夫。这些事情都发生过，有的是我碰上的，有的发生在其他队员身上。不过更经常发生的事情是我们从被希腊人叫作“macchi”的灌木丛中直接穿过，腿被刮得鲜血淋漓，有裤子遮挡也无济于事。那种灌木丛真的很可怕。

我们一边走，一边仔细扫视地面，看有没有陶器碎片、石器碎片、古墙或任何其他标志着古代居住区的标记。顺便说一句，我们很容易看出谁刚刚参加过几周考古勘察，因为这样的人回到文明生活后，眼睛特别尖，掉在地上的硬币绝对逃不过他们的眼睛。

队员人手一个能咔嗒作响的小计数器，每次看到一片碎陶、一块加工过的石头或其他人工制品，都按一下。看到 3 块陶片按响 3 次，5 块就按响 5 次。队员们每走 10 步左右就记下计数器上显示的数字，那是他们在那 10 步的范围内看到的人工制品的数目，记录完毕后把计数器归零，再开始前行计数。等到达横切面终点的时候，大家都记录下了他们在这 100 米的勘察途中每个地段看到的人工制品数目。

这为何重要呢？如果地下有古代建筑，地面上就经常会有陶片、石头和金属这类耐久品，它们是由于耕作、土壤流失、鼠类活动、灌溉水渠、地面凹陷以及许多其他自然和人为的因素而被带到地面上来的。如果你走过的是一个在青铜时代、铁器时代、罗马时代和拜占庭时代曾有人居住的遗址，你会看到来自所有这些时代的陶器碎片和石器明明白白地摆在地面上。如果用计数器来记录这些物品的数目，你会发现进入遗址的界线后，物品数目会激增。一旦走过遗址另一边的界线，数目会相应剧减。

如果一个队员每走10步就记下计数器显示的数字，也就是他在地面上看到的碎陶片和石器的数目，那么他的记录大概会是这样的：1、5、25、107、510、423、298、152、87、0。他左右两边队员的记录可能也差不多，因为他们走过的很可能是同一个遗址。然而，离他较远的队员走过的横切面如果不在遗址上方的话，记录的人工制品数目就是正常的“背景散落”，比如：1、6、4、12、0、5、3、8、5、0。

队员们把记录下来的数字交给队长，队长把它们记在笔记本里，在地图上标出地下可能有遗址的地点，以便跟进的考古队对其进行更加彻底的检查。然后，队员们散开对下一个区块进行勘察。还是事先定好距离，一边走一边记下看到的人工制品数目。这个过程一再重复，直到勘察队到达勘察区的边缘。然后他们转过头来，开始勘察横切面的下一个部分，一遍遍地重复勘察的程序。这样，一个勘察队每天可以勘察并记录一定面积内的所有发现，范围可能是1平方英里（约2.6平方千米）、1平方千米，也可能是勘察队自己确定的任何面积，直到整个地区勘察完毕。

每天回到营地后，队员们都会把勘察的结果记录下来，在此基础上绘出可能存在的遗址的地图。然后，一队经验丰富的勘察员会到最有可能存在古遗址的地方去密集勘察。这次，勘察者会更加仔细地记下地表的发现，并把有代表性的物品收集起来供以后进一步研究。勘察时收集到的物品大多是陶片，队里的陶器专家可以根据陶片的大小、原来在器皿上的位置、制作方法或釉彩装饰来推测它们所属的时期。

这些是20世纪90年代我们在皮洛斯附近勘察时使用的方法，今天在世界其他地方也经常使用同样的方法。但是，如果勘察区是地上积叶盈尺的密林区，如果大自然的变迁给古代的土地加上了新土，如果像在美国东北部一样，古人没有用耐久材料建造大型建筑物，那么就要使用其他的勘察方法。在古人用木头、纤维或其他易腐材料制造物品的地方，地表勘察也不适用。所以，虽然我们在美国东部冲积平原的农地上考古时一般都用徒步勘察，但在林木茂密的地方从不使用这个方法。

如果勘察区面积太大，无法进行全覆盖勘察，可以只对特定区域或随机选择的区域进行勘察。这种情况下，通常靠统计学使用的抽样法决定勘察哪些地方，所以叫抽样勘察。[29]

还有一种需要提及的地表勘察法叫定向勘察，这种勘察法只在重新勘察已经发现的遗址时会用到。2006年和2007年我们在以色列北部的泰勒卡布里周边的地区就做了这类勘察。2005年，我们已经在那里做了初步的挖掘，并决定进行多季的长期挖掘。不过，我们首先想了解该遗址的历史背景，想知道泰勒卡布里周围的地区在近4 000年前的青铜时代中期，即其鼎盛时期之前、之中和之后的样子。[30]

幸运的是，对那个地区做定点勘察比较容易，因为好几个考古队之前已经调查过了泰勒卡布里所在的加利利（Galilee）西部。过去的 30 多年里，几乎每个季节，在几乎所有可以想象的环境下，都有人在那里进行全覆盖勘察。我们已经有了该地区的地图，已知的青铜时代中期的遗址全都标了出来。我们也可以参考以前的考古队收集的陶器和其他的人工制品。

我们带着地图和勘察报告驱车前往已知的遗址，对泰勒卡布里周边及内地的每一处遗址都做了密集勘察。勘察的一个目的是确认原来估算的遗址年代，并将其进一步精确化，另一个目的是再次核查每个遗址规模的大小。最后，我们绘制出了一幅地图，上面标注了泰勒卡布里这个文化重镇在它近 4 000 年前的鼎盛时期之前、之中和之后的时间段内的各个居住点。

所以，对于本节开头提出的“如何确定挖掘地？”这个问题的回答归根结底只有一个词：勘察。一旦对一个地区做了勘察，就很容易决定在何处挖掘。至于具体如何挖掘，那完全是另外一个话题了，我们将在另一节中讨论。

第二部

非洲、欧洲、黎凡特：从早期人族到农夫

第 6 章

发现人类最早的远祖

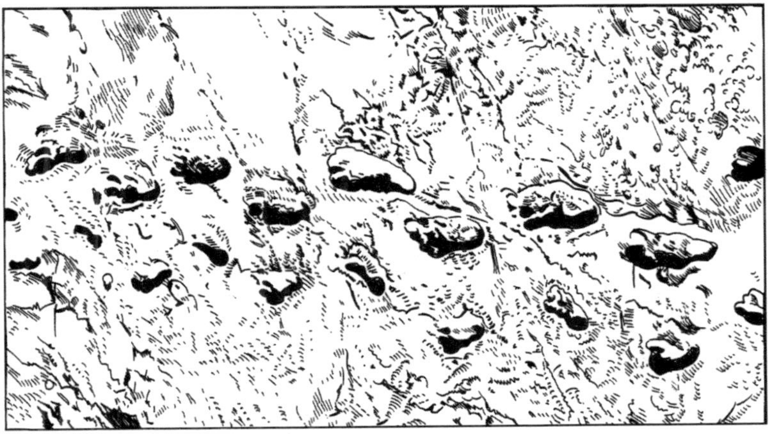

莱托里的脚印

《国家地理》杂志 2015 年 10 月刊上登载了一篇报道，介绍了李·伯杰（Lee Berger）及其考古队在南非“明日之星”洞穴里做出的惊人发现。[1] 此前有两名洞穴探险爱好者说，他们在那个洞穴的深处看到地上有骨头，伯杰的团队听说后，开始对洞穴进行调查，最终发现了至少 15 个人的 1 500 多块骨头。伯杰认为那些人属于以前未知的一个古老人种。这个人种根据所在的洞穴得名为“纳莱迪人”（*Homo naledi*）。“纳莱迪”在塞索托语中是“星星”的意思。本章通篇使用的“人族”（Hominin）* 一词指现代人、已灭绝的人族物种和我们所有的祖先。[2]

那些骨头也许可以追溯到280万年前，全部是2013年和2014年在“明日之星”洞穴深处一个几乎无法进入的小洞里找到的。伯杰靠着那两个洞穴探险者的指点才找到那个小洞。《国家地理》杂志的杰米·施里夫（Jamie Shreeve）描述道，进入小洞需要经过一段叫“超人爬”的通道，通道约25厘米高，只有采用像超人飞行时的姿势，一条手臂紧贴着身子，另一条手臂挨着头举向前方才过得去。然后要攀上一面叫“龙脊”的山石嶙峋的岩壁，再七拐八拐，最后挤过一条最窄处只有约20厘米宽的通道，才可抵达发现骨头的纳莱迪穴室。

后来的两年间从洞里把骨头取出来的6位科学家都是经验丰富的女考古学者，体型娇小，挤得进那些窄道。据施里夫的叙述，伯杰在脸书上发布招募广告，诚征“身材瘦削、有科学资质和洞穴探险经验的人”，须“肯在逼仄的地方工作”。10天之内就有60人应征，伯杰挑选了那6位女考古学者，称她们为“地下宇航员”。[3]

这个发现极为轰动，但也不无争议。如果这些骨头像伯杰假设的那样，是被有意埋葬的，那么它们也许是人类自我意识的最早证明，也许这说明几百万年以前的人已经理解了过去与未来的概念，甚至可能有了宗教感，否则人死以后尸体就会留在原地，而不会被

* 人族上属人亚科（Homininae），下含人属（*Homo*）、南方古猿属（*Australopithecus*）、黑猩猩属（*Pan*）等。——编者注

有意运到洞穴的这个角落来。如有些人所说，这个设想石破天惊，将使人类进化研究完全改观。

有些学者对伯杰组织世界各地的年轻人类学家来研究骨化石的做法不以为然，也不赞成他这么快就在开源期刊上发表研究成果，包括公布骨化石的三维图像，使别人得以下载复制。他们更喜欢其他研究者稳扎稳打的工作方法，一般要花上几十年的时间来分析一具骨架，然后才发布研究成果。但是伯杰采取了全新的方法，他组织来自世界各地的专家集体研究，而不是单兵作战，这也许预示了互联网时代的新趋势。[4]

伯杰的发现属于史前考古学，这个分支又称古人类学。这个领域的考古学家研究的时间段长达数百万年，从最早的人类远祖一直到有记录的历史的开端。考古学通常把这段漫长的时间分为几个时代：

◇ 旧石器时代：大约从 350 万年前开始，持续到 20 万年到 1.2 万年前，结束的时间在非洲、欧洲、亚洲各不相同。

◇ 中石器时代：持续到约 1 万年之前。

◇ 新石器时代：持续到约 4 500 年前。

现代的史前考古学界最著名的世家是利基家族。路易斯和玛丽·利基夫妇（Louis and Mary Leakey）是第一代，他们的儿子理查德（Richard）和儿媳米芙（Meave）是第二代，路易斯和玛丽的孙女路易丝（Louise）是第三代。[5]

2001 年获得伦敦大学博士学位的路易丝据说是人科化石的最年轻的发现者。1977 年，她发现了一颗属于 1 700 万年前的灵长类动物的牙齿，当时她只有 6 岁。22 年后的 1999 年，她和母亲米芙发现了 350 万年前一个早期人类的颅骨。[6] 自 1993 年起，路易丝还参加了肯尼亚北部的库比福勒项目（Koobi Fora project），父亲理查德 1968 年就开始在那个地方从事考古工作，母亲米芙紧接着在 1969 年也加入其中。

米芙最初在路易斯·利基手下工作。路易斯是她的博士论文导师，1970 年她和理查德结婚后又成了她的公公。[7] 理查德自己也名声显赫，成就杰出，著作等身，撰有科普著作《人类的起源》（*Origins*）。[8] 他带领的考古队做出的著名发现包括一具近乎完整的 150 万年前的骨架。和理查德一道工作的卡莫亚·基梅乌（Kamoya Kimeu）在 1984 年发现了那个骨架的第一块骨头。基梅乌是肯尼亚人，自 20 世纪 50 年代开始就和路易斯及玛丽一起共事。骨架的其余部分是历经 5 个挖掘季小心翼翼地挖出来，然后一块一块地拼起来的。这具骨架得名"图尔卡纳男孩"（Turkana Boy），他死亡时的年龄大约在 8 岁到 11 岁之间。通常认为他是直立人（*Homo erectus*），即现代人的直系祖先。[9]

路易斯在肯尼亚长大，他一反当时流行的理论，率先提出应该在非洲，而不是在亚洲寻找人类的始祖。事实证明他是正确的，不过他的观点过了一段时间才被别人接受。他和玛丽 1948 年就开始有所发现，自1959年起的一系列发现尤其能证实路易斯的理论。那时，他们在坦桑尼亚的奥杜瓦伊峡谷（Olduvai Gorge）考古，那条峡谷约50千米长、90米深。[10]

路易斯和玛丽在那里发现了一些骨头碎片，确定它们属于一个新的人族物种。第一块骨头是玛丽发现的，因为路易斯那天发烧，在营地休息。玛丽带着两条斑点狗去查看一个自从1931年就没有去过的现场，很快就发现了一块颅骨碎片和一块人族的下颌骨，上面还有两颗牙齿。她立即跳上路虎越野车回去接路易斯。接下来，他们两人找到了更多的碎骨，拼出了头颅的大部分。[11]

他们是这个物种的第一发现者，所以有权为其命名。他们先是以当时的主要赞助人查尔斯·鲍伊斯（Charles Boise）的名字将其命名为“鲍氏东非人”（*Zinjanthropus boisei*），但该物种后来（按照生物分类法）不再归于原来的属，于是改名为“鲍氏南方古猿”（*Australopithecus boisei*）或“鲍氏傍人”（*Paranthropus boisei*）。起初，他们以为这具骨架的主人生活在大约60万年前，但当时发明出了一种新技术，可通过测量火成岩中钾元素转变为氩元素的放射性衰变来测定年代，他们使用这种新技术，很快测定出骨架可能是175万年前的。这具骨架以其古老的年代造成了轰动。

路易斯和玛丽第二年又发现了另一个人族物种“能人”（*Homo habilis*）。这次他们没有以赞助人的名字为其命名。“能人”的拉丁文学名可以大略翻译为“巧手人”，因为在发现这个物种的骨化石的地方经常可以发现石制工具。[12]

我们很难想象利基夫妇当时的工作情形，好在有他们那个时期的工作照。照片中可以看到他们冒着酷暑小心细致地在土里寻找，一把巨大的遮阳伞支在那里提供阴凉，几只斑点狗陪伴着他们。

1972 年路易斯去世后，玛丽做出了普遍认为是她最重要的发现：1978 年和 1979 年在莱托里发现了人族的脚印。发现脚印的地点位于奥杜瓦伊峡谷东南方约 45 千米处。几年前的 1976 年，考古队员们互掷大象粪便取乐[13]时初次在那里发现了脚印，但都是动物的脚印。

大约 360 万年前，附近的一座火山刚刚爆发，3 个人族个体在新降下的火山灰上走过，留下了那些著名的脚印。通常认为那 3 个人族个体属于“阿法南方古猿”（*Australopithecus afarensis*）。两行并排的脚印似乎表明二人在同行，但第三行脚印也许和那两行没有关系。从脚印的大小来看，那 3 个人族个体的身高都不到 1.5 米[14]。

我们只能想象那 3 个人族个体走过那个地方时是怎样的情形。远处的火山正在爆发，火山灰自天而降，可能还混杂着雨水。天空应该是阴暗的，火山爆发的浓烟遮蔽了阳光，甚至可能伸手不见五指，像几百万年后小普林尼叙述的维苏威火山爆发时的那种情形。野兽们四散奔逃，也许对那 3 个矮人看都不看一眼，但他们似乎并不着急。脚印显示他们是在走，不是在跑，尽管那天的情形对他们来说一定不同寻常。

玛丽·利基和她的团队在这 3 个人类远祖走过的 30 米左右的路上一共找到了大约 70 个脚印。它们是关于人族直立行走的最早的直接证据。现在，这些脚印的复制品展览在美国华盛顿哥伦比亚特区的史密森国家自然博物馆的人类起源厅和纽约市的美国自然博物馆。[15]

它们并非今人发现的唯一的早期人类脚印。2007 年和 2008 年，有人在图尔卡纳湖附近的库比福勒也发现了一堆脚印。这些脚印**只有**大约 150 万年的历史，比玛丽·利基发现的脚印晚 200 多万年。留下这些脚印的大概是和“图尔卡纳男孩”一样的直立人。按照今天男鞋的号码，大约是 9 码 *, [16]。

这些发现帮助驱散了“皮尔当人”（Piltdown Man）这个考古史上最出名的骗局 [17] 造成的长达数十年的阴影。早在利基夫妇开始考古探索之前，一个名叫查尔斯·道森（Charles Dawson）的人于 1912 年宣布他在英格兰的皮尔当砾石场发现了一些颅骨碎片、牙齿和一块下颌骨。他的发现引起了轰动，很快被誉为人与猿之间“缺少的那一环”。但是，怀疑之声也接踵而来。民族主义是产生争议的部分原因。1846 年，法国学者布歇·德·彼尔特（Boucher de Perthes）在索姆河附近找到了早期人族的工具；1856 年，德国人在尼安德河谷发现了尼安德特人。英国人在这方面却乏善可陈，直到他们发现了“皮尔当人”。

道森宣布发现了“皮尔当人”的几年后，一些著名科学家就

---

* 此处指美国男鞋尺码，换成中国常用的男鞋尺码应该为 43 码。——编者注

公开表示了怀疑，但直到1953年，才确定无疑地证明“皮尔当人”是一场骗局。[18]颅骨的确是人的颅骨，但它是中世纪的；牙齿化石是黑猩猩的；下颌骨大约有500年的历史，属于红毛猩猩。道森已经于1916年去世，但关于他作伪的怀疑早已有之。不过，道森并非这桩疑案中唯一的嫌犯，参与伪造的人可能相当多，甚至包括创造了夏洛克·福尔摩斯这个人物的阿瑟·柯南道尔（Arthur Conan Doyle）。

真正的考古发现仍连续不断。在路易斯去世后不久的1974年，也就是玛丽·利基在莱托里发现脚印的两年前，加州大学伯克利分校的古人类学家唐纳德·约翰松做出了一项发现，使他在史前研究的名人堂中稳占一席之地。

如同考古工作中经常发生的那样，约翰松的发现是个偶然。当时，他和一位同事正在埃塞俄比亚的哈达尔附近勘察，位于利基夫妇所在的坦桑尼亚北边很远的地方。他们顶着烈日忙了一整天却一无所获，准备收工回营。约翰松建议不循原路回路虎越野车的停车地，而是换一条路线，沿一条从未走过的土沟回去。据他后来叙述，他们先发现了一块人族的前臂骨，然后接连发现了一块颅骨碎片、一块腿骨、几块肋骨、一块髋骨和一块下颌骨。两周内，他们共发现了几百块骨头，全部属于同一具骨架。[19]

这具骨架的主人被起名为露西，她死于320万年前，死时大约20岁。研究确定她是阿法南方古猿，很像比她早50万年在莱托里留下脚印的那些人。据信她的身高在 1 米到 1.2 米之间，体重最多 30 千克。不过，这些仅仅是估计，因为我们只有她全部骨架的 40% 左右。[20] 但露西仍然是截至那时所找到的最完整的人族骨架。

约翰松和他的同事带着找到的骨头碎片回到营地的第一晚，举行的庆祝晚会上一遍又一遍地播放披头士乐队的歌曲《露西在缀满钻石的天空》（*Lucy in the Sky with Diamonds*）。就在那天晚上，他们开始称那具骨架为露西。今天她仍然叫露西。[21]

李·伯杰的发现表明，洞穴也可以是极为重要的史前考古场所，在帮助我们了解自己与人类远祖的联系中起着至关重要的作用。一些最著名的洞穴是由考古学家多萝西·加罗德和几位同事在 20 世纪二三十年代发现的，位于今天的以色列城市海法（Haifa）南边的卡尔迈勒山（Mount Carmel）的山坡上。2012 年，联合国教科文组织把那些山洞 [22] 列入了世界遗产名录。那些山洞大多对公众开放，无须预约，参观的道路维护得很好，但参观者必须做好忍受酷热干燥的天气的准备，尤其是在夏天。

加罗德被普遍视为最重要的早期考古学家之一。她是英国剑桥大学的第一位女教授，1939 年到 1952 年一直担任剑桥大学的迪士尼考古学讲座教授（Disney Chair of Archaeology）。[23] 这个教授头衔地位崇高，是由一个名叫约翰·迪士尼的人在 1851 年设立的，和创建迪士尼乐园的沃尔特·迪士尼完全无关。

多萝西·加罗德专攻旧石器时代。她在卡尔迈勒山的初次挖掘是在 1928 年，当时她挖掘了一个叫凯巴拉（Kebara）的洞穴，但时间不长。然后，她转而挖掘另外两个洞穴，一挖就是 5 年，从 1929 年挖到 1934 年。两个洞穴中比较出名的是塔布恩（Tabun），另一个叫瓦德（el-Wad）。挖掘结果表明，人类在这两个洞穴中连续居住了约 50 万年。先是住在塔布恩洞穴，大约从 50 万年前住到 4 万年前；人类从大约 4.5 万年前开始在瓦德洞穴中居住，[24] 不久塔布恩洞穴即被放弃。

塔布恩洞穴里有一处坟墓，埋葬着一个女性尼安德特人，时间大约是 12 万年以前。她的颅骨显示她的大脑和今人的大脑差不多大，但她没有真正意义上的下巴，前额很低。[25]

附近的斯胡尔（Skhul）洞穴里也有墓葬，负责挖掘斯胡尔洞穴的是加罗德的美国同事西奥多·麦科恩（Theodore McCown）。然而，埋葬在斯胡尔洞穴里的是和我们一样的晚期智人（*Homo sapiens sapiens*），又称解剖学意义上的现代人（anatomically modern people）。[26] 麦科恩共找到了 12 万年前到 8 万年前的 14 具骸骨。学者们就这些墓葬进行了反复讨论，将其作为证据来说明尼安德特人和现代人属于不同的物种，而且在历史上曾经同时存在过。[27] 最近的 DNA 研究表明，现代人和尼安德特人曾混种繁殖，他们在欧洲和亚洲的后裔，包括我们中间的许多人，兼具这两个物种的基因特点。

1982 年到 1989 年，哈佛大学考古学家奥弗·巴尔–优素福（Ofer Bar-Yosef）回到了加罗德在 1928 年挖掘过的凯巴拉洞穴。他和他的团队发现那里埋了一个6万年前的尼安德特成人的骸骨。这个被命名为摩西（Moshe）的尼安德特人的骨架也许是迄今为止发现的最完整的尼安德特人骨架。这个发现轰动一时，因为尽管没有找到颅骨，但是他喉部的骨头表明他也许能够说话。[28]语言能力是人类进化的重要标志，而过去人们对于尼安德特人和其他史前人族是否有语言能力一直存疑。

摩西在世的时间和埋在伊拉克北部的沙尼达尔（Shanidar）洞穴中的尼安德特人大致同时，哥伦比亚大学人类学家拉尔夫·索莱茨基（Ralph Solecki）从1951年到1961年在沙尼达尔洞穴参加过几个挖掘季。一般认为，索莱茨基和他的团队[29]发现的10具骸骨的主人生活在6.5万年前到3.5万年前。这些骸骨引起了人们浓厚的兴趣，部分原因是其中一个被称为沙尼达尔1号的人死亡时年纪相对较老（40多岁），他的骸骨显示，他生前多次受伤，但都活了下来，这说明在他所属的群体中，有病和受伤的成员能得到照料。被称为沙尼达尔4号的成年男性死亡时在30岁到45岁之间，人们一直认为他被埋葬的时候身边放了花。这被解释为某种安葬的仪式，也许表示当时那些人相信有来生，也可能仅仅是死者家人的一点动人的纪念。还有一种假设说死者是巫师一类的人，因为有些花有药用性能，如狗舌草和蜀葵。然而，近来又有人提出，那些花的遗存也许是后来被老鼠带进来的，这个解释乏味多了，而且意味着需要重新审视之前的许多著述。[30]

欧洲，特别是法国和西班牙，有一些因岩画而著名的洞穴，包括法国的肖维洞穴和拉斯科洞穴，还有西班牙的阿尔塔米拉洞穴。肖维洞穴比其他两个古老得多，那里发现的遗存最早可追溯到公元前 3.5 万年；肖维洞穴之后是拉斯科洞穴，时间大约是公元前 1.5 万年；然后是公元前 1.2 万年的阿尔塔米拉洞穴[31]。

虽然阿尔塔米拉洞穴相对来说年代最近，但它是 3 个洞穴中最先被发现的。1868 年，一个猎人最先注意到它，1876 年，当地的一个地主唐马塞利诺·桑斯·德·索托拉（Don Marcelino Sanz de Sautuola）去察看过。两年后的 1878 年，德·索托拉在巴黎举办的一次旧石器时代艺术展的启发下，带着他 8 岁的女儿玛丽亚再探阿尔塔米拉洞穴。德·索托拉忙着在洞穴的地面上寻找工具和其他人工制品的时候，玛丽亚注意到了洞壁岩石上的图画。1880 年，德·索托拉宣布发现了洞穴岩画，但学术界不肯相信。原始人怎么可能创造出如此引人共鸣、技巧娴熟、富有艺术性的图画呢？几十年后，德·索托拉早已去世，学者们才承认他是对的，那些岩画的确是远古时期的作品。[32]

通常认为，这些岩画的年代是公元前 1.2 万年左右，接近最近一次冰期的尾声，不过也有学者说可能比那早得多。无论如何，年代肯定不会更晚，因为当时发生的一次岩崩封死了洞口。[33]

洞穴本身约 300 米长，有着此类洞穴常有的通道和石窟。洞壁上描绘动物的图画和雕刻中，最出名的是“多彩窟洞顶”（Polychrome Ceiling）上的一幅画，里面有一群野牛、两匹马、一头鹿，可能还有别的动物。[34]

1979 年，来阿尔塔米拉洞穴参观的游客人数达到 15 万[35]；1985 年，它被列入了联合国教科文组织的世界遗产名录。然而，参观者人数如此之多，影响到了岩画，因为这么多人在这么狭小的空间内呼吸产生了潮气，另外，涂鸦留言和其他毁坏行为也都对岩画造成了损害。不久后，每年参观的人数被限制在 1 万以内。2002 年，洞穴不再开放，人们在附近造了一处和它一模一样的仿址，如今大多数游客参观的就是这个仿建的洞穴。自 2015 年以来，每周只允许随机挑选的 5 个参观者进入真洞穴逗留 37 分钟。[36]

发现拉斯科洞穴的故事很简单。它是 1940 年被 4 个青少年带着一条狗误打误撞地发现的，那条狗有个奇怪的名字，叫“机器人”。那几个孩子带着狗在法国南方波尔多附近的多尔多涅省（Dordogne）蒙蒂尼亚克（Montignac）的山上闲逛时发现了一个洞，据说是因为狗儿在那里刨土引起了他们的注意。他们猜想洞里可能埋有宝藏，决定进去探索一下。我们现在知道，洞里的确埋着宝藏，但那是艺术的宝藏[37]，不是那些孩子希望的金库。

洞穴大约 200 米深，洞壁上至少有 600 幅绘画和 1 500 幅[38]雕画。1979 年，拉斯科洞穴被联合国教科文组织列为世界遗产。值得一提的是，威拉德·利比（Willard Libby）1947 年开始试验放射性碳测年法的时候（此事我们在以后的章节中会谈到），第一批测试的物体中就包括在拉斯科发现的一块木炭。根据使用放射性碳测年法进行的测定和其他的测试，现在普遍认为[39]拉斯科洞穴的年代大约是 1.7 万年前，即约公元前 1.5 万年。

现在的洞穴入口和原来的入口都通往一个巨大的洞窟，它叫“公牛厅”（Hall of the Bulls），因为洞壁上画着 4 头巨大的公牛，壁画的长度超过 5 米。确切地说，画中的牛是现已灭绝的欧洲野牛。洞壁上还画有体形较小的马和很小的鹿。

1.7 万年前，洞穴里没有电灯，没有游客步道，人在黑暗中随时可能被绊倒；恐怕今人对那种情景很难感同身受。我们只能想象，那时的人举着火把小心翼翼地走进黑暗的洞穴张开的大口，在跳动的火光映照下，每走一步都会看到前面几英尺的洞壁上不断显现出各种动物的图画，但火光照不到的地方是令人恐惧、一片死寂的浓黑。即使你自己就是在洞壁上作画的人，你每次进入洞穴时一定也提心吊胆，一步一步地怯怯前行，洞壁上画的那些可怕的动物映入眼帘时总会吓你一大跳，哪怕它们是你自己几年前画的，但由不知名的古人在很久以前画的动物尤其令你胆战心惊。

穿过“公牛厅”一直向前是“轴心画廊”（Axial Gallery）。这里的岩壁上画着牛、鹿和马，包括所谓的“中国马”，其实那些马和中国毫无关系，叫它们中国马可能是因为它们与宋朝（公元 960—1279 年）中国画上的马略有相似。

如果不进入“轴心画廊”，而是向右转，会看到洞壁上的近 400 幅雕画，画的大多是马。再向右转，就来到了“大半圆石窟”（Great Apse），里面的洞壁上刻着 1 000 多幅画。拉斯科洞穴里还有一个“猫室”（Chamber of the Felines），里面有几十幅各种题材的雕画，包括 6 幅大猫的雕画。[40]

拉斯科洞穴从未被真正发掘过，只为接待游客做了些准备，就于 1948 年对公众开放了。每年的参观者超过 10 万，造成了和阿尔塔米拉洞穴同样的问题，而且问题出现的时间比阿尔塔米拉更早。1963 年，拉斯科洞穴不再对公众开放，从那以后只允许小群人进洞参观。然而，问题仍然层出不穷。2000 年，安装了新的空调系统后，洞壁和岩画上长出了霉菌，2006 年又出现了黑霉。这些对岩画的破坏也许是无法弥补的，所以人们才在附近建了洞穴的仿址，供公众参观。[41]

肖维洞穴是我们讨论的 3 个洞穴中最古老的，也是最晚被发现的。它位于法国南部阿尔代什（Ardèche）省，洞穴十分巨大，大概有 400 米深，面积达 8 000 平方米。1994 年 12 月末，让-马里·肖维（Jean-Marie Chauvet）和几个同事发现了这个洞穴并对其进行了考察，仅仅 20 年后的 2014 年，它就被联合国教科文组织列为世界遗产。著名导演维尔纳·赫尔佐格（Werner Herzog）还制作了一部介绍肖维洞穴的立体电影[42]，于 2011 年上映。

人们在肖维洞穴中发现了近 4 000 件人工制品和动物骨头，还有洞穴岩壁上的 1 000 幅岩画。那些岩画的线条和色彩精致鲜明，是世界上最古老、保存得最好的洞穴艺术。画中描绘了至少 13 种不同的动物，包括狮子、马、披毛犀、猫头鹰、猛犸象、熊等。其中可能还有已知最早的一幅描绘火山爆发的岩画。[43]

洞穴岩画的年代问题引起了激烈的争论。不久前，根据历年

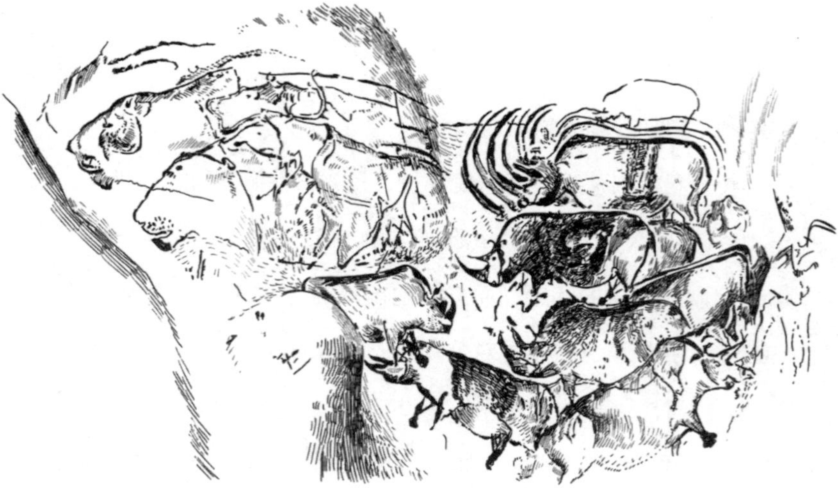

肖维洞穴岩画

来对30到80个样品所做的放射性碳分析的结果，有人推断大部分岩画是大约公元前3万年人类初次使用这个洞穴的时候画的。在那之后，洞穴空置了几千年，公元前2.5万年再次有人入住，又增添了几十幅岩画。洞穴的软泥地上还有一个孩子的脚印，可能是第二次有人类居住时留下的。最近，这些年代上的推断受到了质疑。[44]

最新的研究通过放射性碳测年法分析了岩画上黑色颜料的色素以及在洞穴内找到的骨头和木炭，确定了259个时期，还使用铀–钍测年法、热释光测年法和氯–36测年法等更加深奥的技术确定了另外近100个时期。这些方法测定的结果显示，大约5万年前，穴熊先在这个洞穴里造了窝，最早的岩画是在公元前3.5万年前后画成的。然后，自公元前31 500年前后开始，熊和人都不再使用这个洞穴。接下来的 2 500 年间，洞穴一直空置，直到另外一群人住了进来。这第二批人在洞穴中居住的时间在公元前 2.9 万年到公元前 2.6 万年之间，不过这次熊没有来。后来，一场岩崩封死了洞穴的入口。自那以后，无论是人还是动物都再也无法进入这个洞穴，直到它于 1994 年被发现。[45]

但是，肖维洞穴的发现并非偶然。根据《纽约客》杂志 2008 年刊登的一篇内容详细的文章，让-马里·肖维是法国文化部的一位公园巡护员，他当时正在积极寻找这样的洞穴。这个洞穴位于阿尔代什河旧河道旁的一面石灰岩悬崖之上，离一座被称为“拱桥”的天然石灰岩桥很近。虽然洞穴原来的入口由于岩崩被封了至少两万年，但肖维带领的小队队员们注意到悬崖峭壁上的一个小孔[46]中有冷风吹来。

他们搬走了几块石头，扩大了洞口，小队中身材最娇小的女队员埃列特·布吕内尔（Éliette Brunel）先爬了进去。其他人紧随其后，沿着带来的绳梯降入一条约 10 米深的洞道，来到了一个长满钟乳石的大山洞。他们先注意到了地上的动物骨头，然后看到了洞壁上的几幅画。布吕内尔激动地喊道：“他们来过这儿！”——她指的是旧石器时代的岩画创作者。[47]

2015 年 4 月，《史密森学会》登载了乔舒亚·哈默（Joshua Hammer）的一篇文章，文中根据肖维带领的探险队员 1996 年发表的回忆录中的细节叙述了接下来发生的事情：

他们3人小心翼翼地走过山洞，尽量避免踩到古老的火塘中已经晶化的灰烬，边走边惊异地看着洞壁上的数百幅岩画。“我们面前的岩壁上布满了红赭土画的图画……。画中有一头长鼻子的猛犸象，还有一头狮子，嘴边有一圈红色的斑点，好像血迹。我们蹲在那里看得目瞪口呆。”[48]

关于那天到底有谁和肖维在一起，后来他带了谁去，甚至是不是他首先注意到悬崖上的小洞等问题，有一些不同的说法和争议。但无论如何，他们在洞穴里看到了数百幅图画——有些巨大，有些很小，有些单独一幅，有些形成组画，甚至还有重叠。肖维和同事们很快报告了上级，于是，文化部的科学顾问、岩画专家让·克洛特（Jean Clottes）奉命前去调查。克洛特宣布说，肖维洞穴是20世纪的一个伟大发现。[49]

克洛特组建了一个专家团队，自1996年起一直在研究肖维洞穴。在此期间，为了避免拉斯科洞穴和阿尔塔米拉洞穴开放参观导致的问题，肖维洞穴一直没有对外开放。事实上，就连研究队的成员也只能在每年春秋两季各进去一次，每次逗留几周的时间。其他时候，洞口约1.2米高的钢门紧锁，谁也进不去。肖维洞穴是3个洞穴中唯一使用现代方法发掘的。[50]

肖维洞穴分为几个部分。[51]原来的入口由于古时候的一次岩崩封死了，若是从那里进洞，一进去就是一个巨大的洞室。该洞室以数千年来第一个进入洞穴的埃列特·布吕内尔的名字命名为“布吕内尔厅”（Brunel Chamber）。从这里可以进入“熊洞厅”（Chamber of the Bear Hollows），里面到处可见穴熊生活过的痕迹，包括它们在松软的泥地上挖的洞。

“熊洞厅”通往两条走廊。一条相当短，叫“仙人掌画廊”（Cactus Gallery）。肖维和他的同事们最先看到的岩画就在这里，画的是一只小小的红色猛犸象。埃列特·布吕内尔就是看到了这幅画，才把别人叫过来的。[52]

另一条长得多的走廊通往别的洞窟。它被称为“红画廊”（Red Panels Gallery），因为那里的大部分图画是在东面的岩壁上分成一幅一幅的，色调以红为主。

从“红画廊”往左拐（也就是向西）就进入了“蜡烛画廊”（Candle Gallery），这是肖维洞穴第二部分的开始。“蜡烛画廊”后面是“伊莱尔厅”（Hillaire Chamber），以最先发现肖维洞穴的3个人中的克里斯蒂安·伊莱尔（Christian Hillaire）的名字命名。这个洞窟直径约30米，也就是说大概30米宽，高度也差不多有30米。洞窟中有很多岩画，有些相互重叠，可能因为是在不同的时间画上去的。有些岩画还覆盖了一层天然的方解石，这说明它们不可能是伪造的。

离开“伊莱尔厅”后，有两条路可走。如果继续向西，就到了“颅骨厅”（Skull Chamber），在那里可以看到一个熊的颅骨被精心摆在从洞顶坠落的一块石头上面。过了“颅骨厅”就到了这个方向的最后一个画廊，也就是“交叉画廊”（Gallery of the

Crosshatching)，里面的岩石上画着一匹大马。

如果出了“伊莱尔厅”后不往西，而是向北走，会来到“大角鹿画廊”（Megaloceros Gallery）。这里有几幅犀牛的画，但洞穴的这部分之所以得名“大角鹿画廊”，是因为那里有一幅画，画着一头巨鹿。这种巨鹿长着巨大的角，现已灭绝。大角鹿这一属中最大的一种比人的平均身高高出很多，叫爱尔兰巨鹿，[53]也叫爱尔兰鹿，还叫大驼鹿。

2016年年初，法国研究者提出，“大角鹿画廊”里有幅被大角鹿的画遮盖了一部分的喷射状的图画，描绘的可能是附近一座火山爆发的情景。洞穴的其他地方至少有两幅相似的图画，学者们一直对画的内容百思不解，现在看来，它们描绘的可能是附近的下维瓦赖（Bas-Vivarais）火山，这座火山离肖维洞穴只有35千米，1.9万年前到4.3万年前那段时间里爆发过。那也正是洞穴中有人居住的时期。如果研究者的推想无误，这些岩画是已知最早的对火山爆发的描绘。[54]

从“大角鹿画廊”往前走，就到了所谓的“后厅”（End Chamber），里面洞壁上画的有野牛、犀牛、猛犸象和大型猫科动物。这个洞中的画特别多，占了整个洞穴里全部岩画的1/3；在一组画中，16头狮子在捕猎一群野牛。像在洞穴的许多其他地方一样，这组画的创作者（也许不止一人）巧妙地利用岩石的起伏营造出了那些动物似乎正在奔跑的生动效果。[55]

从“后厅”的一边可以进入“瞭望廊”（Belvedere Gallery），

这里没有图画，但洞壁上有一个小孔，可以看到“后厅”的左壁。从“后厅”的另一边可以到达叫作“圣器收藏室”（Sacristy）的石窟，里面的洞壁上画着一匹马、一头大野牛、一只大猫和一头犀牛，洞窟的泥地上有许多动物脚印。这就是肖维洞穴的尽头，至少这是迄今为止探索的结果。

2015 年 4 月末，肖维洞穴附近开放了一处仿址。这座耗资 5 500 万欧元的仿建洞穴使公众终于得以一观洞穴内壁上和岩石上的绘画。每幅画都与原画一模一样，仿制过程中使用了三维模型、数码成像和其他的科学手段及艺术手法。洞穴本身是石灰岩构造，仿制品使用了混凝土，石笋和钟乳石是用树脂仿制的。[56] 据说效果令人叹为观止。

现在拉斯科、阿尔塔米拉和肖维这 3 个洞穴基本都不再对公众开放了，但它们的仿址吸引或有可能吸引的参观者的人数比原洞穴多得多。比如，阿尔塔米拉洞穴参观人数最多的时候一年接待的游客大约有 15 万，而现在它的仿址每年的参观者人数高达 25 万。[57]

也许这会鼓励对古迹的仿建，像埃及就如法炮制，仿建了图坦卡蒙的陵墓，因为许多作为热门旅游景点的考古遗址都面临保存还是开放这个两难的问题。建造与原古迹分毫不差的仿址绝不是要将古遗址“迪士尼化”，而是为了一方面使广大公众能够欣赏古代的奇迹，另一方面又尽量保存原址，以供科学家进一步研究。

关于远古留下的艺术，发表的著述已是汗牛充栋，学者就旧石器时代早期的人为什么要画那些图画提出了各种假设，但需要做的事还很多。很明显，我们3.5万年前的远祖有一双巧手，懂得艺术和宗教，与今天的我们同大于异。

同样明显的是，史前考古起到了独一无二的作用，使我们得窥人族生活的片段，从几百万年前在坦桑尼亚莱托里的火山灰上留下脚印的那3个人族个体，到后来在法国和西班牙的岩壁上作画的我们遥远的表亲。我们对人类进化过程的理解因而发生了变化。这个过程与其说像一棵树，不如说更像是一丛灌木，人族的多个物种曾同时居住在地球上。[58]比如，我们知道，5万年前现代人和尼安德特人曾在欧洲一起生活，还有本书未曾提到的一些人族物种，包括亚洲的丹尼索瓦人（Denisovans）和弗洛雷斯岛（Flores Island）上的“霍比特人”（Hobbits）。如果基因学家的研究结果属实，我们的基因库中甚至还有别的尚未确定的物种的基因。仅在2.5万年前，我们才成为硕果仅存的人种，我们的DNA中掺杂了每个其他人族物种的些许基因。这是个迅速发展的研究领域，每一年都有新发现，所以下一个发现总是值得期待的。

第 7 章

新月沃土最初的农夫

加泰土丘的人像：也许是一位女神或女王

有些遗址的发现成为世界各地的头条新闻，有些遗址像蜜招苍蝇一样诱使人们提出了各种各样匪夷所思的理论，还有些遗址二者皆备。2007 年，人们开始在现代土耳其境内的哥贝克力石阵进行考古挖掘，这个遗址有 1.1 万多年的历史。2010 年，它上了电视节目《远古外星人》(*Ancient Aliens*)。[1]

根据流传的说法，哥贝克力石阵是 1983 年被一个农夫发现的。他在田里看到一块雕过的石头，把它送到了当地的博物馆。芝加哥大学的考古人员在 20 世纪 60 年代对这个地区做过考古勘察，他们看到了许多破碎的石板，猜想那些可能是墓碑，所以认为这个山丘也许不过是一个中世纪的公墓。因此，那个农夫的发现至少起初并未引起多大重视。

1993 年，德国考古学家克劳斯·施密特（Klaus Schmidt）看到了那个农夫发现的石头，一年多后，他重新对那里做了调查。真正的挖掘工作到 2007 年才开始，因为光是各方面准备工作就花了 10 多年的时间。挖掘开始不久他就发现，哥贝克力是迄今为止发现的新石器时代前陶时期最古老的遗址之一，可追溯到公元前 9600 年。而且，人们在那里发现的证据表明，当时的人已经有了宗教信仰。施密特一直是挖掘工作的负责人，但在 7 年后的 2014 年 7 月，他在游泳时因突发心脏病而意外去世。[2]

新石器时代（Neolithic）一词来自希腊文（希腊文“neos”的意思是“新的”，“lithos”的意思是“石头”）。这个时代是从 1.2 万年前的公元前 1 万年左右在近东开始的。新石器时代的第一阶段持续了约 4 000 年，那时陶器尚未发明，所以称为新石器时代前陶时期。

我们经常说那时发生了新石器革命，因为它标志着一种全新生活方式的开始。石制工具发生了变化，这也是新石器时代这个名称的来由，但不仅如此，人们对植物和动物的驯化也是在这个时代开始的，包括种植小麦和大麦，畜养绵羊和山羊。这些都发生在从波斯湾北端向北到土耳其和叙利亚的接壤处，再沿地中海海岸一直向南伸展至今天的以色列的那片弧形地带——新月沃土。

新石器革命改变了一切。人终于有了足够的食物，可以定居下来，不再四处流浪；全年都有粮食吃，不必害怕多生孩子，于是人口随之增长；人们居住的茅屋先是形成村落，然后增大为镇，进而扩展为城；社会日趋复杂，最终出现了法令、计数、文字。这一切都源自对植物和动物的驯化。但也有人说，动植物的驯化还产生了别的东西，像暴力、社会不平等和其他不公正现象。

至于新石器时代的农业和动植物的驯化为何发生在这个地区，众说纷纭。有些理论是非常著名的学者提出的，如澳大利亚考古学家 V. 戈登·蔡尔德（V. Gordon Childe）、芝加哥大学考古学家罗伯特·布雷德伍德（Robert Braidwood）、密歇根大学人类学家亨利·赖特（Henry Wright）和丹麦的农业经济学家埃斯特尔·博斯鲁普（Ester Boserup）。他们的理论包括：公元前 1 万年至公元前 9000 年之间可能发生了气候变化，导致人群在绿洲定居；人找到了适于驯化的植物和动物；人口过多，过分消耗自然资源；此外还发生了其他使驯化动植物变得既有必要，也可以实现的事情。[3]

哥贝克力石阵是古代近东已知最早的纪念碑式建筑。迄今为止，考古人员发现了至少 5 个大小不等的石头圆阵，其中一个直径达 20 米。[4] 这些石阵十分壮观，各种书籍杂志上刊登的相关照片虽然美丽，却仍表现不出它们那种震撼心灵的效果。

大部分直立的石头上雕刻着人物或场景，还有动物。这些雕刻激起了许多人的浓厚兴趣，包括专业考古人员、普通公众，还有抱持各种不着边际的理论的人。雕刻的动物有蜥蜴、蝎子、公牛、狮子、兀鹫、狗和狼，还有别的动物。有些雕刻也许是象形图，也就是在书写文字发明出来的 5 000 年前用来叙事的图形——这个新颖的假说[5]是 2015 年夏天提出的。

施密特使用探地雷达等遥感技术手段进行勘察后提出，至少还有 16 个圆形石阵埋在地下。迄今为止出土的圆形石阵都由直立的石头组成，中间有两块巨大的 T 形石柱，周围矗立着较小的石柱。大型石柱有 4.8 米至 5.4 米高。

古人建造哥贝克力石阵到底想做什么，我们并不清楚，但施密特坚信它是敬神的场所，而且可能是人类特意建造的最早的敬神场所。2008 年，《史密森学会》上刊登的一篇文章提出，哥贝克力石阵也许是世界上已知最早的神庙。2011 年，《国家地理》杂志的一篇文章写道："拜神的愿望孕育了文明。"[6]

《国家地理》杂志上那篇文章的作者指出，哥贝克力石阵的建造者"尽管没有轮子或役畜，却能够切割、采集 16 吨重的石头，并将其运输数百米长的距离"。他还指出，在那个时候，[7]文字、金属制品和陶器都尚未出现。

对我们来说重要的是，哥贝克力石阵坐落在新月沃土北沿，似乎是那个历史时代最早的遗址之一。事实上，人好像是**先**在那里定居下来，之后才学会了驯化动植物，因为对找到的数千块动物骨头的研究表明，那里的居民以捕猎为生，猎物主要是羚羊和鸟类。[8]

前面说过，人们长期以来的一贯观点是，人类由于驯化了动植物才得以定居。但是，哥贝克力遗址也许表明实情正好相反。这么多人聚在一处建造石阵、雕刻石头，光靠捕猎和采集也许不足以维生，因此必须另想办法。[9]所以，哥贝克力石阵是一处意义重大的遗址，但对它的考古研究才刚刚开始。今后几年，随着发掘工作在新任首席考古学家的领导下继续进行，我们会对这个遗址有更多的了解。

我们也应该说明哥贝克力石阵不是什么。它不是伊甸园，施密特从未说过它是《圣经》中的伊甸园，尽管有些新闻报道称他这样说过。[10]哥贝克力可能也与《圣经》所说的守望者（Watchers）或拿非利人（Nephilim）没有任何关系。2014 年出版的一本书[11]声称哥贝克力石阵与最近一次冰期结束时的一场全球性大灾难有关，恐怕也是捕风捉影。

哥贝克力石阵显然是考古学家研究的最有意思的新石器时代遗址之一。它可能使我们得窥史上最早的宗教仪式，并肯定能使我们对人类刚开始定居、驯化动植物的那段历史有所了解。在这两个方面，哥贝克力的重要性和位于现代土耳其的加泰土丘以及坐落在死海附近的约旦河西岸地区的耶利哥（Jericho）不相上下。下面就让我们来看一看这两个奇妙迷人的遗址。

《圣经》讲到过约书亚（Joshua）和以色列人（Israelites）[12] 出埃及后进入迦南的故事，所以耶利哥对很多人来说并不陌生。从考古学的角度看，《圣经》的这个故事有许多不实之处，但是，正是由于希望确认这个故事的真实性，人们才发现了新石器时代的耶利哥。

耶利哥位于绿洲之中，绿洲外是一片荒凉的沙漠。绿洲中有足够的水源，不仅能满足人的饮用需求，使人得以生存，而且足以灌溉农田，令该地兴旺发达。从 1930 年到 1936 年，著名英国考古学家约翰·加斯唐（John Garstang）在耶利哥进行了发掘。根据他对挖掘成果的解释，山丘内有一层正是约书亚和以色列人攻占的耶利哥城。然而，这个假设受到了批评，有人说他把那一层陶器的时代搞错了，故此他的所有其他解释也随之大错特错。

最后，加斯唐请凯瑟琳·凯尼恩（Kathleen Kenyon）对他找到的陶器重新加以研究。凯尼恩是位年轻的考古学者，曾师从莫蒂默·惠勒（Mortimer Wheeler），参加过耶利哥以北不远的撒马利亚（Samaria）遗址的挖掘工作。她最终认为证据不足，无法达成确定的结论，需要进一步挖掘。考古学家做出这样的决定是很正常的事。

于是，1952 年，凯尼恩来到耶利哥[13]，开始亲自挖掘。耶利哥遗址有 4 个地层，表示人类在此地居住过 4 个时期，但情况比想象的复杂。凯尼恩把山丘的一部分完全挖开后将横切面绘制了下来，图中显示的是一片混乱：纠缠在一起的墙体、地板、废墟和其他的考古遗存。

这里应该说明，从地质学借来的地层概念是几十年前由威廉·马修·弗林德斯·皮特里（William Matthew Flinders Petrie）和弗雷德里克·琼斯·布利斯（Frederick Jones Bliss）引进近东考古学的，当时他们二人正在挖掘耶利哥西面的一个叫作“泰勒黑斯”（或“赫西废丘”，Tell el-Hesi）的古代遗址。他们正确地指出，年代较久远的遗存总是比年代较近的遗存埋得深，特别是在被称为“泰勒”的人造土丘中。这样的土丘遍布中东各地，包括耶利哥。他们也注意到了凯尼恩后来在耶利哥发现的情况，即古遗址的地层[14]可能极为复杂。

凯尼恩发现了一些证据，特别是发现了更多的陶器，因此她和学界多数人士一致认为，加斯唐发现的那个遭到破坏的城其实比约书亚的时代早了 1 000 年，属于青铜时代早期，不是晚期。另外，她认为那个城看似在公元前第二个千年的中期就被遗弃了，到约书亚和以色列人攻占这个地区时，它应该已是人去城空，甚至已成为一片废墟。[15]

凯尼恩发掘耶利哥时，还发现了一层新石器时代的遗址，包括墙体、建筑物和坟墓。我们在这里将集中讨论这层遗址。这层遗址的年代在公元前 7500 年前后，当时耶利哥的人口最多只有两三千人。从时间上说，它比我们刚刚介绍过的哥贝克力石阵晚大约 2 000 年，但仍属于新石器时代前陶时期。遗址围着一圈厚厚的石墙，因此许多考古文献都说耶利哥是迄今所知第一个有围墙的城。

凯尼恩在这一层还发现了所谓的“耶利哥塔”。塔高约 8 米，塔基直径约 9 米。它由未经打磨的中等大小石块筑成，中空的塔内有一道梯子连接塔底和塔顶。这座塔很有可能是个仓库，或是粮仓，用来储存打下来的粮食，它可能也是护城的防御工事。有些学者还提出，它也许是众人聚会的场所，甚至是观察星象用的观象台。[16]

那个时期，耶利哥的居民会把死去的家人埋葬在住房下面。凯尼恩发现了近 300 个这样的埋葬所，但尤为奇怪的是，在那个时期的后半段，也就是为时约 1 000 年、结束于公元前 6000 年前后的新石器时代前陶时期 B 阶段，耶利哥人对死者颅骨进行过一些处理。

在那段时期，耶利哥和近东其他十几个地方的居民在人死后会把死者的头颅拿掉，应该是等尸体腐烂得差不多的时候拿掉的，不是硬砍掉的。他们把下颌骨去掉，然后给头骨糊上一层泥，这是为了重现面部的皮肉。他们还在眼眶里放上贝壳，更准确地说是宝螺壳，看起来活像真的眼睛。[17] 经过这样处理的头骨经常摆在家中的起居室这类显眼的地方。

一般认为，这反映了某种祖先崇拜，但我们对此无法确知，因为那时的人没有留下任何记录说明他们为什么要这样做。至少我觉得，把死去的弗雷德叔叔，甚至是已故父母的头放在起居室角落，自己的一举一动都在他们的注视之下，这实在有点诡异，令人毛骨悚然。然而，我家的餐厅里挂着亡母的画像，是不是与之相去不远呢？

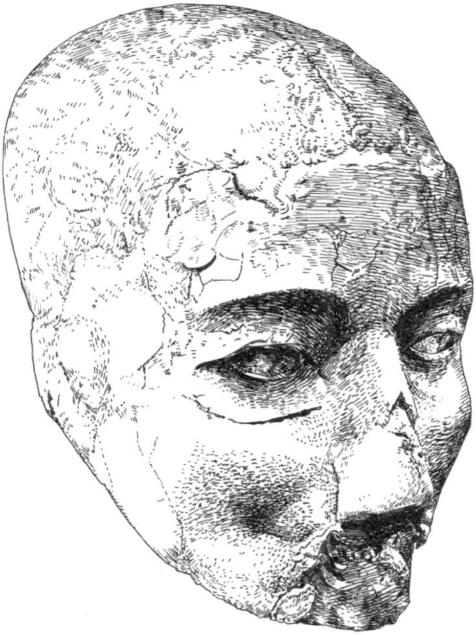

耶利哥，糊了泥的头骨

即使在今天，我们对头骨仍然有一种痴迷，但有些人痴迷的程度比别人更深。艺术家达米安·赫斯特（Damien Hirst）2007年创作了“钻石头骨”后，我把他那件作品的照片和耶利哥一个头骨的照片放在一起给学生看。大家同意两者有相似之处，但达米安·赫斯特的作品也许太贵了点儿，因为他的头骨是用8 600颗完美无瑕的白金钻石做成的，仅材料就花了1 400万英镑；这件作品标价5 000万英镑，算是很合理[18]的价钱。

最近，一支由意大利和巴勒斯坦考古学家组成的联合考古队从1997年到2000年在耶利哥进行了挖掘。他们做出了更多有趣的发现，包括找到了证据，表明地下埋藏着一个青铜时代中期的大城市。后来，中东地区的局势日益紧张，他们为安全起见，不得不暂停工作，但 2008 年他们重返现场，自那以来一直在挖掘。[19]

本章要讨论的最后一个遗址，也出土了两个在耶利哥发现的那种糊了泥的头骨，但这个遗址的出名之处并不在此。它的年代稍晚于耶利哥，兴盛期在新石器时代前陶时期 B 阶段的公元前 6500 年到公元前 5600 年之间。它就是今天土耳其境内的加泰土丘。[20]

加泰土丘的挖掘工作于 20 世纪 60 年代初开始，带队的是英国考古学家詹姆斯·梅拉尔特（James Mellaart）。他发现了 160 来所房子，它们组成了一个结构独特的村庄或小镇，当时的人口应该在 3 000 到 8 000 之间。[21]

房子是平房，全都连在一起，毗邻的房子共用一堵墙。墙全部以土坯筑成，但特别奇怪的是，那些房子都没有门窗。由于所有房子都彼此相连，所以房子之间也没有街道或小巷。

房子没有门窗，也没有通往大街小巷的出口，那么房子里的人究竟是怎么进出的呢？我们认为，这个问题的答案是：梯子。居民沿梯子爬上房顶，然后再沿梯子下到房子里。只能是这个解释，因为显然那时的人是能够进出房子的。但这种居住安排很不寻常。是什么促使他们把房子建成了这样？

其中一所房子里的壁画提供了答案。画中有一头巨大的动物，可能还长着角，一群体型小得多的人和几匹马正在围猎这头巨兽。壁画作者对透视法的运用好像不太高明，不然这头看起来很像野猪，但更有可能是公牛的动物就大得令人难以置信了。这幅壁画表明这个村庄外面可能有大型野兽出没，即使它不像壁画显示的那么大。不难想象，村民害怕野兽，想保护自己，所以造房子的时候才不留门窗，以防野兽闯进来。他们靠梯子进出，而野兽不会爬梯子，居民们因此能够保命，至少不会在夜间遭到野兽侵扰。这是唯一说得通的解释。[22]

梅拉尔特在 20 世纪 60 年代的挖掘期间发现了这幅壁画，但非常可惜，他没有为它遮风挡雨，所以现在壁画破损比较严重。他还发现了许多其他壁画，其中一幅画着一大群只穿兜裆布奔跑的男人，另一幅上部画着悦目的几何图形，下部红色的背景上画着几只白色的手。这使人想到幼儿园的孩子们在纸上先勾出自己小手的轮廓，然后涂上颜色做成的画。这幅壁画的作者应该也采用了同样的方法，在红色背景上的手的轮廓内涂上了白色。

别的壁画描绘的似乎是捕猎的场景，里面有一幅展示了许多人围着一只巨鹿的场面，被围的动物也可能是羚羊，或者其他长着大角的动物。许多描绘狩猎图景的壁画是在同一座房子的同一个房间里发现的。这类壁画有一个共同特点，那就是画中的动物比狩猎的人大得多。当然，这也许仅仅表示了被猎动物的重要性，其实动物并非真的那么巨大。

另一方面，那里的居民好像对公牛十分痴迷。除了壁画里画的公牛以外，有的房间里还有立体的公牛塑像，主要是黏土制的带角牛头，也有的干脆只是牛角。

他们为什么对公牛如此着迷，我们无从得知。下面会看到，大约 4 000 年后的青铜时代生活在爱琴海克里特岛上的米诺斯人也特别重视公牛。一说克里特岛最初的居民来自古安纳托利亚，但两个历史时期相隔太远，无法把加泰土丘新石器时代的公牛和克诺索斯（Knossos）青铜时代的公牛联系起来，即使这个可能性十分诱人。

壁画中还有一幅似乎是风景画，好像是从村子眺望远方一座大山时看到的景象。这座大山叫哈桑（Hasan Dağı），是一座火山。人们在加泰土丘发现的石器是用黑曜岩制作的，而大部分甚至全部黑曜岩都来自哈桑山。[23] 壁画中，大山的前方有许多小方块，也许那是画家笔下自己居住的村庄，也就是加泰土丘本身。也许壁画描绘了火山爆发的景象——至少这是一群学者最近提出的观点。[24]

另一幅壁画中，几只看起来像是兀鹫的大鸟似乎在攻击一个躺在地上的人。一些学者由此假设，那时的人也许偶尔会故意把死去的人留在野地里，让食腐动物把尸体的肉吃光，再把骨架埋葬起来。

梅拉尔特和后来接替他领导挖掘工作的斯坦福大学的伊恩·霍德（Ian Hodder）在房子的地板下找到了一些墓葬，和凯瑟琳·凯尼恩在耶利哥发现的一样。难以确知埋葬前尸体上是否还有肉，但至少有些墓中发现的骨架关节完好，说明尸体入葬时是完整的。

1993 年霍德在加泰土丘开始领导挖掘工作时，带来了一肚子新主意。有些是基本措施，比如在挖掘区上方搭一个大棚来保护出土的古迹，而不是像梅拉尔特那样，任由遗址暴露在风吹日晒雨淋之下。他还采取了一些创新举措来为挖掘项目筹款，包括挂靠当地的一家大银行，就像在美国，某个美式足球场或棒球场把冠名权卖给某家公司一样；他还积极争取IBM（国际商业机器股份有限公司）、百事可乐、英国航空公司和壳牌石油公司等大公司的赞助。这些做法在其他考古现场闻所未闻。他还参与筹办了1997年伊斯坦布尔的一次时装秀和2010年上海世博会的一次时装秀。秀场摆放着一个加泰土丘的大型仿制品，模特们身穿设计灵感来自新石器时代的时装，从那个仿制品中走出来，阔步走上T型台。[25]

霍德过去主要以其考古理论而著名。他来到斯坦福大学之前，是英国剑桥大学的教授。他在那里和迈克尔·尚克斯（Michael Shanks）以及克里斯多弗·蒂利（Christopher Tilley）一起提出了所谓的“后过程考古学”（post-processual archaeology），现简介如下。

20世纪60年代，一位名叫刘易斯·宾福德（Lewis Binford）的美国考古学家开创了“过程考古学”（processual archaeology），即通常所称的新考古学。在那以前，考古研究及其出版物主要是描述性的，只描述考古挖掘的发现、遗址的状况及其居民状况，如其所属的时代、被发现的地方、应属于何种文化、居民制作的物品的形状等等。宾福德想把考古变为一门科学，加入更多人类学的内容。他这个思想延续了20世纪50年代晚期由其他美国考古学家开启的潮流，那些人的名言是：“考古学就是人类学，否则什么都不是。”[26]

宾福德希望考古学不光要描述事物，还要试着做出解释。他希望考古学者能找出或概括人类行为的普遍规律，正如爱因斯坦在物理学领域所做的那样。他还想让考古学者遵循科学程序，发表意见时保持客观中立的态度，这与考古学者过去的做法[27]大相径庭。

宾福德在考古界可谓一言九鼎，20 世纪六七十年代尤其如此。他和学生们广泛传播了这个主张。然而，接受宾福德观点的主要是美国学者，欧洲学者并不热情，20 世纪 80 年代甚至发起了反对运动。

这场反对运动被称为“后过程考古学”，或“后过程主义”。伊恩·霍德至今仍是这场运动的领袖之一。霍德和其他人至少在一定程度上拒绝宾福德对科学的依赖。后过程主义者认为，根本不存在支配人类行为的普遍法则，试图寻找这样的法则不啻水中捞月。他们还认为，不应如此依赖严格的科学方法，因为考古学不是“硬科学”。霍德及其追随者说，讨论和解释考古发现时摆出客观中立的姿态是荒谬的。人是有偏见的动物，解释考古发现时不可能排除偏见。[28]

他们还说，新考古学实质上把考古“非人化”了，而要想了解过去，就必须努力了解过去的人以及他们的想法和动机，也必须明白，过去的人多种多样，除了亚历山大大帝和尤利乌斯·恺撒这样的名人之外，还有妇女和少数群体。霍德有一句名言，实质上是对宾福德观点的反驳，大意是："考古学是考古学，考古学也是历史——但考古学不是人类学。"[29] 讽刺的是，现在霍德在斯坦福大学的人类学系任教授。

今天，后过程主义仍颇为流行，但它的立场引起了一些问题，比如，它认为考古领域中一切都是相对的，任人解释，甚至可以由非专业人士来解释，这似乎对业余人士过于开放了。事实上，非专业人士的参与给加泰土丘带来了一些趣事，比如，那里发现的一些小雕像 [30] 引得新时代运动（New Age）和母亲女神（Mother Goddess）[31] 的信徒蜂拥而来。

人们在加泰土丘发现的小雕像都是女性，大多是坐像，体态丰腴。类似的女性雕像在欧洲的许多遗址也发现过，都属于这个特定的历史时期。1963 年到 1989 年在加州大学洛杉矶分校任教授的玛丽亚·金布塔斯（Marija Gimbutas）认为这些小雕像是母亲女神像，象征着生育、母性和母亲女神对大地的统治。

然而，这些小雕像到底代表什么，我们并不清楚。有些可能的确代表生育或母性的某个方面，但不能肯定它们就是母亲女神。我们也不知道古人为什么要制作这些雕像。拥有雕像的会不会是个女人，想要求子？或成功怀孕后感谢神恩？还是说二者皆非？有些雕像中女人的座位很像王位，其中一个似乎肩头围着一块兽皮。这也许说明这些小雕像是女王或女祭司，不是女神。金布塔斯的理论并未得到普遍接受。尽管如此，加泰土丘仍是许多母亲女神信徒的朝拜之地。

仅仅本章讨论的 3 个遗址即足以说明，新石器时代是一个极为有趣的时代。那个时代显然发生了天翻地覆的巨大变化，但同样明显的是，我们对它的了解还远远不够。20 世纪 90 年代中期以来人们在哥贝克力石阵、加泰土丘和耶利哥的发现表明，等待我们去发现的还有很多很多。未来的发现无疑将增加我们对新石器时代的认识和理解，我们也许能更加确切地知道，农业和动植物的驯化为什么在那个时代首先发生在新月沃土这个地区。

第三部

发掘青铜时代的爱琴海地区

第 8 章

揭秘希腊初民

迈锡尼的“狮门”和“阿伽门农面具”

特洛伊的“发现者”海因里希·谢里曼也经常被称为迈锡尼考古之父。原因很简单，他在 1870 年到 1873 年之间挖掘了土耳其的希萨利克遗址并宣布找到了特洛伊之后，决定接着寻找特洛伊战争的另一方，也就是和特洛伊人打了 10 年仗的阿伽门农、墨涅拉俄斯和奥德修斯这些迈锡尼人的遗址。

于是，谢里曼暂停了希萨利克的挖掘工作，转而挖掘迈锡尼。据说这个位于希腊伯罗奔尼撒半岛上的城邦曾由率领希腊大军攻打特洛伊的“王中之王”阿伽门农统治。寻找迈锡尼比找特洛伊容易得多，因为今天遗址所在的村庄仍然使用迈锡尼这个名字（希腊语是 Mykēnē），古时城堡的著名入口“狮门”[1] 的一部分还露在地面上明显可见。

谢里曼自认为知道在遗址的哪个地方寻找阿伽门农。古希腊人的记叙，从荷马史诗到公元前 5 世纪的索福克勒斯（Sophocles）、埃斯库罗斯（Aeschylus）和欧里庇得斯（Euripides）创作的戏剧都说，10 年的特洛伊战争结束后，阿伽门农返国，却惨遭杀害。他是被王后克吕泰墨斯特拉（Clytemnestra）及其情夫埃癸斯多斯（Aegisthus）谋杀的。根据荷马史诗《奥德赛》第 4 卷第 524 至 535 行的描述，谋杀发生在一次宴会的餐桌旁，但后来的叙述则说是在阿伽门农洗澡的时候。在场的其他人也遭了毒手。

很久之后，公元 2 世纪的罗马时期有个叫帕夫萨尼亚斯（Pausanias）的人到过迈锡尼，并写了一本他在希腊各地旅游的游记。他说阿伽门农及其手下埋葬在迈锡尼城内。[2] 帕夫萨尼亚斯并未说明具体的埋葬地点，所以谢里曼只能靠自己推测。[3]

1874 年 2 月，谢里曼在迈锡尼遗址进行了探察——照例没有得到许可。据他自己说，他“在不同的地方”挖了“34 个竖井，以探知地下的情形、确定挖掘地”。换言之，他挖了一些探坑，好决定真正开始挖掘后应集中力量挖哪里，这个方法前面讲过。他在几个探坑里找到了有意思的发现，但最重要的发现来自狮门附近的两个探坑。他说在那里发现了“一块像是墓碑的未经雕刻的石板”，此外还有别的发现，包括女性雕像和一些小雕像。[4]

1876 年 8 月初，谢里曼带着一支挖掘队重返迈锡尼。挖掘队最初有 63 个工人，谢里曼把 2/3 的人手派到从狮门进去仅 12 米的地方挖掘，要他们挖开 34 米见方的一大片土地[5]。接下来，谢里曼把工人增加了近一倍，增至 125 人。不到两周后，工人们就发现了雕刻着武士和狩猎场景的墓碑残片，残片下方的 5 个深坑底部有一圈坟墓。[6] 现在它们被统称为“墓圈 A”。

深坑底部的坟墓里埋着许多人，还有数不清的剑和大量金银物品，以及别的陪葬品。墓中几个死者的脸上戴着金面具。

据说，谢里曼深信不疑自己找到了要找的人，立即给希腊国王乔治一世（George I）发了一封电报，说：“我刚刚在注视阿伽门农的脸。”[7] 国王马上赶到迈锡尼，谢里曼向他展示了一个精美的金面具，上面镌刻着一张庄严威武的脸，髭须俱全。这个面具现在挂在雅典国家考古博物馆一个展品橱窗的中心位置。

问题是，它不是谢里曼发电报时所看到的面具，他发给国王的电报内容也是讹传。他的电报没有那么简练，而是（根据一种说法）这样的：“我非常欣喜地向陛下报告：我发现了帕夫萨尼亚斯宣称的阿伽门农、卡珊德拉、欧律墨冬和他们的随从的坟墓。”另外，他当时看到的是另一个面具，那个面具可爱得多，也和善得多。然而，谢里曼在希腊国王到来之前找到了那个更有国王气概的面具，给国王看的也是这个面具。这是谢里曼的典型行径，别忘了他还没

迈锡尼的“狮门”

拿到许可证就开始挖掘了。在后来发给德国公使和新闻媒体的电报中，他才开始使用他注视过阿伽门农的脸或眼睛这样的字眼。

谢里曼在那些坟墓里发现的墓葬品中，有些精美得令人惊叹：有刀片上用金银镶嵌着狩猎和野生动物图画的青铜匕首，有水晶和半宝石制成的物品，还有无以计数的黄金制品，总共大约 800 千克。

一年多后，希腊考古学家帕纳约蒂斯·斯塔马塔基斯（Panayiotis Stamatakis）在这里进行挖掘时，在墓圈 A 里至少又找到了一座坟墓。经过更准确的测年技术鉴定，现在普遍认为这些坟墓极不可能是阿伽门农及其手下的坟墓。如果这些人在历史上真正存在过，而不只是神话人物的话，他们的死亡时间应该在公元前 1250 年至公元前 1175 年之间。我们现在知道，坟墓中的陶器和其他物品是公元前 1600 年至公元前 1500 年间的产物，也就是说，它们的年代比特洛伊战争早三四百年。

谢里曼可能也有此怀疑。在挖掘了迈锡尼遗址的几年后，他于 1880 年出版了一本关于迈锡尼的书。他在书中特别说明，在迈锡尼发现的残破墓碑 [8] 可能是公元前第二个千年中期的，在第四章的目录中，他甚至给墓碑残片标出了公元前 1500 年这个具体的年代。他为坟墓及墓葬品所定的年代相当准确，不过他对墓主身份的判断大错特错。

现在认为，这些坟墓最有可能是迈锡尼早期某个王朝的墓葬，因为迈锡尼是公元前 1700 年左右兴旺起来的。葬在这里的国王们生活在迈锡尼兴起后的一两个世纪之内，他们的坟茔在城墙外面。然而，在青铜时代晚期的某个时候，可能是公元前 1250 年前后，迈锡尼的城防得到重建，扩大了受城墙保护的地区，狮门就是在那时建成的。那次重建把墓圈 A 围在了城墙以内。

墓圈 B 就在山下，是 20 世纪 50 年代被发现的，现在它紧挨着一个为旅游大巴和轿车而建的停车场。经测定，墓圈 B 的墓葬品年代应该在公元前 1650 年至公元前 1550 年之间，所以墓圈 B 中有的坟墓比墓圈 A 更早，里面埋葬的也许是迈锡尼最早的几位国王，可能还有一位女王。1995 年，法医人类学家在研究墓圈 B 里发现的骸骨时，试图重现那些骸骨主人生前的模样——这完全可以拍成一集《犯罪现场调查：古希腊》*。他们判断，那些骸骨属于一位女性和 6 位男性。尽管他们得出的结论只是“最可靠的猜测”，但他们还是相对成功地使古老的枯骨死而复生，因为他们重建了那些骸骨的脸庞、头发甚至胡须。[9]

遗址的其他地方发现了几个巨型蜂巢状坟墓，这样的墓用大石块筑成，叫圆形墓（tholos tomb）。其中几个墓的名字，包括克吕泰墨斯特拉墓和阿伽门农墓（也叫“阿特柔斯的宝库”，Treasury of Atreus），是后来起的。这些墓建于公元前 1250 年前后，所以很可能是阿伽门农的埋骨之地。可惜，发现这些坟墓时，它们已经被洗劫一空。

谢里曼只在 1874 年和 1876 年在迈锡尼做过挖掘，然后就启程去寻找奥德修斯的家乡伊萨卡（Ithaca），之后返回特洛伊继续工作了几个挖掘季。1884 年，他对离迈锡尼仅数千米的梯林斯（Tiryns）遗址进行了挖掘，却再未挖掘过迈锡尼遗址。115 年后的 1999 年，迈锡尼和梯林斯[10]被双双列入联合国教科文组织的世界遗产名录。

迈锡尼遗址的其余部分留给了后来的考古学者去发现，他们使用的挖掘方法比谢里曼的方法先进得多。自谢里曼开始，迈

* 《犯罪现场调查》是美国的一部电视连续剧。——译者注

锡尼的挖掘工作几乎没有停过，希腊、英国和美国的一些著名考古学者在那里工作过许多挖掘季，这些学者包括乔治·米洛纳斯（George Mylonas）、艾伦·韦斯（Alan Wace）、伊丽莎白·弗伦奇（Elizabeth French）和我的导师斯皮罗斯·雅可维德斯（Spyros Iakovides）。

在他们的努力下，城堡最高处的王宫遗存现已完全出土。我们发现，王宫的内墙（可能外墙亦然）涂着色彩鲜艳的灰泥，用蓝色、黄色、红色和其他艳丽的颜色画着狩猎和其他活动的场景。国王的宝座应该是位于一间大厅的一头，周围的墙上满是这样的壁画，大厅中心的地炉里火焰熊熊。大厅内光线暗淡、烟雾蒙蒙，可能还潮湿室闷。迈锡尼的王宫里，窗户或别的出气口寥寥无几，似乎容易引发幽闭恐惧——那时人的注意力是向内的，而不是向外。

围绕在王宫四周的房间用途众多，有些可能是王室成员的寝室，有些则是工匠的工作间。有个房间似乎是宗教中心，可能是举行宗教仪式的地方。那里除了壁画外还有一些奇怪的神像和小雕像。

王宫内部和周围各处还有刻着文字的泥板，迈锡尼的其他王宫遗址也有类似的发现。泥板上的文字是B类线形文字。1952年，一位英国建筑师迈克尔·文特里斯（Michael Ventris）破译了这些文字，证明它们是早期古希腊文的一种。大多数泥板仅仅列举了当时运入或运出王宫的货物，但里面也提到了一些神祇的名字，[11]包括宙斯（Zeus）、赫拉（Hera）、波塞冬、阿耳忒弥斯（Artemis）和狄俄尼索斯（Dionysus）——读者对这些名字该不陌生。

迈锡尼无疑非常富庶，国际交往也很活跃。遗址中发现了来自意大利、埃及、迦南、塞浦路斯、安纳托利亚，甚至远至美索不达米亚的物品。最有意思的物品包括埃及彩陶板的残片，上面有阿孟霍特普三世（Amenhotep III）法老的名字，这些彩陶板也许是公元前 14 世纪中期埃及派往迈锡尼的官方使团[12]留下的。

青铜时代晚期，可能是公元前 1250 年左右，迈锡尼人建造起了狮门，同时还造了一条带有石阶的坚固隧道，一直向下通往水源。这样，一旦发生围城封锁，居民就不必冒险出城取水。这也许表明，当时的人已经预见到不久会有动乱。

我们不清楚迈锡尼为何在公元前 1200 年过后不久即告完结，但随着大灾难完全摧毁了这个地区青铜时代晚期的文化，它确实销声匿迹了。迈锡尼正好坐落在一条地震断裂带上，那段时期发生了至少一次地震，它因此遭到了破坏。但是，最终毁掉这个辉煌一时的城邦的可能是旱灾、饥荒以及随之而来的内部叛乱或外敌入侵。[13]迈锡尼遗址还出土了一些后来时期的遗存，包括公元前 8 世纪以后的古风时期在城堡顶部建造的一座献给赫拉的神庙。但迈锡尼再也没有恢复往昔的荣光。

在梯林斯、底比斯、皮洛斯和希腊其他地方，迈锡尼时代的王宫在青铜时代晚期也都或毁或弃。2015 年，由杰克·戴维斯（Jack Davis）和沙伦·斯托克（Sharon Stocker）带领的辛辛那提大学考古队在皮洛斯发现了所谓的狮鹫武士墓（Griffin Warrior grave），表明这些遗址和其他遗址中还有许多尚待出土的遗存。狮鹫武士墓的年代在公元前15世纪，紧挨着内斯特宫（Palace of Nestor），墓里只有一具30到35岁之间男性的骨架，但墓葬品有1 400件以上。初步公布的调查结果和媒体报道列出了一部分墓葬品：金质指环、项链和其他首饰；金杯、银杯、青铜碗，一面青铜镜、几把象牙梳子和几块石头印章，还有一柄青铜长剑，剑柄用象牙制成，外包金箔。墓主的两腿之间有一块象牙牌，上刻一头狮鹫；该墓及墓中的武士即因此得名。墓中装满了精致的人工制品，于是考古人员决定弃金属的牙医工具不用，改用穿烤肉串的木签[14]挖掘，以确保文物在出土过程中不致受损。

在爱琴海的克里特岛上，谢里曼也曾试图买下他猜想是神话中米诺斯（Minos）国王都城的那块地，但主人拒绝出售。20年后，另一位考古学家阿瑟·埃文斯（Arthur Evans）对该地进行了挖掘，青铜时代又一个伟大的爱琴文明——米诺斯文明——由此重见天日。这个1900年开始挖掘的古城现在叫克诺索斯。[15]

埃文斯是典型的维多利亚时代的绅士。在一张画像中，他身穿白色亚麻西装，头戴软木遮阳帽；当然，今天的考古人员在挖掘现场绝不会如此打扮。埃文斯1851年出生在英国，家境富裕，父亲约翰·埃文斯是受人尊敬的学者，担任大英博物馆的理事，还是古文物学会、古币学会、伦敦地质学会和其他一些学会和研究所的领导人。

埃文斯自从在雅典的市场上看到几件待售物品后，就开始寻找克诺索斯城，一找就是好几年。他看到的物品叫催乳石，是小块的半宝石，上面雕刻着奇怪的人像和花纹，据说对孕产妇有帮助。埃文斯最后查清，这些物品来自克里特岛上今天的港口城市伊拉克利翁（Heraklion）郊外的凯夫拉山（Kephala Hill）。谢里曼当初就是想买这块地，却未能如愿。埃文斯的运气较好，他买下了这个山丘，开始挖掘。这里山势平缓，长满灌木丛和树木，工人挖开地面后，很快就发现了遗迹，埃文斯确信这就是他要找的王宫。他把自己职业生涯剩下的所有时间和全部家当都花在了挖掘遗址、公布结果和重建古迹上面。

埃文斯在克诺索斯发现的文明后来证明比迈锡尼更早一些，对迈锡尼的"成长"影响颇深。比如，谢里曼在迈锡尼深坑底部的坟墓中发现的一些物品是米诺斯人制作的，或者体现了米诺斯的影响。埃文斯认为米诺斯人征服了迈锡尼人，但后来证明恰恰相反。

米诺斯人是埃文斯给这个遗址的住民起的名字，因为无人知道他们如何自称，也不知道他们最初从何处来。他们在公元前第三个千年临近尾声时开始发达，兴盛期持续到公元前第二个千年快结束的时候，现在那段时期被称为这个地区的青铜时代中期和晚期。公元前 1700 年左右，克诺索斯发生了大地震，但居民幸存了下来，并重建了王宫。公元前 1350 年前后，希腊本土的迈锡尼人似乎入侵并占领了克诺索斯，他们带来了新的书写方法、壁画题材和更加尚武的生活方式，这种生活方式持续了一个半世纪，直到公元前

1200 年后不久，一切都轰然崩塌。

埃文斯在克诺索斯的发现令人惊叹，但许多人认为他企图重现遗址原貌是一个致命的错误。比如，他根据发现的阶梯遗存推断，王宫的主建筑有 3 层，于是他在王宫的那个地方建起了 3 层楼。因为他使用了水泥和其他永久性建材，所以今天几乎不可能拆除他重建的部分。他对遗址原貌的有些推断很可能是正确的，但并不都是如此。因此，今天通常不允许进行这样的重建，除非能够清楚地表明哪些是原有的，哪些是重建的。

埃文斯带领挖掘队发现了一个几乎露天的大型王宫，宫内有个巨大的中央庭院。这个王宫光线明亮、空气流通，与自然环境契合无间。它甚至有自来水和排污系统。换言之，这个王宫所属的文化在当时技术非常先进。它不仅是统治者发号施令的场所，而且还是一个物资分配中心。居民们把小麦、大麦、葡萄酒和葡萄等货物运来储存，再由王宫视需要重新分配给他们。王宫中有一部分全是廊道，里面摆满了储物的大缸，有些缸埋在地下，以保持低温。

然而，有两个谜至今没有解开。一个是，克诺索斯王宫的周围完全没有防御墙。克里特岛上同时期的其他六七个较小的王宫也没有防御墙，尽管偶尔会有人提出相反的说法。这太奇怪了。为什么克里特岛上的人不怕受到攻击呢？

很久以后，古希腊历史学家修昔底德说，米诺斯人拥有制海权，也就是说，他们靠海军统治着大海。但是，这只能解释他们为何不担心遭到外来者入侵，不能说明他们为何不担心邻国进犯。学界就此众说纷纭，却无一观点完全令人满意。一种假设是，当时克里特岛各地的统治者全属于同一个家族，父亲住在克诺索斯的王宫，儿子们住在斐斯托斯（Phaistos）和卡托扎克罗（Kato Zakro）等宫邸，表亲则住在卡尼亚（Khania）这样的宫邸。另一种猜想是，也许克里特岛是母权社会，统治者都是女性，因为女性爱好和平，所以不需要防御工事。[16]虽然克里特岛也许真的是女人当政，但这仍然无法解释为什么没有防御墙。巴尔米拉（Palmyra）的芝诺比阿（Zenobia）、凯尔特时期英格兰的布狄卡（Boudicca）、埃及的克娄巴特拉以及历史上不同时期不同地方的其他女性统治者都证明，女人和男人一样，也能冲锋陷阵或带兵攻城略地。

而这就是第二个谜：不知统治克诺索斯的到底是不是国王。有可能是女王，也可能是祭司或女祭司，还可能是集体统治。对此我们一无所知。现场出土的考古遗存、人工制品，甚至文字记录都含糊不明，使人无法确知谁是克诺索斯的统治者。埃文斯把一个房间命名为“王座室”，把另一个房间命名为“女王寝宫”，但那些不过是他给它们起的名字。克诺索斯肯定有人统治，但我们至今无法确知那是什么人。

埃文斯发掘的物品中有两个持蛇女雕像极其出名。雕像用彩陶和象牙制成，但发现的时候它们已经成了碎片，埃文斯雇用技工把它们复了原。较大的一个经常被称为蛇女神，较小的一个叫蛇女祭司，但这两个名字经常混用，也不清楚这两个雕像是否真的一个是女神，一个是女祭司。现在，世界各地的博物馆有不少这样的小雕像。不幸的是，只有几个可能是真品，其他的都被鉴定为赝品。[17]这些赝品也许就是被埃文斯雇来保存并复原真品的那些人制作的。

王宫内墙满是鲜艳夺目的壁画。目之所及，到处都能看到精巧的画作。我们通过这些壁画，可以对米诺斯人产生相当的了解。比如，有幅壁画描绘了一位美丽动人的女子，埃文斯给她起名为“巴黎美女”。她发型考究，妆容精致，披金戴银，身着红、白、蓝三色长裙。其他壁画中也有衣着类似的妇女。壁画中也有男人。他们通常只穿短裙，也戴着首饰，可能还化了妆。

不过，埃文斯和他手下的古物复原人员对几幅壁画的复原大错特错。一幅是广为人知的海豚壁画（Dolphin Fresco）[18]，另一幅是遗址出土的文物中最著名的祭司-王壁画（Priest-King Fresco）。[19]

海豚壁画是在“女王寝宫”的墙上发现的，埃文斯复原的画里有 5 条海豚，还有几条飞鱼。当然，出土时壁画已经不在墙上了；埃文斯在挖掘的时候，在墙前面的泥土中找到了一些碎片。他找到的碎片只够拼 2 条海豚，但他看到原来挂壁画的那块地方很大，所以认为壁画里本来有 5 条海豚。

但是，这里就用上了奥卡姆剃刀这条哲学原理——最简单的也许就是对的。如果埃文斯发现了两条海豚的碎片，他只能确定原来的画里有两条海豚，其他的都是假设。既然这幅壁画可能安在房间的任何一面墙上，甚至可能来自楼上的房间，就应该看看有没有其他可能性。1986 年，纽约市立大学亨特学院的罗伯特·凯尔（Robert Koehl）提出，海豚画中只有 2 条海豚，而不是 5 条，而且它原来不是在墙上，而是在地板上，因为地板上有一个地方刚好容得下两条海豚的画，我们也知道米诺斯人和迈锡尼人的确有在地板上绘画的做法。也许这幅画原来是嵌在楼上房间地板上的，王宫弃用后塌了下来。

埃文斯没能正确复原的另一幅壁画是祭司-王壁画，今天这幅画的复制品比比皆是，从书的封面到餐桌垫，再到石膏复制品。在这幅壁画里，埃文斯和复原壁画的技工拼凑出了他们所谓的克诺索斯祭司-王的画像。值得注意的是，他们给这幅画起的名字说明他们不能肯定城邦统治者是什么人，就此我们至今仍无法确定。在复原的画像中，祭司-王在向左走，头和腿都向左，身子却右转面向观众。他的右臂曲起在胸前，左臂甩向右方，手中拿着一条绳子（他们说绳子另一头牵着一头公牛，但没有显示在画中）。

这幅画有什么错呢？可以说一切都错了。首先，那些碎片显然不是在同一个房间找到的，而是分散在 3 个不同的房间。我实在想不通埃文斯为什么认为这些碎片属于同一幅画。第二，画中人有两种肤色。面向左的头部露出的一点皮肤是白色的，向右转的胸部是红棕色的，向左迈步的双腿也是红棕色。米诺斯艺术对男女肤色的描绘有定规——男性总是红色或棕色，女性是白色或黄色。

换言之，这里其实有 3 个人，却被埃文斯合并成了一个。一个女人在向左走，碎片中只有她的头部；一个男人也在向左走，碎片中只有他双腿的一部分；第三个可能是个男孩或少年在向右走，碎片中只有他的躯干和曲起在胸前的右手。另外，躯干的姿态很像希腊桑托林岛（Santorini）上出土的一幅画中两个正在打拳的男孩的姿势。祭司-王壁画的事就讲到这儿。它是一个很好的例子，提醒我们注意，考古结果和古物重建总有可能被后来的研究者纠正。

看完了埃文斯复原的壁画后，让我们来简略地看一看克诺索斯王宫中心的大庭院。无疑，这个庭院和各个时代世界各地都有的大型仪式场所一样，有许多用途。但克诺索斯的庭院里似乎还会举行一种颇不寻常的活动，如果宫中一座建筑物里的一幅小壁画足以为凭的话。在那幅壁画中，一男二女正在跨越一头公牛。

画中的男子正腾于空中，在公牛的上方做前空翻的动作；一个女子站在公牛前面抓着牛角，可能是为了转移公牛的注意力；另一个女子在公牛后面，像是准备接住空翻落地的男子。然而，也有可能是他们 3 人都在跨越公牛。如果是这样的话，那么一个女子是刚刚落地，那个男子是正在跳跃，另一个女子则是准备起跳。我们无法确定哪个是正确的解释。无论采取哪个解释，这都像奥运会上的跳马动作，只不过跳过的是活物，有尖利的角，想顶死跳过它的人。

挖掘者在克诺索斯还发现了一个象牙小雕像，也许是一组跳牛人雕像中的一个。这个雕像展现的人物很可能身在空中，因为他脚尖绷直，双臂前伸。

另外，克诺索斯还出土了几个石制牛头，其中有些似乎是在仪式完毕后被故意打碎的。这些石制牛头是中空的，鼻孔处开了洞，如果在牛头里装上红葡萄酒一类的液体，再把牛头倾斜到合适的角度，看起来就会像是刚刚把一头牛献祭给众神，牛头还在滴血。

看来，米诺斯人不仅在王宫的中央庭院里跳牛，还在王宫内或周边的地方举行有公牛参加的仪式。这使我们想到希腊神话中忒修斯（Theseus）和牛头人身的弥诺陶洛斯（Minotaur）的故事。在青铜时代，米诺斯国王要求每年给克诺索斯王宫地下室中半牛半人的怪物弥诺陶洛斯献祭。地下室是一座迷宫，没人活着走出来过。雅典国王每年都必须向米诺斯国王献上 7 个童男和 7 个童女，由米诺斯国王把他们送进迷宫。

有一年，雅典国王的儿子忒修斯自愿前去，希望能杀死弥诺陶洛斯，从此不再每年用活人献祭。他的父亲悲痛欲绝，但同意了他的请求。忒修斯到了克诺索斯后，和米诺斯国王的女儿阿里阿德涅（Ariadne）交上了朋友。她给了他一把剑和一团线。忒修斯在迷宫中边走边放线，以便找回原路。他来到弥诺陶洛斯面前后，拔出剑来砍下了弥诺陶洛斯的头。然后，他循原路顺利凯旋。

我一直认为这个故事可能是那个地区后来的居民编出来的，用以解释克诺索斯王宫的废墟以及他们关于祖先与公牛关系的一些遥远而模糊的记忆，特别是用于解释王宫废墟储物区那迷宫般的景象。

然而，也许我完全想错了，可能有全然不同的解释，因为 20 世纪 90 年代早期人们发现了一面巨大的壁画，上面画着许多公牛和一大群跳牛的人，背景是一片迷宫。大家一定以为这幅壁画是在克诺索斯发现的，其实不然。发现它的地方甚至不在克里特岛。事实上，它是在埃及尼罗河三角洲地区的泰勒达巴（Tell el-Dab’a）遗址发现的，那个遗址的年代在公元前17世纪到公元前15世纪之间，正好是公元前第二个千年的中期。那段时间恰值青铜时代，也是米诺斯文化的鼎盛时期。[20]

因此，也许忒修斯和弥诺陶洛斯的神话里面真的有一点儿米诺斯历史的影子，不是后来凭空编造出来为克诺索斯的废墟做解释的。但是在我看来更有意思的是，这幅在埃及找到的壁画题材是米诺斯的，画法也与埃及当时的画法迥然不同。这幅画的发掘者提出，也许它是被一位嫁入埃及王室的米诺斯公主带到埃及的。我觉得不一定有这么复杂，不过这幅壁画肯定表明当时埃及和克里特有直接的联系。我怀疑这幅壁画的作者要么是米诺斯人，要么是米诺斯人教出来的埃及徒弟。早有证据表明两地间有联系，但能以如此生动的证据印证3 000多年前的青铜时代爱琴海和东地中海确有交往，仍然令人惊喜不已。

通常认为，谢里曼发现了希腊本土的迈锡尼文化，埃文斯发现了克里特岛上的米诺斯文化。但青铜时代的爱琴海地区还有另一群人的文明也非常发达，他们住在克里特岛以北、希腊本土以东的基克拉泽斯群岛（Cycladic islands）上。

基克拉泽斯群岛中包含了纳克索斯岛（Naxos）、帕罗斯岛

（Paros）、米洛斯岛（Melos）、锡拉岛（Thera）和别的一些岛屿。它们尽管与迈锡尼文化及米诺斯文化有着千丝万缕的联系，但也有自己的基克拉泽斯文化。它们最出名的文物大概是公元前第三个千年期间基克拉泽斯早期的大理石小雕像，其中大多是女像，也有演奏排笛和竖琴等乐器的人像。至少有些岛屿参与了后来公元前第二个千年期间的国际往来，其中一个是锡拉岛，也就是今天的桑托林岛。下一章就来讲一讲这个岛的故事。

第 9 章

找到了亚特兰蒂斯?

阿克罗蒂里的小型壁画

2011 年出了一部电视纪录片，名叫《寻找亚特兰蒂斯》（*Finding Atlantis*），讲述了一支探险队在西班牙加的斯（Cadiz）北面[1]一个地区寻找那个失落岛屿的故事。我认识的大多数考古学者以及一些观众认为探险队给出的结果不能服人。

好像每一年都有人宣称找到了亚特兰蒂斯这个失落的岛屿，或者说它在巴哈马群岛附近，或者说它离塞浦路斯海岸不远。[2]人们有时会就此制作电视节目，有时会出版书籍。

我本人认为亚特兰蒂斯岛一直明明白白地摆在那里，因为我和许多其他考古学者都觉得，如果亚特兰蒂斯的神话的确源自现实的话，它可能就是希腊那个名为锡拉，也叫桑托林的火山岛，岛上的火山在公元前第二个千年中期曾经爆发过。我们一会儿将回来讨论锡拉岛和亚特兰蒂斯之间可能存在的关系，但首先应该看一看 1967 年以来人们在桑托林岛上进行的挖掘工作带来过哪些发现。

桑托林岛位于克里特岛北面约 110 千米处。桑托林这个名字出现得比较晚，是威尼斯人以圣艾琳的名字为它起的。考古人员常用的是这个岛的古名“锡拉”。古希腊历史学家希罗多德说，这个名字来自一位名叫锡拉斯（Theras）的斯巴达指挥官[3]，他在公元前第一个千年期间曾担任这个岛上一个殖民地的首领。在那之前，这个岛叫“卡利斯特”（Kalliste），意思是“美丽的”；希罗多德说这个名字是腓尼基人起的（尽管“kalliste”是希腊词语）。[4] 一说这个岛最早的名字可能是“斯特朗基利”（Strongili），意思是“圆的”；此言有理，因为岛的形状就是圆的。它其实是一座火山，今天仍然活跃。

公元前第二个千年中期的某个时候，很可能是公元前 17 世纪或公元前 16 世纪，火山爆发了，迸发出来的火山灰和浮石主要喷向了南方和东方。火山爆发之时应该恰值克里特岛上米诺斯文明的繁荣时期，这也许对那个文明产生了短期甚至长期的巨大影响。据说这次火山爆发比现代最大的火山爆发——130 多年前的 1883 年印度尼西亚喀拉喀托（Krakatoa）火山爆发——猛烈四五倍。从克里特岛到埃及再到土耳其，考古学家和地质学家在挖掘现场和湖泊底部都发现过桑托林火山喷出的浮石。

火山爆发把岛的整个中心部分炸得无影无踪，只剩下外围形成一个不完整的圆圈。圆圈有两处缺口，爱琴海成吨的海水从这两个缺口涌入，填满了深达数十乃至上百米的破火山口。这很可能造成了海啸，波及地区远达克里特岛。在阿穆尼索斯（Amnisos）遗址

桑托林火山的爆发

旁的沙滩上，今天仍可看到巨大的石块，它们可能就是因火山爆发被抛到这里的。由于连续不断的低烈度火山活动，在过去的一个世纪里，火山喷口处形成了几个小岛。如今，旅游者（和考古人员）可以乘船到这些小岛上去远足。我可以用亲身经历做证，小岛上的石头热得烫人，隔着鞋底都能感觉到，到处弥漫着硫黄的恶臭，和臭鸡蛋的气味一样。那是一种独特的、并不特别令人愉快的经历，但也是难忘的经历。

火山爆发也完全埋葬了青铜时代的古城阿克罗蒂里（Akrotiri）。由于阿克罗蒂里被厚厚的火山灰完全埋没并保存了下来，所以它经常被称为“爱琴海的庞贝”。在岛上的某些地方，火山灰如此之厚，甚至有人前来开采以制造水泥。火山灰灌满了阿克罗蒂里的房屋，有的房屋被埋到二楼。正如在庞贝一样，生命似乎瞬间定格在了 3 500 多年前的那一刻。

无论有没有亚特兰蒂斯的神话，阿克罗蒂里的挖掘工作都揭示了青铜时代爱琴海地区人们生活的一些非常有趣而重要的情况，因为在火山爆发的那个时代，阿克罗蒂里的居民和附近克里特岛上的米诺斯人一样，经常与埃及和东地中海的迦南等地来往贸易。

从挖掘出来的一些遗存中可以看出，火山尚未爆发，阿克罗蒂里也许就已经人去城空。有迹象表示，火山爆发前 10 年左右，岛上可能发生过一次大地震，甚至多次地震。至少有些居民曾在震后试图重建家园，但可能许多人一见形势不妙，马上就逃之夭夭了。

今天我们知道，火山爆发前经常会发生地震，古人可能也知道这一点。经过近 50 年的挖掘，人们只找到一些宝物，却没有发现尸体或人类的任何其他遗存，所以大部分居民很可能在灾难到来之前就携带金银细软举家离去了。不过他们还是留下了许多我们可以找到的物品。

发现阿克罗蒂里遗址的是希腊考古学家斯皮里宗·马里纳托斯（Spyridon Marinatos）。遗址并不难找，因为其中一部分在沟里，每次下雨，雨水都沿着沟往下流。流水逐渐冲走了那个地方的大部分火山灰，遗址的有些地方就露出来了。此地的挖掘工作始于 1967 年。

马里纳托斯想这一天想了将近 30 年。1939 年他在《古物》杂志[5]上发表了一篇文章，从那时起，他就产生了挖掘阿克罗蒂里遗址的念头。他在那篇文章中提出，克里特岛上的米诺斯文明由于公元前第二个千年期间桑托林火山的爆发而告完结，或至少遭受了惨重打击。这个主张实在惊世骇俗，杂志社的编辑甚至提出，马里纳托斯要想文章发表，就必须同意杂志社在前面加一个编者按，指出他需要通过实地挖掘来验证文章中的假设。

马里纳托斯从 1967 年开始领导阿克罗蒂里的挖掘工作，直到 1974 年死在挖掘现场。关于他死因的官方结论是，他突发大面积脑出血，从踏板上摔到了沟里。他被葬在了挖掘现场，但正如考古时经常发生的那样，我听说试了好几次才终于挖成一个合适的墓坑，因为挖来挖去总是发现土中有古物的遗存。（需要说明，每次在挖掘现场为了搭盖顶棚而打桩立柱时也会遇到同样的困难，因为在挖埋柱子的土坑时经常会挖到古代的遗存。）

自挖掘的第一天起，马里纳托斯就不断有发现。他去世后，挖掘工作仍在进行，今天领导挖掘工作的是著名考古学家克里斯托·杜马（Christos Doumas）。[6]尽管挖掘工作至今已经进行了近50年，但据估计阿克罗蒂里古城只出土了一小部分。

在很多地方，挖掘者遇到了和庞贝一样的情况：原来的木头或其他有机材料腐烂消失了，只剩坚硬的火山灰空壳。挖掘者往火山灰外壳里注入水泥或熟石膏（正如在庞贝做的那样），然后染成和原来的木头一样的棕色。通过这种方法，遗址建筑的二层甚至更高层以下的部分得以恢复原貌。那些房屋都维持着马里纳托斯和杜马刚看到它们时的样子，同时又保证游客和考古人员可以安全地徜徉其间。桑托林岛上的建筑风格自古至今几乎未变，如果把阿克罗蒂里遗址的房屋涂成白色和蓝色，那么这个古城与今天岛上的村庄看上去就没有任何分别。

火山爆发后，火山灰无孔不入，覆盖了整个阿克罗蒂里。结果，一切都保持了火山爆发那一刻的样子。储物的大缸依然如故，虽然很多翻倒了，但挖掘时它们基本仍在原地。木床这样的大型人工制品也被小心地挖了出来，人们使用失蜡法复原了这些已经腐烂解体、只剩包在外面的火山灰空壳的物品。

当地还出土了相当多的陶器和用石头以及其他材料制成的物

品。有些物品，尤其是陶器，绘着含有海豚和章鱼的海景。别的物品上绘有自然景色，包括花朵、树叶和长茎草，还有飞翔的鸟。那些鸟很像燕子，今天在岛上仍可看到。

一些房子的室内饰有壁画。有一个房间四壁都画着风景画，画中可看到莎草，还有两只一起玩耍的小燕子。在爱琴海地区发现的青铜时代壁画中，阿克罗蒂里的壁画[7]算是保存得最好的，可以与克诺索斯的壁画相媲美。有幅壁画叫作“尼罗河壁画”，画中的风景可能是埃及的尼罗河。里面有只猫正飞身跃起，追逐一只鸭子或鹅。河的两边有棕榈树和莎草类的植物。这幅壁画所在的房子被称为“西宅”，宅内还有几幅航海题材的壁画和别的风景画，但不像是锡拉岛上的风景。这所房子的主人可能是位船长，或曾在海外旅行过。

另一幅壁画有些奇异。画中有一群猴子，有的在树间荡来荡去，有的聚在一起玩耍，和猴子的一般行为没有两样，可是，这些猴子蓝身白脸，这就有些奇怪了。克里特岛上的克诺索斯也有一幅相似的壁画，里面也有蓝色的猴子；希腊本土的迈锡尼和梯林斯也出土过两个小小的蓝色猴子雕像，猴子的脸颊是黄色的。

更奇怪的是，这些猴子不是爱琴海地区的土产，而是一个非洲物种，叫青猴（green guenon）[8]；这种猴子的皮毛呈蓝绿色，两腮呈白色或黄色。它们生活在努比亚（Nubia）等地，是新王国时期埃及法老们喜爱的宠物，偶尔还被作为礼物赠予其他国王。所以，虽然壁画里的猴子和猴子小雕像看起来奇怪，但它们其实相当逼真。

也许当时有人在埃及看到过这种猴子，或埃及某个法老将这种猴子赠给了桑托林或克里特岛上的统治者。

有一幅壁画堪称杰作，里面的两只动物似乎是各个希腊岛屿上都有的野山羊。画家描绘它们时，都是大笔一挥，从尾尖开始，直到颈部、头部，一气呵成，然后以同样雄浑的笔触填补其他细节。绘画技巧简洁绝妙，完全捕捉住了两只动物的神韵。

还有一些人物壁画。有幅画中的两个男孩似乎在拳击，这在前一章介绍克诺索斯的祭司-王壁画时有所提及。两个男孩几乎全裸，仅围着兜裆布，头发有的地方剃掉了，没剃的地方有一绺绺的卷发披落下来。剃掉头发的头皮处不是黑色，而是蓝色的。另一幅画里，一个裸体男青年举着他刚刚抓到的长长的两串鱼。他的头发剃掉的部分更多，留下的发卷较少。因此有人提出，可能那时的人有一种仪式，男孩子每长一岁就要剃去一部分头发，到十八九岁的时候，[9]就都成了小平头。

别的壁画展示了姑娘们做的各种事情，包括采摘番红花等花卉。有些姑娘的头发也和男孩一样剃掉了许多。如果那时有和头发相关的成长仪式的话，那么显然男孩和女孩都要经过同样的仪式。壁画中的许多女性都戴着耳环和其他首饰，身穿式样复杂的华丽长裙，所以很容易重现那时的衣饰。

西宅除了尼罗河壁画外还有一幅壁画，被称为“小型壁画”或“舰队壁画”。壁画的一头描绘着战士们出发打仗的情景。他们的穿戴正如荷马在《伊利亚特》中描述的一些武士——头戴装饰着野猪牙的头盔，手挽塔盾。这种盾很长，可以把人从颈部到小腿完全护住。他们后面是一所大房子，房顶上站着一些妇女，显然是在向出发的战士挥手告别。这些人身后的远处，也就是壁画上部，有几头母牛和其他牲畜，还有一个牧人，但在壁画下部可以看到几艘船和几个侧躺着或头朝下的人——这是青铜时代的艺术家描绘死人和溺水者的方式。这个场景通常被解释为海战，不过也有人说它是献祭的情景。[10]

从壁画的这头往前看，可以看到一支由十几艘船组成的舰队正在驶离港口。这个港口也许在桑托林岛上，也许不在。水手划着船经过有海豚跳跃的海面，到了另一个城后系缆下船。壁画的这一部分是考古学者讨论的重点：有些人注意的是船只的设计和式样，另一些人关心的则是船只的起点和终点到底是哪里。有人提出，壁画描绘的可能是桑托林岛和埃及或安纳托利亚[11]（今天的土耳其）之间的来往，但迄今为止，学者们尚未达成一致意见。

1987 年，有人对桑托林火山爆发的时间提出了新的设想，与原来认为的爆发时间相距甚远。自那以来，研究青铜时代爱琴海地区的考古学者围绕这个问题的辩论一直如火如荼。过去认为桑托林火山爆发的时间在公元前 1450 年左右。由于火山爆发之时正值一种叫作晚米诺斯（Late Minoan，简称 LM）Ib 的陶器流行一时，所以过去认为这类陶器的年代也在公元前 1450 年左右。

然而，后来使用放射性碳测年法对遗址及附近地区进行分析的结果表示，火山爆发的时间也许在公元前 1628 年左右，比原来以为的公元前 1450 年早了近两个世纪。既然火山爆发的时间和 LM Ib 陶器流行的年代挂钩，这就意味着任何遗址中的任何一层，只要有这样的陶器，遗址的年代就都在公元前 17 世纪，而不是公元前 15 世纪。由此推测的年代被称为上年表（high chronology），因为它把为有关历史事件定的时间推前了很多。

自从关于重定火山爆发时间的辩论开始以来，现任教于康奈尔大学的斯特尔特·曼宁（Sturt Manning）一直是最活跃的一个。他就这个话题发表了许多文章，还出版了一本书《年代测定》（*A Test of Time*）。他的核心依据是火山爆发时被火山灰埋没的橄榄树上的一块木头。[12] 那块木头的年代大约是公元前 1628 年。

重定火山爆发的时间以这样的假设为基础：放射性碳测年法这种新技术测出的时间是准确的。但是，碳测年法有一些众所周知的问题，包括碳比率在大气中会发生起伏、样品可能遭到污染等等。所以，并非所有人都同意重新推定的火山爆发时间。有些人愿意接受一定的改动，但只同意把时间推前至公元前 1550 年，而不是公元前 1628 年，于是就出现了桑托林中年表（middle chronology），与上年表和下年表（low chronology）并存。

说句题外的话，火山爆发的时间无论定在什么时候，都不可能和“分开红海”或以色列人出埃及途中经历的十大灾难中的任何一个有任何关系。[13] 从来没有哪个学者想把它们扯在一起（虽然伪考古学家对此津津乐道），因为火山爆发的时间比以色列人出埃及可能发生的时间至少早 1 个世纪，甚至早 4 个世纪。

我个人认为上年表也许是对的，但辩论至今尚无定论。我讲这件事是为了说明，即使我们在某个遗址发现了许多建筑物、陶器和其他人工制品，也相对肯定地知道该遗址兴旺发达的历史时期，但仍然不能完全确知遗址的年代。在后面的章节里，我们将更深入地讨论这个问题以及放射性碳测年法。

考古学者对桑托林和阿克罗蒂里深感兴趣，因为只要谈及 3 500 多年前希腊、埃及和近东[14]之间的国际贸易和其他往来，这两个地方必定在讨论中占据中心位置。但是，大众对这两个地方也感兴趣，则是因为它们可能与亚特兰蒂斯的传说有关。

如前所述，我倾向于认为许多希腊神话和传说归根结底都有一点点史实作为基础，我觉得那些故事可能是古希腊人根据他们真实生活的某些方面加以渲染夸大编出来的。所以，我认为的确发生过某些事情，这些事情后来成了特洛伊战争故事的素材。我也认为公元前 17 世纪（或者是公元前 15 世纪）桑托林的火山爆发有可能是亚特兰蒂斯故事的原型。这离那些苦苦搜寻虚构地点的伪考古学者的心态只有一步之遥，但请容我简短解释一下我为何这样认为。[15]

亚特兰蒂斯的故事是古希腊哲学家柏拉图传下来的。锡拉岛火山爆发 1 000 多年后的公元前 4 世纪，柏拉图在他的两部短篇著作《蒂迈欧篇》（*Timaeus*）和《克里底亚篇》（*Critias*）中讲到了一个辉煌的文明和一个在一昼夜之内骤然陆沉、永远淹没在波涛之下的岛屿。根据《蒂迈欧篇》的描述，“发生了猛烈的地震和洪水；悲惨的一昼夜内……亚特兰蒂斯岛……就消失在了大海的深处”。柏拉图从未说明亚特兰蒂斯位于何处，只说它是“一个坐落在你们称为赫拉克勒斯之柱的海峡前方的岛屿，面积比利比亚和亚洲加起来都大”。[16]

柏拉图说，亚特兰蒂斯的故事最早是一位埃及祭司告诉前来访问的希腊政治家梭伦（Solon）的，此事发生于公元前590年以后。那位祭司告诉梭伦，他讲述的事件发生在9 000年前，但其实应该是900年前才对，因为按900年向前推算，是公元前1500年左右，若是9 000年之前就到了公元前9600年左右，那是新石器时代，（与一些伪考古学者所说的相反）尚未出现复杂的文化。梭伦后来把这个故事告诉了儿子，儿子又告诉了孙子，一代一代往下传，直到公元前400年左右传到了柏拉图的耳中。

柏拉图非常详尽地描述了亚特兰蒂斯的样子，比如，它是陆地和水一环套一环建成的同心圆，城的每个部分都有确切的尺寸，等等。但是由于他对这个岛屿位置的描述比较笼统，所以如前所说，寻找亚特兰蒂斯的人们踏遍了世界各处，包括巴哈马群岛、塞浦路斯海岸[17]和这两地之间的每一个地方。

迄今为止，人们宣布的各种发现无一被证实。虽然有些地方的地貌看似符合柏拉图的描述，但它们要么是自然形成的，要么与希腊文化没有关系，或二者皆是。桑托林的可能性最大，但如前所述，它在时间上不对。

可以说，甚至应该说亚特兰蒂斯是柏拉图杜撰出来的神话，借以描述他心目中完美无缺的城邦社会。因此，这个地方是不可能找到的。然而，桑托林火山的爆发应该远在埃及也能够听到并感觉到。埃及人一定看到了火山爆发的巨大云团，后来应该还看到了随海潮漂来、冲到埃及北部海岸上的浮石碎块。有些埃及学家和其他学者甚至认为，一块所谓“暴风雨石碑”（Tempest Stele）上的著名铭文也许就是当时的埃及人对他们在桑托林火山爆发期间及之后所见所闻的记录。[18]

另外，火山爆发后，米诺斯人和包括桑托林岛在内的基克拉泽斯群岛的人很可能至少暂时不再来埃及旅行了，如果是这样，埃及人就一定以为一个伟大的岛屿帝国消失了。对生活在阿克罗蒂里和桑托林岛上其他地方的人来说，他们的世界的确在悲惨的一昼夜间戛然而止。

所以，桑托林火山的爆发可能是柏拉图讲述的亚特兰蒂斯故事的原型。但即使它不是，马里纳托斯、杜马和其他考古学家在阿克罗蒂里遗址的发现也使令人对公元前第二个千年期间青铜时代的爱琴海地区获得了可喜的了解。我认为，那是人类历史上最令人神往的时期之一。

第 10 章

海面下的迷人宝库

乌鲁布伦的铜锭和其他人工制品

1982 年，在土耳其的西南海岸边，一个采集海绵的 17 岁男孩从酒色的海（wine-dark sea）* 中冒出头来，告诉船长说他看到了一块“带耳的金属块”。他把自己看到的东西画出来后，船长马上看出，那就是得克萨斯 A&M 大学海洋考古研究所的考古学者请他在潜水采海绵时留意寻找的牛皮铜锭。于是，他报告了研究所。第二年夏天，考古学者确认，这块牛皮铜锭来自青铜时代晚期的一艘沉

* 荷马史诗多次这样来形容海。——译者注

船。它就是现在所知的“乌鲁布伦沉船”。

毫不夸张地说，这艘公元前 1300 年左右沉没的古船是有史以来最重要的考古发现之一。自泰坦尼克号向前追溯，每一艘沉船都是时代的缩影，但像乌鲁布伦沉船这样年代久远、满载货物的船实属罕见。乌鲁布伦沉船的船货有铜、锡、象牙和毛坯玻璃等原材料，也有像塞浦路斯和迦南出产的陶器这样的制成品，这可使我们对 3 000 多年前的国际贸易和国际关系略见一斑。这艘沉船作为当时相互联通的世界具体而微的体现，重要性不容小觑。[1] 更为罕见的是，在 43 米至 52 米深的水下发现它之后，10 年间考古人员下潜了两万多次，没有发生过一次重大事故。

乌鲁布伦沉船故事中的主要角色是水下考古学之父乔治·巴斯（George Bass）和杰马尔·普拉克（Cemal Pulak）。普拉克原来是巴斯的学生，现在是巴斯在得克萨斯 A&M 大学海洋考古研究所的同事。故事的开头要追溯到 1959 年巴斯在宾夕法尼亚大学读博的时候。他当时正在考虑自己的博士论文选题。有一天，宾大博物馆地中海馆的馆长罗德尼·扬（Rodney Young）把他叫进了办公室。有人在土耳其海岸附近发现了一艘沉船，需要去发掘。扬觉得巴斯是合适的人选。[2]

事实证明扬慧眼识人。巴斯前去对那艘现在被称为“盖利多尼亚角沉船”的船只进行了世上首次水下发掘，因而被誉为水下考古学之父。盖利多尼亚角沉船离乌鲁布伦沉船处不远。当然，巴斯当时并不知道。盖利多尼亚角那艘船沉没的时间大约在公元前 1200 年，与乌鲁布伦沉船几乎在同一个时间段。

巴斯在盖利多尼亚角沉船里发现了一些人工制品，它们表明这艘船不大，也许专门在地中海沿岸巡回，也就是说，它在地中海的港口之间从事贸易。船主似乎不是富商或国王，更像是普通生意人。巴斯找到的物品中有实心铜锭。我们把这种铜锭称为牛皮锭，因为它状似挂在墙上或铺在地上作为地毯的牛皮。这些铜锭每个重约 27 千克，和 1982 年在乌鲁布伦潜水找海绵的男孩发现的“带耳的金属块”一样。

青铜是合金，通常用 90% 的铜和 10% 的锡炼成（也可以用砷，即砒霜，来代替锡，虽然我不建议这样做）。因此，盖利多尼亚角沉船上也应该有锡。果然，考古人员发现了锡，但不幸的是，由于海水的腐蚀，大部分锡现在看上去不像锡，更像牙膏，有些学者甚至对于它们到底是不是锡提出了怀疑。

巴斯根据打捞上来的人工制品推测，这艘船来自迦南，可能正在驶往爱琴海的途中。此论与流行的学术观点大相径庭，因为当时普遍认为，只有克里特岛的米诺斯人才有航海能力，毕竟修昔底德提到过“米诺斯人的制海权”。1967 年巴斯出版了关于盖利多尼亚角沉船的著作[3]后，招致了一些学术界人士的讥讽和蔑视。然而事实证明，巴斯不仅全说对了，而且比同时代的其他人都更早地认识到，除米诺斯人以外，别的人也能扬帆出海。

巴斯决心要找到另一艘沉船来证实他关于盖利多尼亚角沉船的结论。与此同时，他于 1972 年在宾大成立了美国海洋考古研究所，1976 年又带着这个研究所到了得克萨斯 A&M 大学，直至今日。不过，为了反映研究所工作的国际性，“美国”两个字早就从研究所的名字中去除了。[4]

1980 年，研究所购买了一艘船，开始进行水下勘察，寻找其他沉船。水下勘察费时长久，尤其是在 20 世纪 80 年代，当时水下勘察的方法与陆上勘察并无二致，也是沿着横切面一面前行，一面记录下看到的东西。后来他们想到一个好主意，不再自己去勘察，而是走访采集海绵的土耳其人居住的村子，告诉那里的人他们想找什么样的东西。这样，他们就可以让那些靠出售海绵为生、每天都潜至海底寻找海绵的人提供帮助。

果然，在那之后不久的 1982 年，那个采集海绵的男孩就发现了“带耳的金属块”。那时，巴斯正在前往另一处沉船地点的途中，他对那艘沉船的发掘成果证实了他关于盖利多尼亚角沉船的结论。他当时不知道，乌鲁布伦沉船比他之前的发现丰富得多，也重要得多。1986 年，乌鲁布伦沉船的发掘工作远未结束，巴斯就被授予美国考古研究所颁发的杰出考古成就金奖，这是考古界的最高荣誉[5]，巴斯工作成果的重要性由此可见一斑。

1984 年夏，乌鲁布伦沉船的发掘工作在巴斯的领导下真正铺开。次年，即 1985 年，他把领导权交给了杰马尔·普拉克。从那时起到 1994 年，每年夏天都有一支由专业考古人员和热切的研究

乌鲁布伦沉船考古潜水员

生组成的考古队前来发掘。他们每天都潜入沉船，但每次只能在海底逗留约 20 分钟。对潜水者来说，水压是一大安全隐患，从那么深的海底一点点浮上来逐渐减压需要很长时间。在这个过程中，他们为消磨时间，想出了读小说的办法：一旦离水面足够近，光线可以让人看清书上的字，他们就开始阅读拴在绳子上的小说。那 10 年间，发掘乌鲁布伦沉船一共耗时 6 600 多个小时，共潜水 2.2 万多人次。[6]

沉船顶部在海面下约 43 米深，但船上原来装载的货物散落在深达 52 米的海底。此外，考古人员发现这艘约 15 米长的船的船头部分折断了，坠落到一道深深的海沟里，后来再也没有找到。巴斯说，人潜到那么深的水底，还没开始工作就感到头昏脑涨，好像喝了两杯马提尼酒，所以，每次入水前都要仔细做好工作计划。他们潜水时总是两人一队，以便互相照应，还有一位原海豹突击队 * 的队员负责保障安全。因此，他们 10 年间从未出过重大潜水事故。

在系列科教电视片《新星》（*Nova*）的一集中，巴斯描述了潜水考古队员的工作。他说，一到海底就要脱去脚上套的蹼，以防在海底走动或游动时不小心搅到埋在沙下的文物，接下来要用从海面垂下来的真空管吸走浮沙，然后才能开始细致的挖掘工作。潜水员需要不断用手捧起沙子，小心地放到一边，因为如果用手来回扫会搅起沉沙，遮挡视线。他们需要把沉船和在船内发现的每一件东西

---

* 海豹突击队，美国海军三栖特种部队。——译者注

的位置一丝不苟地记录下来，最后的现场图要精确到毫米，和陆上考古的现场图一样。在陆上做到这一点已经非常困难，想象一下喝了两杯马提尼酒后在四五十米深的水下这样做该有多难！

考古队发现的物品数不胜数，在我写作本书时，他们仍在撰写最终报告，最后出版时会有好几卷。与此同时，巴斯和普拉克在每一个挖掘季结束后都会发表一份初步报告。他们还在许多学术会议上宣读过论文[7]，那些论文后来也都付印出版了。

考古队为了潜水发掘，在海角的悬崖上造了些木房子，每年夏天都在那里住上几个月。3 000 多年前乌鲁布伦沉船可能就是因为撞上了这座悬崖而沉没的。考古队的潜水船“海风号”（Virazon）一直停泊在沉船上方，里面也有地方住人。考古队员的住所分成男女宿舍，一个木屋是厨房和用餐处，另一个木屋用来保护和储存打捞出水的文物，还有一个小木屋，它的一部分悬在海面上方，被用作厕所。这个驻地名副其实地位于荒郊野外，最近的城镇也需要坐好几个小时的船才能到。

4 个证据帮助确定了乌鲁布伦沉船的时间。第一，船上有一个刻有奈费尔提蒂王后名字的金质圣甲虫。奈费尔提蒂王后和阿肯那顿法老在公元前 1350 年左右共同统治着埃及，所以沉船不可能早于那个时间。第二，考古人员取下船体的一部分木头，用树龄测年法进行了检测。这种方法根据树的年轮来确定树木被砍伐的年代。测验结果显示，用来造船的木头是公元前 1320 年左右从树上砍下来的。第三，船上装载的迈锡尼和米诺斯陶器的式样属于希腊铜器时代晚期 IIIA2，考古人员通过将其与别的希腊遗址出土的类似陶器相对比，断定其年代为公元前 14 世纪末。第四，考古人员使用碳–14 测年法测定了船上一些树枝的年代。这一切都表明沉船发生在公元前 1300 年左右，比图坦卡蒙在埃及下葬的时间晚 30 年左右，可能比特洛伊战争早几十年。[8]

现在我们也知道了船上都载有哪些货物。首先，在其他船货下面，船底从头至尾排放着大约 14 个大石锚。在航行的大部分时间内，这些石锚被用作压舱石，但如有需要，也可以当锚用。这样，如果锚被岩石或礁石卡住了，水手只需砍断锚缆，再从船底搬一个锚上来即可。这样的石锚在陆上的几个遗址也发现过，比如塞浦路斯的基提翁（Kition）或恩科米（Enkomi），还有叙利亚海岸边的乌加里特（Ugarit），但过去从未在青铜时代的沉船上发现过。

沉船装载的货物主要是牛皮铜锭，是塞浦路斯出产的，生铜纯度高达 99%。船舱里一排排堆放的牛皮铜锭共有 350 多块。塞浦路斯的一位国王在公元前 1350 年前后写给埃及国王的一封信中，因为“仅仅”送去了 200 个铜锭（当时的计量单位叫塔兰特）而表示歉意。这艘船表明，那时可以一次运送 350 块铜锭。也许这些铜锭是在国际贸易中当作货币来用的。

总算起来，这艘沉船载有 10 吨以上的铜锭。有些铜锭腐蚀得极其严重，考古人员只得专门发明一种胶水，将其注入被腐蚀的铜锭后放上一年，让铜锭慢慢硬化，等下一个挖掘季再动。[9] 铜锭变硬后，他们小心地使铜锭浮上水面。最后，所有铜锭都被运到博德鲁姆（Bodrum）博物馆，在那里接受保养擦拭，把多少世纪以来的锈蚀清除干净。

巴斯宣称在盖利多尼亚角沉船上发现了锡的时候，许多学者质疑那是否真的是锡，因为它们看上去好似牙膏。在这一点上，乌鲁布伦沉船也为巴斯的意见提供了佐证。它载有 1 吨多锡，锡锭仍看得出原状，有的是牛皮锭的碎块，有的是叫作面包锭的较小的锡锭，还有锡制的盘子和其他容器。这批锡的原产地可能是阿富汗的巴达赫尚（Badakhshan），经过千山万水运到了这里，但旅程本来还没有完，它们应该是要运往爱琴海地区的，可惜船沉了，没有到达目的地。

10 吨铜和 1 吨锡能冶炼出 11 吨青铜。巴斯估算过，这么多青铜打造的剑、盾、头盔、护胫和其他必要的军事用品足以装备 300 人的军队。由于这艘船的沉没，不仅有人失去了一大笔财物，还可能有人打了败仗。

船货中还有其他原材料，包括大约 1 吨用于制造香料和香水的松节树脂。松节树脂产自阿月浑子树[10]，过去从未在同一个地方发现过如此大量的松节树脂。

树脂盛放在所谓的迦南储物罐里，船上有大约 140 个这样的罐子。迦南储物罐物如其名，是迦南（今天的以色列、黎巴嫩、叙利亚等地）出产的罐子，用来运输和储存各种物品。乌鲁布伦沉船上的罐子里装的不仅有树脂，还有玻璃珠，一罐好几千个，也有无花果和椰枣等食品。

有个罐子里有一个带象牙合页的折叠木牌，可能是船沉之后漂进罐中的。折叠的两块木牌向内的一面稍微下陷，本来应该涂有用松节树脂染成黄色的蜡，蜡上应该刻有文字，因为这两块木牌就是所谓的双连书写板（diptych）。荷马在《伊利亚特》第6卷中提到的载有“灾难信号”的木板指的就是这种书写板。

可惜，乌鲁布伦沉船的书写板上的蜡早已化掉。后来在发掘过程中又找到了一块书写板，但上面的蜡也没有了。所以，我们不知道板上原来都写了些什么。是航行的路线？船货的记录？国王间的通信？这成了永远无法解开的谜。

考古人员在船上找到的原材料中还有大约175个毛坯玻璃的面包锭，大部分是较深的钴蓝色，但也有浅蓝色的，还有一些是琥珀色的。研究者对这些毛坯玻璃锭进行化学分析后，确定它们与在埃及和希腊发现的同期玻璃制品成分一样。这表示那时各地的毛坯玻璃都来自同一个地方[11]，可能是叙利亚北部或埃及。

船上的一批牙质原料里既有象牙，也有河马的犬牙和门牙。考古人员发现了沉船中的这些牙质原料后，其他学者对世界各地博物馆收藏的青铜时代晚期象牙制品重新做了研究。他们原来以为那些物品大多是象牙制的，研究后惊讶地发现，其实大部分制品的原料是河马牙。他们还在沉船上发现了一个很小的颌骨（下颌骨），似乎属于一只叙利亚家鼠，可能它是在该船于港口城市乌加里特停靠时溜上船的。[12]船上还装载着来自努比亚的黑檀。努比亚位于东北非，在埃及以南。

船货中也有许多制成品，有些货物的装载方式出人意料。[13]考古人员发现了一些大储物罐，和青铜时代埃及高等贵族坟墓壁画里堆在船甲板上的罐子非常相似。过去人们一直以为这些大罐子是用来储存淡水供船员饮用的。但当考古人员抬起一个罐子放到网里，准备让它浮上水面的时候，罐子向前栽倒了，倾倒出一堆从未用过的崭新陶器，有盘子、碟子、碗、大大小小的水壶，还有油灯，都是塞浦路斯和迦南出产的。看起来这些大罐子不是存淡水用的，而是我们所谓的陶器桶，是在运输过程中用来盛放并保护新陶器的。

船上有一个样子非常奇怪的石头制品，后来确定它是来自巴尔干地区的一柄权杖。此外还有好几把剑，一把似乎是迦南产的，另一把是爱琴海地区的式样，还有一把好像是意大利的。这些剑也许是船员或船长的私人物品，但无从确知。船上的箭镞和矛尖以及各种青铜工具可能是私人物品，也可能是船货的一部分。

考古人员发现的鱼钩和铅坠，无疑是船员在航行期间捕鱼用的。乌鲁布伦沉船上的食物都是东地中海的产物，除了鱼之外还有橄榄、杏仁、无花果和石榴。今天这个地区的船员吃的基本上是同样的东西。

船上还有几尊精致高级的酒杯，用（介乎陶器和玻璃之间的）彩陶做成羊头等动物的形状。这类东西通常是皇家用品，也许这可以作为佐证，说明这艘船运载着一位国王赠给另一位国王的礼物。

我们从文字记载中了解到，那个时期的统治者的确有互赠贵重礼物的习俗，所以，说这些酒杯是皇家礼品应该不算离谱。它们可能是埃及或迦南的统治者送给迈锡尼国王的——也许接受馈赠的就是阿伽门农的祖先。但我们可能永远找不到确定的答案。

可以视为皇家用品的物品中有一个金杯。它虽然漂亮，却并不能增加我们对这艘船的了解，如它是在哪里造的、什么时候造的等等，因为它没有什么特色。这个金杯从海底取上来之前拍的一张照片成了经典，现在的大多数考古学课本中可以见到。照片里有这个金杯，还有一个迦南罐、一个锡酒瓶和一个不起眼的迈锡尼双耳酒杯。我每次问学生照片中最重要的物品是什么的时候，他们总是说金杯最重要。但他们错了。我借用电影《夺宝奇兵 3》里面的话告诉他们，他们“做的选择……是糟糕的”。虽然迦南罐因为内装的东西而重要，酒瓶因为是锡制的，比较罕见，所以重要，但是照片中最重要的却是那个不起眼的迈锡尼陶制容器，因为它那特色鲜明的形状帮我们确定了沉船的时间。

巴斯、普拉克和他们带领的考古队员还找到了许多首饰，有银手镯，还有金吊坠。一个吊坠上凸起的金粒组成了一只猎鹰似的鸟，爪子里还抓着一条蛇，制作工艺巧夺天工。另一个吊坠上的图像是一个女人，两手各抓着一只小羚羊。还有一个吊坠的式样和埃及墓中壁画上显示的迦南人戴的吊坠一样。他们还在船上发现了美索不达米亚的圆柱形印章，其中一个用矿物水晶制成，两头加金盖，可以用丝线拴着系在手腕上或挂在脖子上。还有一小块埃及产的黑石头印章，上面刻着“卜塔*，真理之神”的字样。

在镌刻着埃及象形文字的圣甲虫和其他小物件中，刻着奈费尔提蒂名字的纯金圣甲虫最重要，体积也最小。奈费尔提蒂只在她统治的头 5 年使用过这个圣甲虫上镌刻的名字“Nefer-neferu-aten”，当时她那离经叛道的丈夫阿肯那顿法老正大张旗鼓地贬斥各种神祇，独尊由太阳光轮代表的阿顿（Aton）。这个圣甲虫非常罕见，而且前面说过，它帮助我们确定了这艘船的时间，因为沉船的时间不可能早于这个圣甲虫制作的时间，即公元前 1350 年左右。[14]

人们在沉船中没有发现任何尸体，连一块遗骨都没有。也许船上的人都游上了岸，也许水下的尸体在 3 200 年的漫长时间内早已成了鱼和其他海洋生物的口中食。

刚发现乌鲁布伦沉船时，发掘者猜想它当时很可能正以逆时针方向在东地中海和爱琴海的各个港口间航行，像一个世纪以后的盖利多尼亚角沉船一样，沿途从事贸易，只不过它装载的货物丰富得多。后来，有人提出了其他猜测，比如，这艘船上的货物可能是一位国王送给另一位国王的礼物（我们知道当时这种事情确有发生），它可能正在从埃及、迦南甚至塞浦路斯驶往希腊。

无论如何，大家都同意这艘船是驶往希腊的，因为虽然船上装载的货物来自至少 7 个不同的文化，但是来自希腊的东西只有一些

* 卜塔（Ptah），埃及主神之一，宇宙的创造者，后演变为工匠的守护神。——编者注

米诺斯和迈锡尼的陶制容器，而且不是新的，是用过的，此外还有两枚私人印章，可能是某个来自爱琴海地区的人随身携带的。[15] 船上的货物似乎都是专为希腊人准备的。

这艘船返航时，或者在它继续沿逆时针方向行驶的过程中，舱中可能会加载运往埃及、迦南和塞浦路斯的迈锡尼及米诺斯的特产，包括盛满葡萄酒、橄榄油和香水的陶制容器。当然，它再也没能返航，因为它在乌鲁布伦沉入了大海。在船上找到的一个可能是保护神的小雕像显然没有起到作用。那个小雕像用青铜制成，头部、肩部和双手双脚都覆以金箔。它被发现时已经完全锈蚀，但用考古人员的话来说，“清洁效果很好”。这是典型的祈祷式雕像，也就是说，它既是在表现物主对宗教的虔诚态度，又是在祈求神明的庇护。

如果这个小雕像真的是沉船的保护神的话，它可以说是严重失职了。不过，沉船的霉运却是我们的好运，因为它使我们得以研究这艘船和船上的所有货物，对 3 000 多年前的青铜时代晚期该地区的生活风貌和国际交往状况略窥一二。

第四部

揭秘古典时代

第 11 章

从掷铁饼到民主

德尔斐神谕所

2016 年的里约奥运会有 42 个比赛项目，从水上运动和射箭到举重、摔跤，应有尽有。但是，古代奥运会的一项比赛却不包括在内，那是种特殊的赛跑项目，参赛者要身穿铠甲，戴着头盔，腿包护胫，左臂上还要挽着盾牌。里约奥运会也没有战车比赛和古希腊式搏击（pankration），那是一种无限制武术，类似今天的跆拳道，或者是空手道和柔道的结合，[1] 任何手段都可以用，除了咬人、挖眼和抓挠。

第一次奥林匹克运动会举办的时间是近 3 000 年前的公元前 776 年。自那之后的 1 000 多年里，运动会每 4 年举行一次。参赛的运动员来自希腊的各个城邦，所以我们称其为“泛希腊”（Panhellenic）运动会。奥运会一共举办了 293 次，直到公元 4 世纪 90 年代早期，（信基督教的）罗马皇帝狄奥多西（Theodosius）宣布废除一切异教节日。[2]

对早期探险家和考古学家来说，奥林匹克运动会的举办地奥林匹亚正如荷马史诗中提到的那些地方，像灯塔一样激励着他们不知疲倦地寻寻觅觅。在谢里曼寻找特洛伊、迈锡尼、梯林斯和伊萨卡的同时，别人也在搜寻由于其他原因而在希腊历史上赫赫有名的地方。人们除了寻找奥林匹亚和奥运会的场址外，还孜孜不倦地搜寻德尔斐（Delphi）及其神谕所（Oracle）、雅典的卫城（Acropolis）和民主的诞生地——阿哥拉。

各国考古人员瓜分了这几个考古遗址：德国人 1875 年开始发掘奥林匹亚；法国人 1892 年开始发掘德尔斐；1931 年，美国人开始发掘雅典阿哥拉。不过，希腊考古人员也参加了本国遗产的发掘工作，正如斯塔马塔基斯在谢里曼初步发掘迈锡尼后接手了那里的工作一样。本章就来集中讨论这些遗址。

为寻找奥林匹亚遗址，考古人员很费了些力气。公元 393 年，古代最后一次奥林匹克运动会举行后，会场设施逐渐失修，最终被完全弃置。公元 6 世纪发生的几次地震把神庙等建筑震得七零八散，原来宏伟殿堂的巨柱倒在地上，如同一排排牙签。雪上加霜的是，附近的两条河流都泛滥成灾，其中科拉德奥斯河（Kladeos River）在公元 4 世纪奥运会尚未被禁的时候已经发过洪水，但最后的打击来自中世纪阿尔菲奥斯河（Alpheios River）的决堤，洪水席卷奥运会原址，留下了一层 4 米厚的淤泥。[3]

1766 年，英国探险家理查德·钱德勒（Richard Chandler）最先找到了奥运会场址，同时还找到了宙斯神庙的废墟。整个奥运会场本来就是献给宙斯[4]这位希腊神话中的神明的。钱德勒向当地人询问他们所知的古代废墟，并使用帕夫萨尼亚斯写的一本旅行指南作为参考，确定了奥运会的场址所在。一个世纪之后，谢里曼在迈锡尼也采用了同样的办法。

2015 年 3 月，我们带领一队乔治·华盛顿大学的学生来到了奥运会遗址。那里的景色赏心悦目，古老的灰色石头长满青苔，散布在如茵的草地上，其间点缀着小小的白色雏菊和鲜红的罂粟花。有些学生在报告古迹观察结果时，头上还戴着刚摘下的雏菊编成的花环。希腊伯罗奔尼撒西北部地区的春天美不胜收，但古希腊人来到这里不是为了观赏美景，而是来赞美宙斯，赢得体育竞赛的。[5]

著名的奥林匹克运动会是赞美宙斯的节日活动的一部分，既是体育活动，也是宗教活动。钱德勒发现的神庙是遗址上最著名的建筑，也是当时在希腊发现过的最大神庙，长 64 米、宽 28 米。神庙山墙上的雕像和立柱上的装饰性雕刻描绘的景象包括神话人物的战车竞赛、人首马身的怪物参加的战斗，还有赫拉克勒斯（Heracles）的十二伟业。公元前5世纪中期（公元前466年至公元前457年）人们建造这座神庙时，用了整整10年时间。

最重要的是，神庙中曾经摆放着一尊由古希腊著名雕塑家菲迪亚斯（Pheidias）用黄金和象牙雕成的约12米高的宙斯像，是古代世界七大奇迹之一。可惜，到钱德勒发现神庙时，雕像早已不见。公元4世纪，它被运到了今天土耳其境内的君士坦丁堡，即现在的伊斯坦布尔，后来与存放地一同毁于火灾。[6]

帕夫萨尼亚斯说，宙斯神庙里还有许多其他用大理石和青铜制作的雕像，不过都是正常大小的。这些雕像出自包括普拉克西特列斯（Praxiteles）和利西波斯（Lysippus）在内的一些最著名的古希腊雕塑家之手。最初的挖掘者来到奥林匹亚，部分原因正在于这些著名的古代艺术品。换言之，人们挖掘奥林匹亚遗址的最初动机和一个世纪前挖掘意大利赫库兰尼姆的动机是一样的。[7]

1829年，法国人开始在奥林匹亚挖掘，发现了一些宙斯神庙立柱上的石雕碎片。这种雕刻位于立柱顶部和屋顶的交接处，与三陇板（triglyph，3条竖棱）相间，是古希腊神庙常见的建筑装饰。宙斯神庙的雕刻描绘了赫拉克勒斯的伟业，现存于巴黎的卢浮宫。[8]

然而，是德国人与希腊政府签订合同，拿到了从1875年到1881年奥林匹亚遗址的独家挖掘权。这份被称为《奥林匹亚公约》的合同为后来外国人在希腊考古发掘确立了先例。它规定，挖掘出来的一切文物均须留在希腊，除非政府决定将文物的复制品或仿制品赠予发掘人员或他们所属国家的政府，作为对他们工作的酬谢。对德国人的要求是，他们必须把挖掘结果向学术界公布。德国人立即照办，把他们发现的铭文、雕像和建筑物全部公之于众。后来负责挖掘工作的赫尔穆特·基利莱斯（Helmut Kyrieleis）把奥林匹亚的发掘行动誉为首次有“具体科学目标”的古典遗址重大挖掘活动。考古人员的详细报告是促使法国的皮埃尔·德·顾拜旦男爵（Baron Pierre de Coubertin）创办现代奥林匹克运动会[9]的一个原因。第一届现代奥运会于1896年在雅典举行。

威廉·德普费尔德参加了德国人在奥林匹亚的早期挖掘工作。他是建筑专家，也在学习考古技能。1881年海因里希·谢里曼前来参观奥林匹亚的出土成果时，德普费尔德带他看遍了整个遗址。谢里曼十分欣赏德普费尔德，邀请他到特洛伊来。一年后，德普费尔德来到了特洛伊。他们二人一拍即合，成为出色的伙伴，不仅在特洛伊一起挖掘，而且一同去了梯林斯。前面有一章已经说过，谢里曼去世后，德普费尔德接过了领导挖掘工作的责任。阿瑟·埃文斯曾说，德普费尔德这位严谨细致的学者是谢里曼最伟大的发现。[10]

1936年的柏林奥运会燃起了德国民众对奥林匹亚的兴趣。借此东风，一队德国考古人员于1937年恢复了奥林匹亚的挖掘工作。算上第二次世界大战期间及之后停顿的10年时间（1942年至1952年），挖掘工作持续了近30年。这些考古人员也参考了帕夫萨尼亚斯对奥林匹亚的详细描述，否则遗址上大部分建筑物的用途无法确定。在那以后，其他的探索一直没有停止，但直到1985年，考古人员才在基利莱斯的领导下开始最新的挖掘工作。[11]

经过一个多世纪的挖掘，奥林匹亚遗址大部分已经出土。现在人们可以在遗址上漫步，观看会场中心的各种建筑，包括宙斯大祭坛（Great Altar to Zeus）、赫拉神庙（Temple to Hera），还有负责管理场地及节日活动的市政官和议会成员办公用的市政厅（Prytaneion）和议事厅（Bouleuterion）。奥运会举办之前，运动员们要经过一个月的训练。他们使用的运动场（Gymnasium）、格斗场（Palaistra）与游泳池位于会场的同一侧，战车竞赛场（Hippodrome）和赛跑用的体育场位于另一侧，整个挖掘工程中最耗资费时的是挖掘初建于公元前350年左右的长约180米的体育场，因为需要清除的泥土多达数百吨。考古人员的辛勤劳动带来了丰厚的回报，他们从出土的铭文、雕像、建筑物以及陶器和其他人工制品中获取了大量信息。1989年，奥林匹亚被联合国教科文组织列为世界遗产，现在每年接待近50万游客。[12]

当年举行比赛时，体育场周边的座位可容纳4万多名观众。20世纪50年代挖掘体育场四周的泥坡时，考古人员意外地发现了一些青铜甲胄和武器，包括22个青铜头盔，还有盾牌、护胫和剑。它们本来是绑在杆子上，成排地树立在观众座位后上方的，如同今天洛杉矶纪念体育场或任何高中足球场上飘扬的旗子，不过它们是由胜利的武士献给宙斯的礼物。甲胄和武器摆在这里，是为了让来自希腊各个城邦的公民钦仰武士们的力量和功绩，也可能是因为在与波斯的战争等集体行动中取得胜利而一起向宙斯谢恩。[13]

人们发现的纪念品中有一个米提亚德（Miltiades）敬献的青铜头盔，就是这位将军指挥希腊军队在公元前 490 年的马拉松战役中打败了波斯人。这个头盔非常普通，是被考古学者称为科林斯式的那种常见式样。头盔护颊的下沿刻着“米提亚德将此献予宙斯”的字样。还有一个波斯头盔，是在马拉松战役中缴获的，后来献给了宙斯，因为它上面刻着这样的铭文：“此为雅典人[14]从米底人（Medes）那里夺来，特献予宙斯。”

其他的祭献品大多是比较贵重的金银制品，存放在若干被称为“存宝库”的小房子里。存宝库的建筑式样如同小型神庙，每个希腊城邦和殖民地都建有自己的存宝库，用来存放它们各自公民的祭献品。[15]

人们在奥林匹亚发现的另一个人工制品今天也非常出名。这个貌不惊人的物品上面刻着字，但它不是祭献品，而是一个打破了的陶制水杯或酒壶，底部的刻字是“我属于菲迪亚斯”。它应该是那位著名的古希腊雕塑家自用的水杯。德国考古人员 1958 年在奥林匹亚场址外围的一座房子里发现了它，这座房子一定是菲迪亚斯雕刻那座巨型宙斯像的工作室。它的比例和宙斯神庙中存放神像几个世纪的那个厅堂分毫不差，但后来这座房子被改成了东正教教堂。考古人员在附近发现了两个垃圾坑，里面有象牙、金属、玻璃碎片、陶土模型，还有工具，包括一把金匠用的锤子。[16]

奥运会本身的内容越来越丰富，不断增加新的比赛项目。[17]公元前 776 年刚开始举办奥运会时，只有一项赛跑。那个世纪结束之前加上了两项路程较长的赛跑。后来又增加了摔跤和拳击，还有包括铁饼、标枪、跳高、赛跑和摔跤在内的五项全能运动，还加上了战车竞赛、身穿全副铠甲的赛跑和古希腊式搏击。

这些比赛和今天的并不完全一样。比如，跳远运动员手持重物，起跳后将其甩向后方，以借力跳得更远。德国考古人员发掘了一些这样的重物，它们是 2 000 多年前的竞赛获胜者敬献的。

到公元前 100 年左右（可能更早一些），奥运会发展为长达 5 天的体育和宗教节日。每个项目只有一个优胜者。运动会的最后一天，所有优胜者都被授予一顶用月桂树叶编成的花冠。他们回到家乡后经常会得到更丰厚的奖赏，比如雅典就为奥运会的优胜者提供终身食宿。[18]

即使在公元前 2 世纪罗马人征服了希腊后，奥运会依然很受欢迎，直到 500 多年后狄奥多西下达禁令。罗马皇帝尼禄（Nero）是个奥运迷，甚至亲自参加了公元 67 年的奥运会。他虽然在战车比赛中还没到达终点就摔下了战车，但还是被宣布为冠军。他还下令在奥运会上举行一场公共音乐表演，也由他亲自登台，并且要人关闭城门，谁也不准离开。古罗马传记作家苏埃托尼乌斯（Suetonius）描述说，为了逃避观看尼禄上台表演，有的妇女假装要临产，还有人翻过观众席的高墙逃走，或者装死，[19]好以下葬为借口被抬走。他也许稍微夸张了点儿。

因为还有其他泛希腊体育比赛，所以奥运会每 4 年举行一次。不举行奥运会的那几年，每年都有不同的比赛，有在科林斯举行的地峡运动会（Isthmian Games）、在奈迈阿举行的奈迈阿运动会（Nemean Games），还有在德尔斐举行的皮托运动会（Pythian Games）。每个运动会的会场都和奥林匹亚一样，建有神庙、存宝库和运动设施，也有守护神的纪念碑。德尔斐的守护神是阿波罗。

古时的德尔斐因阿波罗神庙（Temple to Apollo）内的神谕所而名利双收。神谕所位于希腊中部的帕尔纳索斯山（Parnassus）的山麓，负责传达神谕的是一位神圣的女祭司，据说她坐在神谕所内室的三脚祭坛上，祭坛下的地面有一道裂纹，气雾从中升起，使她进入神游状态，成为神的代言人，对请求神谕者的提问做出经常是深奥难解的回答。[20]

公元前 8 世纪至公元前 7 世纪，希腊各城邦大举对外殖民，范围涵盖了从黑海到意大利南部的众多区域，甚至远至北非的昔兰尼（Cyrene）和法国南部的马赛（Marseilles）。派人殖民之前，各城邦经常要请示神谕。神谕怎么会知道应该如何建议殖民者，这的确是个值得探讨的问题，但大部分殖民地似乎相当成功，有些甚至发展得比母城邦更加繁荣富强。[21]根据古希腊历史学家希罗多德的说法，最著名的问题是公元前 6 世纪中期由（位于安纳托利亚的）吕底亚（Lydia）国王克罗伊斯（Croesus）提出的。克罗伊斯想知道他是否应该对居鲁士大帝（Cyrus the Great）带领的波斯大军开战。神谕说，如果与波斯人开战，他将摧毁一个伟大的帝国。克罗伊斯认为这是吉签，于是带兵投入了战争，结果一败涂地，被摧毁的是他自己的帝国，所以神谕还是实现了。[22]

然而，挖掘遗址的法国考古人员发现，这一切都了无痕迹。没有三脚祭坛，没有女祭司，连地上的裂纹都没有，尽管附近可能是两条地震断裂带[23]的交会处。

法国考古人员根据 1891 年 3 月和 5 月与希腊政府签订的合同，获得了挖掘德尔斐的许可。但是，他们首先得把建立在遗址上面的村庄移走。他们花 15 万美元（将近现在的 400 万美元）新建了一座村庄，先帮全村 300 户人家全部迁入新居，然后才开始挖掘。[24]即使如此，他们还是遭到了一些对旧房补偿费不满意的村民的反抗。最后，问题终于得到解决，法国考古人员总算可以挖掘了。他们的挖掘结果令世人惊艳，被古希腊人视为“世界中心”（omphalos）的德尔斐成了今天希腊最美丽、观光客最多的地点之一。[25]1987 年，德尔斐被联合国教科文组织列入世界遗产名录。

法国考古人员并非第一批在德尔斐开展挖掘工作的人，自 19 世纪 20 年代开始的几十年内就时常有人试图发掘德尔斐。但是，法国人的挖掘行动是得到官方许可的浩大工程，挖掘队甚至建了一条 1 800 米长的铁路，用来运输挖出来的大量泥土。挖掘活动从 1892 年 10 月持续到 1903 年 5 月，总共花了 10 年多一点儿的时间，被命名为“大挖掘”。它的确称得上“大”，无论是考古发现的数量，还是雇工的人数[26]——1893 年曾一度达到 220 人——都相

德尔斐的阿波罗神庙

当可观。

自那以后，虽然人们在 20 世纪的 20 年代、30 年代、70 年代、80 年代及 90 年代又对德尔斐进行了短期发掘，但没有一次达到过“大挖掘”的规模。所以，后来该地的考古进展及其使用的现代考古技术没有太多可提的。然而，在一个多世纪前那个 10 年间发掘出来的古迹和文物的保全、维护方面，人们做了很多工作，考古发现的出版成果更是惊人。迄今为止，关于德尔斐的建筑、铭文和其他发现已经出版了 60 多卷报告。[27]

1892 年开始的第一个挖掘季为时很短，因为要与村民进行最后一刻的谈判，结果挖掘被迫延迟，所以，到 1893 年才有了第一批重大发现。1894 年和后来的几年间，新发现接二连三地出现。在那段激动人心的日子里，法国考古队员一定兴奋异常。当时，摄影术刚发明不久，考古人员对其进行了充分利用。法国雅典学院（École française d’Athènes，创立于 1846 年）至今存放着 2 000 来张玻璃板负片，用以记录考古人员做出惊人发现 [28] 的那一刻。

几座出土的雕像尤其引起了轰动。有一对青年男子的雕像，被称为阿尔戈斯的克琉比斯和比同，雕像用大理石刻成，带有公元前 7 世纪晚期的古风。这对雕像分别出土于 1893 年和 1894 年。希罗多德在《历史》（*Histories*）中讲了这两个兄弟的故事，他描写了“这两个孝子”为了送母亲去参加一个宗教节日，拉着她乘坐的车子走了 8 千米。希罗多德说，为了向他们致敬，阿尔戈斯人“为他们雕了像，并将雕像供在了德尔斐，因为他们是人中之杰”。现在，这些雕像终于重见天日，黑白照片拍下了雕像出土那一刻的景象，自豪的考古人员和工人簇拥在雕像的头部和躯干周围。[29]

另一座雕像也许是德尔斐出土的最著名的雕像，人称“战车御者”（The Charioteer）。法国考古人员在 1896 年 4 月底先是发现了这座青铜雕像的下半部及其刻有铭文的石头底座。几天后的 5 月初，又发现了雕像的上半部，头面部分完好无损，眼窝里镶嵌的玻璃眼珠还在。发现这座雕像的情景也通过摄影保留了下来。底座的铭文记录了公元前 478 年（也可能是公元前 474 年）皮托运动会上叙拉古（Syracuse）的希伦（Hieron）夺冠之事。希伦是叙拉古的僭主革隆（Gelon）的弟弟（和继任者），他是赢得比赛的那辆战车的主人——战车比赛中，冠军是赢得比赛的战车主人，而不是驾车的人。后来，希伦的弟弟（也是他的继任者）波利泽鲁斯（Polyzelus）显然又把这座雕像祭献了一次，[30] 这样就把战车比赛冠军的称号加在了自己头上。

德尔斐也出土了一些建筑物。人们发现了雅典人、锡弗诺斯人（Siphnians）、西基翁人（Sikyonians）、尼多斯人（Knidians）以及其他城邦的人修建的存宝库，在存宝库周边的泥土里还找到了散落的雕饰碎片。各个城邦修建的这些小巧美丽的房屋存放着公民敬献的贵重金银物品，不过那些宝物早已被罗马征服者苏拉（Sulla）和尼禄抢走了，据说尼禄还从德尔斐运走了 500 座雕像。该地还出土了阿波罗神庙的断壁残垣，以及和奥林匹克运动会一样 4 年举办一次的皮托运动会 [31] 的会场和运动场。

人们在德尔斐还发现了许多铭文，有时一天就能发现几十条。最著名的是公元前 2 世纪献给阿波罗的两首赞美诗的残存部分。它们雕刻在石头上，是 1893 年在雅典的存宝库内发现的。诗行之间雕刻着声乐和器乐的音符，今人可据之把赞美诗原样唱出来。于是，1894 年 3 月中旬，人们很快就向希腊国王和王后献上了这两首赞美诗的咏唱表演。圣彼得堡和约翰内斯堡也举行了同样的表演，同年在巴黎由皮埃尔·德·顾拜旦组织的一次大会上咏唱的这两首赞美诗，吸引更多人加入了顾拜旦发起的奥林匹克运动会复兴运动 [32] 当中。

考古人员还发现了“圣路”，这条从会场入口蜿蜒而上通往体育场的山路如同一条蛇，与此地的原名皮托（Pytho）* 恰好契合，德尔斐是后来的名字。今人可以追随帕夫萨尼亚斯笔下的朝觐者和参观者的脚步，沿着这条蜿蜒的道路爬到山顶。每当我在山顶俯瞰山谷中被希腊人视为圣树的橄榄树丛，极目远眺海湾对面的伯罗奔尼撒半岛之时，胸中都充盈着敬畏和惊叹之情。这两种感情是古人宗教体验的关键要素，可能在现代也是如此。[33]

运动场和规模小得多的雅典娜圣殿（Athena Sanctuary）位于同一层。从那一层往上，穿过现代修筑的道路，就到了会场大门内一块平整的地面。圣路两旁排列着个人或城邦敬献的雕像和其他物品，很多是对军事胜利的纪念，包括雅典人对公元前 490 年在马拉松击败波斯人的纪念，还有斯巴达人献上的一整个建筑，那是为了纪念公元前 405 年他们在伯罗奔尼撒战争的最后一役[34]“羊河战役”（Aegospotami）中战胜雅典。

沿着圣路继续向前，向右拐过第一个弯，一路可经过各个希腊城邦建造的存宝库。如前所述，这些存宝库早已不见，里面存放的财宝也杳然无踪。剩下的只有 1893 年至 1894 年间法国考古人员发现的地基和曾经色彩鲜艳的柱顶雕刻的残片，那些雕刻描绘了众神与巨人作战的情景、忒修斯的事迹和各种其他场景。[35]

再往上走，左边是阿波罗神庙的地基。地基看上去高耸峻峭，因为这里还在神庙下方很远的地方。紧挨着地基的是雅典柱廊

* “Pytho”这个名字来自希腊神话中住在该地区的巨蟒“Python”。——译者注

（Portico of the Athenians）。现在，柱廊上已经没有任何祭品，只有一条铭文："雅典人敬献此柱廊以及从敌人手中缴获的武器和船头雕像。"一位法国学者在 1948 年经过仔细研究后，证明这段铭文指的是一座桥上的缆绳，那座桥是波斯国王薛西斯（Xerxes）在公元前 480 年入侵希腊途中跨过安纳托利亚和希腊之间的赫勒斯庞特（Hellespont）海峡*时架设的。雅典人那一年在普拉蒂亚（Plataea）和萨拉米斯（Salamis）打败了薛西斯的大军后，把桥上的缆绳砍下来作为纪念，拿到德尔斐，摆在这个柱廊里当作敬献品。[36]

再向左拐一个弯，就转过神庙的墙角，来到了神庙入口附近。远处可以看到普拉蒂亚三脚祭坛（Tripod of Plataia），又称"蛇柱"（Serpent Column）的遗址，正对着阿波罗圣坛（Altar of Apollo）和神庙的入口。

金色的三脚祭坛底座是青铜铸成的 3 条交缠的蛇，用以纪念公元前 479 年普拉蒂亚海战中希腊对波斯的胜利。祭坛本身早已失窃或被毁。由 3 条蛇组成、上刻 31 个参战希腊城邦名字的青铜底座也已不在原处，不过我们知道底座的下落——罗马皇帝君士坦丁大帝（Constantine the Great）在公元 4 世纪把底座运到了新都君士坦丁堡，即如今的伊斯坦布尔。今天它仍然安放在那里的苏丹艾哈迈德广场（Sultan Ahmet Square）的古竞技场中心，[37] 但 3 条蛇的头部（或头部的一部分）收藏在附近的伊斯坦布尔考古博物馆中。

---

* 此为达达尼尔海峡的古希腊名。——译者注

离开圣路，来到阿波罗神庙附近，可以看到经过重建的废墟，原来6根石柱的残存部分矗立在前面，后面本来也应该有6根石柱。神庙的两侧应该各有15根石柱，比通常的这类神庙多两根，因为神庙必须加长，以容纳全希腊最负盛名的神谕所。

据帕夫萨尼亚斯说，这座神庙历经5次重建。不过他的话不可全信，因为他说前3座神庙分别是用月桂树枝、蜂蜡和青铜建造的，到了第4次重建神庙时才终于使用了石材。考古学家的发现也许更加可靠。他们发现，神庙的原址上之前至少有过两座神庙。第一座在公元前548年毁于火灾，公元前373年的一场地震摧毁了第二座神庙。现在我们看到的神庙建立于公元前4世纪末。法国考古人员发现了一条铭文，是出资建筑神庙的赞助人名单。考古人员还确定，神庙用了近40年的时间才建成，[38]部分的原因是亚历山大大帝的父亲，马其顿的腓力二世（Philip II）国王对希腊用兵。

退出神庙，回到圣路上，沿神庙外围向左拐，右方可以看到更多雕像和其他敬献品。它们后面的远方有一座大型柱廊，是公元前3世纪的帕加马（位于今天的土耳其境内）国王阿塔罗斯一世（Attalos I）建成并敬献的。他的小儿子，最终继承了王位的阿塔罗斯二世（Attalos II）于公元前2世纪中期在雅典建造了一座相似的柱廊。

走到神庙尽头，右边可以看到大剧院。往上还可以看到法国人1896年发掘的体育场，皮托运动会的赛跑项目就是在那里举行的。

据帕夫萨尼亚斯说，德尔斐运动会的比赛项目和奥林匹克运动会相同，每项比赛的冠军都会得到一顶花冠。德尔斐运动会在公元前591年过后不久开始举办，每4年一次，直到狄奥多西在公元4世纪90年代发布的一纸谕令关闭了奥林匹亚和包括神谕所、运动场在内的整个德尔斐会场。[39]

雅典也有一座体育场，但它是现代的，不是古代的，1896年和2004年希腊主办的两次现代奥运会都在这座体育场中举行。雅典在古代从未主办过任何运动会，尽管它也有守护神，即雅典娜，正如奥林匹亚有宙斯，德尔斐有阿波罗。但是，雅典孕育了重大的创新，包括民主这个发明。雅典还出了苏格拉底、柏拉图和亚里士多德等哲学巨匠。

位于城市最高点[40]的雅典卫城名不虚传，1987年被联合国教科文组织列入世界遗产名录。自19世纪初开始，希腊考古学者和包括威廉·德普费尔德在内的德国考古学者发现了雅典卫城中各个建筑的遗存，包括帕提侬神庙（Parthenon）、厄瑞克修姆神庙（Erechtheium）和小巧的雅典娜胜利女神神庙（Temple of Athena Nike）。他们还挖掘出大批大理石雕像，发现了许多铭文。所谓的“埃尔金大理石雕”（Elgin Marbles）就是在帕提侬神庙里面发现的。埃尔金勋爵（Lord Elgin）1805年将其运回了英国，10年后它们成了大英博物馆的展品。今天，希腊仍在争取索回这些石雕。考古人员还发现了卫城山坡上的一些遗址，包括剧场和音乐厅，有些是罗马时代落成的，今天又重新用来上演当地和外来艺术家表演的戏剧。

然而，雅典人每天常去的还是阿哥拉（这个词的意思是集市），因为它正好位于雅典市中心。这里是古雅典的法院所在地，城邦其他最重要的机关也设在这里，包括议事会（Senate）用的议事厅、议事会执行委员会开内部会的圆形会场、保存档案的自然女神庙，还有其他行政和立法机构。因为这里是市集，商铺众多，于是成了市民的聚会场所。苏格拉底是这里的常客。集市的一头矗立着赫菲斯托斯神庙（Hephaisteion）。这座献给锻造之神赫菲斯托斯（Hephaistos）的神庙是 19 世纪 90 年代由德国人发掘的。作为重要的城市中心区，阿哥拉在不断变化，所以，公元前 5 世纪的阿哥拉与公元 1 世纪相比，虽然基本功能未变，[41] 但建筑和布局都已大不相同。

自 1931 年起，设在雅典的美国古典研究院在阿哥拉的挖掘工作几乎从未中断，他们的挖掘过程反映了过去 85 年来挖掘方法和技术的变化。[42] 考古人员挖掘出了前面提到的所有建筑，以及伯里克利 * 和苏格拉底曾经走过的大街小巷，但还有更多古迹尚待挖掘。现在挖掘时会使用一种名叫“iDig”的苹果平板电脑软件，发明者是考古发掘的技术大师布鲁斯·哈策勒（Bruce Hartzler）。这个专用软件比几年前挖掘庞贝古城的考古人员使用的非专用软件更加先

---

* 伯里克利（Pericles），古雅典著名政治家。——译者注

进，阿哥拉的考古人员用它能够更快、更容易、更准确地实时记录挖掘数据。[43]

当然，这个地方今天仍旧人烟稠密，商店、餐馆和住房鳞次栉比，是卫城脚下雅典最热闹的一个区。因此，考古人员挖掘之前，必须买下挖掘区地面上的房屋和其他建筑。在老T.莱斯利·希尔（T. Leslie Shear Sr.）、霍默·汤普森（Homer Thompson）、小T.莱斯利·希尔（T. Leslie Shear Jr.）和现在的约翰·坎普二世（John Camp II）等历届负责人的主持下，考古人员购买并拆毁了约400所房屋和其他建筑，并对地下进行了挖掘。挖掘时必须非常小心，一步步挖穿不同的地层，越往下年代越早——先是奥斯曼时代，然后是拜占庭时代，再到罗马时代，下面是古雅典时代，最后是青铜时代。[44]

考古人员每年夏天都来这里挖掘，缓慢而仔细地揭示出这个最著名的市集的历史。他们发现了标志着市集边界的界石，每一块界石上都刻有“我是阿哥拉的边界”的字样；还发现了千百年间古代作家笔下的建筑，包括十二主神祭坛（Altar of the Twelve Gods）、同名英雄纪念碑（Monument of the Eponymous Heroes）、阿塔罗斯柱廊（Stoa of Attalos），甚至可能还有鞋匠西蒙（Simon the Cobbler）的铺子（苏格拉底有时在那里授课），以及苏格拉底因腐蚀青年心灵和不信神的罪名而受审期间被关押的监狱。[45]

阿哥拉也是民主的诞生地，所以，考古人员在这里发现投票箱和用青铜制作的选票当在意料之中。把选票投入票箱之前，可以将其捏在拇指和食指之间，这样别人就看不出你要投谁的票。人们还发现了用来选择陪审员的机器、给发言计时的水钟和刻字的陶片（ostraca），这样的陶片会在投票决定是否要放逐某个政治影响力过强的人时用到，放逐（ostracism）一词即由此而来。阿塔罗斯柱廊在 20 世纪 50 年代以和原物相同的材料得到重建，成为阿哥拉遗址博物馆，许多阿哥拉出土的文物都收藏在那里。[46]

1982 年，我作为一个满腔热情的年轻志愿者参加了阿哥拉的挖掘工作，那个夏天我本科刚毕业，尚未开始读研。之前 20 年的政策一贯允许有志从事考古的高年级本科生或研究生参加挖掘队。当时我不知道，那年夏天和我一起参加挖掘工作的志愿者中至少有 12 个人现在成了资深考古学家。

我有幸挖掘了波凯勒柱廊（Stoa Poikile），即彩绘柱廊的遗址，它是我参加挖掘工作的一年多以前被发现并确认的。在古代，这个柱廊以大幅图画装饰而著名。600 年后帕夫萨尼亚斯来访时，那些图画仍在，[47] 当然现在早已没了踪影。

我还在彩绘柱廊旁边的一口古井中做过挖掘，那段经历也许算不上令人兴奋，但那种阴冷的湿漉漉的感觉却使我难以忘怀。我脱得只剩短裤，头上包着毛巾（以防泥巴落到头发上和眼睛里），坐在一个桶里，降到井下，好像要去取水一样。到了井底后，我爬出水桶，踏进黏滑的淤泥，开始向下挖。狭小的井底仅够我容身，有幽闭恐惧症的人肯定受不了。那个挖掘季，我和其他和我一样瘦小的挖掘者花了不知多少个小时蹲在又闷又潮的井底，仔细寻找很久以前要么是意外掉到井里，要么被当作垃圾扔进井里的完好无缺的容器、陶器碎片和别的人工制品，把它们从淤泥中挖出来带回地上。[48]

在雅典市中心进行考古挖掘是一种新奇的体验，随时都有几十个游客在挖掘区四周的铁丝网后居高临下地注视我们的一举一动。不过，我们很快就能扳回一局：每天下午我们收工回家，穿过雅典最古老的城区普拉卡的人群时，行人纷纷走避，因为我们从头到脚都糊满了泥巴，特别是如果那天我们在井底挖掘过的话。迄今为止，我已经参加了 30 多个挖掘季的考古工作，但那个夏天仍可算是我最独特的经历。

任何对古希腊稍有了解的人都知道奥林匹亚、德尔斐和雅典这 3 个地方。经过两个世纪的考古挖掘，人们现在可以在那些地方的古迹中间漫步徜徉，发思古之幽情。然而，除了主要集中于德尔斐和雅典的几座建筑之外，现代考古学者并未复原大部分的古代废墟，所以，游客必须仔细阅读或聆听对各个遗址的介绍，方可想见它们当年的风貌。

这里讨论的 3 个遗址足以代表古典时代的希腊。它们也体现了这个地区古典考古学的发展——最初注重寻找雕像和著名遗址，后来则侧重于研究古希腊人的生活及成就。别的不说，坐在欧里庇得斯曾经光顾的剧院里，站在苏格拉底被囚的监室中，参观内设德尔斐神谕所、克罗伊斯国王的使者曾来求神问卜的阿波罗神庙，或在最早的奥林匹克体育场里跑一场比赛——这些经历给人带来的感觉妙不可言，刻骨铭心。而这些之所以成为可能，全要归功于考古学家和考古学。

第 12 章

罗马人到底为我们做了什么？

罗马大角斗场

讲考古的书用蒙蒂·派森*的话作为一章的标题似乎不够严肃，但我们前面已经不止一次引用了电影《夺宝奇兵》里的台词，而且，1979 年上映的电影《万世魔星》（*Life of Brian*）[1] 里对这个问题的回答简单明了，也大致不差："环卫、医学、教育、葡萄酒、公共秩序、灌溉、公路、饮水系统和公共健康。"虽然这些东西不

* 蒙蒂·派森（Monty Python），又译为巨蟒剧团，是英国著名喜剧团体。此章标题是该剧团拍的电影《万世魔星》里的一句台词，该电影名又译为《布莱恩的一生》。——译者注

一定都是罗马人发明的，但它们肯定是在罗马帝国存在的几个世纪，尤其是从公元前 1 世纪到公元 5 世纪这段时期内由罗马人传播到帝国的大部分地区的。罗马人还给我们带来了大规模娱乐，以及罗马大角斗场（Roman Colosseum）这种观看娱乐活动的场所。

当然，考古人员发现并挖掘罗马遗址的地点不仅限于意大利，而是遍布英国、法国、德国、西班牙和欧洲其他地方，还有利比亚、埃及、以色列、黎巴嫩、约旦、叙利亚和中东其他地区，其中当然也包括希腊、土耳其和塞浦路斯。比如，我在 1986 年加入过一个考古队，在塞浦路斯的帕福斯挖掘一所罗马时期的别墅。那所别墅大约建于公元 2 世纪末或 3 世纪初，显然毁于一场地震。挖掘时发现的人工制品证明别墅的主人家境富裕。我们在别墅的一个房间内发现了一具可能是在地震中死去的年轻女孩的骨架，还有一只皮凉鞋。[2]

别墅最令人惊叹之处，是一个房间的地板上镶嵌着精致复杂的彩色马赛克拼图，图中描绘的是希腊神话中精通音乐的俄耳甫斯（Orpheus）在一群动物的环绕中弹奏竖琴的情景。这所别墅就因这幅马赛克镶嵌画而得名为“俄耳甫斯之宅”。我对挖掘这幅镶嵌画的过程记忆犹新，主要是因为我们把它全部发掘之后，为了从上方给这幅约 3 米宽、3.5 米长的镶嵌画照一张全景照片伤透了脑筋。那时，无人机尚不普及，就连低飞风筝都很少使用，所以我们只能把一块长木板架在梯子的最高一级，大家扶着梯子，让摄影师沿梯子爬到那块长木板上，像走平衡木的体操运动员一样走到镶嵌画上方的木板尽头，这才能拍摄到全景。你可以想象一下自己站在游泳池上方的跳板尽头，颤颤悠悠的跳板下面是一池碧水，但你不是跳水，而是手持昂贵的高级相机给下面照相，那就是我们的摄影师的感觉。[3]

从欧洲到中东，甚至在更远的地方，罗马人所到之处，或影响力所及之地，都出现过和我们在塞浦路斯发现的同样的别墅和马赛克镶嵌画。前面的章节已经提到过，人们在伦敦和特洛伊，以及雅典、德尔斐、庞贝和赫库兰尼姆都发现过罗马时代的文物。在后面的章节里，我们还会谈及在以色列的马萨达、美吉多和死海洞穴，约旦的佩特拉和叙利亚的巴尔米拉等遗址发现的罗马时代的遗存。因此，我在本章内只讨论罗马市内的几个主要遗址，并对把考古用于民族主义目的所引起的一些难题进行反思。

故老相传，罗马城是罗穆卢斯和瑞摩斯这对双胞胎兄弟于公元前 753 年 4 月 21 日创立的。据说他们是埃涅阿斯的后裔。埃涅阿斯是特洛伊王子。在公元前 1250 年或稍后一点，特洛伊战争进入尾声，破城而入的希腊人洗劫了特洛伊后将其付之一炬，埃涅阿斯侥幸逃出了火海。罗马诗人维吉尔（Virgil）在罗马帝国开国皇帝奥古斯都在位的公元 1 世纪写下了史诗《埃涅阿斯纪》（*Aeneid*），讲述了埃涅阿斯的故事。维吉尔还（在《埃涅阿斯纪》的第一卷和第八卷中）数次提到罗穆卢斯和瑞摩斯两兄弟。

埃涅阿斯故事的真实性需要打个问号，这也许不应令人惊讶，因为维吉尔要为罗马人创造一部民族史诗，正如在他之前的荷马用《伊利亚特》和《奥德赛》创造了希腊人的史诗一样。罗穆卢斯和瑞摩斯的故事也十分可疑。李维所著《罗马史》的第一卷详细讲述了这对双胞胎兄弟的故事。《罗马史》也是奥古斯都在位时写成的，可以被视为美化罗马的首任皇帝，试图为其提供合法性。李维说，这对双胞胎出生后被遗弃在台伯河畔，一头母狼发现了他们，把他们带回窝，像喂自己的狼崽一样喂养。后来，一个名叫浮斯图卢斯（Faustulus）的牧羊人发现了他们，把他们带回家里交给妻子，当作自己的孩子养大。多年后，在立城的过程中，罗穆卢斯杀死了瑞摩斯，[4] 以自己的名字把该城命名为罗马——至少传说是这样说的。

李维的《罗马史》自罗马的创立一直叙述到他自己生活的时代。书中的许多内容得到了考古发现的佐证，这些发现包括在罗马的帕拉蒂诺山（Palatine Hill）[5] 上发现的公元前第一个千年早期的原始茅屋和其他遗存。然而，李维讲述的罗穆卢斯和瑞摩斯的故事是学者所谓的创始神话的相当典型的例子，人类社会经常用这类神话来解释原本普通的人是如何成为统治者或领导者的。《希伯来圣经》里面讲到了摩西的故事；关于波斯的居鲁士大帝，以及在他之前很久，在公元前 23 世纪统治着美索不达米亚的阿卡德的萨尔贡也都有类似的故事。所有这些故事的真实性都值得怀疑。[6]

当然，并非只有李维一人沉迷于罗马的历史，试图证明古代和自己的时代一脉相承。无论是在公元 1 世纪，还是在 19 世纪和 20

世纪，这样的人都很多。事实上，从 1870 年到 1940 年的大部分时间内，在罗马进行的考古挖掘行动以及对许多古代遗址的重建在很大程度上都是出于联系古今的愿望。

自 1803 年开始，教皇庇护七世开始对罗马实施发掘与修复计划。塞维鲁凯旋门（Arch of Septimius Severus）的一部分、万神庙、君士坦丁凯旋门（Arch of Constantine）[7] 和大角斗场都被挖掘出来并得到了保护。即使在拿破仑 1807 年征服罗马后，这方面的工作也未停止，而是进一步展开，发掘了图拉真广场（Trajan's Forum）和大角斗场的内室。

从 1870 年开始，维托里奥·埃马努埃莱二世（Victor Emmanuel II）国王下令进行的考古挖掘行动加入了民族主义目的，对大角斗场、古罗马广场以及其他一些古建筑、纪念碑和著名的雕像做了进一步的挖掘工作，或者把其中的瓦砾全部清除干净。当时，罗马刚成为统一的意大利的首都不久，与它在历史上曾是罗马帝国帝都的地位前后辉映，国王希望古代和现代的建筑都能反映出罗马的崇高地位。[8]

除了上述古迹之外，今天的旅游者在罗马看到的大部分古迹是在贝尼托·墨索里尼的命令下出土的。这个法西斯独裁者自 1922 年起担任意大利总理，10 年后，他宣称“我……首先是罗马人”。事实上，墨索里尼 1919 年发明的“法西斯主义”（fascism）一词就来自古罗马的“束棒”（fasces），那是一束木棒，上端露出斧头，象征着古罗马治安官的权威。墨索里尼咨询了考古学家，弄清楚束棒的准确形象后，将它作为自己领导的运动的象征和视觉标志，既体现了罗马在历史上和今天的重要性，也体现了他自诩今世奥古斯都的野心。墨索里尼上台后，要像奥古斯都把罗马从泥砖之城变成大理石之城那样重塑罗马。[9]

为此，墨索里尼下令对许多古建筑遗址开展挖掘行动，把现代或中世纪在古遗址上建起的棚屋、店铺和其他建筑物全部拆毁。这样，从 1924 年到 1938 年，在考古学家科拉多·里奇（Corrado Ricci）和其他人的主持下，人们陆续挖出了许多古时的广场，比如尤利乌斯·恺撒广场、奥古斯都广场和图拉真广场，还有古时用来举行赛马和战车比赛的马克西穆斯竞技场（Circus Maximus），发掘了更多的建筑和古迹，对大角斗场和古罗马广场做了进一步的挖掘工作，还复原了奥古斯都的和平祭坛（Ara Pacis）、奥古斯都陵墓、马塞勒斯剧场（Theater of Marcellus）、万神庙和其他一些神庙。为了衬托新出土的古迹，人们新建了广场和宽阔的大道。有人说，墨索里尼在这 14 年间进行的考古挖掘工作使“我们对奥古斯都时代罗马的了解[10]比前 14 个世纪加起来都多”。

墨索里尼对古迹的挖掘和重建工作十分投入，甚至在开始拆除侵占古迹的建筑物时摆拍了一张抡着镐头的照片。在另一些照片中，他或是和一群随从站在新建的海洋大道（Via del Mare）上的马塞勒斯剧场前面，或是大步走过真理之口广场（Piazza Bocca della Verità），背景是雅努斯凯旋门（Arch of Janus）。最出名的一张照片摄于新的帝国大道（Via del Imperio）[11]1932 年竣工之时，全副披挂的墨索里尼骑在马上，身后是大角斗场。

人们对和平祭坛的挖掘手法尤其巧妙。这座祭坛公元前 13 年动工，公元前 9 年完成，建造它是为了庆祝奥古斯都在西班牙和高卢（Gaul，今天的法国）转战 3 年后班师凯旋，给帝国带来了和平。这座宏伟壮丽的祭坛约 10 米见方，四面装饰着雕刻饰带和浮雕，包括坐在一堆铠甲上的罗马女神的浮雕、母狼给罗穆卢斯和瑞摩斯喂奶的浮雕。墨索里尼决定赶在 1938 年 9 月 23 日纪念奥古斯都诞辰 2 000 周年[12]之前把它挖掘修复完毕。

1568 年人们修建佩雷蒂宫［Palazzo Peretti，后改名为菲亚诺宫（Palazzo Fiano）］时偶然发现了祭坛的 10 块残片，1859 年又发现了 17 块残片。那 17 块残片分散于各个博物馆中，需要收回。此外，祭坛的主要部分仍然深埋在宫殿下面，不仅在地下，而且在水下——1903 年又挖掘出了祭坛的 53 块残片，但也确认这个地方已被完全淹没。[13]

考古学家朱塞佩·莫雷蒂（Giuseppe Moretti）和水力工程师乔万尼·罗迪奥（Giovanni Rodio）是 1937 年和 1938 年挖掘行动的负责人。挖掘队先把液态混凝土注入祭坛上方的宫殿墙上的每一块砖，以稳住并加固宫墙。然后，他们造了一个可以放置宫墙的巨大木架，用液压千斤顶把宫墙举起放到架子上。接着，他们绕着整个地方挖了一条约 1.5 米宽的壕沟，完成后是一个周长约 70 米、直径约 23 米的巨大圆圈。他们把一条管子放进壕沟，接上 55 条直径约 7.5 厘米的管子，把它们打入地下 7 米左右的深处。通过把压缩二氧化碳注入这些埋入地下的管子，他们制造了一个巨大的地下冰箱，把每根管子外围泥土中的水分冻实，形成一面深约 7 米、周长约 70 米的冻土墙，使水无法流进来。把墙里的水抽出去后，考古人员就可以进行挖掘了。他们挖出了更多的祭坛残片，有 75 大片，还有数百块较小的残片。然后，他们在奥古斯都陵墓附近的另一个地方用找到的这些残片和从各博物馆收回的以前发现的残片重建了和平祭坛。如墨索里尼所愿，他们完成祭坛的重建工作时，正赶上对奥古斯都诞辰的纪念。[14]

自那以后，考古人员又对祭坛及其周边地区进行过重建，最新的重建成果已于 2006 年对外展示。此外，几位学者现在对墨索里尼的考古学者的重建工作提出了质疑，他们认为重建过程太过匆忙，并未完全准确地重现原物，有些残片没有还原回去，还有些拼接得不对，祭坛的外围很可能是奥古斯都的继任者提比略（Tiberius）后加的，提比略也许把原来的祭坛完全改造过了。[15]

不过，除了和平祭坛，今天来罗马的游客通常必看的著名古迹建造时间都略晚一些，大多在公元 1 世纪下半叶的弗拉维王朝和 2 世纪上半叶的五贤君时代。这些古迹包括韦斯巴芗（Vespasian）建的大角斗场和他的儿子提图斯建的凯旋门，还有图拉真建的纪念柱和在哈德良手中完成的万神庙。

奥古斯都的和平祭坛建成 80 多年后，韦斯巴芗皇帝在罗马建造了他自己的和平神庙（Templum Pacis）。和平神庙于公元 71 年破土动工，4 年后正式落成，据说规模是和平祭坛的 10 倍。这座神庙后来消失无踪了，不过考古人员在 1998 年到 2000 年的挖掘过程中在内尔瓦广场（Forum of Nerva）附近发现了它朝西的一角。[16]

和平神庙最著名的部分是神庙建成很久以后才加上去的，那是公元 203 年到 211 年之间制造的一幅巨型大理石罗马地图，悬挂在神庙东南面的墙上。这幅约 18 米高、13 米宽的地图名为“罗马城图”（Forma Urbis Romae），俗称“塞维鲁的大理石图”（Severan Marble Plan）。它以大约 1∶240 的比例描绘了公元 3 世纪早期罗马城中从台伯河一直到大角斗场以南这一大片地区内所有的主要建筑。在动乱频仍的 5 世纪，蛮族人大举入侵，地图被拆下，大理石板被用于罗马的其他建筑。自 1562 年起至今，人们一共找到了 1 000 多块原属于那幅地图的大理石板，[17] 有些是偶然发现的，有些是考古人员找到的，直到 2006 年还发现了一些石板，但所有这些仍然只占全幅地图的 20%（残片中只有 10% 能够拼回正确的位置）。

韦斯巴芗在被恰当地称为“四帝之年”的公元 69 年登基，是那年即位的第四位皇帝。当时，罗马帝国正忙于镇压在今天的以色列爆发的起义，那就是公元 66 年到 70 年的第一次犹太人起义。身为将军的韦斯巴芗正在带兵平叛时被召回罗马，立为皇帝。他的登基标志着弗拉维王朝的开始，他的王位传给了两个儿子，先是提图斯，然后是图密善（Domitian）。总算起来，他们父子三人统治的时期从公元 69 年持续到公元 96 年。

因为韦斯巴芗被召回了罗马，所以其实是他的儿子提图斯带兵于公元 70 年攻陷并摧毁了耶路撒冷。希律圣殿（Herod's Temple）被烧作白地，里面的财宝全部被抢。被抓作奴隶的人数如此之众，抢夺的战利品如此之多，以至于奴隶和黄金的价格在平叛结束后双双大幅跳水。古代历史学家约瑟夫斯（Josephus）说："在叙利亚，一磅黄金的价格只有过去的一半。"[18]

韦斯巴芗修建和平神庙主要是为了庆祝成功镇压第一次犹太人起义，建庙的资金就来自洗劫耶路撒冷得来的财宝。从希律圣殿抢来的宝物在罗马"游街示众"后摆放在和平神庙中。据约瑟夫斯说，宝物中有纯金打制的七枝烛台（menorah）、陈设饼台（Table of the Shewbread），还有一对银喇叭。这些宝物后来都失踪了，据说是在公元 5 世纪蛮族人的一次入侵后被运到了迦太基，也许与罗马城图被拆发生于同一时期。公元 6 世纪，它们又被运到君士坦丁堡，自此下落不明。然而，它们在提图斯凯旋门（Arch of Titus）的雕刻里得到了重现。提图斯凯旋门位于大角斗场附近罗马广场的一端，建于提图斯刚刚死去的公元 81 年，是为了纪念在朱迪亚（Judea）取得的胜利*而建的。[19]

这座凯旋门得以保存实属偶然，因为 12 世纪短暂统治过罗马的豪族弗兰吉帕尼（Frangipani）家族建造了一座碉堡，把提图斯凯旋门纳入了碉堡之中。1821 年，凯旋门不再属于弗兰吉帕尼家

---

* 此处指对第一次犹太人起义的镇压。——译者注

族碉堡的一部分，恢复了原貌。如今，这座宏伟的凯旋门俯视着每年前来参观罗马广场的成千上万的游客。它刚建成时一定令人叹为观止。[20]

无论是徒步还是乘车从凯旋门下经过，都会看到它内里的一面墙上雕刻的罗马士兵扛着从耶路撒冷抢来的宝物招摇过市的场景。2012 年 6 月，学者对凯旋门内侧的雕饰做了一个有趣的实验。由纽约叶史瓦大学的史蒂文·法恩（Steven Fine）、弗吉尼亚大学的伯纳德·弗里舍（Bernard Frischer）和罗马考古遗产特别监管局的钦齐亚·孔蒂（Cinzia Conti）带领的团队使用了一种最新的技术来确定雕饰原来是否涂了颜料，因为现在我们清楚地知道，雅典的帕提侬神庙和埃及的卢克索神庙等许多古建筑上的装饰以及许多古代大理石雕塑都曾是色彩缤纷、鲜艳夺目的。[21]

这项实验名为“提图斯凯旋门数字复原项目”。工作人员首先对凯旋门进行高精度三维扫描，最终做成一个显示凯旋门初始模样的三维模型。这个模型将成为由弗里舍主持的“罗马重生”项目的一部分。“罗马重生”要以三维的方式重现古罗马[22]自公元前 1000 年到公元 500 年间每一个历史阶段的全貌。

工作队还使用了一种名为 UV-VIS（紫外–可见分光光度法）的非侵入性技术，在不对浮雕造成损坏的情况下确定大理石浮雕哪个部分涂过颜料。他们在 32 个地方扫描搜寻色素的遗存，在其中 20 处得到了肯定的结果。德国资深博物馆管理员海因里希·皮宁（Heinrich Piening）博士分析了扫描结果后报告说，在浮雕中一个士

提图斯凯旋门

提图斯凯旋门局部特写

兵扛着的七枝烛台的一个分枝上和底座的正面，发现“一层直接涂于石头表面的……‘黄色赭土’的痕迹”。远远看去，浮雕上的七枝烛台会呈现出金黄色，实物也的确是黄金制的。浮雕的其他部分肯定也涂了颜色，[23]但除了这个实验性的研究，人们尚未在此方面做进一步的测试。

中世纪的弗兰吉帕尼家族还拥有并加固过附近的大角斗场。大角斗场是韦斯巴芗于公元72年开始修建的。公元80年，工程尚未竣工，他的儿子提图斯就宣布场地已经落成。它的原名是弗拉维竞技场（Flavian Amphitheater），所以当时有人简称它为“竞技场”。然而我们知道，至少在8世纪，它就已得到“大角斗场”的称号，并一直沿用至今。它得此名称可能是因为附近矗立着一座高约40米的巨型尼禄雕像，也可能仅仅是因为它实在非常巨大，不止一位学者说过，[24]它是罗马城最高的建筑。

韦斯巴芗这座竞技场选址于一个干涸的人工湖之上，此处原是尼禄的金宫（Domus Aurea）的一部分。金宫是座巨大的宫殿，得名于它金色的墙，因为宫中有些房间的墙上，甚至连宫殿的门面都贴了金箔。金宫因尼禄的朝朝饮宴、夜夜笙歌而出名，它建造于公元64年的大火之后，传说在这场大火中“尼禄在罗马陷入火海时悠然弹琴”[25]（不过另一些资料来源说，他当时是在火势不及的远方一座高塔上一边观赏着熊熊火焰，一边唱着特洛伊陷落的歌曲）。

仅仅4年后的公元68年，尼禄自杀，金宫自此荒废。后来的几任皇帝拆毁了其中一部分，在上面建起了别的建筑。文艺复兴时期的1488年，由于一个偶然的机会，金宫被发现了，据说盗宝者偷走了里面的一些雕塑，现收藏于梵蒂冈的著名拉奥孔雕像也许就是其中一座，它原来可能摆在金宫中一个房间里，墙上饰有以特洛伊战争为题材的壁画。拉斐尔、米开朗琪罗和文艺复兴时代的其他画家都曾“拽着绳子从房顶的破洞爬进去研究宫殿里面的壁画”，据说这些古老的壁画对他们的艺术影响匪浅，其中有些人甚至在房间的墙上刻下了自己的名字。现代考古学者在1907年开始挖掘这座伟大宫殿的遗址，他们的发现直到2009年才公布于世。现在金宫已对旅游者开放。[26]

最近出现了一种颇具说服力的论点，说大角斗场这座可说是当今罗马最著名的古建筑可能也和韦斯巴芗的和平神庙一样，是用公元70年罗马攻陷并洗劫耶路撒冷获得的飞来横财建造起来的。这方面的证据是1813年在大角斗场附近发现的一块本不起眼的大理石。大理石上有一段公元5世纪的铭文，但它似乎掩盖着，或者说暗含着，另一段幽灵铭文。[27]

海德堡大学的盖佐·阿尔弗尔迪教授（Géza Alföldy）在1995年做出了这个惊人的发现，[28] 在那之前的几年，其他学者也提出过类似的猜测。大理石上的铭文记录了公元443年至444年间执行的一项修复工程，工程的出资人是一位名叫鲁菲乌斯·凯基那·费利克斯·兰帕迪乌斯（Rufius Caecina Felix Lampadius）的元老院议员。根据那段铭文，这位慷慨的元老院议员“自费把竞技场的场地、主席台、看台及后门全部修复如新”。

然而，阿尔弗尔迪注意到，大理石面上有好几个钻孔，与称扬鲁菲乌斯·兰帕迪乌斯豪举的字句的字母排列不相吻合。他相信，这些钻孔是之前安装在这块大理石上的青铜字母留下的。那些青铜字母或者是事先已经拆掉，或者是后来镌刻新铭文的时候拆掉的。每一个青铜字母的背面都应该有小钩子或小突起，用以插入大理石面上的小孔，把字母固定住。阿尔弗尔迪只需根据钻孔排列的格式即可推断出安装的字母是什么。

阿尔弗尔迪是破译这种幽灵铭文的世界级专家，不久就得出了答案。他认为，原来的青铜铭文是：“恺撒·韦斯巴芗·奥古斯都皇帝敕令使用战利品（出售后的收入）修建这座新的竞技场。”韦斯巴芗应该是在公元79年制作的这段铭文。里面提到出售战利品的收入时，使用的字词专指在战争中缴获的财物。韦斯巴芗唯一参加过的产生了如此大量战利品的战争就是公元66年至70年对第一次犹太人起义的镇压。因此，阿尔弗尔迪提出，韦斯巴芗建造大角斗场用的是那次战争的收入，现在很多学者认同他这个意见。可是，阿尔弗尔迪的发现还不止于此。

他注意到，这条铭文虽然较长，但石面上仍然有几个小孔没有被包括进去。他尤其注意到那几个小孔似乎显示有一个地方原来的字母被挪到了右边，又加上了一个新字母。他测定这个新加的字母是“T”，在此类铭文中，经常用来代表“提图斯”，而且“T”是加在“恺撒”的“C”字母前面的。这样，改动后的铭文就成了：

“提图斯·恺撒·韦斯巴芗·奥古斯都皇帝敕令使用战利品（出售后的收入）修建这座新的竞技场。”加上这一个字母后，实际带兵攻陷耶路撒冷的提图斯就把修建竞技场算成了自己的功绩。这个改动应该是在韦斯巴芗死后，提图斯宣布竞技场落成的公元 80 年做出的。

提图斯在公元 80 年宣布大角斗场落成时，离维苏威火山爆发致使庞贝和赫库兰尼姆全城被埋才过了一年。自那以后，大角斗场一直是罗马人生活的重要部分，直到近 400 年后的公元 5 世纪在那里举行最后一次运动会。几个世纪间，大角斗场内举行了各种各样的表演和娱乐活动，有众所周知的角斗士格斗，[29] 也有人和猛兽的搏斗，甚至还有海战（但可能只是刚开张的那几年有过海战表演）。

正如金宫的偶然发现据说对文艺复兴时代的画家产生了影响一样，大角斗场也影响了 18 世纪和 19 世纪的浪漫主义诗人和作家，包括拜伦勋爵、纳撒尼尔·霍桑、查尔斯·狄更斯和马克·吐温。比如，拜伦勋爵 1817 年创作的诗剧《曼弗雷德》（*Manfred*）中，主角以脍炙人口的诗句描绘了月光下的大角斗场：

> 我伫立于大角斗场的残墙内
> 四周是强大罗马的遗存
> 残破的拱门边树影婆娑
> 在午夜深蓝的天幕中织出暗影

废墟的残垣透进点点星光……

……曾流淌着角斗士鲜血的竞技场傲然矗立

这座高贵而完美到极致的废墟！[30]

由于拜伦创作的这部诗剧和其他作家的描写，大角斗场成为特色旅游景点，尤其是月夜游览的胜地，至今长盛不衰（虽然现在夜间已不再开放）。然而，我想即使看过拉塞尔·克罗（Russell Crowe）演的电影《角斗士》（*Gladiator*），仍难以确切地想象当时的实际景象，因为电影无法给人全面的感官印象。

请展开想象的翅膀，设想你的鼻中嗅到竞技场中弥漫的各种味道——有汗臭味，有血腥味，还有5万个没有洗澡的身体发出的恶臭；嘴里尝到场上的格斗扬起的灰尘；耳边听到人群震耳欲聋的呐喊，吵得连邻座的人说话都无法听清；身体感到被两边的人夹在当中，胳膊和腿都和别人紧挨在一起。尽管观众席上方搭着遮阳篷，火辣辣的太阳仍会炙烤你的头和肩膀。你尽量不去在意，着迷地紧盯着场地中的角斗士、死刑犯和从非洲及别的地方运来的野兽，他们轮流拼死搏斗，日复一日，只是为了供你取乐。

不过，你很快就陷入感官麻木的状态，成了全神贯注观看场中搏斗的躁动人群中的一分子。你的视线才移开了一刹那，回过头来就看到狮子正扑向可怜的斑马。这些动物好像是凭空冒出来的，其实是被一个类似现代的电梯或运货升降机的巧妙装置从地下送到地面的一道活门[31]下，从那里放出来的。

提图斯宣布大角斗场正式启用时，连续举行了 100 天这类娱乐活动，如果你当时在场，上述就是你嗅到、看到、听到、尝到和感到的。[32] 后来的皇帝举行这类活动为时更长——图拉真举办的活动长达 123 天，有 1 万名角斗士和 1.1 万头野兽参加。不过，大部分活动是私人为了炫耀而赞助的，所以，这样的演出经常每周都有，有时甚至每天都有。

尽管尚无法确定是否真的有人曾因为信仰基督教而被扔进狮群，教皇本笃十四世（Benedict XIV）还是于 1749 年径自宣布大角斗场为基督徒烈士的圣地。在那以前的多年间，大角斗场被当成了采石场，切凿整齐的石头被偷走用到附近其他建筑物上，固定石头的铁夹扣 [33] 也被偷走，所以如今大角斗场才缺损得如此严重。

当然，罗马帝国境内并非只有罗马城有竞技场，其他地方也建有类似的场地，有罗马人建的，也有当地人建的，尤其是在公元 1 世纪到 4 世纪之间。事实上，从阿尔巴尼亚到阿尔及利亚，从突尼斯到土耳其，许多国家至今仍然遗留着 200 多座罗马式竞技场，光在法国就有近 40 座。[34] 即使今天，我们用来举办大型体育活动的体育场，比如洛杉矶纪念体育场，仍然采用和罗马竞技场类似的格局，只不过今天的角斗通常只在两个球队之间进行。

民族主义的本质是为自己的国家而骄傲，通常也是为本国的历史而自豪。1870 年到 1940 年，维托里奥・埃马努埃莱二世国王和墨索里尼统治期间之所以对罗马的考古高度重视，其深层原因就是民族主义。这一点特别值得注意，因为这段时期罗马的考古活动与民族主义的联系可能比任何其他时期，也比世界上任何其他城市或地区都表现得更为紧密。雅典、耶路撒冷、墨西哥城和所有其他地方都无法与之相比。如考古学家詹姆斯·帕克（James Packer）所说："对法西斯分子来说，最重要的古迹……是（被用于）……宣传的工具，它们既代表往昔的帝国，也为建立新帝国提供了理由。"[35]

不幸的是，维托里奥·埃马努埃莱二世国王和墨索里尼一手促成的考古挖掘热造成了一个巨大的讽刺，那就是罗马城中被挖掘的大片地区遭到严重破坏和大规模拆除。大量人口被迁离，商铺关门，就连教堂都难逃拆迁的厄运。[36]

此外，考古挖掘行动过于匆忙，而且只注意从尤利乌斯·恺撒到公元 2 世纪罗马帝国巅峰时代这段时期，这意味着考古人员在挖掘过程中挖穿并损坏了覆盖在这段时期的古迹上面的古典时代晚期和中世纪等后来时期的地层。挖掘时发现的属于后来时期的文物大多被随意扔掉，考古人员在工作期间顺手记下的许多珍贵笔记和现场图也在第二次世界大战期间湮灭遗失了。那时的人从未思考过今天考古研究的一些基本问题，也不想更多地了解建造那些古建筑、在大角斗场里观看竞技表演、在神庙中敬神的古人。[37]

考古和民族主义的联系并非意大利独有。最近编成的一本关于欧洲民族主义与考古的书如是说："可以说这是一个普遍现象，[38]过去 200 年间各国无一幸免。"事实上，如该书的编者指出的，正是因为民族主义在德国、意大利、丹麦和其他国家的兴起，考古才得以被确立为一门科学，人们才建立了博物馆来存放挖掘出来的文物，成立了专业学会，创办了发表考古发掘结果的学术期刊，还设立了大学教授的职位来向学生讲授通过考古发现的历史。由于这一切，“过去……对现在极为重要”[39]的信念深入人心，至今依然。这个信念是考古学兴旺的关键条件。

今天，过去的重要性的一个有力证明是每年都有成千上万的游客来到罗马参观各种古迹，而其中一部分古迹就是现在所谓法西斯考古学[40]的发掘结果。本章开头引用了蒙蒂·派森提出的问题：“罗马人到底为我们做了什么？”答案中现在应该加上“旅游”一项。

民族主义和考古的联系也有黑暗的一面。第二次世界大战[41]结束之前，德国和意大利不仅借助历史来激起民族自豪感，而且让历史为民族优越论提供依据。历史还可能以其他方式被人利用，或者说滥用。现代的族群有时会根据考古遗存而提出领土声索，比如以色列人和巴勒斯坦人都以古代历史或传说为理由，声称对同一块土地拥有主权。[42]在后面的一章中，讨论到伊加尔·亚丁（Yigael Yadin）对马萨达遗址的挖掘和解释的时候，我们还会讨论这个问题。今天，所有考古学者都努力避免过分受民族主义或其他类似情绪的影响，不过有时也许做不到，因为我们考古学者也是人，即使我们经常在远离祖国之地考古。

更深一层 2

如何确定挖掘法？

挖掘工具

这是第二节，让我们花点时间深挖一下考古这个话题。这次我们要实实在在地“深挖”，谈一谈“如何挖掘遗址”这个问题。

首先需要知道，只用大约 15 分钟就能学会如何挖掘。在技能上，考古挖掘其实与在后院挖土种花种菜没有多大分别。具体的技巧也许根据世界不同地区的情况略有不同，但大部分地方使用的工具是一样的。挖掘大片地区时，考古人员使用镐头、铁锹和独轮车这样的大型工具；细挖时使用小手镐和小泥铲。若是干特别精细的活，[1] 比如发掘骨架以及种子、坚果和动物骨头等其他有机物，就要用牙医器具和牙刷。真正费神的是确定自己挖掘的到底是什么，包括弄清楚挖掘区是在一座古建筑之内还是之外，挖掘区内是否有坑或别的遗迹，有时还要处理关于地层的各种问题。

至少在我亲身参与过的地中海地区的考古挖掘工作中，最常用的工具是丁字镐，这也许会使有些人感到惊讶。我在美吉多的朋友和同事伊斯雷尔·芬克尔斯坦（Israel Finkelstein）曾多次说过："如果使用得当，镐头可以成为挖掘这个山丘时最称手的工具。"他说得不错，但用镐头有一个窍门：哪怕要挖穿的砾石或泥土厚达 10 厘米，举起镐头时最高也不能超过胯部，要让镐头凭自身的重量落到土上，而不是挥舞着镐头猛刨。如果在挖掘时大力刨土，可能会伤到自己或别人。我参加的一次挖掘工作中，一个志愿者乱挥镐头，打到了自己的膝盖，导致膝盖骨错位，向上移到了差不多大腿中部。结果，她整条腿都打上了石膏，休养了至少 6 个星期。所以要特别小心。

考古挖掘的工具箱中有各种各样的工具，其中小泥铲必不可少。然而，考古人员用的小泥铲不是五金店卖的那种，他们喜欢用马歇尔顿（Marshalltown）铲或 WHS（William Hunt and Sons，威廉·亨特父子公司）铲。美国考古人员通常用马歇尔顿铲，欧洲考古人员则主要使用尺寸较小、灵活度较低的 WHS 铲。这样的小铲并不贵，哪怕配上漂亮的皮套，一把也不到 20 美元。

使我感慨的是，我自己的小泥铲比我现在带的多数学生的年龄还大。那是一柄马歇尔顿铲，是我21岁时母亲送给我的。虽然我不情愿承认，但是如果今天我不小心把它掉进某个考古遗址，被别人挖到了，或许它也会被当成历史文物。

有些人自带手镐，那是一种小号的丁字镐。美国有两家制造这种手镐的公司，大约60美元一把。然而，挖掘现场通常会提供手镐，我就从来不觉得有必要自备手镐。不过，在我参加过的一些挖掘工作中，有的同事永远会在腰带上挂着一两把手镐。

挖掘现场还提供簸箕、毛刷和量尺。它们和小泥铲及手镐一样，是考古挖掘的日常用具。

我每年夏天去参加挖掘工作时，还自带牙医工具。我的牙医把他用坏的工具给我留着，等我每年一次去他那里检查牙齿并洗牙的时候交给我。通常只有在挖掘骨架这类需要特别精心处理的东西时才用得着牙医工具。我一般把牙医工具盒留在挖掘现场宿营地的用具间里，因为不常用到。

地中海地区的许多挖掘现场用不同颜色的桶装不同的东西。比如，在美吉多和泰勒卡布里，我们把挖出来的泥土放入黑色的桶，把陶器放入橙色的桶，把动物骨头放入绿色或蓝色的桶。我们经常叫山丘下的人把吊索传上来，把装满泥土的桶系在吊索上送到山丘下的废土场，有时干脆把桶里的泥土装在独轮车里推到废土场倒掉。不过，有些时候，特别是在对遗址的地面进行细致挖掘的时候，我们在把挖出来的泥土倒掉之前，先要用筛子仔细筛一下，看土里是否有细小的物体。到挖掘季结束时，考古队员们因为经常搬运装满泥土的桶，一个个都长了肌肉、减了体重。我们常说，我们对挖掘现场的宣传也许不得法，应该说这里是强身健体的会所，来这里既能减轻体重、健美塑身，同时还能发掘古代遗存。

不过，不能指望每天都挖得到骨架或金子、珠宝、宝库、陵墓之类的东西。在地中海地区挖掘时，几乎每天、每小时都能发现陶器、石器和其他小件物品。然而，在美国、中美洲、南美洲、英伦三岛或欧洲大陆，考古挖掘的发现也许就不一样。虽然发现的大多是陶器和墙体这种普通的东西，但是想到自己是几百年，甚至几千年后第一个触摸这些东西的人，满足感还是会油然而生。

无论在世界的哪个地方挖掘，都有一条放之四海而皆准的规矩：看到土中有东西露出来时，千万不要把它拽出来。一定要搞清楚这个物体的底部在哪里，而不是只注意它露出的顶部，因为，打个比方来说，它也许是放在地板上的，而这将为我们所谓的“背景”提供重要信息。所以，先要报告挖掘区的负责人，得到准许后再继续挖，直到那个物品以及与之有关的所有其他物品完全暴露出来，如同摆在桌面上一样。只有当它们能够像饭后的碗筷那样被拿走时，方能考虑移动它们。但是，如果有关物品意义重大，负责人可能会在它仍在原处时先请摄影师来拍照，也许还会请画家来现场绘图。

这是因为考古现场的每一个物品都有其背景。其实，世界上任何地方的任何物品，无论是否为考古人员挖掘的对象，都是有背景的。背景包括与所发现物品相关的其他物品，比如图坦卡蒙陵墓中的其他墓葬品，也包括所发现物品周围的环境，比如它被发现时处于沙里、泥里、水里、冰里，还是普通的土里。了解一件出土文物的背景常常可以帮助我们推测出它是怎么到这个地方的，也经常能够帮挖掘者确定其确切年代。

古物的背景是决定其重要性的主要因素，也是考古人员与寻宝者及盗宝者之间的关键分别。我每当看到一个古代的金手镯或其他人工制品，或读到关于这类发现的文章，首先会想："哇，这是从哪里来的？它的背景是什么？"如果某个物品背景不详，[2]该物品在考古学者眼中就失色不少，因为那意味着该物品的出土位置、出土时间、同批文物和所属遗址的情况全部是未知的。正因为如此，考古学者看到一件盗墓得来的古物在艺术品市场上出售总是非常痛心，那件古物本来可以使我们对古时的情况获得很多了解，现在被出售却仅仅是因为某个收藏家觉得它好看，或者只是因为他想收藏来自古代埃及或伊拉克的文物。

使事情更加复杂的是，考古人员即使发现了一件物品，其背景也有初级、二级、三级之分。[3]如果说某件物品是在**初级背景**中发现的，意思是它被发现时的位置就是它原来摆放的位置，从未被挪动过。

如果说某件物品是在**二级背景**中发现的，意思是我们认为它在初次埋入土中后曾经被移动过或摆弄过。二级背景的一个例子发生在凯瑟琳·凯尼恩在耶利哥的挖掘期间。前面说过，凯瑟琳·凯尼恩发现，在近 1 万年以前的公元前 7500 年左右的新石器时代，耶利哥人会把死者埋起来，甚至就留在野外，等尸体腐烂后把头砍下来，给头骨糊上泥巴，可能是为了模仿原来长在头骨上的皮肉，然后在眼眶里安上贝壳，更准确地说，是安上宝螺壳。完成后，他们把糊了泥的头骨摆在起居室角落的架子上，也许那是一种祖先崇拜的形式。因此，凯尼恩发现这些头骨的时候，它们是处于二级背景中。

背景真的重要吗？绝对重要。考古人员在二级背景中发现了耶利哥的头骨，因此得知那时的耶利哥人把已故家人的头颅砍下，糊上泥巴，摆在起居室里。这意味着我们现在可以对他们当时的想法和理由有一定的了解。也许这使我们得以稍窥他们的思想过程、他们对死亡的恐惧或对来生的信仰，甚至是今人所谓宗教这种意识的起源。

总的来说，对考古背景这个概念及其重要性的了解至关重要，它在某种程度上解释了我们挖掘时为何如此小心，为何需要一边挖掘，一边仔细记录，因为我们在挖掘某个物体的同时也在毁掉它的背景。背景就是一切，保持记录则是重中之重。事实上，考古学者估计，一件文物若是被盗墓者偷走卖到艺术品市场上，因而脱离了考古背景，它就丧失了 90% 的价值，因为它已经无法提供多少关于它所属时代的信息了。同样，假货和赝品也会对我们认知古代世界造成无法弥补的影响。

怎样才能正确地挖掘考古现场呢？

一种办法叫水平挖掘，[4]即把现场全部挖开一层，然后记录、描绘现场情形，并拍摄照片。美国殖民时代的威廉斯堡（Colonial Williamsburg）这类现场通常采用水平挖掘的方法。芝加哥大学考古队于20世纪二三十年代在美吉多进行挖掘时，对一部分现场也做了水平挖掘。

水平挖掘可以使人了解整个考古现场的布局，看清楚各种活动场所的位置以及当时的人居住、劳动、敬神、埋葬的地方。对于只有一层的遗址，显然应采用这种方法。至于多层的遗址，采用水平挖掘法有得也有失，有了广度，却牺牲了深度，也就是说，知道了遗址中一层的情况，但无法了解遗址各个部分的历史演变。比如，在美吉多，芝加哥大学的大型考古队挖掘了将近10年，才仅仅清除了遗址最上面的3层，露出第4层，下面还有16层没有挖掘，至此他们才改变了挖掘计划。

另一个主要办法是垂直挖掘，[5]即选几个点往下深挖，以对遗址不同地层的时间次序或遗址的范围略有了解。这样，如果以后决定扩大挖掘范围的话，事先就知道可能会遇到哪些地层。进行垂直挖掘时，只选择几个面积有限的地点，尽量深挖。芝加哥大学的考古人员最后在美吉多的一处就是这样做的。他们挖了一条窄而深的壕沟，一直挖到了文化层*下面的基岩，所以我们才知道美吉多有

---

* 文化层是人类活动后遗留的地层。与之相对的是自然层，即没有人类活动遗迹、由各种自然物堆积而成的地层。——编者注

20 个主要地层，最早的那层至少可追溯到公元前 3000 年。

最重要的早期考古学家之一威廉・马修・弗林德斯・皮特里最先展示了挖掘多层遗址时采用垂直挖掘法的重要性。皮特里并未正式上过学，但他 26 岁去埃及测量金字塔之前很久就已经在英国，包括在巨石阵，做过考古勘察。他边干边学，最终于 1892 年成为伦敦大学的第一位埃及学教授，[6] 时年 40 岁左右。他在这个位子上坐了 40 年。

皮特里的考古挖掘生涯始于埃及，他训练出了今天的卢克索附近库夫特村（Quft，又拼为 Guft）的一大群挖掘工人。这些工人的后代被称为库夫特人（gufti），至今仍是埃及考古挖掘工作中熟练工人的主力。每个库夫特人做的事都是他的父亲、祖父或曾祖父在皮特里手下做过的事，有的用镐头，有的用小铲，还有的是监工。库夫特人是一群能工巧匠。20 世纪 80 年代中期，我在埃及尼罗河三角洲地区的一个考古挖掘现场有幸和库夫特人一起工作过。

皮特里也在今天的以色列和加沙地带挖掘过。他在那里提出并推广了今天考古业内普遍接受的一些概念，包括地层学和叠加的概念。这两个概念的中心思想都是：较早的古迹通常处于较近的古迹下面。[7] 这特别适用于中东各地的山丘，因为这些山丘是在几世纪或几千年的时间内由一座古城建在另一座古城顶上而形成的，最古老的城总是在最底下。

比如，前面说过，芝加哥大学考古队发现美吉多这座约 20 米高的山丘里埋了不下 20 个古城。底层最早的城至少可追溯至公元前3000年，位于顶部、年代最晚的城在公元前300年左右。看一看这种山丘的侧切面，各个不同的层次历历可见，因为各层填满了泥土、石头和其他材料，颜色、质地和疏密各不相同。这种侧切面用考古术语来讲是地层剖面，考古人员通常会将它仔细地画下来，拍摄照片并公布发表，以使其他学者得以判断挖掘工作是否合乎要求，对挖掘发现的解释是否正确。

几乎每一桶挖出的泥土中都有陶器残片，可以利用这些残片来确定山丘中各层的年代——皮特里又是首先认识到这一点的人。研究表明，陶器类型如同今天的男女时装和鞋子，某个样式只流行于某个历史时代，之后便不再时兴。陶器的时尚与具体的年代和时期密切相关，有时可以把年代精确到10年之内。考古学者称这种方法为陶器顺序定年法。

考古时代经常因这些陶器残片而得名，比如在希腊，我们把属于古希腊迈锡尼时期的公元前14世纪上半叶的陶器称为希腊铜器时代晚期IIIA1陶器。皮特里也认识到，如果在两个不同的遗址找到了同类型的陶器，那么这两个遗址中含有这种陶器的地层就可能同属一个历史时期。[8] 事实证明，这一点极为重要而有用。

不过，关于皮特里的最奇怪的一件事，是他1942年去世时留下遗嘱，要求把他的头颅和大脑献给科学。他死在耶路撒冷，头颅以下的部分就葬在那里，头颅则运回伦敦。装头颅的罐子在一个地下室存放了相当长的时间，其间罐子上的标签掉落了，结果一度无人知道罐子里的头到底是谁的，不过最后人们还是确认了头颅主人的身份。据说现在皮特里的头颅保存在伦敦皇家外科医学院的一个储藏室里，[9] 但我没有亲自去看过。

另外两位对今天考古挖掘的方法做出重要贡献的考古学家是莫蒂默·惠勒和他最著名的学生凯瑟琳·凯尼恩（后来凯尼恩被封爵）。惠勒在许多地方有过挖掘经历，包括在 20 世纪三四十年代挖掘英国的梅登堡（Maiden Castle）和印度的哈拉帕（Harappa）。他发明了一种新的挖掘方法，[10] 在这两个国家都派上了用场。

惠勒发现，有的遗址地层极为复杂。于是，他决定把挖掘现场分为一个个 5 米见方的挖掘小区，小区之间留下称为“堤埂”的 1 米宽的间隔。这听起来复杂，其实不然，只要想一想许多人家冰箱冷冻格里的长方形制冰盒即可明了（如果冰箱没有自动制冰装置的话）。制冰盒里注水做冰块的方格就是挖掘小区，方格之间的塑料隔断就是堤埂。惠勒的工人可以在堤埂上走动、推独轮车，更重要的是，挖掘小区之间的堤埂使惠勒得以掌握地层的情况，因为每一个挖掘小区现在都有 4 个内向面，它们是小区四周堤埂的切面。

读者不妨想象自己的身体缩小到能够跳进制冰盒的方格里，进去后就会看到方格的四壁。同样，惠勒可以跳进工人正在挖掘的方格，观察四周堤埂的切面，这样就可以知道工人挖到了哪个地层，对该区域反映的历史情况产生直观的了解。如果遗址中有一片残缺不全、所余无几的灰泥地板，挖掘时稍不留神就可能直接挖了下去，但事后在堤埂的切面上可以清楚地看到一条白线。

他们每天都要把堤埂的切面凿齐，以便仔细观察挖掘的情况，包括是否无意间挖穿了灰泥地板。然而，若想从堤埂的切面上清楚地看到挖过的地层，就必须把切面削得直上直下，这就用到了丁字镐，它可以很快并且不费劲地把堤埂壁削平。

每个挖掘季结束时，大多数考古队会把挖掘的每个部分画下来并拍摄照片，以便发表挖掘记录，供别人了解与讨论。毕竟，考古是破坏，我们在挖掘的过程中毁掉了我们所研究的对象，因此，需要把挖掘的一点一滴都记录下来。挖掘现场的详细图画和照片发表后，其他考古学者也可以了解现场情况，可以对挖掘者得出的结论表示同意或提出异议。现在，这已成为地中海地区和许多其他地区考古挖掘时常用的一种科学方法。

举例来说，20 世纪 80 年代中期我曾在埃及的泰勒马斯库塔的挖掘工作中担任区域负责人，那次我们在一个挖掘小区向下挖了大约 6 米，四周堤埂的切面令人惊叹。切面清楚地显示了不同地层之间颜色上的巨大差别：有的是灰黑色，还夹杂着余烬，说明那一层着过火；有的全是沙子，说明那一层曾荒弃过一段时间；有的地层中可以清楚地看到当时的建筑物使用泥砖的轮廓。那年挖掘季结束时，我们为了对每条堤埂的切面进行仔细地测量、绘图和拍照，足足花了好几天的时间，但我们留下了准确的记录，可以发表，也可供其他学者参考，或留待未来的考古学者研究。

另一次，在泰勒卡布里，我们发现了一叠漂亮的灰泥地板，地板之间夹着深棕色的泥土。这些地板是在不同历史时期修缮王宫时

泰勒卡布里的地层

铺设的。堤埂切面看起来好似冰激凌夹心千层蛋糕，易于测量、绘图和拍照。

在旅游胜地雅典，为迎接 2004 年奥运会而修建新的地铁线时，考古人员和城市规划者想出了一个独特的办法来展示建造地铁的过程中挖穿的地层。一些地铁站的墙上安装了玻璃板，乘客可以看到玻璃后的泥土和地层，就像考古现场的堤埂切面一样。透过玻璃，一层层的泥土，还有建筑物的部分墙体、下水道，甚至有一部分道路，都能清楚地看到。这一切都任人观赏，但触摸不到。

现在，许多考古人员和挖掘队都用哈里斯矩阵（Harris matrix）来记录堤埂切面的情形，这是一种用图解来展现地层的方法。在哈里斯矩阵图中，一个方块代表一层，位置与实际位置相符，代表较低地层的方块在图的下方，代表较高地层的方块在图的上方。方块之间用线标出彼此的纵横关系，从而显示出挖掘小区的全部地层历史。[11] 考古人员经常在挖掘现场大略画出哈里斯矩阵，以帮助壕沟或挖掘区的负责人弄清楚各个地层以及它们彼此的关系。

因耶利哥和耶路撒冷的挖掘工作而闻名的凯尼恩，20 世纪 30 年代开始在当时巴勒斯坦境内的撒马利亚挖掘时，带去了惠勒的方法。因此，这种方法现在被称为惠勒–凯尼恩法，或凯尼恩–惠勒法。[12]

不过，凯尼恩和其他人在后来的年月中对惠勒的方法做了调整。现在，一看到土壤的颜色或质地有了变化，工人或考古队员就会另换新桶来装盛陶器和发现的其他东西，也会更换桶上的标签，因为土壤颜色的改变可能意味着到了另一个地层，而新地层比较明显的迹象还要挖一阵才会出现。这样，我们可以及时察觉并记录遗址不同阶段之间的微妙变化。如果挖掘方法得当，包括每次注意到土壤的颜色和质地发生变化时都更换置物桶、标签、置物袋、说明卡等全套物品，那么这些变化应该会分毫不差地在堤埂切面上反映出来。

有鉴于此，一旦挖掘工作正式开始，最好遵循我大学二年级第一次参加考古时得到的忠告：如果挖掘过程中发现土壤的颜色或质地有变化，就要立即停手，向上级报告，以免挖穿地板或别的重要遗迹。负责人会带来新的置物桶、标签、说明卡等全套物品，以备不时之需，因为土壤颜色或质地不同可能意味着古代的某个时候发生了变化，在山丘中增添了全新的一层。如果确实如此，这样的变化最终会显示在堤埂的切面上。

需要再次强调，这是我工作过的地中海地区的挖掘方法。在英国或北美挖掘的考古人员有自己的一套方法，比如在必要时按照不同的挖掘单位和挖掘层面分别放置人工制品。

此外，无论在世界上哪个地方挖掘，都必须记录每天的发现和其他活动。这样的记载不仅有助于考古人员在挖掘季结束后发表挖掘结果，而且也能使以后的研究者有案可查——后来的研究者也许由于别的地方有了新发现，或因为别的学者提出了新理论而需要回过头来重新审视挖掘数据。挖掘记录包括每天挖掘活动的田野笔记，现场出土的建筑、遗迹和人工制品的照片以及一些人工制品在实验室经过清洗保养后的照片，挖掘过程中不断更新的陶瓷和其他小件古物的清单，还有其他相关数据。在庞贝和美吉多等许多地方，现在的做法是在挖掘现场直接把记录输入手提电脑、苹果平板电脑或其他装置，然后每天把输入的信息上传到位于美国、英国和其他地方的服务器，因此丢失数据的风险很低。

读者也许想知道考古挖掘工作中典型的一天都包括什么活动，我在这里只能谈一谈我在地中海地区的亲身经历。在泰勒卡布里和美吉多，挖掘队通常每天早上5点到达现场开始挖掘，3个多小时后，也就是8点半左右，暂停半个小时吃早饭。早饭后接着干到上午11点，然后休息15分钟，这时大家通常会喝些咖啡，吃点水果和饼干。休息后继续挖掘，12点半或下午1点收工，大家一起乘车回到住处。在地中海沿岸的大部分地区，一天中最热的就是这个时候，不适宜在沟里挖土。

饱餐一顿后，队员们大多利用下午4点上班之前几个小时的休息时间去泡游泳池或回房睡个长长的午觉。下午4点上班后，有些人清洗当天找到的所有陶器碎片，在太阳下晒干，供挖掘工作的负责人在第二天检视这些碎片并推测它们的年代；另外一些人清洗找到的动物骨头碎片；还有的人负责把数据输入电脑，或做分配给他们的其他事情；挖掘小区和整个现场的管理人要记下当天的工作笔记，并制订第二天的工作计划。这些事情做完就到了傍晚6点，或者更晚一点。7点吃晚饭，8点举行讲座，因为很多人参加挖掘工作是要挣学分的。讲座结束后大家随便闲聊，直到晚上10点左右熄灯。

第二天早上4点半，全队起床，5点钟到达挖掘现场，重复前一天的活动。通常每周挖掘5天，每个挖掘季持续4到7周。我们的挖掘行动都是在6、7两月，因为队里的志愿者大多只有那个时候能来。大部分志愿者是大学生，但也有很多来自各行各业、参加挖掘工作是为了一了夙愿的人，所以，我们的挖掘队里有退休的医生、律师、护士、教师等各色人等。他们都一直希望有机会参加一次考古挖掘行动，尽管有些人对现场的条件完全没有思想准备。在中东的任何地方挖掘，都要做好受热的准备：气候不仅炎热，可能还非常干燥，尘土飞扬，除非是在沿海地区——沿海地区也很热，而且异常潮湿。

当然，如果挖掘现场是在世界的其他地方，如英国或北美，情况会大不相同，有时可能要冒雨在泥里挖掘。每日工作时间的长短也相差很大，特别是如果队里都是专业人员，不是志愿者的话。考古人员参与所谓的“文化资源管理”时尤其如此。比如，一个重大建筑项目破土动工前，会请考古人员来确定地下不会有考古遗址被破坏。在这样的情况下，考古人员的工作时间会很长，可能会连续忙碌几天甚至几周，每天都从黎明一直干到傍晚，只在吃饭和喝咖啡的时候休息片刻。

考古挖掘工作中典型的一天都会有哪些发现呢？在包括意大利和以色列在内的地中海地区的许多遗址，除非你挖掘的是新石器时代前陶时期的遗址，否则几乎每一铲下去，都能挖到陶器碎片。它们是几千年前打碎了的盘子留下的碎片。古时候，陶器在很多地方是常用的家居用品和生产用具，以当地的黏土制成，成批烧制，掉到地上很容易摔碎。修理破碎的陶器费钱费力，还不如把碎片扫起来扔掉，再做一个或买一个新的。史前遗址中的用黑硅石、燧石、黑曜石或石英制作的石器也是一样——易制、易碎，买新的比修旧的更划算。

前面说过，值得写信告诉家人的考古发现大多是我们称之为人工制品的东西，也就是由人制造或改造的物品。有时难以分清某个石块到底是经过打磨的石器，还是掉进小溪、在溪底滚动了两三千米的石头，但大多数情况下，挖掘人员看得出一个物体是不是人工制品。不过，挖掘工作的第一天是例外。挖掘工作开始的第一个早上，每一个以前没有挖掘经验的人都动不动就挥舞着手中的物件跑来问挖掘小区的负责人："这是陶片吗？这是陶器吗？"回答是："不是，这是石头——不过是块好石头。"如此反复不下50次。过了一段时间后，人人都练得一眼就看得出某个物体到底是陶器残片还是一块好看的卵石或石块。

陶器和石器不会腐烂，所以能够发现很多它们的碎片。要记住，在勘察时也会发现陶器和石器，它们标志着古遗址的存在和位置；挖掘时发现的陶器和石器仍在遗址内，并未脱离它们的背景。

我们还会挖出动物骨头、很多泥土和多得数不清的石块。石块有大有小，有些只是石块，有些则是墙体和建筑的一部分。难就难在准确地判断哪些是前一类，哪些是后一类，然后把前一类石块捡起来扔掉——没有什么能比意识到自己刚刚扔掉半截古墙更让人难受的了；这是新手才会犯的错误。

这就用到了本书开头时引用的考古学原理："一石为石，二石为迹，三石为墙。"挖掘过程中若是发现很久以前的古人显然有意垒下的一排石头，那种感觉好极了。

总而言之，需要记住：真正的考古并不总像好莱坞电影描绘的那样浪漫。每一个重要发现都是经过许多天或好几周土里来、泥里去的挖掘才做出的。挖掘者有时会流血（和起水疱），总是要流汗，偶尔还会流泪。然而，所得的回报也令人难忘：或是生来第一次参加考古挖掘的独特经历，或是重返挖掘现场的兴奋，或是发表挖掘结果带来的满足感。一个考古项目事先需要仔细规划，挖掘季期间和之后需要做大量的工作，这一切赋予了考古项目一种宏大的庄严感。从某种意义上说，它有点像一个管弦乐团演奏交响曲，除非每人都尽忠职守，否则就不会成功。

第五部

圣地及以外地区的发现

第 13 章

挖掘大决战的战场

美吉多的象牙棺

前面的章节几次提及以色列的美吉多遗址，如果说它是《圣经》所说的大决战的战场，也许知道的人就更多些。大决战（Armageddon）一词就是来自美吉多（Megiddo）这个词，因为希伯来语“Har Megiddo”是“美吉多山”的意思。[1] 最初这个词的希腊文拼法是“Harmageddon”，后来才变成“Armageddon”。

走过有 3 000 年人类居住史的美吉多山丘的山顶，猜想着脚下会有哪些古迹等待着被挖掘，那种感觉难以形容。山丘里可能埋着任何东西，也可能什么都没有。我有幸在美吉多挖掘了 10 个挖掘季，从 1994 年到 2014 年，每隔一年去一次。挖掘期间，我每天早晨到达现场时，心中都油然升起上述难以形容的感觉。我的脚下有什么？如果我停下脚步，当场向下挖，会发现什么？

前面数次提到，美吉多的人造山丘高约 20 米，俯瞰耶斯列谷，山丘里一层层叠着至少 20 座城池。最早的城建造于 5 000 多年前，最近的是公元前 4 世纪亚历山大大帝时期的。

耶斯列谷位于以色列北部，形状有点像三角形：角尖在地中海岸边的海法，底部是约旦河。东西长三四十千米，南北却只有约 5 到 11 千米。它是理想的战场，也许这就是过去 4 000 年间人们在这里打了至少 34 场战役的原因。很多战役是为了争夺对美吉多或附近地区的控制权，因为美吉多可俯瞰整个山谷，沿海大道（Via Maris）从山谷中穿过，把埃及和美索不达米亚连接在一起。埃及的图特摩斯三世法老曾说，拿下美吉多等于占领一千座城池。

许多著名人物都在美吉多或耶斯列谷里打过仗。图特摩斯三世在公元前 1479 年曾征战于此；《圣经》记载了底波拉、巴拉、基甸、扫罗、约拿单和约西亚在这里作战的故事；罗马人也在这里打过仗；另外还有十字军、埃及的马穆鲁克奴隶军（Mamluks）、从中亚来的蒙古人、拿破仑，甚至第一次世界大战中英国将军艾伦比（Allenby）也在此地作战过。在所有入侵者中，只有亚历山大大帝兵不血刃就拿下了美吉多，这个地区似乎对他是不战而降。但是，在发生在美吉多的历次战役中，最出名的当属《圣经·启示录》描述的大决战。[2]那是善与恶之间的倒数第二次大战，善将最终战胜恶。大战爆发前异象频现，征兆众多，包括地震、瘟疫、冰雹和一条约 290 千米长的鲜血流成的河。

美吉多遗址上有两个遗迹可能最广为人知。一个是水道，它先是垂直向下约 30 米，然后平着向前约 90 米，在山丘边缘附近露出头来，这样，居民既可汲取城外的泉水，又不必担心遭受敌人的攻击。另一个是所谓的“所罗门马厩”（Solomon’s Stables），那是几排长长的石头走廊，走廊中每隔一段有石柱支撑；但它们也许不是马厩，而且几乎可以肯定不是所罗门建造的。

戈特利布·舒马赫（Gottlieb Schumacher）于 1903 年至 1905 年最先在美吉多展开挖掘工作，与弗林德斯·皮特里和霍华德·卡特在埃及的挖掘行动基本同时。在挖掘时，他采用了当时流行的方法。那时，考古学刚刚起步，舒马赫像海因里希·谢里曼 30 年前在特洛伊做的那样，雇用几百名工人挖了一条大沟，把山丘从中劈开。他在山丘顶部各处也挖了几条小沟，但是最有意思的发现是在大沟里找到的，包括青铜时代中期的一座坟墓，里面有几具男女骨架，还有黄金制品和别的装饰品。

舒马赫认为，坟墓里的骨架是公元前第二个千年中期美吉多王族成员的尸身——他的猜想很可能是对的。可惜坟墓中的大部分东西现在不知去向。

他还发现了美吉多最出名的文物之一：一枚约 4 厘米宽的椭圆

形碧玉印章，上面镌刻着一头狮子和“耶罗波安的仆人示玛”的字样。《圣经》里提到过两个叫耶罗波安的国王，不清楚印章指的是哪一个，但肯定是其中之一。不幸的是，舒马赫把印章作为礼物送到伊斯坦布尔，献给了当时统治美吉多地区的奥斯曼土耳其苏丹王，如今这枚印章下落不明。

舒马赫的工人在挖掘过程中遗漏了不少东西，这些被疏忽的古物有的被扔进了废土堆，有的干脆就堆在壕沟边上，尤其是从古代墙体上挖下来的石块。石块中有一块刻着代表公元前10世纪埃及的舍顺克（Sheshonq）法老[3]的椭圆图案，但工人们没有注意到。

再次发掘美吉多时，人们才注意到了这块石头——它是一座可能高约3米的纪念碑上铭文的一部分。这座纪念碑应该是舍顺克攻占了美吉多后立的庆功碑。过了几年或几十年，纪念碑被拆掉，石头用来给一座新房子砌墙。舒马赫的工人应该就是在挖掘那座房子的时候发现了这块石头，但是因为他们未予注意，只是把它堆在了壕沟边上，所以我们无从得知它来自美吉多的第几层或哪个城。如果能知道就太好了，那样就可以把该城和一个已知的人联系到一起，因为舍顺克不仅是埃及的法老，而且《圣经》也对他有所记载，称他为示撒。

找到这块石头的是芝加哥大学的一支考古队，他们当时正在搜集建材，准备在挖掘现场建造活动中心。他们从1925年到1939年在美吉多挖掘了将近15年的时间，第二次世界大战爆发后才中止挖掘。

他们一年中大部分时间就住在挖掘现场。那时耶斯列谷还是个大泥潭，很多队员患了疟疾；后来泥沼里的水抽干净了。挖掘项目的总负责人是芝加哥大学著名的东方研究所的创办人詹姆斯·亨利·布雷斯特德（James Henry Breasted），他下面有好几个现场指导，包括克莱伦斯·费希尔（Clarence Fisher）、戈登·劳德（Gordon Loud）和 P.L.O. 盖伊（P.L.O. Guy，他名字的字母缩写那时没问题，现在就完全不同了）*。

芝加哥大学考古队代表着新型考古学的先锋，他们的方法比 20 年前舒马赫的方法更仔细、更科学。由于“更深一层 2”中介绍的皮特里的创新，他们现在知道了地层学，也学会了根据陶器的形状推断其历史时期的陶器顺序定年法。所以，他们可以在不同的城之间做出区分，并能相对准确地断定其存在的时代。

在小约翰·D. 洛克菲勒（John D. Rockefeller Jr.）的资助下，芝加哥大学考古队先进行了水平挖掘。他们把遗址的一层完全挖开，为其记录、绘图、拍照，然后把这一层铲掉，接着挖下面的一层。他们从最顶层，也就是所谓的地层 I 入手，那一层的时间是公元前 4 世纪中期；接下来挖掘公元前 5 世纪和公元前 6 世纪的地层 II；再下面的地层 III 是新亚述时期，即公元前 7 世纪和公元前 8 世纪。至此，他们的资金开始吃紧。

---

* 1964 年成立的巴勒斯坦解放组织的英文缩写也是“PLO”，而“Guy”也可以是“男人”或“家伙”的意思，这样一来此人的名字就成了“巴勒斯坦解放组织成员”的意思。——译者注

很快，他们改用了垂直挖掘法，这样一直挖到挖掘项目结束。现在我们知道，山丘内一层层至少叠了 20 个城邑，因为他们一直挖到了最底的基岩。他们挖的深沟如今被称为芝加哥壕。

芝加哥考古队仍惯于使用《圣经》的记述作为考古发现的依据。比如，他们发现了好几排平行的长房间，足以装下一群马，于是他们就到《列王纪上》里去找答案，在里面发现了两段他们认为是相关的段落，一段在第九章，一段在第十章。

第一段说：

> 所罗门王挑取服苦的人，是为建造耶和华的殿、自己的宫、米罗、耶路撒冷的城墙、夏琐、米吉多*，并基色。（《列王纪上》9:15）

第二段说：

> 所罗门聚集战车马兵，有战车一千四百辆，马兵一万二千名，安置在屯车的城邑和耶路撒冷，就是王那里。（《列王纪上》10:26）

他们把这两段放在一起，认为美吉多一定是所罗门屯车的一个

* 夏琐现译为哈措尔，米吉多即美吉多。——译者注

城邑，那些长长的房间就是公元前 10 世纪所罗门时代的马厩。今天，导游仍称那些房间为“所罗门马厩”。

人们在其他遗址也发现过类似的长房间。美吉多的那些房间也许真的是马厩，但有学者提出，[4] 它们也可能是库房或兵营，甚至是剧场或市场。

另外，后来对在美吉多的长房间中发现的陶器残片进行的放射性碳测年分析表明，它们建造的时间不太可能是所罗门的时代，而是在至少一个世纪后，也许在北以色列王国的亚哈（Ahab）和暗利（Omri）两位国王的时代，甚至可能是他们之后的耶罗波安二世的时代。所以，美吉多的“所罗门马厩”也许不是马厩，而且几乎可以肯定不是所罗门的。

下一位在美吉多领导挖掘工作的是著名以色列考古学家伊加尔·亚丁。[5] 他在 20 世纪六七十年代来过美吉多几次，每次挖掘时间都不长。亚丁的挖掘工作仅限于为几个研究课题做调查，另外就是利用美吉多现场让他的研究生练习挖掘技巧，那些研究生中许多人后来都成了考古界的佼佼者。

亚丁及其团队发现过一处地基，原来上面似乎矗立着一座大型宫殿式建筑，亚丁把它叫作“宫殿 6000”。整个建筑只剩地基犹存，因为它直接位于芝加哥考古队发现的“马厩”靠北几排的下面。原属于“宫殿 6000”的大石块被用来修造了后来“马厩”中的石槽，芝加哥考古队说那些石槽是喂马或饮马用的。亚丁认为，所罗门建造的是那座大型宫殿，而不是后来在它顶上建起的“马厩”。不过，

美吉多的“所罗门马厩”

此论并无证据，除了上面引用的《圣经》段落，再就是他认为宫殿是与一座大型城门[6]同期建造的。

这座大型城门内有6个房间，外形与亚丁过去在哈措尔（Hazor）发现的一座城门非常相似。他还猜出基色（Gezer）遗址也有一座类似的城门，那座城门过去已经出土了一部分，但被误以为是别的东西。亚丁根据《圣经》里提到所罗门建造美吉多、哈措尔和基色的城墙的那一段，把这些城门都定为所罗门统治时期的公元前10世纪的遗迹。

然而，考古不能这样搞，至少在地中海地区不行。测定城门及相关建筑的年代应当根据在它们内部找到的陶器碎片，不能靠《圣经》中与它们也许有关、也许无关的段落。伊斯雷尔·芬克尔斯坦重新检查过芝加哥考古队和亚丁找到的陶器碎片后，认为那些陶片表明城门和宫殿的建筑时间是公元前 9 世纪，不是公元前 10 世纪的所罗门时代。如果他说得不错，那么过去的挖掘者认为属于所罗门时代的那两层就都不是那个年代的。自芬克尔斯坦提出重定古迹年代的惊人之论以来，至今已经过去了 20 年，但关于细节的辩论仍未了结，所以就此尚无定论。

芬克尔斯坦自 1992 年开始领导美吉多的又一轮挖掘工作，挖掘工作还有几个联合主任，[7] 我也忝列其中。我 1994 年开始和他一起在美吉多挖掘。尽管我当时已经有了 15 个挖掘季的经验，但我是从志愿队员干起的，因为我想参加以色列著名遗址的大型挖掘活动。后来，我几经提拔，2006 年被任命为副主任，2012 年又成为联合主任，在这个职位上干了好几年，直到我离开这个项目。

我带的团队很幸运，得以重新挖掘亚丁的“宫殿 6000”和芝加哥考古队所谓的北部马厩的所在区域，所以我对重定它们的年代所涉的问题有第一手的了解。[8] 我也在不同的时期挖掘过遗址的大部分其他区域，那些区域各有亮点。

比如，在我们所谓的 H 区，现在露出地表的是公元前 8 世纪新亚述时代的两座宫殿。芝加哥大学考古队挖出了它们，却没有再往下挖。我们在山丘侧面的这个地方挖了一条探沟，以求一窥新亚述时代那一层下面的历史，和芝加哥大学考古队在遗址另一边挖的那条沟有同样的目的。我们从 1994 年动手挖掘，到 2014 年的挖掘季结束时，已经向下挖了 6 米多，到达了公元前第二个千年中期的青铜时代中期的地层（可能与舒马赫 100 年前发现的坟墓同期）。其间我们看到有几层满是灰烬，有遭到火烧或受到其他破坏的痕迹，标志着遗址中有些城邑的惨烈结局。

在属于公元前第三个千年的青铜时代早期的另一个挖掘区，我们也许发现了迄今为止所发现的古代中东最大的神庙。它位于山丘的东面，占满了整个 J 区，芝加哥大学考古队的著名发现——“圆形祭坛”——也在那里。考古队在这个区内发现了大量骨头，于是有些导游说迦南人在这个祭坛上用儿童献祭。我们在这里挖到了数千块骨头，大多是绵羊和山羊的骨头，也有牛骨，甚至有狮子的骨头，却没有一块是小孩的骨头。

也是在美吉多东面，但沿山丘的边缘更向南一些，是 K 区，我们在这里从新亚述时代那层开始挖，挖到了青铜时代中期的几层。如果我们的测年没错的话，其中一个最有意思的城邑可能毁于公元前 10 世纪晚期。那是在 1998 年，我们清楚地看到正在挖掘的是一所被毁房屋的遗存时，就使用了一种叫细格网的方法。就我所知，那是这种方法首次在考古现场得到使用，发明这种方法的是阿萨夫 · 亚苏尔-兰多，他后来和我一起在泰勒卡布里担任联合主任，我们在那里经常使用细格网法。

细格网法很简单，就是把每个通常 5 米见方的小区细分为 1 米见方的方格。通过记录每个小方格中发现的物品，包括陶器碎片，我们可以在事后更加精确地重现在什么地方发现了什么东西。需要说明，北美的考古挖掘行动经常使用这种方法，考古人员甚至懒得为它单独起名，他们常常把 1 米见方的小方格再分成 4 块，以便更细致地确定所发现物品的位置。

在美吉多采用了细格网法后，我们比较准确地确定了那座房屋中每个房间的功能，弄清楚了哪个是厨房，哪个是起居室，哪个是卧室。我们还在房子里发现了几具骨架，是一位女性和几个孩子的骨架；多数骨架是在被我们确认为厨房的地方发现的。[9]

重要的问题是：是什么毁掉了这座迦南人的城和这所房子？有人猜想是入侵者干的，可能是大卫王或别的以色列人；也有人提出这可能就是埃及的舍顺克法老在纪念碑铭文中提到的被他摧毁或攻陷[10]的城邑。

根据考古发现，我认为造成破坏的是地震。作为考古学者，我当然知道，通常情况下很难确定破坏是由于地震这样的自然原因造成的还是由入侵者造成的，但这所房子有两个突出的特点。第一，墙是歪的，有些部分错了位，这说明墙受到过强大的外力作用。第二，房子里的骨架旁边没有任何使用暴力的证据，没有箭镞，没有刀剑，没有矛尖，骨架上也没有被砍的痕迹。简而言之，我认为造成破坏的是大自然，[11]虽然我没有确凿的证据。

在美吉多山丘南部边缘的另一个区，我们找到了发生过战斗的证据，但时间与我们原来的预期不同。这又是一个例子，说明考古挖掘的发现经常完全出人意料。[12]我们从 2008 年开始清除芝加哥大学考古队在1925年和1926年挖掘过的一处地方的杂草和灌木。据我们所知，自从芝加哥大学考古队挖掘后，没有人来过这里。我们手中有芝加哥大学考古人员拍摄的照片和画的图画，因此知道他们在这里找到了公元前8世纪新亚述时代的长方形建筑，里面还有小房间。

我们把这个区重新命名为Q区。清除工作开始后，我们发现有些房间是圆的，不是长方形的。在那些房间内部和周边的地方，还发现了一些子弹壳。开始时，我们以为那是有人周末来打猎或练习打靶时留下的。可是，随着找到的子弹壳越来越多，我们开始意识到，也许这里发生过别的事情。于是，我们开始像收集考古文物一样收集那些子弹壳，后来证明它们的确是文物。

我的一个学生安东尼·萨特（Anthony Sutter）把一些子弹壳带回美国去研究。他把弹壳清洗干净后，看清了刻在弹壳尾部、标志着生产厂家和制造时间的字母和序列号。我把剩下的子弹壳也带回美国清洗干净。萨特和我手中的弹壳都是1948年或在那之前生产的。当时我们检查了几百枚子弹壳，我在2010年和2012年的挖掘季结束后又检查了更多的子弹壳，没有一个是1948年后生产的。因此，我们很快达成结论，这些弹壳是1948年第一次中东战争中美吉多战役的遗留物。

我们也意识到自己在进行所谓的战场考古，又称为冲突现场考察。第一次和第二次世界大战期间的欧洲战场有过这样的考察。美国也有，比如考察卡斯特 * 在小巨角河（Little Bighorn）最后一战的战场，那里如今是蒙大拿州的一个国家公园。在小巨角河，考古人员动用了一大批热心的志愿者，让他们用金属探测器探知弹壳的位置，以了解当时的战况。[13] 我常想，在美吉多也可以采用同样的方法来测出以色列部队在占领美吉多之前的进攻线路。

现在我们知道了为什么芝加哥大学考古队原来发掘的长方形房间有的变成了圆形。1948 年，这些新亚述时代房屋的一些石块被挪去修建散兵坑和掩体，供士兵蹲在里面用机枪向 1 千米以外的英国警察局开火。现在那个警察局改造成了监狱。

我们不知道的是：是谁修建了散兵坑和掩体？是谁在战役中发射了那些子弹？是防守的阿拉伯部队？还是进攻的以色列部队？在这里，事态令人意外地峰回路转，证明考古学者有时会在最想象不到的地方找到答案。虽然我们从未确定是谁挖的散兵坑，但是我们可以相当有把握地推断出是谁发射的子弹。

我们知道，发现的弹壳中许多是 8 毫米（精确地说是 7.93 毫米）子弹的弹壳，是一架或多架机枪发射出来的，而机枪很可能是架在掩体里的。我们甚至找出了 1948 年能发射这种子弹的机枪型号，把范围缩小到了 3 种，两种是德国造的，一种是捷克造的。可是调查到了这里就卡住了。我们需要比较弹道，但不知道谁有这些型号的机枪，不要说 3 种都有，就连有其中一种的人也无处

---

* 卡斯特（Custer），美国军官，1876 年带领骑兵在小巨角河与印第安人作战，全军覆没。——译者注

可寻。

在乔治·华盛顿大学的一次行政会上，我在和法医系的系主任交谈时偶然提到了这个有趣的发现和我们的困境，事情才有了突破。他觉得我说的这件事很有意思，让我去找他系里的一位兼职讲师，她的正职是美国酒精、烟草和武器管理局的雇员。那位兼职讲师又为我介绍了她在局里的一位同事，那个人工作的地方很少有人知道，是一个储存了 6 000 多种枪支的库房，世界各地、各时期的枪械都有。我告诉他那 3 种机枪的型号后，他说："有啊，我们都有。"正巧他大学本科的主修专业是考古学，所以他对我提出的"如何确定 60 多年前哪种机枪发射了我们发现的那些子弹"这个问题深感兴趣。

最后，我眼看着他试射了所有 3 种机枪。然后，我们拿着刚发射的弹壳回去找那位兼职讲师。她把新弹壳和在美吉多找到的弹壳并排放在一种特殊的显微镜下比对，先看一种德制机枪的弹壳，然后看另一种德制机枪的弹壳，最后看捷克制机枪的弹壳。结果发现捷克制机枪所射子弹的弹壳和美吉多的弹壳完全吻合，弹壳上撞针打击的痕迹分毫不差。机枪的身份终于确定了。我们解决了这个 1948 年的旧案，完成了《犯罪现场调查：美吉多》这一集。那一刻的感觉棒极了。后来，安东尼·萨特和我就这个课题合写了一篇论文，载于《军事史学报》(*Journal of Military History*)。[14]

美吉多的挖掘工作最近由于另一个原因再次被推到科学考古

学的前沿。挖掘项目的联合主任伊斯雷尔·芬克尔斯坦在 2009 年得到了欧盟研究理事会的一大笔拨款，得以用新式科学方法来对《圣经》进行考古研究，美吉多就是他研究的地区之一。他带来了微观考古学专家，研究房舍被弃后地板上的泥土和其他东西，借以了解该地区植物的种类、房屋被弃用多久以后重新得到使用等等。

此外，2012 年，新闻媒体开始报道美吉多发现的一批金质首饰，包括 8 个小金耳环和一个花纹繁复的大金戒指，外加许多小珠子，可能曾是一串项链或手链的一部分。这些首饰的样式都属于公元前 11 世纪左右或更早一些的时期，无疑是一位相当富有的迦南妇女的财产。她把这些首饰藏在一个罐子里，或仅仅是放在那里，不知为何再也没有拿出来。[15]

这些首饰被发现时仍然装在那个小陶罐里，但考古人员过了相当长的时间，确切地说是将近两年，才发现罐中的首饰。陶罐是在 2010 年的挖掘季发现的，发现时罐体完好无损，但里面全是泥土，于是它被送到保护室去仔细清理。然而，文物保护人员一时忙不过来，所以这个罐子在架子上放了很长一段时间。最后，一位保护员终于开始认真检查这个陶罐。当她小心地把泥土从罐里清除出来时，这批首饰掉了出来，这使她和美吉多挖掘队的所有队员都惊喜交加，谁都没有想到会有如此发现。

目前，美吉多的挖掘工作仍在继续。前面有一章曾说过，马特·亚当斯和尤塔姆·泰珀最近在山丘附近挖掘时确认了这个古老的山丘旁边有一个公元2世纪的罗马军营遗址。[16]

我在清冷的晨光中走在遗址上，猜想脚下埋藏着什么宝藏的那些日子依然萦绕在我的记忆里。虽然我已不再是美吉多挖掘项目的联合主任，但是我会和所有其他人一样关注那里的挖掘工作，期待将来在大决战的战场能有新的发现。

第 14 章

发掘《圣经》

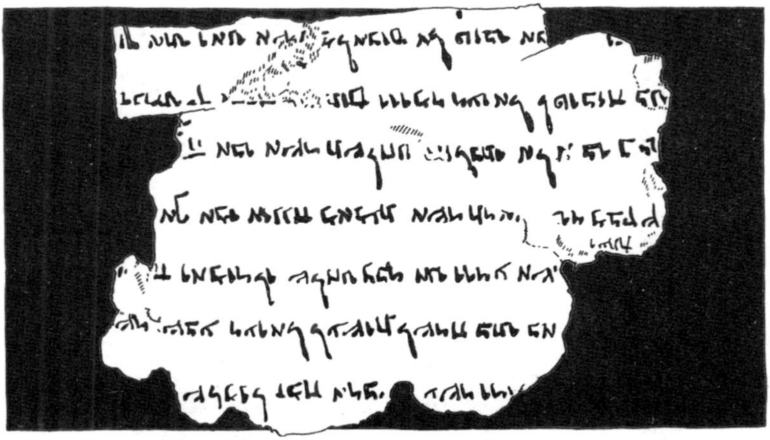

死海古卷残片

死海古卷中有迄今为止所发现的《希伯来圣经》最古老的版本。发现死海古卷之前，我们知道的最古老的《圣经》比死海古卷晚 1 000 年，藏在埃及开罗一个犹太会堂的密室中。死海古卷还包含一个信奉世界末日启示的犹太教派的基本教义文件和其他宗教资料，也许就是这个教派的人写出了《圣经》，但也可能不是。

最早的古卷可追溯到公元前 3 世纪，最晚的写于公元 1 世纪。它们藏在死海西边悬崖上的洞穴里，[1] 现在那里是以色列领土；藏匿的时间很可能在公元66年到70年犹太人第一次反罗马起义期间。

关于这些古卷虽然众说纷纭，但大多数学者支持两点意见：第一，这些古卷是附近一个叫库姆兰（Qumran）的居民点的藏书；第二，库姆兰的居民把古卷藏在洞穴里，打算等起义结束，罗马人离开后再取出来。然而，起义被镇压了下去，居民点被弃，他们再也没有回来取走这些古卷。

我们无法确知库姆兰的居民是什么人。多数学者认为，他们是当时 3 个主要犹太群体之一的艾赛尼人（Essenes）[另外两个

库姆兰洞穴

群体是撒都该人（Sadducees）和法利赛人（Pharisees）]。斐洛（Philo）、老普林尼和约瑟夫斯等古代作家都写到过艾赛尼人，说他们独身禁欲，没有私人财产，换言之，几乎和修道院里的修士一样。因为老普林尼说他们住在艾因盖迪（Ein Gedi）附近，而艾因盖迪就在这个地区，所以有人提出，库姆兰也许是个修道院式的居住点，死海古卷就是艾赛尼人写的。然而，关于这两点都有异议，比如，有人提出库姆兰其实可能是罗马人的别墅或碉堡，不是什么修道院。[2]

不管到底是谁住在库姆兰，都可以毫不夸张地说，他们选择的这个住处是可以想象的最炎热、最干燥的地方，年降水量还不到50毫米。死海在海平面约400米以下，是陆地上最低的地方。约旦河流入死海，但没有出水口。唯一的出路是蒸发，水分蒸发后留下了盐分和矿物质，死海的水因此成为地球上最咸的水，比美国犹他州大盐湖的水还要咸。整个死海地区也是我到过的最热的地方之一。

迄今发现的死海古卷有900多卷，它们是1947年被3个贝都因*男孩发现的，有关的报告都说他们是表兄弟。这3个孩子在附近的拉斯费什卡（Ras Feshka）放羊喝水的时候，一个孩子走开了，可能是去找一只走失的羊。

这个百无聊赖的孩子捡起一块石头，瞄准崖壁高处的一个山洞

* 贝都因人是游牧的阿拉伯人。——译者注

想投进去。试了几次后，终于投了一块石头进去，随即听到一声大响和陶器破碎的声音。

当时天色已晚，他回到临时营地，把刚才的事告诉了另外两个孩子。第二天，这3个孩子爬进山洞去一探究竟，却失望地发现洞里没有黄金宝藏。他们后来说，里面只有10个罐子，其中一个头一天被打破了。罐子里大多填满了泥土，但一个罐子里有几个卷起来的皮制卷轴。他们拿走了卷轴，但把罐子留在了洞里。

几周后，这几个孩子所属的贝都因部落来到了伯利恒（Bethlehem）的郊外，他们把卷轴拿到了一个名叫坎多（Kando）的人开的售卖皮制品的鞋店里。坎多也做古董生意，他买下了这些卷轴，心想如果当作古董卖不出去，起码能用它们来制作皮凉鞋。[3] 这个故事的另一个版本是坎多买了4个卷轴，另一个名叫萨拉希（Salahi）的伯利恒古董商人买了其余的3个卷轴。[4] 无论如何，发现古卷的消息传到了耶路撒冷的犹太学者埃利泽·苏肯尼克（Eliezer Sukenik）的耳朵里。他乘巴士去了伯利恒，从坎多或萨拉希那里买了3卷古卷，在1948年战争爆发前几小时返回了耶路撒冷。

苏肯尼克翻译了那3卷上面的文字后大吃一惊，因为他发现其中一卷是《希伯来圣经》中的《以赛亚书》。他是两千年来第一个读到这卷文字的人。更使他惊讶的是，古卷上的《以赛亚书》和收藏于开罗一个犹太会堂的10世纪的《以赛亚书》几乎完全一样，而后者比古卷晚将近1 000年。古卷的版本与今天的版本只有13处小小的不同，可能全是由于多少世纪以来抄写的笔误造成的。

另外两个古卷，一卷叫《感恩卷》(*Thanksgiving Scroll*)，载有过去不为人知的几首赞美诗和一个群体的谢恩祈祷词。另一卷的内容过去也没人知道，名为《战争卷》(*War Scroll*)，作者——无论是库姆兰的居民还是其他什么人——写到他们正等待着善与恶之间的大决战。他们认为自己是一支战斗力量，自称光明之子，要和黑暗之子战斗。卷中概述了他们如何行事，如何生活，如何积极备战。当然，可以说大决战并未发生，但我认为，至少对撰写古卷的人来说，大决战的确发生了，如果把罗马人视为黑暗之子的话。

不久后，古董市场上又出现了 4 卷古卷。卖方是耶路撒冷的叙利亚东正教圣马可修道院的塞缪尔大牧首。据说他花了 250 美元从伯利恒的古董商坎多那里买下了这 4 卷古卷，然后想转卖给苏肯尼克，但价钱没有谈拢。

那么该怎么办呢？1949 年 1 月，大牧首把这 4 卷古卷偷偷地带到了美国，在新泽西州的一个叙利亚东正教教堂里秘密保存了几年。然后，1954 年 6 月 1 日，他在《华尔街日报》[5] 上登了这样一则广告："求售'四卷死海古卷'——至少是公元前 200 年的《圣经》手稿。个人或团体赠予教育机构或宗教机构的绝佳礼物。有意者请致信《华尔街日报》F206 信箱。"

当时，杰出的以色列考古学家伊加尔·亚丁恰好在美国的约翰·霍普金斯大学授课。有人给他看了这则广告，于是他通过纽约的一个中间人以 25 万美元的价格为以色列国买下了那 4 卷古卷。

这样就凑齐了原来找到的 7 卷古卷。现在，它们保存在耶路撒冷的以色列博物馆中，放在名为“圣书之祠”的单独展厅内。有意思的还在后面：伊加尔·亚丁是后来改的名字，他出生时的名字是伊加尔·苏肯尼克——他是埃利泽·苏肯尼克的儿子！父亲没能买到的古卷儿子买到了，多么凑巧！

亚丁从塞缪尔大牧首那里买到的4卷古卷中，有一卷也是《以赛亚书》，比他父亲买的那一卷状况还好。另一卷现在被称为《纪律手册》（*Manual of Discipline*），载有它所属的社区应当遵守的规则和条例，大多数人认为那个社区就是库姆兰居民点。

第三卷是对《希伯来圣经》中《哈巴谷书》的评论。哈巴谷（Habakkuk）是一位小先知，记载他的《哈巴谷书》不太长，但这篇评论非常重要。里面有3个人物，一个叫“正直之师”（Teacher of Righteousness），另外两个是他的对手，一个叫“邪恶祭司”（Wicked Priest），另一个叫“谎言之人”（Man of the Lie）。尽管学者们多年来就这一卷进行了反复辩论，却仍未能确认这3个人物的身份。

亚丁买到的第四卷被称为《创世记藏经》（*Genesis Apocryphon*）。它不是用希伯来文，而是用那时犹太人的通俗语言阿拉姆文写成的。它是《创世记》的另一个版本，与今天《圣经》的版本不同。卷中记载了应该是诺亚和他的父亲拉麦（Lamech）之间的一段对话，这是今天的《圣经》里所没有的。

这些惊人的文件被发现的消息震动了整个圣经研究界，也引得考古学者和住在死海附近的贝都因牧民在20世纪五六十年代争相去寻找更多的山洞。他们真的找到了，一个接一个，共找到至少 11 个山洞。他们在那些山洞里发现了《希伯来圣经》几乎所有章节的多部抄本，只缺《以斯帖记》。还发现了许多非关宗教的其他古卷。

7 号洞里古卷上的文字全部是希腊文，而不是希伯来文或阿拉姆文；希腊文是那时的商用语言，罗马占领军也用希腊文（还有拉丁文）。但是，引起人们最大兴趣的是 3 号洞和 4 号洞。3 号洞里有一个卷轴的材料既不是皮革，也不是任何类型的莎草纸，而是铜箔。考古人员在 1952 年发现它的时候，它已断裂为两部分。学术著作和通俗著作都称它为“铜卷”（Copper Scroll）。[6]

关于铜卷著述甚多，包括许多无稽之谈，因为它是一幅藏宝图，是确确实实、如假包换的藏宝图，和海盗留下的那种“打叉处即藏宝地”的藏宝图一样，只不过它上面没有打叉，而是写着找到 64 处宝藏的详细指示。

铜卷如今收藏在约旦安曼的一家博物馆内。考古人员找到它时怎么也无法将它打开。他们用尽办法仍徒劳无功，于是决定干脆把它割开。他们把铜卷带到英国的曼彻斯特，用高速电锯切成了 23 小块。锯子把一些字母切成了两半，但总的来说这个办法是管用的，现在卷轴可以铺平了，割开的铜卷看似拼图游戏中的一块块拼板，只不过大小和形状都差不多。

铜卷上的文字大多是希伯来文，但也有一些希腊字母和数字。可是，最怪异的是上面的寻宝指示，至少我认为，这是卷上列举的

64 处宝藏至今无一被找到的原因。

比如，第一组指示是这样说的：“在山谷里的废墟中，从向东的阶梯下方穿过，走 40 腕尺*(……)：(有)一个钱箱，重 17 塔兰特。第三行墓碑处有 100 个金锭。在有列柱廊的庭院里，蓄水池那淤泥覆盖的池底，上出水口前面有一个秘洞，内有 900 塔兰特。”[7] 可是这里面说的是哪个废墟？哪个山谷？哪个水池？哪个列柱廊？人们完全不清楚到底是哪个山谷、墓碑和水池。

铜卷上一行接一行全是这种含义不明的文字。难怪它所说的宝藏从未被找到。我们也不知道宝藏从何而来，或是否真有其事。如果真有宝藏，那么它们很可能是每年送往耶路撒冷神庙的什一税，由于爆发了第一次犹太人起义，运送财宝不安全，所以当时的人们就把它们藏了起来。不过，若果真如此，宝藏早就应该找到了。一些学者因此提出，宝物的确早就找到了，但那是在古代，在宝物藏起来后不久。至今仍不时有业余考古爱好者试图找到宝藏，却无一成功。[8]

贝都因人把在 11 号山洞里发现的又一个卷轴和最初发现的卷轴一样，也卖给了坎多。起初，这个卷轴被标价出售，中间人是美国弗吉尼亚州的一位教士，但 1967 年的第三次中东战争之后，它落到了伊加尔・亚丁手中。卷轴的主要部分装在一个鞋盒里，其余的碎片装在一个小雪茄烟盒里。亚丁小心翼翼地将它打开，并把

---

* 腕尺，古代长度单位，1 腕尺约为 45 厘米，大致相当于肘部至指尖的距离。——编者注

所有的碎片都拼好之后，发现它是现在所称的《神庙卷》(*Temple Scroll*)。这一卷清楚详尽地讲解了如何建造犹太神庙，描述了神庙建成后的模样，连祭献和神庙中举行各种仪式的规矩都写得清清楚楚。然而，这座神庙其实从未建立起来。亚丁最终公布了他获得这卷古卷的全过程，古卷的内容[9]今天仍然是学者们认真研究的对象。

4号山洞给考古研究带来了无穷的麻烦，因为原来放在洞内架子上的卷轴全部掉到地上摔碎了。原来的卷轴现在成了成千上万的碎片，有的碎片比指甲盖还小。为了把碎片拼好后公布，人们专门成立了一个学者委员会。这个委员会工作了40多年，其间别的学者均无缘得见那些碎片。这引起了别人的不满和抱怨，关于委员会成员正费尽力气拼接的古卷内容，各种阴谋论也传得纷纷扬扬。

最后，20世纪80年代末至90年代初几乎同时发生的几件事帮助突破了瓶颈：一件是有人把古卷碎片的照片放在了一位学者的家门口，至今不知此人姓甚名谁；另一件是一位教授和他的研究生拿到了一套卡片，每张卡片上有某个卷轴上的一个字，还有同一卷上那个字之前和之后的字，他们靠着这些卡片复原了碎片上的字句。这套卡片被称为索引，是委员会分发给他们信得过的学者的。这位教授和他的研究生编制了一套电脑程序，把所有卡片对拼在一起，还原了碎片的内容，[10]准确度达到90%左右。

最重要的是，所有的古卷碎片都另有照片，保存在洛杉矶亨廷顿图书馆的地下室里，大多数人对此并不知晓。此事公开后，亨廷顿图书馆于1991年宣布，任何具有相应学术资格的人都可以借阅那些照片的微缩胶卷，此举就像打开了泄洪的闸门。[11]学者们为研究古卷碎片，成立了一个新的学术班子，一篇又一篇的研究成果很快接踵而来。一些最有意思的成果之所以能够做出，是因为新的研究班子有女性和犹太人参加，而原来的委员会成员是清一色的男性和基督徒。新的学者带来了新背景和新的研究角度。人们还对古卷碎片使用了新技术，比如拍摄红外照片，这样的照片能够更加清楚地显示古卷上的文字。

如今，研究死海古卷，无论是完整的古卷还是古卷的碎片，已经成为学术界人人参与的事业。这方面的出版物浩如烟海，从最纯粹的学术著作到最通俗的科普作品无所不有。如此密集的研究产生了一些惊人的发现，比如，最早的残片可追溯到公元前3世纪晚期，内容为《撒母耳记》。

《撒母耳记》[12]的残片中有一段今天的《圣经》所没有的内容。残片上的《撒母耳记上》的第十章和第十一章开头提到了同一个人的名字——亚扪人（Ammonites）的王拿辖（Nahash）。事情很可能是这样的：一个抄写员在抄写《撒母耳记》的这一部分，抄完一章后抬了一下头，目光再转向手稿时看到下一章开头还是同一个名字，他以为这一章已经抄完了，就跳过去抄下一章。其实，他仅仅抄写了前面的一章，后面的一章没有抄。结果，传至现代的《圣经》就缺了一章。今天的许多《圣经》版本根据死海古卷中的这个发现又补回了这一章。[13]

考古人员在死海地区还发现了别的洞穴，里面除了其他物品外也有卷轴和古代文献的残余，但是它们可能与那一大批死海古卷没有关系，因为它们属于别的历史时期。

最出名的洞穴之一是在一条名叫纳哈尔米什玛尔（Nahal Mishmar）的山谷中发现的。现在它被称为“宝藏洞”（Cave of the Treasure），考古人员在里面发现了一大批铜制品，共400来件，是大约公元前3500年红铜时代的制品。有些是狼牙棒头，很可能是仪式用品，不是实用性的；有些看似王冠和权杖，[14]但无法确知它们是否有此用途。

另外两个洞穴更加出名。它们位于库姆兰以南约40千米处一条名叫纳哈尔赫维尔（Nahal Hever）的山谷中，一个叫“恐怖洞”（Cave of Horrors），[15]另一个叫“信件洞”（Cave of Letters）。一个在山谷北面的崖壁上，另一个在山谷南面的崖壁上。两边山崖顶上都建有罗马军队的营地，崖壁十分陡峭，进入这两个洞穴的最好办法是沿着摇摇晃晃的绳梯爬下去。

这两个洞穴1953年被发现，但直到1960年和1961年，才由包括亚丁在内的4位著名以色列考古学家带领的考古队真正进行了调查和发掘。

第一个洞穴之所以得名“恐怖洞”，是因为考古人员在里面发现了可怖的景象。洞穴里有40具骨架，都属于被称为“巴尔·科赫巴起义”（Bar Kokhba Revolt）的第二次犹太人起义那个时期。起义于公元132年爆发，135年被镇压下去。洞穴中发现的尸体可能是难民或参加起义的人，他们无法爬出洞穴逃走，因为头顶上就是无疑故意在此安营扎寨的罗马军队。这些人很可能是活活饿死的，因为骨头上没有受伤的痕迹，但是我们可能永远也不会知道“恐怖洞”里到底发生了什么。

相比之下，我们对“信件洞”了解得很多。亚丁在 1960 年和 1961 年负责这个洞穴的发掘工作，虽然考古人员在 1953 年已经对它做了相当彻底的检查。洞穴里发现的物品极为丰富，分为 3 个时期。第一个时期是与纳哈尔米什玛尔的“宝藏洞”同期的公元前 3500 年左右的红铜时代；第二个时期是公元 1 世纪，可能是所有卷轴都藏到库姆兰附近山洞里的第一次犹太人起义期间；第三个时期是公元 2 世纪的第二次犹太人起义时期。

这个洞穴有两个狭窄的入口，都通往所谓的 A 厅。考古人员在这个厅里发现了一块卷轴残片，上有《圣经 · 诗篇》的一部分：“耶和华啊，谁能寄居你的帐幕？”（《诗篇》15:1）他们使用金属探测器还发现了一些别的物品，包括金属容器和钱币。从 A 厅沿一条狭小的隧道可以到达 B 厅和 C 厅。C 厅发现的物品最重要，也最可怕，包括放在一条岩缝里的一篮子骷髅，还有一具包在毯子里的骨架和一个葬在内衬皮革的盒子里的小孩。在 C 厅的尽头，人们发现了巴尔 · 科赫巴写的信件［信中他使用了自己的真名：巴尔 · 科西巴（Bar Kosiba）］。另外找到了几把金属钥匙和一个棕榈叶编的筐子，里面装满了各种物品，包括一面镜子、几把钥匙、皮凉鞋、木碗、青铜水壶，还有——也许是最重要的——卷在布包里的一个装满信件的卷宗。那些信属于一位名叫芭芭沙（Babatha）的女子，[16]也是巴尔·科赫巴和第二次犹太人起义时期的。

最后确定，洞穴的C厅里有至少3个男人、8个女人和6个儿童的骨架。巴尔·科赫巴的信写在木板上，全部包在莎草纸里，其中一封写着“西缅·巴尔·科西巴，以色列总统（或君主）”[17]。根据一个未经证实的传说，亚丁亲自去向以色列总统报告这个发现的时候，他向总统敬了个礼后说：“先生，您前任的信。”

芭芭沙的卷宗里有35个莎草纸卷，大多是关于她从父亲那里继承财产和她对儿子行使监护权的法律文件。发现这些材料的那一天，摄影师戴维·哈里斯（David Harris）恰好在场。他后来写道：“亚丁在检查确认没有任何遗漏的时候，手碰到了一个布包。他把布包拿出来后，看到里面包了一捆莎草纸卷，那就是描述巴尔·科西巴那个时代日常生活的所谓芭芭沙卷宗。35年过去了，[18]我仍然记得那种兴奋不已的奇妙感觉，那是我摄影生涯中最美好的经历。”[19]

“宝藏洞”“恐怖洞”“信件洞”中的发现为《圣经》考古学增添了惊人的新材料。然而，死海古卷的发现才是《圣经》研究领域革命的真正原因，因为这些2 000多年前的古卷所载的文字增加了我们对《希伯来圣经》的了解。从意外发现这些古卷，到古董市场上关于古卷买卖的种种趣事，再到学术界因它们引发的激烈争论，这一切都使得死海古卷成了20世纪最迷人的考古发现[20]之一。

第 15 章

马萨达之谜

马萨达陶片

公元 73 年或 74 年，960 名奋锐党人 *——有男有女，还有小孩——在以色列死海边的马萨达山顶宁死不当罗马人的俘虏，选择了集体自杀。罗马历史学家约瑟夫斯讲述的这个故事是古代最有名的传说之一。但是它真的发生过吗？对此，伊加尔·亚丁的回答是肯定的。亚丁是耶路撒冷希伯来大学的以色列考古学家，20 世

* 奋锐党人（Zealots），公元 69—81 年反抗罗马帝国统治的犹太教激进成员。——译者注

纪 60 年代中期挖掘过马萨达遗址。他说挖掘工作中的发现证实了他的观点。他后来出版的《马萨达：希律王的碉堡和奋锐党人的背水一战》（*Masada: Herod's Fortress and the Zealots' Last Stand*）成了畅销书。[1]

众所周知，亚丁在以色列各地的挖掘工作，如 20 世纪 50 年代在哈措尔的挖掘行动和 60 年代在马萨达的挖掘行动，部分目的是把领土声索与《圣经》故事以及其他著名事件，包括约瑟夫斯叙述的这个事件联系起来，以此来加强犹太人对有关地区的声索权。一直有人觉得，亚丁的这个愿望可能影响了他对考古发现的解释。同在耶路撒冷希伯来大学任职的社会学家纳赫曼·本-耶胡达（Nachman Ben-Yehuda）在 1995 年和 2002 年分别出版了《马萨达的神话》（*The Masada Myth*）和《牺牲真相》（*Sacrificing Truth*）两本书，[2] 对马萨达的考古发现提出了自己的解释。他认为，亚丁的许多解释是错误的，也许亚丁是有意为之，企图用在马萨达发现的遗存来构建民族主义的历史叙事，以考古发现为基础来帮助年轻的以色列国为它自己及其公民确立身份。

后来，和亚丁一起在马萨达参加过挖掘工作、现任耶路撒冷希伯来大学伊加尔·亚丁考古学讲座教授的阿姆农·本-托尔（Amnon Ben-Tor）在 2009 年出版了一本题为《回到马萨达》（*Back to Masada*）的书，坚定地支持亚丁及其考古发现。[3] 本-托尔在书中叙述了挖掘的过程，把本-耶胡达的观点全部推翻，基本上确认了亚丁的解释和结论。

这场辩论涉及约瑟夫斯的叙述的真实性、亚丁这位也许是最著名的以色列考古学家的可信性，以及民族主义对考古发现的解释所产生的影响。我们该相信谁呢？

马萨达是矗立在干燥贫瘠的沙漠中的一座高山，山体的长度大于宽度，山顶是平的。自从 20 世纪 60 年代亚丁在此地挖掘后，它就成为一处旅游景点。[4] 现在每天都有数百名旅游者在山顶的废墟旁盘桓，每年来参观的游客人数高达 50 万。2001 年，它被列入联合国教科文组织的世界遗产名录。

马萨达位于死海南端，在库姆兰以及大部分藏有死海古卷的洞穴以南很远的地方。要步行上山顶，只能走一条叫“蛇道”的小路。这条狭窄蜿蜒的山路在山丘正面，从山脚通往 400 米高的山顶，途经仍遗留着昔日罗马军营的山丘西面。由于这里的天气炎热异常，所以当地规定爬山的游客必须在早上 9 点半之前启程。在那之后出发，人在爬山时极易脱水。黎明前动身爬山的人将在山顶上看到他们毕生难忘的壮丽日出，但是大多数游客选择乘坐缆车从蛇道上方滑过，在缆车上向下面的人挥手。

亚丁在马萨达工作了两个挖掘季，先是从 1963 年 10 月到 1964 年 5 月，然后从 1964 年 11 月到 1965 年 4 月。在此期间，他在几个方面开了考古挖掘的先河。比如首次在挖掘现场使用国际志愿者。他在以色列和英国的报纸上登广告招人，[5] 最后招到了来自 28 个国家的志愿者。

马萨达

今天来自世界各地的人参加以色列的考古工作已是司空见惯，但在那时却是新鲜的。参加挖掘工作的志愿者人数也十分惊人，据亚丁自己说，他在马萨达挖掘期间，志愿者从未少于 300 人。除了国际志愿者外，还有以色列国防军的士兵、高中学生和基布兹*的成员。[6]

挖掘工作的后勤安排令人瞠目。今天的一些考古学家当时还是研究生，他们说，有时需要用直升机把工具和设备运到山顶，不

* 基布兹（Kibbutz），以色列的一种集体社区。——编者注

过通常的做法是靠人把所需的物品沿山丘的西面经过罗马兵营背上去。对身负重物的志愿者来说，这条路最容易走。如果设备太重，就借助安在坡道旁的一套绞盘装置用缆绳拉上去。出于后勤方面的原因，挖掘队员住的帐篷就搭在罗马兵营的脚下。这些情况亚丁在书中也都提到过。[7]

挖掘行动也成了传奇。亚丁说，他们刚开始为挖掘做规划时，在马萨达山顶上看不到任何古迹的痕迹。他说，整个地方似乎盖满了“一堆堆石块和碎石”[8]。其实，许多建筑从空中可以看得清清楚楚，考古队就是拍摄了航拍照片，才知道应该在哪里挖掘的。

挖掘完成后，他们发现马萨达是最初由希律王修建的一座巨大而复杂的宫邸。希律王在公元前 40 年成功访问罗马后建造了这座宫邸，目的是万一日后需要逃离耶路撒冷，可以来此避难。70 多年后，第一次犹太人起义爆发，之后马萨达被反抗罗马的短剑党（Sicarii）占领。

其实，马萨达有两座宫邸。一座在山顶北端，共 3 层，背靠山崖，与之形成一体。位置巧妙，在朱迪亚沙漠的酷热中正好能吹到轻拂的清风。另一座宫邸在马萨达西面。除了这两座宫邸外，亚丁的团队还找到了用作制革厂和工作间的房间和建筑物，甚至还有一座犹太会堂。他们还发现了许多储存食物和其他物资的仓库，有些仓库的储物罐里还装着此地最后毁灭时烧焦的粮食，另外还有不少储存雨水用的水箱，因为马萨达周边干旱的沙漠地区[9]没有淡水。

有些墙体上涂着灰泥，上面画有深蓝色、鲜红色、黄色和黑色的图画，但如今都剥落了，只剩下残片。一些地板上装饰着图案复杂的马赛克镶嵌画，像希腊和罗马的房屋中常见的那样。这些镶嵌画可能是希律王雇来的工匠制作的，也许是模仿他在罗马看到的装饰。其中只有一部分保存了下来。

亚丁用垮塌的石块重建了原来的一些建筑。在马萨达，最好的例子是遗址东北部的一大片仓库。那些仓库只剩了墙的下半截，但上半截墙倒塌后，石块就散落在旁边。亚丁和他的团队重建了墙体和房间，砌墙时用上了他们能找到的所有石块，墙砌好后高约 3.5 米。为了标明重建的部分，他们画了一条黑线，[10] 把出土的墙基和他们重建的墙的上半部区分开来。今天，以色列有些考古现场仍然采用同样的办法，比如，经过青铜时代晚期的城门进入美吉多古城的时候，可以看到类似的黑线。

亚丁说，他们“用一种特别的筛子……筛过了每一粒泥土”。一共筛了约 3.8 万立方米的泥土。这是在以色列的考古挖掘行动中第一次把每一桶泥土都细细筛过。结果找到了许多原本可能会被扔掉的文物，包括数百枚钱币、刻字的陶器碎片和指环及珠子等小件首饰。亚丁根据那些钱币，尤其是第一次犹太人起义期间铸造的钱币，极为精确地测定了遗存的年代。5 年的起义期间每一年都有当年铸造的钱币留存下来，[11] 包括起义最后一年的几枚非常罕见的钱币。

然而，亚丁在马萨达的挖掘工作近年来也引起了不少争论，尤其是关于他对遗迹的解释和据之重建该地古代历史叙事的做法。挖掘结束后刚一年，他就发表了挖掘结果，那是一本大开本精装书，是第一份面向大众的挖掘报告。[12] 相比之下，正式的挖掘报告洋洋洒洒共 9 卷，数十名学者花了几十年的时间才编纂完成，最后一卷出版的时间是 2007 年，离挖掘结束已经过了 40 多年。

因此，马萨达的故事不只是考古挖掘的故事。一方面，它显示了考古学者如何用史料来补充他们在挖掘工作中的发现，来充实考古发现的点滴事实。亚丁特别借重约瑟夫斯的作品。约瑟夫斯是犹太人，做过将军，后来成为罗马历史学家。他写了两本书，讲述公元 1 世纪犹太人的情况，是关于近两千年前马萨达山顶发生之事的首要信息来源。但是，考古和历史记录的关系是双向的。换言之，既然无法确知约瑟夫斯的著作是否完全准确，就可以用考古发现来予以核实，或对其提出质疑。另一方面，马萨达也是警示，提醒我们不要使用（或滥用）考古证据来为民族主义的目的服务；有些学者认为这正是亚丁在马萨达的所作所为。

罗马人在公元 73 年或 74 年围困了马萨达的一小群犹太起义者。[13] 关于这次围困，我们唯一的历史信息来源就是约瑟夫斯。他讲的犹太守军集体自杀的故事我们都耳熟能详。亚丁就是企图利用考古发现来证实约瑟夫斯叙述中的细节。

约瑟夫斯的故事并不长。前面关于罗马的第 12 章说过，第一次犹太人起义始于公元 66 年，当时，住在今天以色列的犹太人发起了反对罗马占领者的起义。到公元 70 年，罗马人把起义镇压了下去，攻陷了耶路撒冷，将城中的大部分建筑烧作白地，包括希律王建的圣殿。建造那座圣殿是为了重现数世纪前由所罗门王建造，却毁于新巴比伦人之手的圣殿。据说第一座和第二座圣殿，也就是所罗门和希律各自建造的圣殿，是在一年中的同一天被毁的。今天，这个日子是犹太人的哀悼日，叫作“圣殿被毁日”（Tisha B’Av）。

起义结束后，一群起义者设法逃出兵荒马乱的耶路撒冷，定居在了马萨达。这些人就是短剑党，或称匕首党，领头人是埃利埃泽・本・亚伊尔（Eleazar ben Ya’ir）。他们占领了山顶的碉堡和宫殿，那些建筑原来是希律王建造的，作为情势危急时自己和家人的最后避难所。

但是，约瑟夫斯的叙述中有些细节有误，所以我们怀疑也许他本人当时并不在现场，而是用了别人的笔记。比如，他说希律王“在西面山坡上……建造了一座宫殿……但它朝向北面”[14]。其实，如前所述，考古人员在马萨达山顶找到了不是一座，而是两座宫殿，一座在西边，一座在北边。

不过，约瑟夫斯叙述的其他细节又很准确，比如，他描写了宫中的浴池，说有些屋子的地板“是用多种颜色的石头铺成的”[15]，还说在岩石上挖了许多坑作为蓄水池。约瑟夫斯一定指的是亚丁发现的一些地板上残存的马赛克镶嵌画。至于他提到的水池，马萨达山顶上挖的有些水池巨大无比。亚丁估计每个水池可容纳约 4 000

立方米的水，所有水池加起来能装几乎 4 万立方米，也就是 1 000 多万加仑的水。[16]

起义者在马萨达坚守了 3 年，需要粮食的时候就到周围的农村去抢，直到罗马人决定消灭他们，扑灭起义的最后一点余烬。

约瑟夫斯说，罗马军队在弗拉维乌斯 · 席尔瓦（Flavius Silva）将军的带领下，围着马萨达在沙漠上建起了一堵墙，沿墙每隔一段就有一座兵营或碉堡，被围在墙内的人插翅难飞。[17] 今天，从马萨达山顶俯瞰周围的乡间，仍可看到 8 座当年修建的碉堡。

接着，罗马人利用一条从平地的沙漠延伸到离马萨达山顶"300 腕尺（约 135 米）"处的山脊，用泥土和石头修建了一条长长的坡道。坡道修好后，就可以把攻城槌、能够投射大石块的投石器和用来发射巨箭的弩炮用轮车运上山，对马萨达的城墙发动攻击。约瑟夫斯说："有……一座高达 60 腕尺（约 27 米）的塔，塔身包满了铁甲，躲在塔内的罗马人向城墙上投掷标枪和石头，[18] 很快就逼得城墙上的守军被迫撤退，躲在城墙后无法抬头。"

今天，遗址上摆放着这类攻城机器的一些复制品，和原物一样大小，是美国广播公司在此地拍摄了一部关于马萨达的迷你剧后留下的，该剧于 1981 年播出。亚丁和其他考古人员在 20 世纪 60 年代的挖掘过程中发现的其他类似物品也留在了当地，包括一些可能是罗马人用投石器投掷的，也可能是犹太守军还击时用石弩发射的石弹。

罗马人把攻城机器安装完毕后，真正的攻城开始了。约瑟夫斯说，席尔瓦将军下令把攻城槌拉上坡道，[19]倚在城墙上。好几个人抓住系在巨大的尖头攻城槌上的绳子向后拉呀，拉呀，拉呀，然后一松手，攻城槌就重重地砸在城墙上，发出一声巨响。如此这般，应该没几下就能打破城墙。

然而，犹太守军在城墙内又修了一道墙，约瑟夫斯说那是用木头和泥土造的，因此柔软而有弹性。他说，犹太人把木梁横倒，在城墙内侧垒起来，在3米开外再垒一排，这样建起两排木垒。然后，他们在这两排木头之间填上泥土，就建成了一堵两面是木头，中间是泥土的极厚的墙。这堵紧挨着石头城墙建起的第二道墙帮助吸收了攻城槌的打击，分散了打击的力度。所以，罗马人花了比预期长得多的时间才在外城墙上砸开一个洞。砸开洞后，还要面对这堵厚极了的木头和泥土垒成的墙。

约瑟夫斯说，罗马人最后干脆放火烧墙，准备进城。大火熄灭时已是夜间，约瑟夫斯说罗马军队返回营地过夜，准备第二天早上一举击溃守军。

这个短暂的停息给了犹太守军时间和机会。他们决定自杀，决不死于罗马人之手，也决不沦为奴隶。约瑟夫斯说，他们的带头人埃利埃泽·本·亚伊尔要每家的男人杀死自己的妻子和儿女，宣布说："我们仍然能够在自由中勇敢地死去，[20]那些毫无防备就被征服的人却没有这个机会。"

接着，男人们抽签选出10个人负责杀死所有其他人。那10个人再抽签决定由一个人杀死其他9个人后再自杀。这样，严格地说，只有最后这个人违背了禁止自杀的犹太教规，但实际上这是集体自杀。次日早上，罗马大军开入城中，迎接他们的是一片死寂。后来，两名妇女和 5 个孩子从藏身的蓄水池中现身，那两名妇女一字不漏地转述了本·亚伊尔的话，罗马人这才知道了发生了什么。据约瑟夫斯说，那天夜里死了 960 人。[21]

这个荡气回肠的故事流传至今。亚丁挖掘了马萨达遗址后，以色列军队一度把马萨达山顶作为举办新兵入伍仪式的地点，仪式中包括一项令人血脉偾张的夜间活动，新兵们在熊熊的篝火前宣誓决不让古时的那一幕重演。

但约瑟夫斯讲述的故事颇多可疑之处。一个重要的疑点是：如果那两位妇女和 5 个孩子躲藏在蓄水池里，就不可能听到本·亚伊尔的讲话，更别说听得如此清楚，能够一字不漏地复述出来，使约瑟夫斯得以逐字转述。

还有一个更大的疑点：哪怕罗马人在城墙上打开缺口时夜色已经降临，他们也绝不会回兵营去睡觉。当时罗马军队的战术是，无论白天黑夜，只要获得优势，就不分时间地点乘胜追击。所以，他们一定会立即通过被打破烧毁的城墙杀入城内，不可能留时间让犹太人讨论自杀计划并投票表决，让本·亚伊尔对众人讲话，让他们连续两次抽签，让丈夫杀死妻儿，让那 10 个人杀死别人，再让最后一人杀死其他 9 个人。简而言之，约瑟夫斯所述的情形不可能发生。

实情更有可能是我们按照常理猜测的那样：罗马大军攻破城墙后，涌入城内大肆杀戮犹太守军。发生的不是集体自杀，而是集体屠杀。约瑟夫斯后来在罗马描写这一段时借助了当时在场的罗马军官的笔记和日记，可能官方要求他洗白这次大屠杀。其实，约瑟夫斯是根据他的亲身经历写出男人杀死家人，10 个男人杀死其他男人，然后一个人杀死其他 9 个人的故事的。

在几年前的公元 67 年，第一次反罗马起义爆发后不久，身为犹太军官的约瑟夫斯在尤塔帕塔（Jotapata）带兵抗击罗马军队。他们顶住罗马军队的进攻，坚持了 47 天，但到了最后，约瑟夫斯和其他 40 人逃入了一个山洞。他们宁肯自杀也不投降，商量好每人杀死另一个人。最终，只剩约瑟夫斯和另一个人还活着，约瑟夫斯说服那个人和他一起投降了。约瑟夫斯讲的马萨达的故事似乎是他在尤塔帕塔的亲身经历。[22]

亚丁怀着对约瑟夫斯的叙述的一些疑问，包括对两个妇女带着孩子在其他人自杀时候躲进蓄水池的故事的怀疑，决定亲访马萨达。他想在那里进行挖掘，看能不能找到根据来弄清这个故事的真伪。

他的有些发现和他对那些发现的解释至今仍然为人们所争论。建筑物和人们找到的物品本身没有问题，问题在于如何解释它们。比如，亚丁找到的物品除了大量陶器和钱币外，还有皮带扣、门钥匙、箭镞、勺子、指环和其他铁制品。他的解释是，这些物品属于马萨达的犹太守军。也许的确如此，但有些物品也可能属于攻城的罗马人，甚至后来的居民，无论是合法居民还是非法居民。

亚丁还发现了一些卷轴的残片，包括《圣经·诗篇》的残片，其中一片是《诗篇》第 81 到第 85 章的部分内容，另一片载有《诗篇》的最后一章，即第 150 章的内容："你们要赞美耶和华……要用角声赞美他。"还有除《圣经》以外的其他重要文献的残片，其中一片上的字句与库姆兰的死海洞穴中发现的一卷完全一样。亚丁因而猜想，也许防卫马萨达的犹太人和库姆兰的居民有关系，后来的许多其他考古学者也有同样的猜想。[23]

可能最重要的是，亚丁在遗址中发现了尸体，但一共还不到 30 具（比约瑟夫斯说的 960 人差远了）。有的尸体毛发犹存，附近还有皮凉鞋。[24] 近年来围绕这些尸体的辩论最为激烈。尸体中有 25 具是在南面悬崖上靠近山顶的一个山洞里发现的。1969 年，以色列为这些遗骨举行了国葬，但亚丁对此颇不以为然，因为无法确定尸体的身份，死者可能是守护马萨达的犹太人，也可能是攻城的罗马人，甚至可能是另一个历史时期的另一群人。

人们在北部宫殿低层阳台上的一个小浴室附近发现了另外 3 具尸体。目前担任哈措尔挖掘项目主任的阿姆农·本-托尔说，是他挖到了那 3 具骨架，那是他职业生涯中最兴奋的一天。[25] 亚丁在书中就这 3 具尸体大做文章，说当他们挖到这些骸骨时，"就连我们当中的考古老手和玩世不恭的人都目瞪口呆，满怀敬畏地盯着[26]出土的骨架"。

亚丁说，一具尸体是“大约20岁的男性，可能是马萨达守军军官”。他身旁散落着铠甲的铁片、数十支箭、一块刻字的陶片和祈祷时用的披巾的碎片。躺在附近看似留有血痕的灰泥地上的是一具年轻女性的骨架。她的头发依然完好，“编成漂亮的辫子……好像是刚刚梳好的”。她身边的皮凉鞋也保存了下来。亚丁说，第三个骨架是“一个孩子的”[27]。

亚丁认为，这是一家三口死在了一起。多年来，此说一直是辩论的一个焦点，另一个焦点是亚丁发现的上面有名字墨迹的陶片，[28]包括一片写着“本·亚伊尔”的陶片。亚丁认为，这些骨架和陶片确认了约瑟夫斯的故事，也证明本·亚伊尔确有其人。

可惜后来的法医分析显示，亚丁以为是一家人的那3个人其实彼此只差几岁，不可能是一家三口。男的约22岁，女的18岁，那个“孩子”是个11岁的男孩。[29]

还有别的问题，比如人们找到的刻字陶片的数量是11块，不是10块，有些人骨中杂有猪骨，等等。这些都在本–耶胡达的书中列举了出来，后来又遭到本–托尔的驳斥。

无论是跟着本–耶胡达对亚丁讥贬驳斥，还是追随本–托尔把亚丁奉若神明，本–托尔为亚丁辩护的那本书的结语都言之有理。他写道：“无论是把马萨达作为科学研究的课题……还是将它作为大众旅游的胜地，它都能恰如其分地体现亚丁其人作为学者和公共人物的丰功伟绩。”[30]

总而言之，亚丁在马萨达的挖掘行动是以色列考古史上的里程碑，这主要是因为他在挖掘工作中使用了来自多国的志愿者，并在挖掘行动的后勤安排方面多有创新。如今的马萨达仍然是旅游热点，同时也是近年来众人讨论的中心：考古学者对考古发现做出的解释，特别是在纯粹的资料解读之外可能还怀有民族主义目的的解释，[31]究竟意味着什么？

第 16 章

沙漠中的城市

远眺巴尔米拉

虽然位于现代以色列和巴勒斯坦的古迹因为多与《圣经》故事有关，所以更为人熟知，但是它们不见得就是中东最大或最壮观的古迹。北边和东边的叙利亚、约旦及伊拉克也有倾圮的废城和古老的山丘，不过西方游客到访较少，因为它们地处偏僻，过去几十年间又政局不稳。前面已经谈到了几个这样的遗址，包括伊拉克的乌尔、尼姆鲁德和尼尼微。这里我们将简单介绍另外 3 个遗址：叙利亚的埃布拉（Ebla）和巴尔米拉，还有约旦沙漠中的贸易中心佩特拉。

埃布拉［今天的泰勒马尔迪赫（Tell Mardikh）］在20世纪70年代首次成为世界各地的头条新闻。罗马大学的保罗·马蒂（Paolo Matthiae）带领一支考古队于1964年开始在那里挖掘，一直挖到最近，共挖了近50年的时间。挖掘工作之所以持续了如此之久，是因为埃布拉实在太大了，大约有60公顷。护城的土墙依然清晰可见，现在又修了一条穿过土墙的道路，可以驱车前往遗址各处。大片的下城遗址正中间有一处高地，上面建有王宫和行政办公场所。[1]

马蒂的考古队在挖掘的第四年发现了一座雕像，是近4 000年前当地一个名叫伊比特–利姆（Ibbit-Lim）的人敬献的。在雕像上刻的铭文中，此人说他是埃布拉国王的儿子。这个发现十分重要，因为过去的学者认为埃布拉位于北面的叙利亚境内，不在泰勒马尔迪赫。进一步的发掘工作确认，这里的确是古埃布拉。[2]后来的发现证明，埃布拉遗址极为重要。它历史悠久，早在公元前第三个千年即已建起，一直持续到公元前1600年左右被毁。

马蒂和他的团队在挖掘的头9年集中力量挖掘后半期遗址（公元前2000年到公元前1600年）和上面的建筑物。他们对这个时期感兴趣，部分原因在于它是《圣经》提到的亚摩利人（Amorites）生活的时期，也是公元前1800年后不久便即位的巴比伦国王汉谟拉比的时代。[3]

直到1973年，马蒂的团队才开始挖掘从公元前2400年到公元前2250年的前半期遗址。第二年，他们就做出了使埃布拉和他们自己名垂史册的发现。那年，他们在遗址中发现了第一块泥板，1975 年又发现了一些泥板，1976 年发现了更多的泥板。

泥板总数最终达到了两万块，大多数是在所谓 G 宫的两个小房间内发现的。发现时它们是散落在地面上的。这些泥板自从架子烧塌，滚落到地上后，再没有被移动过。大多数泥板是公元前 2350 年到公元前 2250 年之间的。这个青铜时代早期如此巨大的图书馆甫一出土，立即成为全球注意的焦点。不久后，这些泥板又一次上了头条，还引发了争议，因为考古队原来的碑铭专家乔万尼·佩蒂纳托（Giovanni Pettinato）说泥板上的文字提到了所多玛和蛾摩拉 *，还提到了《圣经》中的人物，[4] 如亚伯拉罕、以色列、大卫和以实玛利。

当时人们的那种兴奋是我们今天难以想象的，但许多人的狂喜很快就消失了，因为其他碑铭专家 [5] 后来的研究表明，泥板上根本没有那样的文字。没有所多玛或蛾摩拉，也没有亚伯拉罕、以色列、大卫或以实玛利。原来的解读失之千里，是因为泥板上刻的是以前没有见过的一种文字。这种文字现在称为埃布拉文，使用苏美尔文的楔形符号。苏美尔文是约 1 600 千米以外的伊拉克南部已知最早的文字，佩蒂纳托懂苏美尔文，因此以为也读得懂埃布拉文，结果却大错特错。

在此之后，佩蒂纳托和马蒂断绝了关系，也退出了马蒂为翻译

---

* 两地为《圣经·旧约》中的罪恶之地。——译者注

出版泥板的内容而组建的国际专家委员会。然而，尽管罗马大学的阿方索·阿尔基（Alfonso Archi）取代佩蒂纳托成了挖掘工程的首席碑铭专家，[6] 但佩蒂纳托仍继续发表有关那些泥板的著作，撰写了几本书和几篇文章。

埃布拉泥板的内容虽然与《圣经》完全无关，但仍然具有极为重要的历史意义。这些泥板记载了统治埃布拉的历任国王的名字、条约、地名、国际贸易的证据，还表明当时有一所抄写学校，学生在里面学习读写。它们证明埃布拉是首府重镇，统治着一个过去不为人知的王国。这是一个极好的例子，表明考古人员发现的文献可以为其他考古发现提供补充和佐证。

埃布拉的一些宫殿和建筑毁于大火，这对那些宫殿和建筑来说当然不幸之至，但对考古学者来说却是福音，因为大火保存了废墟和里面的一些人工制品。其中较小的物品有用黄金和皂石制作的一个人首牛身像，以及原来镶嵌在木制家具上的象牙碎片。家具现在早已不见踪影，大部分象牙片也被火烧黑了，但是这些碎片保留了下来，可以在一定程度上恢复原状。还有一个石碗盖的一部分，上面刻有古王国时期（公元前 2300 年左右）的埃及佩皮一世（Pepi I）法老的名字，这说明埃及和埃布拉之间有某种联系，哪怕只是间接的联系。

2011 年叙利亚内战的爆发迫使马蒂和他的团队停止了挖掘。自那以来，埃布拉遗址遭到了无情的破坏和劫掠。壕沟挖得遍地都是，埋葬着古人骸骨的墓坑被洗劫，骨头被随意乱扔。这一切造成的破坏无法估量。[7]只有等这个国家不再暴力横行，能够安全回到遗址所在的地区后，我们方能知道劫掠和破坏到底有多严重。

但是，埃布拉并非叙利亚或整个中东唯一受到近期暴力影响的古遗址。在叙利亚内战中，沙漠中的巴尔米拉古城也遭到了迫击炮火和其他作战行动的重创，特别是在2012年和2013年。2015年的5、6两月，巴尔米拉上了新闻：极端组织“伊斯兰国”攻陷了这座古城，对它进行了更大的破坏。2015年8月，“伊斯兰国”杀害了前巴尔米拉古物研究所所长哈立德·阿萨德博士（Khaled al-Asaad），再次引起了世界的注意。后来，“伊斯兰国”还炸毁了巴尔米拉两座最著名的庙宇和其他古迹，包括矗立了近2 000年的凯旋门。此等倒行逆施引起了全世界的同声谴责。2016年3月，“伊斯兰国”终于被叙利亚军赶出了巴尔米拉。[8]

凯旋门横跨城中主道，位于大道东端，是公元200年由罗马皇帝塞普蒂米乌斯·塞维鲁（Septimius Severus）修建的，可能是为了庆祝打败离巴尔米拉不太远的美索不达米亚的帕提亚人（Parthians）。凯旋门被“伊斯兰国”炸毁后仅仅6个月，伦敦的特拉法尔加广场就树起了它的仿制品，仿制品的体积是原物的2/3，是使用三维技术和埃及的大理石建造的。这座仿制的凯旋门在伦敦展览了3天后，被送到纽约和迪拜等世界其他城市巡回展览。[9]

很多人已经知道，巴尔米拉古城位于叙利亚沙漠深处的一块

巴尔米拉的凯旋门

绿洲中，地处大马士革东北。它在 1980 年被列入联合国教科文组织的世界遗产名录。[10] 这座古称塔德莫尔（Tadmor）的城市在公元前第二个千年的青铜时代就已经是繁华之地，但它的巅峰时代是在罗马帝国时期，特别是它在公元 1 世纪到 3 世纪之间成为纳巴泰人（Nabataean）的一个主要城市的时候。

虽然关于纳巴泰人还有些谜团尚未解开，但是我们知道他们是连接罗马帝国与印度，甚至远至中国的国际贸易之路上的重要角色。巴尔米拉是纳巴泰人的一个城市，是跨越沙漠的商旅通道上的一个大站。它的建筑风格反映了外国的影响，特别是希腊罗马和波斯的影响。公元 3 世纪 70 年代初，巴尔米拉爆发了反罗马的叛乱，人称芝诺比阿女王叛乱。

芝诺比阿本是巴尔米拉的王后。公元 267 年，儿子才 1 岁时，国王遭到暗杀，于是芝诺比阿掌权摄政。不久后，她发动了对罗马的叛乱。叛乱持续了5年多，起初叛军节节胜利，夺取了埃及，攻陷了叙利亚其余的地方，以及今天的以色列和黎巴嫩，甚至还有今天土耳其的一部分领土。

直到公元273年，罗马军队才击垮巴尔米拉叛军，把叛乱镇压了下去。之后，罗马皇帝奥勒利安（Aurelian）摧毁了巴尔米拉。它后来重建了起来，但荣景不再。根据古代的一些记载，芝诺比阿本人被俘后被带到罗马，第二年在奥勒利安庆祝平叛胜利的游行中被金色锁链捆着游街示众。她后来的遭遇说法不一。关于她的最后日子，古代作家留下了各种不同的故事，有的说她嫁给了一个罗马人，有的说她被处决了，还有的说她自杀了。无论如何，芝诺比阿和两个世纪前（公元60—61年）在不列颠起兵反抗罗马人的布狄卡一样，是古代最著名的女性军事领导人之一。

巴尔米拉的第一次大规模挖掘工作是法国考古人员在1929年展开的。他们发现的罗马时代的古迹，包括贝尔神庙（Temple of Bel）和集市，非常壮观，特别是经过重建的部分。瑞士和叙利亚的考古人员也在那里做过挖掘，但最坚持不懈的要数波兰考古人员，他们的挖掘工作持续到2011年，因叙利亚内战爆发而被迫中止。后来，“伊斯兰国”的部队入侵了巴尔米拉。

世道太平的时候，巴尔米拉是旅游胜地，那里日出和日落的景色尤其壮美。摄影师最爱的取景地是黎明或夕照时分的四面门（Tetrapylon），它由4座塔门组成，位于主道中段的一个十字路口，离主道的东端约 500 米，是塞普蒂米乌斯·塞维鲁在修建凯旋门的同时建造的。现在的塔门中只有一个是原物，其余的是叙利亚文物部门 1963 年用水泥仿制的。

主道沿途修有柱廊，长度为 1 千米以上，从东端的凯旋门和贝尔神庙，经过能容纳数千名观众的罗马式剧院，到西端的一座巨大的陵庙。沿街的柱子上端 1/3 的地方装有小横梁，也可以说是基座，上面摆放着人物雕像，刻的都是为修建主道和柱廊捐过钱的人。雕像下方的铭文介绍了他们的名字和家人，使我们对巴尔米拉的居民获得了相当的了解。

宏伟的贝尔神庙祭祀的贝尔又称巴力（Ba'al），是公元前第二个千年传下来的迦南人的神明，庙内的祭坛于公元 32 年落成。一直保留到不久前的这座神庙可能是在祭坛造好后 100 年左右的公元 2 世纪完成的。不幸的是，贝尔神庙是“伊斯兰国”2015 年 8 月底炸毁的神庙之一。如今，这座和凯旋门一样巍然屹立了近 2 000 年的雄伟壮丽的古迹已成废墟。

巴尔米拉的古迹中还有罗马皇帝戴克里先（Diocletian）在 3 世纪末和 4 世纪初为罗马军队建造的兵营，这里一直是考古发掘的重点场所。另外有一座 17 世纪由当地一位阿拉伯酋长在山顶建造的城堡，能够俯瞰整个巴尔米拉古城。今天这座城堡仍在，值得一去，如果叙利亚的局势许可的话。

巴尔米拉只是第二有名的纳巴泰遗址，最有名的是佩特拉，这有部分原因在于印第安那·琼斯。尽管印第安那·琼斯并不是考古学家的真实写照，但《夺宝奇兵 3：圣战奇兵》（*Indiana Jones and the Last Crusade*）还是把全世界的视线聚焦到了联合国教科文组织世界遗产名录上的佩特拉。[11]

佩特拉地处约旦沙漠之中，位于首都安曼往南几个小时车程的地方。在 2007 年进行的一次互联网民意调查中，[12] 它被誉为世界新七大奇迹之一。许多人发愿此生一定要去一次佩特拉，那里在五

佩特拉的“宝库”

星级大型酒店建成、可供人享受空调之后，更受旅客青睐。佩特拉遗址得到了约旦的精心保护，与受尽摧残的巴尔米拉的处境判若霄壤，因为巴尔米拉所在的叙利亚暴力肆虐，完全不可能保护古迹。

虽然佩特拉所在的地区可能早在公元前 5 世纪就已经有人居住，但是佩特拉到公元前 4 世纪才随着纳巴泰人的发达成为一方重镇。它持续繁荣了 500 多年，特别是自公元 2 世纪早期罗马人来到这个地区之后。后来，4 世纪中期的一场地震摧毁了佩特拉近一半的建筑，6 世纪时地震再次来袭。此后一切都停止了，不再建造新房屋，也不再铸造新钱币。[13]

佩特拉似乎是纳巴泰人建起的一个邦联中心，这个邦联由各个城邦组成，主要目的是控制穿越阿拉伯半岛、连接亚洲和埃及的贸易通道。途经这条通道的货物有乳香、没药、香料和其他奢侈品，利润丰厚。纳巴泰人以水利工程著称，[14] 通过修建一系列的水坝、运河和蓄水池，佩特拉得以从偶尔暴发的洪水中获益。

佩特拉在 7 世纪晚期基本上被遗弃了，此后，历史上对它再无记载，只有住在附近的当地人还记得它。1812 年，西方世界才“重新发现”了佩特拉。那年，一位名叫约翰·布尔克哈特（Johann Burckhardt）的瑞士探险家途经此地。他身穿当时流行的阿拉伯服装，自称谢赫·易卜拉辛·伊本·阿布德·阿拉（Sheikh Ibrahim Ibn ‘Abd Allah）。他这样打扮，又能说一口流利的阿拉伯语，所以自从 1809 年开始在中东旅行，一路畅行无阻，直到 1817 年死于痢疾，时年仅 32 岁。[15]

在他之后，其他人也相继而至，包括第一位来到此地的美国考古学家约翰·劳埃德·斯蒂芬斯。1836年，他效仿布尔克哈特，打扮成从开罗来的商人，化名阿卜杜勒·哈齐斯（Abdel Hasis），沿穆萨山谷（Wadi Musa）骑马来到佩特拉。[16]

约翰·伯根（John Burgon）1845年创作了题为《佩特拉》的诗作，[17]把那里的建筑形容为“神奇如生长于岩石，永恒、沉默、壮美、孤独！”结尾的诗句世代流传：“一座玫瑰红的城市，悠久如天地。”其实，伯根自己从未到过佩特拉，全靠他读过的关于佩特拉遗址的描述，特别是几年前斯蒂芬斯发表的游记，才写出上面的诗句。斯蒂芬斯写出佩特拉游记后不久，就动身前往尤卡坦，在那里做出了对玛雅文明的著名发现。

佩特拉的许多建筑物是在岩壁上凿出来的，在一天中的某个时候，岩石会呈现出玫瑰红色，但在不同角度的日光照射下，也会现出许多其他颜色。所以，佩特拉不仅是考古胜地，而且是名副其实的摄影者的天堂。

佩特拉的发掘工作始于1929年，持续至今。20世纪60年代，犹他大学的菲利普·哈蒙德（Philip Hammond）带领美国考古队开始首次挖掘佩特拉。[18]2008年去世的哈蒙德据说是个特立独行的人物，相传他在挖掘期间常常骑着一匹白马在现场来回巡视。[19]

今天，佩特拉的首要交通工具仍然是马、驴和骆驼。骑着这类坐骑沿西克（Siq）山谷前行半个多小时后，就能抵达佩特拉。乍睹真容，无人不为之惊艳——每个看过《夺宝奇兵》的人都能为此作证，哪怕他没有亲自去过那里。

西克山谷的正式名称是穆萨山谷。大部分游客和一个半世纪之前的斯蒂芬斯一样，经由这条山谷进入佩特拉。山谷非常狭窄，蜿蜒曲折，两边的峭壁光滑高耸。

这也许不是佩特拉城的主要入口，而是举行仪式时用的入口。狭窄的山谷尽头豁然开朗，眼中所见令人叹为观止：一片开阔的广场，对面巍然矗立着俗称“宝库”（Treasury）、正式名称为卡兹尼（Khaznah）的神殿。这个景色经常出现在明信片和摄影作品中。斯蒂芬斯后来写道：“神殿宏伟精美的门面，只一眼便给人留下终生难忘的印象……。即使现在（一年以后）……我眼前还经常浮现出那座神殿正面的样子。尽管罗马的大角斗场也雄伟壮观，但不管是它，是雅典卫城的废墟，还是金字塔或尼罗河边那些巨大的神庙，都没有使我如此难忘。”[20]

卡兹尼是《夺宝奇兵》的焦点所在。它是纳巴泰人在松软的砂岩石壁上凿出来的，佩特拉的许多其他建筑也是这样凿出来的。不过，电影里的场景不能当真。俗称“宝库”的卡兹尼内部的空间其实很小，容纳不下很多人，哪怕其中有一个忏悔者*。它可能是当陵墓用的，本来也没打算装很多人。它被称为“宝库”是因为当地人传说神殿正面的大瓮里藏有黄金或其他宝物，其实那个瓮是一块实心的石头，不知多少人为拿走里面的宝物曾企图打开它，弄得它

---

* 此言指电影里面的情节。——译者注

今天身上弹痕累累。[21]

佩特拉中心附近有一条“门面街”（Street of Façades），其实就是在岩壁上开凿出来的一连串陵墓。接下来是罗马式剧场的遗址，剧场有 33 排座位，可容纳 8 000 多人。再往前走是所谓的王陵，也是依山挖凿而成。关于那些陵墓墓主的身份，众说纷纭，我们并不能确定他们真的是王室成员。从这些陵墓的名字中也得不到任何线索，因为它们大多是现代人起的，如金瓮墓、丝绸墓、科林斯墓和宫殿墓。唯一知道墓主的是塞克斯特斯·弗洛伦蒂努斯（Sextus Florentinus）的墓，他是公元 2 世纪罗马帝国阿拉比亚行省的总督。[22]

“列柱街”（Colonnaded Street）得名于两边排列的立柱，沿着这条街走下去，就到了“大神庙”（Great Temple）。它也许根本不是神庙，但自从 1921 年以来就一直叫这个名字。有人认为它可能是市政大厦，但谁也无法确定。这座建筑有些立柱顶端雕有象首，但我们从这些雕像中猜不出这座建筑的用途。

过去几十年间，布朗大学的考古学者一直在挖掘大神庙和佩特拉的其他地方，[23] 挖掘项目最初的负责人是玛莎·约科夫斯基（Martha Joukowsky），最近由苏珊·阿尔科克（Susan Alcock）和克里斯·塔特尔（Chris Tuttle）共同主持。1988 年，如今在宾夕法尼亚州立大学伊利分校贝伦德学院任教的利–安·贝达尔（Leigh-Ann Bedal）在佩特拉发现了一个巨大的蓄水池，当时她还在宾夕法尼亚大学修博士学位。蓄水池约 45 米长、21 米宽、2.5 米深，设有一套复杂的引水系统。之后，贝达尔带领一支考古队对蓄水池进行了挖掘。考古队员来自多个国家，但多数是美国人。他们还发现了和水池相连的另一处遗址，可能是一个复杂精致的花园。[24] 在这个干燥的沙漠地区，这样一个花园必定是古代一大奇景。

对面的山上是“飞狮神庙”（Temple of the Winged Lions），里面有长着翅膀的狮子雕像，这应该不会出人意料。这座神庙大约建于公元 1 世纪早期，300 多年后毁于地震。1973 年，考古人员使用遥感技术发现了它，自那以来，美国考古队一直在那里挖掘。

附近有一座教堂，是 5 世纪至 6 世纪的古典时期末尾在纳巴泰和罗马遗址之上建造的，里面发现了一些马赛克镶嵌画，其中一幅描绘了四季的景色。1993 年，美国东方研究中心（ACOR）的考古人员为了保护这些镶嵌画和教堂的遗存，要修建一个棚子，其间在教堂一个房间里发现了至少 140 卷碳化的莎草纸卷。[25]

这些莎草纸卷是 6 世纪的，被火烧毁了，但讽刺的是，有些纸卷正因为过了火反而保存了下来，虽然大多数纸卷上的字句现已无法辨认。专门破译古代文字的莎草纸古文稿学者对几十卷尚可辨认的纸卷进行了研读后，确定上面写的是希腊文，大多是关于经济事务的，如不动产、婚姻和遗产，还有财产的分割，其中一卷详细讲述了一个涉及赃物的案子。

从佩特拉的这一部分可以沿一条长长的阶梯走到古城的上层，那里坐落着叫作“修道院”（Monastery）的巨大神庙。它和下方的“宝库”同样雄伟壮观，但登山之路陡峭难行，所以参观者并不太多。“修道院”的正面和“宝库”一样，[26]是在岩石上刻凿而成，高度与“宝库”相仿，约40米，但比“宝库”宽18米左右。

立于此处极目远望，可将整个古城尽收眼底。尽管很多导游手册建议下午晚些时候爬山去“修道院”，但我认为这长达一个小时的攀登行动最好赶在清晨，也就是天气尚未变得过于炎热之时。有一次，我在位于佩特拉遗址中心的老挖掘场过夜，第二天拂晓前就起身爬山，黎明时分到达山顶。我看着一轮红日在地平线上喷薄而出，那壮丽的景色使我毕生难忘。万籁俱寂，我追想此地的悠久历史，凝视着眼前这座千百年来隐藏在外界未曾关注之处的迷人古城，思绪万千，驻足良久才动身下山。

约旦和叙利亚出土了许多令人赞叹的古遗址，巴尔米拉、佩特拉和埃布拉只是其中的3个。约旦的杰拉什（Jerash）和佩拉（Pella），叙利亚的马力（Mari）和乌加里特，以及十几处其他的遗址同样值得大书特书。中东动乱频仍造成的悲惨后果应成为世人的警钟，提醒我们这些古老历史的残片是多么宝贵，多么脆弱。

更深一层 3

年代有多久？为什么能保留下来？

沼泽地的“图伦男尸”

最近一位记者采访我时问道：“你挖掘、研究和著作中论及的东西都是很久以前的。你怎么能如此确定那些东西的年代？”我的简短回答是：“放射性碳测年法、古埃及文献和其他文字记录、历史事件对照、树木年代学、陶器类型学，还要留出前后误差的余地，并愿意承认上述方法推定的年代并非板上钉钉。”他这个问题单刀直入，使我有些吃惊，但后来我想，也许很多其他人也有同样的问题，只是不好意思问罢了。

其实，我在社交场合最经常被问到的问题和那位记者的提问异曲同工：“你怎么知道你发现的东西是多久以前的？”另一个常见的问题是：“那么古老的东西怎么能保存至今？为什么没有化为尘土？”我们现在就来谈一谈[1]考古学者如何确定文物的年代，以及文物在何种条件下能够保存至今这两个话题。

第一个问题可能比较容易回答：怎么确定某件物品的年代？就像我对那位记者说的，有时也许查阅一下古埃及文献就能搞定，特别是如果那件物品上有某个法老“第八年”之类的字样，而我们又能从其他来源那里得知该法老在位时间的话。有时我们会对照彼此交集的不同文化或文明史上发生的事件。比如，我们从埃及的阿马纳（Amarna）档案中得知，阿孟霍特普三世法老和（叙利亚北部的）米坦尼（Mitanni）王国的国王图什拉塔（Tushratta）生活在同一时期，因为他们两人有信件来往；又根据别的证据得知阿孟霍特普生活在公元前 14 世纪早期，所以图什拉塔一定也生活在那个时期。这样，我们经常可以借助巴比伦、埃及、亚述和其他地方的古人留下的国王名单和天文观测记录来制作统治者和历史事件的年表。

现在的考古学者还掌握了各种测定年代的科学方法。常用的古物测年法[2]有放射性碳测年法、热释光定年法和钾氩定年分析。我们用这些方法来确定某件物品的“确切年代”，也就是把年代精确至具体年份，如公元 2015 年或公元前 1350 年。但是，有时我们无法测定“确切年代”，那么就只能给出相对年代，比如，遗址的第三层在第二层下面，因此比第二层更早。这种情况在挖掘初期尤为常见，考古学者也许尚不清楚这两层的确切年代，但已经知道哪一层年代更早。

最常用的测年法应该是放射性碳测年法，也叫碳–14 测年法（简称 C-14）。[3] 它和所有化学方法一样，有“前后误差”的因素，如“公元前 1450 年，前后 20 年”，意思是说具体年代处于这个时间段中的概率很大。因此，碳–14 测年法对年代较近的物品不太管用，但测定几百年前的物品年代就比较可靠，若是几千年前就更准确。

碳–14 测年法的基本原理是位名叫威拉德·利比的科学家发现的，他为此还获得了诺贝尔奖。主要原理是：一切生物在生命过程中通过呼吸或进食吸收正常的碳的同时，都会吸收少量碳的放射性同位素。大气层中的放射线不断产生碳–14 同位素。它与氧气结合后，会形成一种具有放射性的二氧化碳。

植物通过光合作用吸收碳–14；动物和人类吃了植物后，体内也吸收了碳–14。由于碳–14 具有放射性，所以它和一切放射性物质一样会衰变。它的半衰期是 5 700 多年，也就是说，经过比 5 700 年稍长一点的时间后，原来的碳–14 中有一半会衰变和消失。因为具体抽样 [4] 的最初含碳量很容易确定，碳–14 原子与正常的碳–12 原子的比例又相当稳定，所以可以测出抽样中剩余的碳–14 含量，从而推断出该有机体（如果是人或动物）死于何时，或（如果是变成了木材的树）何时被砍倒，或（如果是生命期较短的植物和杂草）何时以其他方式终止了生命。

人骨、动物骨、木片和烧过的种子这类有机材料可以用碳-14测年法来测定年代。烧过的种子尤其合适，因为它们在被烧毁前存在的时间通常非常短。同样，生命周期短的灌木也是理想的测年对象，乌鲁布伦的发掘者就是借助灌木来确定沉船年代的。[5] 放射性碳测年法成本较低，至少与其他测年法相比是这样。

放射性碳测年法不能直接为石器或陶器定年，因为这些物品不吸收碳-14。然而，可以用它来为与石器或陶器处于同一背景中的有机物体定年，这样就连带确定了石器和陶器的年代。

碳-14 测年法也有一些问题，包括测验抽样会给有关物品带来部分破坏，而且大气中的碳-14 并不总是稳定不变，而是有所起伏的。为应对这个问题，人们制订了校准曲线，还发明了别的校正方法，所以，放射性碳测年法是为古遗址定年最常用的方法。我最近在泰勒卡布里和美吉多参加的挖掘工作都使用了这个方法。[6]

此外，如果发现了一大块木头，比如原来的房梁或墙柱，甚至是船体的一部分，那么除了碳-14 测年法外，还可以用另一个办法来测定它的年代。这就是树木年代学，也叫年轮定年法，[7] 靠数木头上的年轮来定年。去过美国的约塞米蒂（Yosemite）或红杉（Sequoia）国家公园的人对此也许并不陌生，那些公园里经常展出巨大的树根，有些树根横切面的年轮上贴着小小的标签，写着“1620 年：清教徒在普利茅斯岩登陆”或“1861 年：南北战争打响”等字样。那些树木的年轮都收入了科学家多年来仔细编制的主年轮序列当中。如果在考古挖掘中发现了一块看得出年轮的木头，有时可以通过查对主年轮序列来推断它的年代。不过，就连主年轮序列也不可能回溯到 1 万年或 1.2 万年之前。

根据同样的基本原则，可以使用各种化学方法来测定适合使用这些方法的遗址上其他物体的年代。比如，在奥杜瓦伊峡谷这个对了解人类起源至关重要的遗址，如果想确定一件石器的年代，可以使用钾氩定年法。这个方法测量石头的含钾量和含氩量之间的差值，因为钾随着时间的推移会衰变为氩。但是，这个衰变需要很长的时间，所以，这个方法对 20 万年到 500 万年前的物体最合适。对这么久以前的物体不可能使用放射性碳测年法，因为放射性碳测年法只能用于有机的遗存，不能用于石器，而且只能测定过去 5 万年间的物体。

对于比较“年轻”的遗址中找到的一些物品，可以使用热释光法来确定年代。热释光法通过测量储物罐这样的黏土制品内的电磁或电离辐射量来确定它的确切年代。具体来说，热释光法能够测出某个物体出窑了多久。研究者发现，测试的物体必须曾经加热到 450 摄氏度以上，否则热释光法就不起作用。

另一种较新的、仍处于实验阶段的方法和热释光法相似，叫作再羟基化测年法。这种方法通过测量陶器的含水量来定年。2010 年夏天在美吉多挖掘期间，我在当地举行的一次小型会议上初次听说这个方法，觉得它非常有意思，也很有发展前途。陶器在窑中烧制时，泥胎中的所有水分都会在烧制过程中蒸发殆尽。陶器一出窑开始冷却，无论处于何种环境，都开始不断而缓慢地从大气中吸收水分。[8]这样，通过测量陶片中的水分，就有可能确定它烧制的时间，从而推断它的年代。

再羟基化也有它的问题。我们在会上听到了这样一个故事：研究者拿到一块英国坎特伯雷的中世纪古砖，用它来检验再羟基化测年法，可是试了一遍又一遍，每次的结果都表明它存在的时间只有66年左右。然而，他们明明知道那块砖的历史要长得多。最后发现，那块砖来自坎特伯雷在第二次世界大战期间遭到轰炸的部分，在轰炸引起的大火中炙烤过。20世纪40年代的大火把古砖的水分完全烤干了，所以，再羟基化测年法测出的年代显然是准确的，[9]但它测定的不是那块砖在中世纪初次烧制的时间。

对黑曜石可以采用黑曜石水合测年法，原理和再羟基化测年法类似。黑曜石是一种火山玻璃，十分坚硬，因此在古代非常宝贵，时至今日有时还用它制作手术刀。黑曜石一旦暴露在空气中，就会以稳定的速度不断吸收水分。所以，通过测量某件黑曜石工具所含的水分，就可以确定它的年代。

地层学、陶器序列和关联背景也都能用来测定相对年代，在无法确定确切年代的情况下尤为常用。这些在前面已经讨论过，在此仅需记住，确定某件物品的年代有时只要看一看和它一起发现的东西即可，换言之，看它与其他物体的联系或共同背景。比如，一件石器的年代可以根据和它一起发现的一个能够测定年代的有机物体来推定。

举例来说，假若挖掘者在古墓中发现了罗马皇帝韦斯巴芗时期铸造的一枚钱币，这座古墓的年代就显然不可能在韦斯巴芗之前。所以，古墓中和钱币一道埋葬的所有物品就应该全部来自同一时期，除非有的物体在埋葬时就已经是祖传遗物——这种事情不是没有过。同样，如果挖掘一座古代房屋或宫殿时，在某个房间的地板上发现了一枚印有阿孟霍特普三世法老专用椭圆图案的古埃及圣甲虫，那么地板上的所有其他物品可能都属于公元前14世纪阿孟霍特普三世统治埃及的时期。

以泰勒卡布里为例，我们在王宫一个房间的地板上发现了一个圣甲虫，其风格为公元前17世纪到公元前16世纪的希克索斯时代所特有，这为我们提供了一条线索，让我们得以确定这个房间的年代。后来，我们让实验室对一些木炭样品进行放射性碳分析，分析结果证实了我们的推断。

关于乌鲁布伦沉船的第10章讲到，考古人员为沉船测定年代时用了4个办法：放射性碳测年法，树木年代学，参考船上装载的米诺斯和迈锡尼陶器的类型，以及参照船上发现的一枚奈费尔提蒂的圣甲虫。这4个方法共同指向青铜时代晚期这个相对年代，也确定了沉船事件发生的确切年代——公元前1300年左右。[10]4种方法中每一种都有其限制和不确定性，但当所有4种方法都指向同一个大致时期的时候，考古学者就有了相当的把握。

如果一整批物品都处于大致同样的背景，或都围绕着一个中心因素，就可以使用关联法来测定年代。这方面最好的例子是中国的兵马俑，它们集中在几个坑里，都是同一个皇陵的一部分。1974年，

兵马俑

中国陕西省省会西安附近的农民在打井时挖出了一件东西，他们开始以为那是一块石头，仔细一看，是一个用陶土制成、全副武装、真人大小的武士俑的头和躯干部分。[11] 自那以后的几十年来，考古人员在那里发现了数千个武士陶俑，还有陶土制的战马和战车——统称兵马俑。

兵马俑埋葬的时间是两千多年前的公元前 210 年。它们是中国的第一位皇帝秦始皇的陪葬品。秦始皇统治中国的时期为公元前 221 年到公元前 210 年。是他结束了战国时期，首次统一了中国。他是在一次带军出巡过程中突然去世的。他的陵墓和附属的墓坑昭显了他对中国社会的重要性，不过他的王朝在他死后不久即告完结：仅仅 4 年后，也就是公元前 206 年，秦朝就被汉朝推翻了。汉朝的历代皇帝统治中国达 4 个世纪之久，直到公元 220 年。[12]

迄今为止，人们在 3 个大墓坑里发现了秦始皇的兵马俑，还有很多没有出土。据估计，秦始皇陵附近的这些墓坑里共有 6 000 到 8 000 个兵俑和数百个马俑，可能还有几十辆陶土制的战车。另外还发现了一个墓坑，但它几乎完全是空的。[13]

离这些墓坑大约 1 500 米远的秦始皇陵尚未发掘，但它的位置显而易见，因为陵墓顶上的土丘高达 43 米。根据中国史学大师司马迁在秦始皇死后约一个世纪撰写的著作，70 多万人夫劳作了约 36 年才建好秦始皇的陵墓。虽然也许对这些数字不应完全当真，但是建造陵墓和墓坑的确需要大批的工人，正如在那之前两千多年埃及修建金字塔一样。据说秦始皇陵内部豪华壮观，有一幅立体地图，里面的河流用水银做成。为防盗墓，还设有各种机关陷阱。古时的记述特别提到，“令匠作机弩矢，有所穿近者辄射之”。*, [14]

总有一天，考古人员会发掘秦始皇陵，但在那一天到来之前，陵墓周边的墓坑已足以惊人。第一个被发现的墓坑现在被恰当地称为一号坑，里面有大约 6 000 个兵俑，都和真人一样大小，队列整齐，好似在接受阅兵。它们手持的兵器都是真刀真枪。这些兵俑非常壮观，不过它们脸上、胡须上和甲胄上原来涂的颜料大多已经消失，这也许是因为墓坑内着过火，或是由于埋藏它们的土壤类型造

* 本句出自司马迁所著《史记》的《秦始皇本纪第六》。——译者注

成的，但最有可能是因为它们出土后暴露在了空气中。

二号坑里至少有 1 000 个兵俑，还有马和战车。三号坑里的兵俑不到 100 个，另外有一些陶土制的马和一辆战车，以及一些完好无损的兵器。有些学者认为，最后这个墓坑是帅帐，部分的原因是这个坑里的人俑比其他坑里的俑更高大，而且结成了战阵，不过这只是假设。[15]

总的来说，这些墓坑里的兵俑看起来好像各人各样，胡须和甲胄彼此不同，手中的武器也不一样，有的持矛，有的拿剑，有的带盾，有的挽弓。其实，所有的兵俑似乎一共只有七八种不同的脸型，不过胡须的形状有 25 种。

现在看来，兵马俑可能是组装而成的，头、臂、腿和躯干分别制成后再装到一起。在墓坑的一些地方，可以看到散落的碎片，甚至有尚未装上头的躯干。这也许表明兵马俑是在现场制作的。制作兵马俑需要能工巧匠；根据一份报告，人们在兵马俑的不同部位发现了 85 个雕塑者的名字。[16]

2010 年，一号坑里又发现了 114 个兵俑，许多还带着鲜艳的颜色。自从 1974 年以来，考古技术有了长足的进步，所以考古人员这一次得以迅速地保护兵俑身上的颜料，[17] 使其不致剥落。

2014 年，研究人员宣布，他们对涂在兵俑身上的颜料有了进一步的发现，比如弄清了使颜料附着在真人大小的陶俑上的黏合剂成分是什么。他们发现，陶俑身上先是涂了好几层清漆，[18] 最后才涂颜料。颜料中含有动物胶，能把颜料层和下面的漆层粘在一起。

人们对兵马俑的兴趣使得陕西省有了更多的考古发现。1990年，为应付蜂拥而来的游客，当地准备在离秦始皇陵约40千米处修建一座新机场。动工时，又发现了几个墓坑，里面也有各种类型的兵俑。这些兵俑所在的墓坑附属于两座陵墓，墓主分别是汉景帝和他的皇后，他们生活在公元前188年至公元前144年左右。这些兵俑是实心的，和秦始皇墓坑里的空心兵俑不同；个头也小得多，不到60厘米高。

另外，它们全身一丝不挂，而且没有手臂。也许它们最初穿着衣服，也装着手臂；可能手臂是贵金属做的，后来被盗墓者偷走了。反正现在它们看起来怪异得很。保罗·巴恩（Paul Bahn）报告说，这两座陵墓的附属墓坑里的兵俑数量估计在1万到100万之间。[19]

人们还发掘了秦始皇陵附近的其他墓坑，在里面发现了耍杂技的人俑和弹奏着各种乐器的乐者俑。还有大臣和官员的人俑和一个微型皇家马厩。[20]

2014年，秦始皇祖母的墓被人发现及挖掘。墓中有12匹真马的骨架[21]和原来由那些马拉的两辆车。

至于秦始皇陵本身，刚才说过，还没有开始挖掘，部分原因在于我们仍然在等待技术的进一步改善。考古人员曾经对墓丘做过遥感探测，结果表明丘内有不同的墓室。目前的猜测是，秦始皇的墓室[22]可能在丘顶之下约30米的深处。希望有朝一日我们能目睹陵墓内部的真容。

第二个问题解释起来比较复杂：“如此古老的东西怎么能保存至今？它们为什么没有化为尘土？”回答是，许多古物的确化为了尘土或由于其他因素毁掉了。古时的东西只有一小部分留存至今。石头和金属这类无机物通常能够保存下来，尽管埋在土中的白银会变成紫色，青铜会变成绿色，等等。只有金子的颜色保持不变。我在考古生涯中只有几次发现过金子，但发现过不少青铜制品，包括我那“石化的猴爪”。

有机物或易腐材料制成的物品就没有那么持久，大多数考古遗址中很难找到纺织品或皮凉鞋之类的东西。不过，有时候这类物品和人的尸体能幸运地保存下来，这通常发生在湿度和温度非常极端的条件下，换言之，出现在极干、极冷、极湿，或极为缺氧[23]的地方。在此介绍几个非常有趣的例子，每个事例发生在不同的极端条件下。

比如，在埃及图坦卡蒙陵墓里极为干燥的条件下，易腐物品保留了下来，所有的木制家具、箱子和战车都完好无损。干燥的气候还保存了金字塔中的木船，以及众多盛放木乃伊的棺材和古埃及的莎草纸。

在离埃及万里之遥的中国，也有在干燥的沙漠中得到保存的木乃伊，其中有些是4 000年以前的。首先就此向世界发出报告的是在宾夕法尼亚大学研究中国文化的梅维恒（Victor Mair）教授。他在中国乌鲁木齐市一家博物馆里看到了在西藏北面的塔里木盆地发现的木乃伊，于是他开始研究这些木乃伊。和他同时进行研究的还有加利福尼亚州西方学院的伊丽莎白·巴伯（Elizabeth Barber）教授。梅维恒和巴伯都发表过关于这些木乃伊的著作。木乃伊埋葬在沙漠中，周围环境极其干燥，[24] 所以保存得非常完好。

有一些木乃伊非常奇特。虽然它们是在中国发现的，但具有高加索人种或欧洲人的特征，包括棕色头发和长鼻子。和它们一起下葬的纺织品料子很像格子花呢。DNA 显示它们可能有西方血缘，与美索不达米亚、印度河谷，甚至与欧洲 [25] 有关系。

对这些木乃伊所做的研究仍在进行中，但我们也许不应因上述的初步发现而特别吃惊。自公元前 2 世纪开始的丝绸之路东起中国，西到地中海，塔里木盆地是它的途经之地。2010 年，有些木乃伊作为古代丝绸之路巡回展览的一部分曾运到美国展出。[26]

另一方面，1991 年在阿尔卑斯山上发现的“冰人”奥兹、1993 年发现的“西伯利亚公主”（Siberian princess）和 1995 年在秘鲁发现的“冰少女”胡安妮塔（Juanita the Ice Maiden）都是在严寒的条件下保存下来的。“冰人”奥兹自从被登山者在奥地利和意大利边境 [27] 的阿尔卑斯山上偶然发现之后，尤为引人关注，引发了不少分析和讨论。奥兹掀起的狂热遍及世界，在发现他的地区尤其如此。现在在那里可以买到奥兹葡萄酒、奥兹巧克力（像复活节的兔子巧克力，但做成奥兹的样子），还有——也许是最恰当的——奥兹冰激凌。

起初，发现奥兹的人以为他遭到了谋杀，叫来了警察。不过，这个案子是名副其实的“冷案”*，因为奥兹不仅被冰封，而且后来发现他已经在那里躺了 5 000 多年。研究表明，奥兹死于公元前 3200 年左右，比埃及的金字塔还早 600 多年。[28]

奥兹的尸体夹在岩缝中。沿山坡而下的冰川盖过了岩石和他的尸体，把他保存在若干英尺深的冰雪下长达数千年。1991 年，远方北非的一场沙尘暴把沙尘吹上了大气层，最后落到了奥兹上方的冰上。沙尘吸收的阳光融化了坚冰，露出了奥兹的头、肩膀和上部躯干。

警察不知道奥兹是古时的尸体，砍破冰层把他拉出来时破坏了他的尸体，也破坏了散落在他身边的遗物。科学家一知道奥兹不是遭了厄运的登山者，而是古人，就于 1992 年对现场进行了科学考古发掘。发掘时找到了别的人工制品，包括奥兹的熊皮帽子。自那以后，考古学者对奥兹和属于他的物品进行了详尽的研究，包括彻底检测他的 DNA。

研究发现，最初赶到现场的警察猜得不错，奥兹的确是被杀害的，不过这桩杀人案发生在几千年前。光是证明奥兹被杀害就花了 10 年的时间，但证据其实很明显，只是过去没有人注意到而已。2001 年，一位眼尖的放射科医生在检查奥兹的 X 光片和 CT 扫描图像时发现，奥兹后背左肩胛骨下面嵌着一块外来物。后来发现那是一个箭头。奥兹背上在箭头下方几英寸的地方有一处伤口，说明箭

* “冷案”为警方术语，指长期未侦破的案件。——译者注

手是站在奥兹下方[29]朝上射箭的。

后来确定，箭头切断了奥兹的一条动脉，说明他可能是失血过多而亡。既然箭是从他身后射来的，这也许意味着他的死不是意外，而是谋杀。他的手上有一处防卫时留下的伤口，这说明他曾与人打斗，他可能是在逃跑的时候[30]挨了那致命的一箭。

奥兹的重要性不可估量。研究者在他身上做出的科学发现一项接一项，发表在一系列有同行审查机制的著名专业刊物上，包括《科学》《考古学杂志》《柳叶刀》等。

科学家的发现包括：奥兹长着棕色的头发，眼睛也是棕色，深眼窝，蓄着胡须，两颊下陷。他死亡时身高约 1.6 米，体重约 50 千克，年龄在 40 到 50 岁之间。根据牙齿釉层的锶同位素可以确定一个人童年生活的地方，研究者对奥兹的牙齿釉层做的锶同位素分析表明，他一生可能都生活在死亡地点附近，活动半径不超过 60 千米，很可能是在附近的意大利境内的一条山谷里。[31]

奥兹的肺呈黑色，可能是因吸入了洞内或洞外的篝火发出的烟所致。他有蛀牙，死前几个月间病过几次。科学家和考古学家分析了他的肠道，发现里面有花粉，这表示他可能死于暮春或初夏时分。他吃的最后一餐包括马鹿肉、用野生单粒小麦做的面包和几个李子。此外，他的倒数第二顿饭包括野山羊肉、谷物和其他各种植物。[32]

2016 年，研究奥兹胃部的科学家宣布确定了已知最早的病原体的基因组，这种病原体叫幽门螺杆菌（*H. pylori*），能造成溃疡。

这种细菌也许能提供关于人类移徙模式的线索，因为它是亚洲的一个品种，不是今天欧洲人中间比较常见的亚非混合品种。这个发现表明，奥兹在世时尚未发生把非洲品种带到欧洲的移徙。[33] 目前，这样的基因研究越来越多，从在英国一个停车场地下发现的理查三世国王的遗体到图坦卡蒙的木乃伊都经过了基因研究。未来这样的研究可能会对考古越来越重要。[34]

奥兹身上有 61 处文身，是把皮割破后涂上木炭做成的。这些是已知最古老的文身，但大多是线条和十字，不是图案。这里有一个有趣但莫名其妙的花絮：电影演员布拉德·皮特的左小臂上刺着一个奥兹像的文身——好莱坞与考古相结合？我个人觉得皮特在身上纹阿喀琉斯的像更加合理，因为他是 2004 年的电影《特洛伊》的主角[35]。

奥兹算得上衣冠楚楚。他穿着 3 层衣服，贴身的内衣是山羊皮制作的，腿上裹着皮毛绑腿，身穿皮革外衣，披着草编的斗篷，还戴着棕熊皮做的帽子。他脚上的皮制鞋子里面塞了保暖的草。2004 年，捷克有位教授做了双一模一样的鞋子，穿着去登山；他说脚上没有起泡，而且这双鞋比他平常穿的登山鞋更舒服。[36] 现在，这些服饰在好几个地方都有复制品，包括奥兹现在的栖身之地——意大利北部的南蒂罗尔考古博物馆。

在奥兹的其他物品和装备中，有几件东西使我们对奥兹和他的生活环境与生活方式有了进一步的了解。他带着两支装有燧石箭头的箭和一个修箭用的工具盒，外加满满一箭囊做了一半的箭、一张快完工的长弓、一把燧石刀刃的匕首和一把铜刃的斧头。考古人员还发现了一个点火用的工具盒、一个装着火种的桦树皮盒和一根骨针。这些东西大都装在奥兹带的背包[37]里。

奥兹并非唯一一个在冰雪中发现的古人。1993 年，人们在西伯利亚南部靠近中国边境的乌科克高原（Ukok Plateau）发现了一具干尸，称之为“西伯利亚公主”或“冰少女”。她生活在公元前 5 世纪，死时约 25 岁，可能是死于乳腺癌。和她一起埋葬的有 6 匹鞍辔俱全的马，也许是供她来生用的。这个猜测很有道理，因为据信这位公主是巴泽雷克人（Pazyryk），那是个马背上的游牧民族，[38]公元前 5 世纪的古希腊历史学家希罗多德曾描写过他们。

“西伯利亚公主”最著名的是她身上的众多文身，奥兹与她相比当自愧弗如，尽管奥兹的文身比她早近 3 000 年。西伯利亚公主的文身主要集中在左肩和左臂上，图案包括一个神话动物，看似一头鹿，但长着希腊神话中狮鹫的头，还有鹿角，角叉的尖头处也有狮鹫的头。她附近埋葬着一些被确认为武士的男人的尸体，其中有一些几十年前就出土了。他们身上也有类似的文身，其中一个人的两臂、背上和小腿上[39]都文满了。

两年后的 1995 年，人类学家约翰·莱因哈德（Johan Reinhard）在秘鲁的安帕托峰（Mount Ampato）发现了一具年龄在 12 岁到 14 岁之间的印加女孩的干尸。有时人们也叫她“冰少女”，但因为这会使人把她和西伯利亚那具干尸混淆起来，所以通常只叫她胡安妮塔。[40]

莱因哈德发现胡安妮塔的地方接近峰顶，在海拔 6 000 多米的地方，她在那里长眠了 500 多年。莱因哈德爬上安帕托峰是为了拍摄附近一座正在爆发的火山，他觉得在峰顶能够拍到理想的照片。安帕托峰的峰顶不像是印加人祭祀的场所，但胡安妮塔就是在那里找到的。火山灰融化了一部分保护她的冰层，使她露了出来。莱因哈德在著作《冰少女》（*The Ice Maiden*）中叙述了他是如何把她装在背包里背下山的，因为她只有约 36 千克重。[41]

胡安妮塔并非唯一的印加木乃伊，人们后来又发现了别的木乃伊，包括莱因哈德带领一支队伍重返安帕托峰进行彻底搜索时在峰顶以下约 300 米的地方发现的两具木乃伊，一个男孩，一个女孩。根据美国公众广播公司（PBS）播放的一部电视纪录片，迄今人们在安第斯山脉各个峰顶发现了 115 处印加人的祭坛[42]，估计那些地方还有数百名印加儿童埋葬在冰天雪地之中。今天，在这个地区做研究的人类学家和考古学家仍在探索这些儿童到底是谁、为什么被丢在山顶上等死等问题。

至于浸在水中得到保存的物品和尸体，有人在伊拉克尼姆鲁德遗址的一口井中找到了公元前 8 世纪的一块小小木制写字板。前面说过，乌鲁布伦沉船中也发现了两块写字用的木板，它们在地中海四五十米深的地方保存了 3 000 多年。丹麦和英国等地发现的所谓沼泽尸体是有机物在水中得到保存的最好例子。

沼泽尸体保存得极为完好，连胡须中的每根毛发和尸体脖子上勒的绳索都看得清清楚楚。人们在英伦三岛和欧洲大陆过去曾是沼泽的地方发现了数百具这样的尸体。[43]沼泽里的泥炭是苔藓类植物腐烂后形成的，可以当燃料用，或铺在房顶上作为保温层。在沼泽里挖泥炭的工人偶尔会挖到人的尸体；那些尸体的骨头早已消失，但在沼泽酸性缺氧的环境中，软组织却几乎完全保存了下来。

这样的尸体中有一个被称为“林多男尸”（Lindow Man）[44]，是 1984 年在英格兰西北部的林多莫斯（Lindow Moss）沼泽里被发现的。尸检证明他死时大约 25 岁，两次遭重物击打头部，然后被一条细绳勒死，脖子几乎被勒断，最后还被割断了喉咙。不清楚他是被谋杀的还是在祭献仪式上被杀死的。这绝对是一件冷案，因为他被杀的时间大约是两千年前，在公元 1 世纪或 2 世纪初。

由于“林多男尸”近两千年来埋身的环境，他的皮肤和头发，包括上唇和下巴上的胡须，都保存得很好。他的指甲也非常完好，看得出经过了修剪。他的一部分内脏也保存了下来，里面包含着他的可能是最后一餐，包括一块用小麦和大麦粉做的、未经发酵便用火烤熟的面包。[45]

1950 年，两个工人在丹麦的锡尔克堡（Silkeborg）附近的沼泽里挖泥炭时发现了一具保存得同样完好的尸体。这具尸体被称为“图伦男尸”（Tollund Man），生前生活在公元前 4 世纪，比“林多男尸”早大约 500 年。我们可以看到仍然戴在他头上的皮帽子的每一个细节，仍然系在他腰里的皮带，以及他脸上的胡茬和系在他脖子上用来勒死他的绳子。[46]

发现他的两个工人以为他被人谋杀了，也的确有这个可能，可是他已经死了 2 500 年，不清楚他是为什么被杀的。他死时大约 40 岁。他的胃和肠子都保存了下来，检查他的考古人员对他的胃肠做了分析，得知他的最后一餐是一种粥。

现在来看一看人工制品和尸体在几乎没有氧气的情况下得以保存的例子。显然，世界上这样的地方很少，但并不是没有。黑海水下 200 米的深处就是这样一个地方，那里的水处于静止状态，氧气无法到达海底。[47] 既然没有氧气，东西就不会腐烂，因为不存在生命，连会破坏人工制品的微生物也没有。所以，鲍勃·巴拉德（Bob Ballard）在 1999 年和 2007 年两次操纵一艘遥控船 [48] 潜入黑海深处后做出了惊人的发现。

人们听说巴拉德的大名，一般都是因为他发现了“泰坦尼克号”沉船；但在考古界，他的名气主要来自他在黑海的发现。他发现了一个新石器时代的居住点、一段古老的海岸和现在沉没在大海深处的一片沙滩；这说明整个这片地区是在古代某个时候沉入海底的。两位哥伦比亚大学的教授提出，这个大灾难可能发生在大约 7 500 年前的公元前 5500 年前后。巴拉德还发现了 1 000 到 1 500 多年前罗马时代和拜占庭时代的几艘沉船，其中至少有一条船的木头船身保存得十分完好，连造船时在木头上留下的砍削痕迹都清晰可见。打捞起来的罐子中有一个罐口上仍牢牢地封着蜂蜡。[49]

并非所有古船都像巴拉德在黑海发现的那艘船或埃及金字塔旁的船只那样完好无损。有些船只，比如在英格兰的萨顿胡（Sutton

Hoo）发现的盎格鲁–撒克逊时期的一艘古船和最近在苏格兰发现的一艘北欧海盗船，船体早已荡然无存，只剩了在泥土上留下的印痕。其实，人们发现的很多古物处于类似的朽烂状态，如果它们仅仅是埋在土中，而非处于极端环境条件下的话。但是，这两个例子也表明了经验丰富的考古学者如何根据仅存的一点蛛丝马迹来对损坏严重的古迹做出解释。

拿英格兰萨福克郡（Suffolk）的萨顿胡古船来说，这艘 27 米长的船是 1939 年被一位名叫巴兹尔·布朗（Basil Brown）的考古学者发现的。萨顿胡庄园的主人邀请布朗去挖掘这片位于英格兰东南部的土地上的许多土丘中的一个大土丘。在这个土丘中，布朗发现了这艘船的遗存。[50]

这艘船有很多有趣之处。[51] 它的年代大约在公元 620 年到 650 年之间，属于罗马占领结束后的盎格鲁–撒克逊时代；这个时代始于公元 450 年左右欧洲大陆的新移民开始到来之时，止于 1066 年的诺曼征服 *。

也许最有趣的是，船已经没有了，但它的遗存却历历可见。这是因为虽然船身的木头早已腐烂殆尽，但是痕迹仍非常明显。木头腐烂后在泥土上留下了痕迹，与别处泥土的颜色不同；船身下的泥土有横向的棱状凸起，从船头到船尾每隔几英尺就有一条凸起；泥土中还有原来用于固定木头船板的生锈铁钉。[52] 布朗发现的与其说

---

* 诺曼征服（Norman Conquest），以法国诺曼底公爵威廉一世为首的法国封建主对英格兰的征服。——译者注

是一条船，不如说是船的影子。

那么，为什么要把船埋在土里，而不让它下水呢？多数考古学者认为，这艘船是和船主一起埋葬的，也就是说，它被当作了一位武士、国王或某个有资格当此荣耀的人最后的栖息地。但奇怪的是，船内和附近的地方并未发现人的骸骨，至少迄今尚未发现。这的确有些奇怪。如果这艘船是埋葬地的话，尸体在哪里？一个可能是，骸骨和船体的木头一样，完全解体，[53]消失无踪了。若是如此，尸体就没有留下任何痕迹。这是大多数人的猜测。

另一个可能是从来就没有尸体。如果是这样，那么这艘船就是所谓的衣冠冢，它纪念的人实际上葬在别的地方。今天的许多战争纪念碑其实都是衣冠冢，萨顿胡古船可能是古代的战争纪念碑，[54]也许是为了纪念盎格鲁–撒克逊人在英格兰的这个地方打过的一场仗。

萨顿胡古船中尽管没有尸体，却有许多珍贵文物。船的中央部位有一些物品，包括几枚镶珐琅的金质肩扣，可能是缝在一件现已腐烂不见的布外衣或布衬衫上的；一个刻着复杂图案的纯金带扣；一个镶珐琅的金属盖子，它可能是一个钱袋的仅存部分，布料或皮革的部分已经消失；还有几个镶嵌着精巧图案的牛角杯。这些人工制品进一步表明，这艘船不是普通的埋葬地，[55]这些物品一定是在盛大的聚会或仪式上使用的。

最引人注目的物品是一个铁头盔，[56]它带有金属制的护面，上面为眼睛、鼻子和嘴巴留出了孔洞。头盔的一部分镶嵌着黄金作为装饰。在那个时候，这样一个头盔一定价值不菲，它的主人大概非富即贵，甚至既富且贵。

2011年，有人在苏格兰西海岸的阿德纳默亨半岛（Ardnamurchan peninsula）发现了一艘类似的幽灵船。在10世纪的一个墓地，一位维京*武士以船为棺[57]葬在了这里。这个地区当时处于爱尔兰和挪威之间一条主要的南北向海路上，附近的赫布里底群岛（Hebrides Islands）上也发现了维京人的住房。

坟墓宽约1.5米、长约5米，刚好装得下一艘船。像萨顿胡古船一样，这艘船的木头也已经腐烂殆尽，踪影全无，只剩一些散落的遗存物。考古人员找到了把船板钉在一起的铁制铆钉（共找到200来枚），根据泥土上的印痕也可清楚地看出船的形状。[58]

关于这艘船，我们可以肯定里面曾经有一具尸体，因为考古人员发现了几颗牙齿和几块臂骨的碎片。另外还发现了墓主的铁剑和盾牌的残片——剑和盾都摆在墓主的胸口上。船里还有这位维京人的长矛、一个青铜别针和一块青铜片，看样子是角杯[59]的碎片。

本章开头时说到，一位记者问我，考古学者怎么能对古物的年代如此肯定，我在这里进一步阐述了我对他的回答。希望读者因此能对我们如何确定年代获得更多的了解，但同样应该注意的是，我们并非总是能够确定具体的年月；也应该明白为什么经常要留有一

---

* 维京人指北欧斯堪的纳维亚地区的人，是日耳曼人的一个分支，公元8世纪到11世纪间侵扰欧洲沿海和不列颠岛屿。——译者注

定的余地，特别是在使用放射性碳测年法的时候，给出的年代总会伴以“前后”的因素和统计概率。随着新技术的不断发明和应用，我想今后准确测定古物年代的能力会越来越强。

我也简短地谈到了有些古老的物体是如何保存下来的，其中着重介绍了有机物质得以保存的极端条件。这些有机物体或材料，包括埋藏了几世纪或几千年、一旦挖出来见了天日会受到损坏的东西，人们对于它们的挖掘方法肯定会不断改进。比如，在最近中国的兵马俑出土过程中，这样的改进有目共睹——考古人员成功地保存了兵马俑上依然可见的鲜艳色彩，并对颜料进行了分析研究。

第六部

新世界的考古

第 17 章

沙漠中的线条，空中俯瞰的城

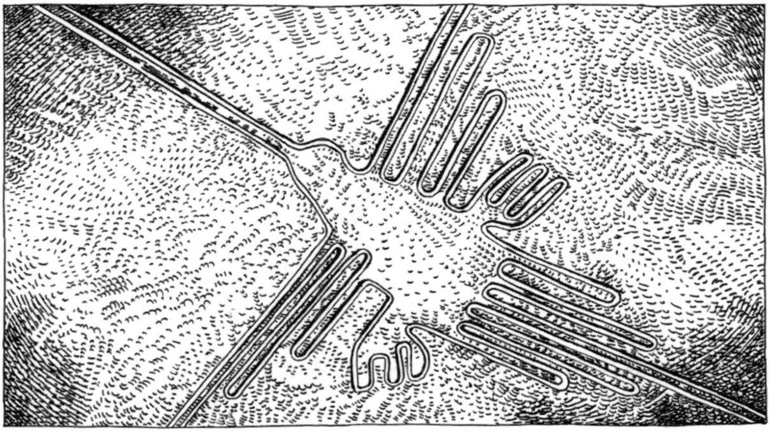

纳斯卡线条图：蜂鸟

20 世纪 20 年代，人们刚开始飞越秘鲁内地高原的沙漠地区时，注意到干燥的沙土上画着长长的直线和巨大的图形。如今，这些被称为“纳斯卡线条图”（Nazca Lines）的图形已是尽人皆知。严格地说，它们是地表绘画（geoglyph），图形包括蜘蛛、狗、鸟、猴子、树和一个看似古代宇航员的奇怪人形。

近半个世纪后的 1968 年，埃里希·冯·德尼肯（Erich von Däniken）出版了著作《众神的战车？》（*Chariots of the Gods?*）[1]。

他在书中提出，纳斯卡线条图一定是为古代宇航员画的，或者是由他们画的。他说，这些图形只有在空中才看得到，地面上看不出，必然是能看到它们的人画的。他还认为，那些长长的直线是古时的飞机或太空飞船的起降跑道。他写道："铺设这些线条是为了告诉'众神'：'在这儿降落吧！[2]一切都按照你们的命令准备好了！'这个设想有什么错？"

他居然问有什么错！可以说全部都错了。最起码几乎所有的考古学者都完全不同意纳斯卡线条图和古代的外星人有任何关系。然而，相当一部分公众对德尼肯的理论信以为真——他的书迄今卖出了数千万册（他的网页上说卖了 6 500 万册）[3]。

2003 年，德尼肯甚至在瑞士开办了一个名叫"神秘公园"（Mystery Park）的主题公园。公园有 7 个馆，其中一个是纳斯卡线条图专题馆。但德尼肯运气不佳，尽管公园起初游客如潮，但很快人数就开始下降。2006 年 10 月，公园迎来了第 100 万位客人，可是一个月后就关门大吉。[4]

然而无论如何，纳斯卡线条图是真实存在的，即使不是古代宇航员画的，也非常值得一看。如今，纳斯卡线条图已成为保护区，多数游客无权进入。最好的观赏办法是乘坐低空飞机、直升机或热气球，因为线条图在空中才看得最清楚。

2014 年 8 月，纳斯卡线条图又上了新闻。几场沙尘暴和强风过后，当地现出了更多的图案。[5]同年 12 月，世界各地的头条新闻再次报道了纳斯卡线条图，因为"绿色和平组织"的志愿者在那里铺开了巨型条幅，上面大书“改变的时刻到了。未来可以再生”。“绿色和平组织”的那些人受到了猛烈的批评，因为他们狂热地要保护未来，却破坏了古迹。不得不说这是相当大的讽刺。[6]

纳斯卡线条图位于秘鲁南部的高地沙漠中，离本章后面将讨论到的马丘比丘（Machu Picchu）约 320 千米。如前所说，它们**不是**古代宇航员画的，而是出自当地原住民之手。那些人被称为纳斯卡人，在公元前 200 年到公元 600 年之间生活在这个地区，他们的坟墓和居住区的遗存[7]就在线条图附近。

我们知道这些，部分的原因是纳斯卡线条图和纳斯卡人制作的陶器上的图案非常相似，后者包括用红、白、黑色的颜料画的动物、鸟和人的图案。此外，研究者对纳斯卡线条图中有些线条尾部发现的木桩进行碳-14 测年法分析后，确定它们的年代为公元 525 年，前后误差 80 年，即公元 445 年至 605 年之间。这与我们所知的纳斯卡人在该地区居住的时间恰好吻合。

考古专业以外的人也许不知道，纳斯卡文化并非第一个在这个地区创作地表绘画的文化。有一个文化比它更早，叫帕拉卡斯（Paracas），纳斯卡文化也许就是从中演变而来的。帕拉卡斯文化在稍微靠北一点的现代城市帕尔帕（Palpa）附近的沙漠里也创造了地表绘画，有的比纳斯卡线条图早好几百年。那些绘画大多在山坡上，不是在地面的沙漠上，画中有一些神秘的人像，也有德尼肯所谓的“跑道”。1994 年，帕拉卡斯和纳斯卡[8]的地表绘画双双列入了联合国教科文组织的世界遗产名录。

沙漠中的纳斯卡线条巨大无比，有好几百条，既有数英里长的简单线条，也有非常复杂、独具风格的动物图形。只要挪动沙漠表层氧化了的岩石，露出下面颜色较浅的沙子，就能形成线条和图形。以这种方法做出或直或弯的线条，即可画出在空中一目了然的图画，[9] 尽管并不总能看出画的是什么。

事实上，有些图形根本看不出到底是什么。有一个动物像是一只受了惊吓的猫和一只奇形怪状的狗的结合。这个图形的风格是漫画型的，动物的腿直上直下，每只爪子只有 3 指或 4 指。

另一个动物肯定是只猴子，但没有眼睛也没有鼻子，一只手有 4 个指头，另一只却有 5 个指头。说到手，纳斯卡图形中有一个干脆就叫“手”，但它其实看起来更像是一只猴子，不过没有画完。这只猴子也是没有眼鼻，也是一只手有 4 个指头，另一只手有 5 个指头。

还有一只约 45 米长的蜘蛛，画得很像，但并不怎么可怕。蜘蛛的一条后腿远远超出了图形的边界，现实中显然不会出现这种状况。它可能代表蜘蛛吐的丝，但把它当成蜘蛛的一条腿来延长，显得很奇怪。

还有一棵巨大的非写实的树和一个同样巨大的鸟状图形，名为“苍鹭”。此外还有一只约 90 米长的蜂鸟，鸟喙和身子一样长。另一个鸟的图形叫“秃鹫”。第四只鸟叫“鹦鹉”，但我看一点儿也不像。

最后，有一个图形有时被称为“宇航员”[10]，它和北边更古老的帕拉卡斯图画一样，是画在山坡上的。这个图形约 30 米高，有个滚圆的头，眼睛像猫头鹰一样又大又圆。考古学者通常叫他“猫头鹰人”[11]，这个绰号是 1949 年起的。他一手指天，一手指地，那样子不太像宇航员。至于他在做什么，有许多合理的解释，有的说他在撒渔网，有的说他在穿传统的斗篷。[12]

自从 20 世纪 20 年代发现了纳斯卡线条图以来，提出解释的人多种多样，既有自己摸索的伪考古学者，也有国家地理学会和其他机构赞助的科学家。1926 年，加州大学伯克利分校的人类学家阿尔弗雷德·克罗伯（Alfred Kroeber）[13] 最先对线条图做了考古研究和系统性描述，但他的研究结果 70 年后才得到发表。至于那些线条和图形的来源，众说纷纭：德尼肯说它们是外星人的飞船跑道；保罗·科佐克（Paul Kosok）和玛丽亚·赖歇（Maria Reiche）认为它们代表着天文历中的星座；人类学家设想它们是先人在这片干燥的沙漠中寻找并追踪水源的标志；还有人说它们是帕拉卡斯文化和纳斯卡文化举行宗教仪式[14] 时用的道路。

最近，一支德国–秘鲁联合工作队在纳斯卡和北边的帕尔帕地区对地表绘画做了记录和研究。他们发现了许多纳斯卡村落的遗址，几乎每个村落附近都有地表绘画。这些发现表明，这个地区的地表绘画历史悠久，有些地表绘画甚至是画在别的画上面的。现在我们也知道，最早的地表绘画在山坡上，站在下面的平原抬头即可看到，而不是必须从空中才看得到。就连蜂鸟那样比较复杂的图形也是单线图形——从图形上的某一点沿着线走，决不会和另一条线交集。所以，这些线条很有可能像有人猜测的那样，是在仪式中行走的线路。[15]

无论如何，完全无须用外星来客来解释令人惊叹的纳斯卡线条图。秘鲁的许多地方多少世纪以来一直有地表绘画的传统，大部分地表绘画对它们针对的观众来说可以看得清清楚楚。地表绘画看来是该地区的一种艺术、宗教和文化的表现形式，而不是外星人的降落跑道。它们也并非我们这个星球上的古人力所不及之事。古人完全有能力做出这样巨大的地表绘画，无须外力帮助。[16]

1987 年，秘鲁北部的另一个地方发现了一座壮美的皇陵，这一消息迅即成为全世界的头条新闻。这座建于公元 250 年左右的陵墓位于西潘（Sipan）地区，是秘鲁考古学家沃尔特·阿尔瓦（Walter Alva）挖掘的。公元 100 年到 800 年间，这里活跃着莫切文明。[17]

按照安第斯地区的标准，建立在沿海南北走向的狭长土地上的莫切王国是个大国。它的国土约 560 千米长、80 千米宽，上面横贯着十几条从安第斯山脉奔向太平洋海岸的隘谷，山谷间有沙漠相隔。莫切王国和太平洋沿岸其他地方以及安第斯山另一边的亚马孙雨林中的地区（今天的智利和厄瓜多尔）有着广泛的贸易往来，买卖的货物包括天青石和海菊蛤壳，还有蟒蛇、鹦鹉和猴子。莫切人开渠引水种植各种作物，包括玉米、鳄梨、马铃薯和花生，并在海里捕捞鱼虾螃蟹和其他海产。[18]

他们的社会似乎等级分明，能生产纺织品、漂亮的陶瓷制品和用贵金属制成的物品，但没有书写系统，显然也没有我们概念中的货币。他们有许多建筑工程，不仅有灌溉渠，而且有金字塔、神庙和宏大复杂的陵墓。他们的首都位于莫切河边，在今天的特鲁希略城（Trujillo）旁边。首都附近有一座金字塔叫太阳金字塔（Pyramid of the Sun），是用1.3亿块泥砖建成的，占地面积超过5公顷。这座用于行政目的的建筑被认为是南美洲最大的建筑。[19] 首都的另一边是稍小一些的月亮金字塔（Pyramid of the Moon），它精雕细刻，是举行祭祀仪式的地方。

莫切文明在公元800年左右突然崩溃，谁也不清楚到底发生了什么。有人说发生了大地震，也有人说厄尔尼诺现象造成了严重干旱。几世纪后西班牙人到来时，看到的只是莫切文明遗留下来的泥砖金字塔[20] 和其他建筑，这些建筑物久经风吹雨打，早已残破不堪。

1987年，沃尔特·阿尔瓦接到西潘附近一个警察局的电话。几个盗墓贼找到了一个装满宝物的坟墓，因分赃不均打了起来。讽刺的是，其中一个盗墓贼打电话叫了警察。警察没收了他们盗墓的赃物，打电话找到了阿尔瓦。他来到警察局后，一位警官从纸口袋里拿出了一张小小的金面具给他看。阿尔瓦惊得差点儿从椅子上摔下来。

他带着一队考古人员去了盗墓贼所说的墓地，发现坟墓位于一个用泥砖建成的巨大无比的金字塔中。除这座金字塔外，那里还有另外几座金字塔，都因多年的风吹雨打而损坏严重，看起来不像人造的建筑，更像山包。

阿尔瓦带着考古队在该地展开了挖掘工作，希望能找到一些逃过了盗墓者魔爪的坟墓。他们很快就发现了另一些坟墓，包括被《国家地理》杂志称为“新世界墓藏最丰富的完整陵墓”[21]的一号墓，墓主被称为西潘王（Lord of Sipan）。

一号墓内部基本上是一个5米见方的大墓室。考古人员在里面首先发现了一个双脚被砍掉的人，这也许是为了使他在来生无法走开，只能留在这里保护墓里的其他人。这个人埋在墓室的右上角，比墓中的其他尸体高几英尺。

西潘王自己躺在墓室中央，四周都有陪葬的人。把双脚被砍掉的那个人也算上的话，墓室中除了墓主本人之外还有11个人[22]：3个成年男子、1个成年女子、3个青少年男孩、3个青少年女孩，还有1个小孩。

墓中有450多件陪葬品，许多是金、银等贵金属制成的，也有铜制品和青铜制品，经氧化后呈现出一种艳丽的绿色。陪葬品中有用花生形状的珠子做成的项链，包括一条一面是银花生，另一面是金花生的项链。我们知道莫切人种植花生，他们的首饰做成花生的形状当不令人惊奇。

还有3副耳环，或者说是耳部装饰品。一副上面镶嵌的动物图形有点像红鼻子驯鹿鲁道夫*；另一副镶嵌着一种鸟，既像鸭子又像鹈鹕；第三副似乎是西潘王本人的小像，他披挂整齐，手持矛枪（也可能是权杖），挽着盾牌，耳朵上戴着饰品，肩上套着一条似乎是用骷髅串成的项链。如果西潘王的正式着装包括这对耳饰的话，那么他戴的就是他自己的小像，这实在有趣。

西潘王胸口上有一个用数百颗细小的珠子串成的绿、棕、白三色的精美胸饰，需要非常小心地维护保存。为保护这类人工制品不受损坏，通常的办法是在布或纸板之类的材料上涂上一层容易去掉的胶水，盖在那些珠子上，等胶水干了以后拿起来。这样，所有珠子就都粘在了上面，并且保留了原来的图形，只不过是原来图形的反面。这样就能够把它们安全地运到保护室或其他地方。把胶水溶化后，就可放心地对维持了原状的胸饰珠子做进一步的研究检查了。

墓中还发现了一个用金子打造的巨大新月形头盔或头饰，旁边散落着一些羽毛，也许原来是缀在头盔上的；一块可能是用来遮盖脸的下半部的金护面；一个看似权杖或高脚杯的金质物件。另外还有几块金、银、青铜或铜制的“背片”。背片物如其名，是服饰背面的一部分，很可能是用来遮护臀部的。几块背片上刻着站在一排骷髅上的所谓“斩首神”（Decapitator God）。墓中其他一些物品上也有斩首神的形象。虽然这个神并不高大，但是你绝对不想在背巷

---

* 它是平安夜为圣诞老人拉雪橇的领头驯鹿。——编者注

里和他相遇。

其他一些人形应该也是神祇，看起来同样凶恶。有些张着嘴巴，露出森森的獠牙；不过也有一些小金珠做成的人脸看起来没有那么可怕，还镶着蓝色的眼睛。

至于墓中埋葬的大人物到底是谁，沃尔特·阿尔瓦和克里斯多弗·唐南（Christopher Donnan）等莫切文明专家猜想他也许是莫切人的陶罐和壁画上描绘的武士祭司。那些画的最出名的主题是所谓的祭献仪式。

在这样的仪式中，被祭献者的喉咙被割开，鲜血收集到高脚杯里，由祭司和其他参与仪式的人喝下。在所有的画中，武士祭司总是戴着头盔或头饰，身穿背片，挂着耳饰，手拿一个大高脚杯或权杖，和坟墓中的西潘王一模一样。如果这个猜测属实，那么陶器上和壁画中的场景[23]显然反映的是真人真事。

过去几十年来，人们还对莫切文明的众多其他遗址进行了调查，发现了重要的文物和信息。然而，最出名的还是西潘王的陵墓。不幸的是，西潘王墓的丰富墓藏引得一些想盗墓发财的人在附近地区大肆滥挖，想再找到一个墓藏丰富的坟墓。至少有一幅航拍照片显示，西潘附近的地貌现在如同月球表面，到处坑坑洼洼。显然，将来必须积极主动地在这个地区预防盗墓活动。

现在来看离今天较近的时代——公元1500年前后。回到秘鲁南部，从纳斯卡线条图一直往东，就到了1983年被列入联合国教

马丘比丘

科文组织世界遗产名录的马丘比丘。[24]

马丘比丘宏伟壮观，举世罕见。这个遗址海拔约 2 430 米，景色实实在在地“令人屏息”，部分原因是它海拔太高，导致呼吸困难。许多游客到了那里后出现高原反应，大煞游兴。作为比较，官方确定的丹佛市的高度为海拔 5 280 英尺（约 1 610 米），因此完全可以把马丘比丘称为“一英里半高城”*。

马丘比丘建于 500 多年前，具体年代为 15 世纪的 1450 年前后；废于不到一个世纪后西班牙人征服南美洲 [25] 的 1532 年左右。它是一位印加皇帝下令建造的避暑地和行宫，离印加帝国的首都库斯科

* 5 280 英尺等于 1 英里，丹佛市因而得名“一英里高城”。——译者注

（Cuzco）步行 5 天的路途。它位于一座林木茂盛的大山上，俯瞰着 600 米下的河流。瓦纳比丘峰（Wayna Picchu）位于遗址的一头，胆大的游客都喜欢去那里爬山登顶。关于这个遗址的学术研究一直没有中断过，其中一个项目是对那里发现的骸骨进行 DNA 检验。[26]

马丘比丘是耶鲁大学教授海勒姆·宾厄姆发现的。1911 年，他首次把自己的发现公布于世。不久前，马克·亚当斯（Mark Adams）出版了一本好书《在马丘比丘右转》（*Turn Right at Machu Picchu*）[27]，书中指出，这座古城并不真的是宾厄姆发现的，他是被当地人带到那里去的，而当地人一直知道马丘比丘的存在。宾厄姆甚至可能不是第一个到过马丘比丘的西方人。但是，他坚称自己是马丘比丘的发现者。这种事也不是第一次发生了。40 年前，海因里希·谢里曼由当地人带领去看了希腊迈锡尼古城的狮门废墟后，就宣称自己发现了迈锡尼；他从弗兰克·卡尔弗特手中接管了特洛伊的挖掘工作后，又宣称自己发现了特洛伊。

1912 年，宾厄姆在国家地理学会和耶鲁大学的赞助下返回马丘比丘，在那里挖掘了 4 个月左右，尽管他没有接受过正式的考古训练。《国家地理》杂志把 1913 年 4 月刊定为介绍马丘比丘的专刊。有人认为，就是这期专刊以及国家地理学会与宾厄姆的联系使《国家地理》杂志开始跃升为世界一流的杂志，至今声名显赫。在专刊的文章中，宾厄姆这样描述了初睹马丘比丘那一刻的震撼："我们处身于一片热带雨林之中，树荫下隐约辨出迷宫似的一片古墙，那是用花岗岩建成的殿堂的废墟，废墟上的一些石块接合得天衣无缝，体现了印加建筑最精致的风格。往前走了十几码后，我们来到一小块开阔地，眼前巍然矗立着两座雄伟的神庙，也可能是宫殿。建筑的石工精巧绝伦，巍峨的殿堂雄伟壮观，坚固的石头住宅多得异乎寻常。这一切使我相信，马丘比丘也许是自西班牙征服以来在南美发现的最大、最重要的古代遗址。”[28]

宾厄姆在 1914 年和 1915 年对马丘比丘做了进一步的挖掘后，开始就挖掘发现的古迹著书撰文，其中《遗失的印加古城》（*Lost City of the Incas*）[29] 可能是最出名的。他觉得，马丘比丘也许就是遗失的印加古城比尔卡班巴（Vilcabamba），但现在人们认为比尔卡班巴在别的地方。

放眼马丘比丘遗址，可以看到它分为上城和下城。有一个居民住宅区，应该是平民区；似乎还有一个贵族或皇族居住的皇家区。如果这里是皇家休闲的地方，等于印加统治者的戴维营*，那么皇家区存在的可能性就很大。另外还有神庙、仓库、水渠和大片大片的梯田。所谓的太阳神庙（Temple of the Sun）中有一个大塔楼（Torreon），可能是观象台（但就此仍有争议）。有一块大石头叫“拴日石”（Intihuatana），可能是用来标记冬至和夏至的仪式用石，但关于它的用途也尚无定论。

所有建筑都使用了标准的，或者说是经典的印加技术。一块块石头经过切割后互相契合得天衣无缝，甚至无须用灰泥黏合。大部

---

* 戴维营（Camp David），美国总统的疗养休假地，常作为美国总统与其他国家领导人会谈的场所。——编者注

分门窗都既非正方形又非长方形，而是不规则的形状。这显然是有意为之，也是印加建筑的一个特点。有人提出了一个有趣的猜想，说这是为了防止房子在地震中倒塌。

宾厄姆在 1912 年、1914 年、1915 年对马丘比丘进行了挖掘后，把许多文物带回了耶鲁大学。他原应只把这些文物保留 18 个月，供美国的专家研究。但事实上，这些文物在耶鲁一待就是 90 年。直到身为人类学家的秘鲁第一夫人开始为争取文物回家而奔走呐喊，耶鲁才采取了行动。2006 年，耶鲁归还了第一批的几件文物；到 2012 年，基本上全部文物都完璧归赵了，只有秘鲁同意对方继续研究的几件文物仍留在耶鲁。[30]

归还的文物现在展出于库斯科一家博物馆兼研究中心内，当地和外国的考古学者和学生在那里可以继续研究它们。文物中包括饰有复杂图案的陶瓶，有些应该是装油或装香水用的。有个瓶子长长的瓶颈上画着一张人脸，瓶身上画的似乎是一条有荷叶边的裙子；另一个瓶子做成一只手拿着细长杯子的形状。一个骨制的披肩别针雕成面对面的两只鸟；还有各种其他首饰和金属物品，包括祭祀用刀。[31]

对秘鲁考古的简述到此为止。本章介绍了几个令人惊叹的文明——纳斯卡文明、莫切文明和印加文明。这些文明的时间跨度长达数千年，涵盖范围广至数百平方英里，沙漠和高山中都有它们的痕迹。我们可以清楚地看到，在这同一个地区，不同的文明兴衰轮替，各领风骚数百年。这一点新世界与旧世界并无二致。然而，在某些方面，秘鲁的几个文明更加令人叹为观止，因为那里山高谷深，入海的河流之间被沙漠隔断，附近还有亚马孙盆地——这样的自然条件使得建立大型的复杂社会、聚集农业生产的盈余，以及维持政体各部分之间的协同运作难上加难。但无论如何，不管是莫切文明还是美索不达米亚文明，是印加帝国还是印度河谷，是纳斯卡文明还是新王国时期的埃及，似乎都脱不出历史循环的轨迹。

第 18 章

巨头、羽蛇和金鹰

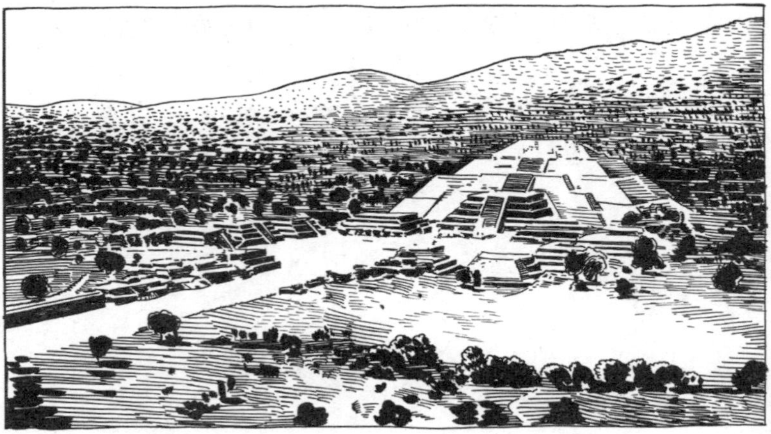

特奥蒂瓦坎的月亮金字塔

墨西哥城东北约 50 千米处是公元前 100 年到公元 650 年左右曾有人居住的特奥蒂瓦坎遗址。2003 年，人们在那里发现了一条秘密隧道，从古城边缘的一个广场通往羽蛇神庙（Temple of the Feathered Serpent）。由于天降暴雨，离神庙 24 米左右的地上被冲开了一个小洞，秘密隧道这才暴露出来。考古人员使用雷达这种遥感仪器进行测量后绘制了隧道的地图。自那以来，由墨西哥考古学家塞尔希奥·戈麦斯（Sergio Gómez）领导的考古发掘工作一直在进行。他们在有些地方使用了遥控机器人，有些地方则完全用手挖。[1]

隧道长约100米，通往羽蛇神庙的正下方，深达12米，甚至18米。它大约在1 800年前被封，隧道里至少建了6堵封道墙。考古人员对隧道进行了一丝不苟的挖掘工作，发现了7万多件五花八门的古物，有首饰、种子、动物骨头、贝壳、陶器、黑曜石刀片、雕有动物头像的容器、中美洲球戏中使用的橡皮球、数百个来自加勒比地区的大海螺壳，还有4 000件木制品。

隧道顶部和两边的墙上涂着一种闪闪发光的粉末，可能是研碎的黄铁矿石或类似的物质，在电筒的照耀下流光溢彩。隧道尽头有3个房间，里面装着祭献品，包括4个大型软玉人像、美洲豹的骸骨和玉制雕像，还有大量的水银，也许代表着地下世界的河流或湖泊。再往前的地方尚未发掘，那里也许会有统治者的坟墓。[2]

之前已经讨论过了帕伦克和奇琴伊察这两个中美洲遗址。除它们之外，新世界考古近来还有一些令人兴奋的发现：一个是阿兹特克文化的特诺奇蒂特兰（Tenochtitlán）遗址，这个遗址位于墨西哥城中心的地下，时间为1350年前后；另一个就是前面提到的特奥蒂瓦坎遗址。16世纪西班牙人入侵墨西哥后，欧洲人就知道了这些遗址。但是，那些西班牙入侵者并不知道历史上还有奥尔梅克人（Olmecs）。

那么，就让我们从20世纪三四十年代刚发现奥尔梅克文明的时候说起。奥尔梅克人创造了今天的墨西哥地区已知最早的文明[3]，它的繁荣期至少自公元前1150年（甚至公元前1500年）便已开始，到公元前400年左右结束。然而，这个中美洲最早的文明却是最后被现代考古人员发现的。公众对奥尔梅克文明的了解主要限于他们留下的17个巨大的石制头像和其他雕像。最先使奥尔梅克人进入全球视线的是史密森学会的考古学家马修和玛丽昂·斯特林夫妇（Matthew and Marion Stirling）[4]和《国家地理》杂志一位名叫理查德·斯图尔特（Richard Stewart）的摄影师。

这些考古学者并非第一批看到奥尔梅克文明的证据的西方人。最初发现奥尔梅克雕像的消息在1869年就公布于世了。在公布此事的几年前，墨西哥加勒比海岸边韦拉克鲁斯（Veracruz）的一个农场工人在“特雷斯萨波特斯”（Tres Zapotes，意思是3棵人心果树，那是当地常见的一种树）村子附近发现了那个雕像。现在，发现了雕像的奥尔梅克遗址[5]也采用了那个村子的名字。

据说，那个农场工人起初以为那是个倒扣的铁锅，但后来他惊讶地发现它是用火山岩雕成的巨大头像。这个雕像方脸盘、大眼睛、大鼻子、厚嘴唇，头盔（很像早期橄榄球运动员戴的皮制头盔）一直压到眉毛。下巴以下什么都没有：没有脖子，没有身体，没有手臂，也没有双腿，只有一个头。因为雕像的宽度和高度几乎一样，所以它很像一个巨大的台球，只是没那么圆而已。1939年，马修·斯特林重新对这个遗址进行了挖掘，它现在是特雷斯萨波特斯遗址 A。[6]

在起初关于这些巨大头像和奥尔梅克文明的讨论中，甚至是最近的一些讨论中，都有人把它们和埃及、腓尼基、亚特兰蒂斯、古代宇航员，甚至中国和日本联系起来。当然，它们与上述的任何一者都毫无关系，完全是当地土生土长的。[7]

奥尔梅克一词的意思是“橡胶之乡的人”。这不是奥尔梅克人的自称，而是阿兹特克人对 1521 年西班牙征服者到来时仍住在那个地区的奥尔梅克人后裔的称呼。考古学者通常叫这个地区“橡胶之乡”，指的是从今天的韦拉克鲁斯南部延伸到塔瓦斯科（Tabasco）西部的那片闷热潮湿的低地。目前，我们仍不知道奥尔梅克人如何自称，因为他们留下来的刻在石头上的寥寥几篇文字尚未破译。[8]

斯特林夫妇和斯图尔特不是最先来到这个地区的考古学者。这方面拔得头筹的是新奥尔良杜兰大学的一支两人探险队。弗兰斯·布洛姆（Frans Blom）和奥利弗·拉法尔热（Oliver La Farge）1925 年出发去寻找玛雅古迹，却找到了奥尔梅克遗址，包括如今最著名的遗址之一拉本塔（La Venta）。他们在那里也发现了一个巨石头像，还发现了祭坛、石柱和一座完全覆盖在丛林之下的金字塔废墟。他们的发现集结成两卷文字，于 1926 年至 1927 年间出版，题为《部落与神庙》（*Tribes and Temples*）[9]。

迄今为止出土的3个最重要的奥尔梅克遗址[10]是圣洛伦索（San

Lorenzo）、特雷斯萨波特斯和拉本塔。几乎每个遗址都是当地人首先发现的。他们在田里干活时发现了石制头像、祭坛和别的东西，后来才带领考古人员前去；那些考古人员有的是初到此处，有的是故地重游。

3 个遗址当中，最先开展专业挖掘工作的是特雷斯萨波特斯。那是在 1938 年到 1940 年之间，参加挖掘的人不多，带队的是斯特林夫妇，还有一位叫菲利普·德鲁克（Philip Drucker）的考古学家。他们重新在此挖掘，并对 80 年前被那个农场工人发现的奥尔梅克头像做了细致的记录。记录表明，这个头像高约 1.5 米、重约 8 吨。他们还发现了几个雕花石柱和纪念碑，石柱中有一根（石柱 C）刻着日期，与科潘和帕伦克等玛雅遗址使用类似纪年法的石柱一模一样。斯特林因而得以迅速确定石柱 C 上的日期[11] 等于我们的公元前 31 年。

1940 年，斯特林夫妇在特雷斯萨波特斯的第二个挖掘季走访了另一个奥尔梅克遗址——拉本塔。他们是从布洛姆和拉法尔热的著作中知道拉本塔的。那两位考古前辈在 1925 年由当地人带着在一天内观看并记录了 8 个古迹，斯特林夫妇就是为寻找这 8 个古迹而来的。还真被他们找到了，包括那个高 2.6 米、周长 6.7 米的巨石头像，外加 2 根石柱和 3 个“祭坛–宝座”，这样的祭坛通常正面有一个凹陷，里面刻着一个人的坐像。[12]

斯特林夫妇还找到了之前的两位探险家没有发现的古物，包括另外 3 个巨石头像和一个祭坛–宝座，上面雕的坐像在膝上抱着一

圣洛伦索的奥尔梅克巨石头像

个婴儿。此外，那个祭坛上还刻有另外 4 对成人和婴儿的像，所以它通常被称为“五胞胎祭坛”，不过它的正式名称是 5 号祭坛[13]。

斯特林夫妇本来只是想去拉本塔遗址看一看，却收获如此丰富，于是，他们和德鲁克决定在 1942 年至 1943 年间返回拉本塔进行挖掘。尽管当时第二次世界大战正打得如火如荼，但他们还是设法安排了两个短期的挖掘季，其间他们对遗址上能看到的山丘都进行了挖掘。有的山丘里有坟墓，里面有一些墓葬品；别的山丘下埋着马赛克石板地。其他学者后来在挖掘时又发现了很多东西。拉本塔有至少 30 个公元前 1000 年到公元前 400 年的土丘，考古学家理查德·迪尔（Richard Diehl）估计，迄今在这个遗址上发现了大约90座石头古迹。[14]

1945年，斯特林夫妇去了韦拉克鲁斯南部的圣洛伦索。当地人马上带他们去看了两个巨型石雕头像。一个近2.7米高，另一个更高，约2.9米。两个头像都重约40吨，比斯特林夫妇过去在特雷斯萨波特斯和拉本塔看到的所有头像都大。他们二人还看到了其他数十个石头古迹，现在它们都被确认为属于奥尔梅克文明。另外，他们在附近的特诺奇蒂特兰村（切勿把这个村子和我们一会儿将谈到的墨西哥城地下那个规模宏大的古城混淆起来）看到了两座美洲豹的石雕。考古学者经常把这些相邻的遗址统称为圣洛伦索的特诺奇蒂特兰。[15]

斯特林夫妇和德鲁克1946年又去那里工作了一个挖掘季，又发现了几座石雕，但没有什么特别的发现，他们也从未公布挖掘的全部结果。20世纪60年代中期，耶鲁大学的迈克尔·科（Michael Coe）再次挖掘了圣洛伦索，之后公布了挖掘结果。最近的一次挖掘行动是从1990年到2012年由墨西哥国立自治大学的安·西弗斯（Ann Cyphers）[16]带领进行的。

马修·斯特林根据自己在这3个遗址的挖掘工作，提出一个观点，即奥尔梅克文明比玛雅文明更古老。这个观点起初受到了艾瑞克·汤普森等一些老派玛雅文明专家的激烈反对，然而经过多方辩论，再加上放射性碳测年法的鉴定，斯特林的观点最终被接受。奥尔梅克文明在中美洲文明的行列中终于获得了应有的地位，不过弄清它的详细情况仍需要做大量的工作。[17]

相比之下，墨西哥城的城中心发现的遗址属于时间上晚得多的阿兹特克文明。考古发掘行动使阿兹特克人的首都特诺奇蒂特兰重见天日。阿兹特克人由几个群体组成，住在特诺奇蒂特兰的人自称墨西卡人（Mexica）。[18]特诺奇蒂特兰从 1325 年左右开始繁荣，1521 年毁于西班牙征服者之手。当然，人们一直知道阿兹特克的首都在墨西哥城的地下，因为西班牙人先是摧毁了这个城市的大部分，然后在废墟上面建起了他们自己的城市。[19]

幸运的是，征服者绘制了古城被毁之前的地图，据说埃尔南·科尔特斯*还亲手绘了一张地图。所以，我们知道特诺奇蒂特兰最初建立在特斯科科湖（Lake Texcoco）中心的岛上，有堤道与陆地相接。当时的居民为扩大生存空间建造了漂浮菜园（chinampas），漂浮菜园固定下来后在上面盖上厚厚的一层土，这样就可以在上面盖住房和其他建筑了。后来，城市似乎分成了 4 个部分[20]，居民可能达 25 万之众。

因为墨西哥城恰好建在古城顶上，所以城中的建筑工地经常会挖出古建筑和古文物。比如，通常称为“太阳石”（Sun Stone）的历石（Calendar Stone）就是 1790 年 12 月修缮墨西哥城的天主教大教堂时发现的。这块巨石的直径几乎有 3.7 米，重约 24 吨。用途不

* 科尔特斯（Hernán Cortés），西班牙殖民者，以摧毁阿兹特克古文明、在墨西哥建立西班牙殖民地而闻名。——译者注

明，也许是举行仪式用的石盘或祭坛。它上面的雕刻描绘了阿兹特克人认为在他们之前共计 2 028 年的 4 个时期。中央雕刻着一张脸，可能是阿兹特克人崇拜的太阳神[21]，所以它被称为太阳石。

这块巨石最初可能放在大神庙（Templo Mayor）。大神庙有些部分最先是 20 世纪中期发现的，1978 年在该地区铺设电缆时又偶然发现了其他部分。据英国考古学家保罗·巴恩（Paul Bahn）所说，接下来开展的挖掘项目浩大非凡，市中心几条街上的店铺和住房被全部拆除，以便考古人员挖掘地下的遗址。挖掘工程的负责人是一位名叫爱德华多·马托斯·莫克特苏马（Eduardo Matos Moctezuma）[22] 的考古学家，他这个名字简直再恰当不过了 *。

大神庙其实是座有双重用途的金字塔，用来祭祀两位神祇：司掌太阳、战争和活人祭献的维奇洛波奇特利（Huitzilopochtli）和司掌雨和水的特拉洛克（Tlaloc）。除了神庙金字塔的遗存外，考古人员还找到了金玉制品和许多动物骸骨，另外还有一架石雕的骷髅。他们还发现，阿兹特克人埋藏了他们之前的中美洲文明的文物。[23]

2006 年，考古人员发现了一座 1450 年前后的石头祭坛，上面雕刻着特拉洛克的像。他们还发现了一块略带粉红色的安山岩石板，石板上刻着大地女神特拉尔泰库特里（Tlaltecuhtli）的像，刻像上原来还涂了赭、红、蓝、白、黑色的颜料。发现这块石板时，

---

* 莫克特苏马的拼法和阿兹特克国王蒙特祖马（Montezuma）的拼法只有一个字母不同。——译者注

它是平躺着的，竖起来有 3.4 米高。这块重 12 吨的石板的年代确定为 1487 年到 1520 年之间，那是阿兹特克文明的最后时期。发现它的考古人员认为它原地未动，所在地也许是一个房间的门口，甚至可能是一座坟墓的入口，不过石板已经碎成了 4 大块。[24]

两年后，考古人员在石板旁边的一口石头竖井中发现了更多的阿兹特克祭献品，包括用白燧石制成的祭祀刀、用美洲豹的骨头制

特诺奇蒂特兰的阿兹特克月亮女神

成的物品和一些用作香料的柯巴脂块。祭献品下面的一个石匣里装着两头金雕的骸骨，周围摆着27把祭祀刀，大多包装成神祇的样子。这些东西下面还有更多的祭献品。到2009年1月，考古人员在这口深约7.3米的竖井中已经发现了6批祭献品。[25]

在竖井中离地面约2.4米的地方，考古人员发现了第二个石匣。它装着一具狗或狼的骸骨，骸骨颈部套着一个用玉珠做成的项圈；耳朵部位有绿松石的耳塞，像耳环一样；靠近爪子的脚腕上套着带小金铃的脚环。考古人员当即给它起了个外号叫“贵族狗”。[26]

这具骸骨上面盖满了贝壳以及蛤和螃蟹等其他海洋生物的壳。主持挖掘的莱昂纳多·洛佩斯·卢汉（Leonardo López Luján）认为，这6批祭献品代表着阿兹特克人的宇宙观或信仰体系。比如，根据罗伯特·德雷珀（Robert Draper）2010年在《国家地理》杂志上发表的记载了这个惊人发现的文章，盖着贝壳的狗、狼代表着地下世界的第一层，它是“为了带领主人的魂灵穿过一条危险的河流”。卢汉相信自己不久就会找到死于1502年或1503年的阿维措特（Ahuitzotl）国王的坟墓，[27]他是阿兹特克末期的一位国王，也是最令人畏惧的国王。

特诺奇蒂特兰东北50千米处是特奥蒂瓦坎。它比阿兹特克文明早，但它的名字是阿兹特克人起的，意思是“众神的诞生地”。1987年，它被列入联合国教科文组织的世界遗产名录，现在是墨西哥最受欢迎的旅游胜地之一。[28]这个古城的居民是什么人？他们对自己这座城如何称呼？这些问题仍在争论中。前面说过，特奥蒂瓦坎有人居住的时间是从公元前100年左右到公元650年，人口最多时可能达到15万。[29] 哈佛大学的戴维·卡拉斯科教授（David Carrasco）在2015年10月发表的一次访谈中说它是“中美洲的罗马帝国”。卡拉斯科的意思是，特奥蒂瓦坎在其巅峰时期影响了中美洲的数百个族群，是后来文明的灯塔。[30] 墨西哥南部和再向南数百英里的危地马拉这些玛雅文明区存有特奥蒂瓦坎文明的众多证据。许多学者据此认为，特奥蒂瓦坎曾控制这个地区达几世纪之久。

人们曾经以为特奥蒂瓦坎是托尔特克人建造的，这显然是西班牙人到来后听阿兹特克人说的。但此说与事实不符，因为托尔特克人生活在10世纪到12世纪，而特奥蒂瓦坎遗址的时间比那要早。目前，我们干脆把曾在特奥蒂瓦坎生活的古人称为特奥蒂瓦坎人。

遗址当中有一条长长的中央大道，被称为“死亡大道”（Avenue of the Dead），约2.4千米长。沿街建有金字塔和神庙，包括太阳金字塔、月亮金字塔和羽蛇神庙。

太阳金字塔最大，底座宽约210米，高度超过60米。1971年，人们在这座金字塔下面[31] 发现了一个举行祭祀仪式用的洞穴。月亮金字塔稍小一点。1998年重新开始在此挖掘后，人们发现了一座墓室，里面有人的遗骨，还有丰富的墓葬品，包括黄铁做成的镜子和黑曜石刀片。[32]

羽蛇神庙是遗址上第三大的建筑。神庙正面安装着若干突出的羽蛇头，每一个都重达 4 吨，神庙即因此而得名。神庙本身也许是公元 200 年左右建造的。自 20 世纪 80 年代开始，人们在神庙前方发现了好几个深坑，里面有近 200 名男女武士及其扈从的尸骨。他们的手都被反绑在背后，显然是祭祀用的牺牲品；他们可能是神庙落成时的祭品，也可能是神庙中举行各种仪式时使用的祭品。[33]

2003 年，人们在这里发现了前面说过的秘密隧道，从城边的一个广场直通羽蛇神庙。如前所述，学者仍在调查这个隧道。有人提出，隧道也许通向一个皇陵，里面可能埋葬着这个古城最早的几位统治者。[34]

人们在特奥蒂瓦坎遗址及周边地区也进行了广泛的勘察。在勒内・米永（René Millon）的带领下，特奥蒂瓦坎制图项目记录下了勘察发现的大片工业区和居住区、有意识的城市规划，还有来自墨西哥不同地方的不同族群的聚居区。这个项目完成于 1973 年，由此生成的地图和其他数据除了描述金字塔和其他主要建筑之外，还向考古学者提供了关于特奥蒂瓦坎的规模、范围和财富等更广泛的资料。[35]

不知为何，大约在 7 世纪或 8 世纪的某个时候，特奥蒂瓦坎被遗弃了。然而，多少世纪以来，它尽管只剩断壁残垣，却从未被人遗忘。比如，我们知道阿兹特克人曾到过特奥蒂瓦坎，他们非常清楚过去有人在这里居住过。[36]

当然，就连特奥蒂瓦坎人也不是今天被称为墨西哥的这个地区最早的居民。前面已经提到，最早居民的头衔当属奥尔梅克人，是他们建造了圣洛伦索、拉本塔和特雷斯萨波特斯。此外还有瓦哈卡（Oaxaca）的萨波特克人（Zapotecs），他们在公元前 400 年到公元 700 年之间住在阿尔万山（Monte Albán）等地。也不能忘记我们在前面的一章中讨论过的玛雅人，他们生活的时间应该在奥尔梅克人和阿兹特克人之间。这个地区的历史丰富多彩，我们对它的了解才刚刚开始，还有待进一步探索。

第 19 章

潜艇和殖民者，金币和铅弹

美国南方邦联军的“H.L. 亨利号”潜艇

1995 年，人们在离美国南卡罗来纳州的查尔斯顿（Charleston）海岸不远处的水中发现了一艘南方邦联军的潜艇，名叫“H.L. 亨利号”。1864 年 2 月，130 多年前的南北战争期间，“亨利号”成为世界上第一艘在战斗中击沉敌舰的潜艇。被击沉的敌舰是北方联邦军“胡萨托尼克号”战舰。“亨利号”其实没有发射鱼雷，而是直接撞上“胡萨托尼克号”，用装在潜艇头上的鱼雷金属刺[1]扎透了它的舰身，那个金属刺长约 5 米，像一个长鱼叉。

鱼雷按计划捅进了舰内。人们过去一直以为，接下来“亨利号”后退了约 50 米，然后艇员拉动一条系在鱼雷上的绳子引爆了鱼雷。然而，新近发现的证据表明，亨利号的艇员可能在驾驶潜艇离开“胡萨托尼克号”时遇到了困难，鱼雷爆炸时亨利号刚退到 6 米开外，所以可能落得了与敌舰同归于尽的命运。南方邦联军也许没有估计到爆炸造成的冲击波，也可能是爆炸震松了指挥塔上的活闩，因为后来人们发现那个活闩没有扣上。无论如何，鱼雷爆炸后，“胡萨托尼克号”立即在查尔斯顿港萨姆特堡（Fort Sumter）附近的沙利文岛（Sullivan’s Island）旁沉没了，“亨利号”也随之沉没，带着 8 名艇员长眠于约 9 米深的海底。这艘潜艇在演习攻击时已经沉没过两次，两次都是艇员全军覆没，但这一次它彻底消失了，[2] 直到 1995 年被找到。

考古界把对公元 1500 年以后的近现代世界的考古研究称为历史考古学，打捞“亨利号”便是这方面一个很好的例子。这段时期发生的事件一般都有历史记录。考古学者能提供一个不同的视角，进一步充实书面记录的内容，在很多情况下也会提出与书面记录截然相反的证据。以“亨利号”潜艇为例，完成了对它的保护和打捞后，考古研究可以帮助解开它沉没的谜团，揭示它的构造和活动，并提供关于艇员的大量信息，而这些在书面记录中均付阙如。

1987 年提出的法案《被弃沉船法》（Abandoned Shipwreck Act）

在 1988 年正式颁布为法律，“亨利号”也是按照这部法律进行考古发掘的一个很好的例子。出台这部法律的目的是阻止各州或联邦管辖水域内对沉船的打劫，无论是在密歇根湖、波托马克河（Potomac River），还是在佛罗里达沿岸。法律规定，联邦政府和沉船地点所属的州对沉船有所有权。[3]“亨利号”潜艇在南卡罗来纳州管辖之下，因为发现它的时候，《被弃沉船法》已经颁布了 7 年。又过了 5 年，也就是 2000 年，它才被打捞出水。[4] 通常认为这艘潜艇的发现者是小说家克莱夫·卡斯勒（Clive Cussler）和他的团队。

南卡罗来纳州成立了“亨利号委员会”[5]，命其作为监护方来负责关于潜艇的打捞、管理和展览等具体问题的谈判。今天，“亨利号”潜艇在北查尔斯顿展出，放在一个装有约 340 立方米淡水的水箱里，以便去除渗入艇身金属部件之间微小缝隙的盐分，防止进一步锈蚀。[6]

这艘约 12 米长的潜艇被发现时呈侧翻状，以 45 度角陷在水下约 9 米的海底淤泥中。据考古现场负责人戴夫·康林（Dave Conlin）所说，研究者对“亨利号”艇身上覆盖的沉积物的分析表明，这艘潜艇沉没后不到 30 年可能就由于自然的淤积被掩埋了起来。打捞工作有很多人参加，运用了巧妙的工程手段：人们在潜艇下方铺了许多套索，做成绳床的模样，两头接到起重机上，把潜艇吊出水面。把潜艇安全放入实验室的淡水箱后，学者立即开始对它内部进行考古调查。不久就找到了 3 根人的肋骨，还找到了纺织物的残片、一段皮带和一个带软木塞的玻璃瓶。艇身上的淤泥保护了艇内的遗存，使之免于被海潮冲走或被海水完全侵蚀，艇内相对缺氧的条件也保护了人的骸骨和人工制品。[7]

自那以来，“亨利号”的发掘研究工作一直没有停止。迄今已经发现了所有 8 位艇员的骨架和颅骨。骸骨是在他们生前的岗位上被发现的，这说明他们几乎是即时死亡，或者因丧失了行动能力而溺亡。

2004 年，研究者通过 DNA 比对 [8] 确认了一位艇员的身份，他是马里兰州托尔伯特县（Talbot County）的约瑟夫·里加韦（Joseph Ridgaway）。艇长乔治·E. 狄克逊（George E. Dixon）上尉的骸骨也得到了确认，不过是靠旁证推断的。谁都知道狄克逊随身带着一枚刻字的 20 美元金币作为护身符。那是一个姑娘送给他的，有的报道说那位姑娘是他的未婚妻。这枚金币曾救过他一命：在田纳西州的夏洛战役（Battle of Shiloh）中，他中了枪，但子弹击中了金币，使他逃过一难。

发掘“亨利号”的考古人员在一具骸骨旁边发现了这样一枚金币，上面弹痕宛然，还刻着这样的字样：“夏洛；1862 年 4 月 6 日；我的救命宝。G.E.D”。后来，他们又发现这具骸骨的左大腿上有一个愈合了的枪伤，腿骨上还嵌着碎铅片和金屑，很有可能是来自子弹和金币，所以，这具骸骨显然是狄克逊的。另外还发现了他的怀表 [9]、钱包、大手帕、火柴和烟斗。2004 年，里加韦、狄克逊和其他艇员的遗骸在查尔斯顿的玉兰公墓隆重下葬。如康林所说，“亨利号”的发掘工作“为联邦政府、州政府和私营部门共同努力维护极为重要的考古资产提供了范本”[10]。

联合国教科文组织也开始致力于保护世界各地的水下文物，于2009年通过了《保护水下文化遗产公约》。两年后，史密森学会计划举办9世纪在爪哇海沉没的一艘阿拉伯船上所载文物的展览时，这项公约发挥了有趣的作用。

那艘沉船装载着中国唐朝的一些物品，堪称无价之宝，但发掘沉船的不是专业考古人员。一家私人公司打捞起了这些物品，后来据说以3 200万美元的价格卖给了另一家公司。对史密森学会计划举办的这次展览，3个不同的考古学会以及史密森学会内部研究部门的几个成员提出了抗议。他们说，获取这些文物的手段不是正当的考古发掘，更像是劫掠。最终，在一片抗议声中，展览先是推迟，后来干脆被取消了。[11]

从南卡罗来纳沿东海岸上行，就到了弗吉尼亚州詹姆斯敦（Jamestown）的挖掘现场。自20世纪90年代开始，威廉·凯尔索（William Kelso）一直担任挖掘工作的负责人。詹姆斯敦的挖掘行动是最新技术使传统的挖掘方法如虎添翼的典型例子。

詹姆斯敦是英国殖民者在北美建立的第一个永久居住点，后来这里成立了弗吉尼亚州。1607年，大约100个男人来到这里定居。开始几年，日子非常艰难，几年后，来了增援的人，其中包括妇女。今天的人知道詹姆斯敦，也许主要是因为波卡洪塔斯（Pocahontas）这位美洲当地女子，据说她救了约翰·史密斯（John

Smith）* 上尉的命，后来又嫁给了一个名叫约翰·罗尔夫（John Rolfe）的殖民者。她的经历通常被渲染为排除万难、感天动地的爱情故事，以她为名的迪士尼电影就是例子**。罗尔夫后来带着他培育的烟草新品种返回英国时也带了波卡洪塔斯同行。这次英国之行结局悲惨，因为波卡洪塔斯死在了那里。[12]

几个世纪过后，詹姆斯敦原来的遗址已基本消失。[13] 凯尔索开始挖掘前，对詹姆斯敦只是一知半解，大多是靠查阅图书馆储存的档案得来的认识。他根据史密斯上尉和其他目击者的记叙、一个西班牙间谍为遗址画的一张小小的地图，以及后来用砖头建造的一座教堂钟楼，确定了第一条壕沟的挖掘地点。他作为考古学家的直觉可谓神准，动土几小时后，挖掘队就发现了一些人工制品和建筑物的遗存。

他们都发现了什么呢？首先是武器和甲胄，然后是陶器、玻璃、钱币和 17 世纪的其他物品。他们还发现了一排柱坑，它们是原来碉堡的木头防护栏仅存的痕迹。木制的栅栏柱早已腐烂解体，但是地上埋柱子的坑仍明显可见。

几年来，随着发掘的进展，考古人员确定了整个碉堡的轮廓，也找到了另外 5 座建筑的废墟，包括教堂、总督府、兵营和一个车间或贸易站（凯尔索也称其为工厂）。2007 年，凯尔索发表了关于这些发现的概述，[14] 当时他们已在多处发现了坟墓和骸骨，其中一

---

* 他是英国军人，詹姆斯敦建立之初的领导者。——译者注

** 这部迪士尼电影是 1995 年的《风中奇缘》。——译者注

处公墓埋着70多人，教堂地下也发现了单独的坟墓。那些骸骨表明，男人大多死于25岁以前，女人的寿命也长不了多少。

有4具骨架特别引起了凯尔索的兴趣。它们是2013年11月找到的，地点在凯尔索的考古队已经发现的一个教堂里。那个教堂是波卡洪塔斯和约翰·罗尔夫结婚的地方。骨架保存得不好，为确认死者的身份，研究者使用了化学测验和高精度微型CT扫描等方法。2015年7月末，媒体兴奋地报道说那些死者的身份已经确定，是殖民地早期的一些领导人。[15]

据有些媒体报道，[16]那些遗骨送到了史密森国家自然博物馆，生物人类学家道格·奥斯利（Doug Owsley）在那里对它们进行了研究。在乔治·华盛顿大学任教的奥斯利是享誉世界的权威，曾做过许多这类研究，包括研究刚才讲到的“亨利号”上的骸骨。奥斯利和他的团队使用法医分析与历史记录相结合的方法对詹姆斯敦遗骨做了身份鉴定。

他们在历史记录中查到了从教堂建成的1608年1月到它失修破败[17]、搬离该地的1617年之间死亡者的名单，这就缩小了遗骨主人的范围。接着，他们通过法医分析确定了这4具骨架的主人死亡时的大概年龄和性别。

他们还通过化学测验来确定死者的饮食和骨头的含铅量等指标。测验结果显示，这4位死者很可能是社会地位很高的英国人，因为他们的饮食蛋白质含量很高，他们也经常接触锡碗和上釉的陶器，这两类物品都含铅。还有一点可以证明他们社会地位较高，至少在殖民地是大人物：他们埋在教堂的高坛（也就是教堂东端的圣坛周围的地方）下面，而不是其他地方的无名公墓里。[18]

4 位死者都是男性。两个属于 1607 年最早到达的那一批移民：一个是加布里埃尔·阿彻（Gabriel Archer）上尉，死于 1609 年或 1610 年，时年 35 岁，当时他正要离开殖民地去内地寻找金矿和银矿；另一个是罗伯特·亨特（Robert Hunt）教士，他是这个殖民地的第一位牧师，到达詹姆斯敦未满一年[19]就去世了，卒年 39 岁。另外两人属于 1610 年前来增援的那批人：一个叫费迪南多·温曼（Ferdinando Wainman），大约 34 岁，到达后才几个月就去世了，据推测是死于疾病；另一个是他的亲戚威廉·韦斯特（William West）上尉，他也是死于刚到达詹姆斯敦的几个月后[20]，是在 1610 年被美洲原住民杀死的，年仅 25 岁。

凯尔索和他的团队在 2012 年发现了一些人骨，他们认为这些骨头不太寻常，值得进一步研究。骨头中有残破不全的颅骨碎片、牙齿和下颌骨，还有一块断了的腿骨，确切地说是胫骨。凯尔索是在詹姆斯敦一所房子的地下室里找到这些人骨的，周围遍地都是被宰杀的马和狗的骨头。在这样的地方发现人骨是很不寻常的事。凯尔索找到奥斯利，请他来检查这些遗骨。[21]

奥斯利根据智齿和胫骨的发育程度确定，这些骨头属于一位年轻女性，确切地说是一位 14 岁的英国女孩。他们给她起名为简（Jane）。虽然只靠这寥寥数块骨头无法确定她的身份或死因，但奥斯利和助手们注意到骨头上有一些异常的砍削痕迹。根据史密森学会线上版（Smithsonian Insider）的报道，她颅骨的前额部分有 4 个浅浅的切痕，法医人类学家认为，这说明有人企图打破她的头颅。然后，她的后脑遭到了斧头或砍刀的连续重击。最后一击把她的头颅劈成了两半，估计是为了取她的脑子。[22]

他们还注意到她下颌骨的底部和侧面有穿刺伤和砍削的痕迹。他们说这些是"用刀子切割脸上和喉部的肉"[23] 留下的痕迹。

根据这些证据，奥斯利、凯尔索和其他人判断简死于所谓的"饥荒时代"，那是 1609 至 1610 年的严冬，当时殖民地在饥饿和疾病的打击下摇摇欲坠，在增援到来之前险些崩溃。他们还认为，简死后被其他殖民者吃掉了。[24] 证据表明，当时的殖民者饿急了眼，不惜同类相食。

法医科学家使用 CT 扫描和其他技术复原了简的头颅。复原后的头颅一度在美国华盛顿哥伦比亚特区的国家自然博物馆展出。目前，简的骸骨原物展览在詹姆斯敦历史纪念堂，那是"詹姆斯敦再发现项目"在詹姆斯敦岛上办的教育性旅游中心。[25]

既然提到了道格·奥斯利，我们就正好顺势从美国东岸横跨北美大陆来到西岸的华盛顿州。奥斯利曾检查过一具近 9 000 年前的骨架，考古学者称这具骨架为"肯纳威克人"（Kennewick Man），当地的原住民部落则称其为"古人"（the Ancient One）。这具骨架自 1996 年在华盛顿州肯纳威克附近的哥伦比亚河畔[26] 被发现后，引起了大量争论；过去几十年间美国最著名的与考古相关的法律，即

1990 年的《美国原住民坟墓保护和返还法》(简称《坟墓保护和返还法》),本来已是争议不断,此次发现使相关争论更加激烈了。

《坟墓保护和返还法》要求美国每一个接受联邦资金的博物馆和类似机构开列清单,列出它们手中的美国原住民文物,包括人骨、葬礼用品、墓葬品等等。每一个拥有这类物品或遗骨的机构都必须确定是否有哪个现有的原住民部落与清单上的物品有关系。如果有这样的部落,有关机构就要向那个部落表示愿意归还相关的文物或遗骨。[27]

这类物品中包括已知的最后一个生活在加利福尼亚荒野中的原住民伊希(Ishi)的大脑。伊希是亚希(Yahi)部落的一个成员,1911 年他离开了藏身的地方,立即造成轰动,成为媒体的明星。加州大学伯克利分校的人类学家阿尔弗雷德·克罗伯因为对伊希的研究而大名远扬,他同为人类学家的妻子西奥多拉(Theodora)出版了一本关于伊希的畅销书——《两个世界中的伊希》(*Ishi in Two Worlds*)。[28]

伊希和加州大学旧金山分校的医生萨克斯顿·波普(Saxton Pope)过从甚密。酷好用弓箭打猎的波普和伊希交上了朋友,从伊希那里学会了自制弓箭的方法。波普后来写了一本书《用弓箭狩猎》(*Hunting with the Bow and Arrow*),该书 1923 年出版,至今仍备受好评。[29]

伊希 1916 年去世后,大脑被送到史密森学会在马里兰州休特兰(Suitland)的一个仓库,保存在一个密封的罐子里。1990 年通过了《坟墓保护和返还法》后,伊希的大脑被送回加州,[30] 和他的骨灰团聚了。

《坟墓保护和返还法》再次成为注意的焦点是1996年7月末发现“肯纳威克人”的时候；据说两个大学生在哥伦比亚河里蹚着水观看赛船的时候发现了他。他们最初是在离岸约3米的地方发现了一部分颅骨。一开始他们怀疑发生了谋杀案，所以叫来了验尸官，和当地一位名叫詹姆斯·查特斯（James Chatters）的考古学者一起寻找遗骸的其余部分，很快他们就找齐了几乎整个骨架。[31]最后才发现，此人已经死了大约8 500年。

“肯纳威克人”刚一发现，人们就围绕着他打起了官司。一些美国原住民团体争论说，“肯纳威克人”是原住民，应当归还给他们；一些著名学者却说他不是美国原住民，因为他的遗骨太古老了，和任何现存的原住民部落都没有关系，既然遗骨是在联邦土地上找到的，就应该由联邦政府保管。2002年，法院对此案做出了对学者有利的判决，2004年上诉法院维持了原判。这场诉讼牵涉8位考古学家、5个原住民部落和美国联邦政府，持续了10年之久，其间“肯纳威克人”的遗骨一直保存在华盛顿州西雅图的伯克自然文化博物馆。遗骨没有公开展览，但法院的判决允许学者研究。[32]

关于这个案子的争论并未就此停止。2015年，哥本哈根大学和其他地方的几个遗传学家在《自然》杂志上发表了一篇文章，把“肯纳威克人”的DNA和科尔维尔保留地（Colville Reservation）联合部落的成员的DNA做了比对，得出结论说，和“肯纳威克人”

关系最紧密的就是现代的美国原住民。根据这篇文章和后来芝加哥大学的科学家对这篇文章的结论进行的独立认证，2016 年 4 月末做出的决定要求返还“肯纳威克人”，最终由包括科尔维尔在内的 5 个原住民部落群体结成的联盟[33]将其下葬。

让我们从濒临太平洋的西北部转到美国的西南部，那里有一些令人惊叹的原住民遗迹，新墨西哥州的查科峡谷（Chaco Canyon）就是其中之一。查科峡谷是阿尔伯克基（Albuquerque）附近的一个国家历史公园，1987 年被列入联合国教科文组织的世界遗产名录，那里有古普韦布洛人（Ancestral Pueblo）[34]在公元 850 年到 1250 年之间留下的壮观古迹。

查科峡谷有一些古迹被称为大房子，它们是巨型多层建筑物，里面有许多房间。一个最好的例子是普韦布洛·贝尼托（Pueblo Bonito），它共有 5 层，有 600 到 800 个房间。这个从公元 850 年到 1150 年间分期建造的庞然大物占地约 1.2 公顷，不过，学者无法确定里面曾住过多少人，居民数估计为 800 人到数千人。学者也不清楚它到底是举行仪式的场所，还是人丁兴旺的村庄。[35]

这个文明现在被称为查科文明，它的范围包括新墨西哥、科罗拉多、犹他和亚利桑那这 4 个州的部分地区。这个地区发现的包括贝壳和铜钟在内的外来物品证明此地居民和远至墨西哥的地方都有贸易往来。然而，不知为何，查科文明在 1200 年左右突然销声匿迹。有人猜想是因为发生了旱灾和瘟疫，[36]当地人被迫迁移他方。

另一处遗址在科罗拉多州西南部的梅萨维德（Mesa Verde）国家公园。[37] 公园内有近 5 000 处从 6 世纪到 13 世纪的遗址，大约有 600 处山崖住所，从小小的储物室到有 150 个房屋之多的颇具规模的村子。梅萨维德国家公园内的遗址 [38] 包括著名的悬崖宫（Cliff Palace）、长形屋（Long House）、云杉屋（Spruce Tree House）和阳台屋（Balcony House），它们在 1978 年都被列入了联合国教科文组织的世界遗产名录。

美国中西部密苏里州圣路易斯（St. Louis）东北方向约 16 千米

科罗拉多州的梅萨维德国家公园

处的卡霍基亚土丘（Cahokia Mounds）[39] 是 1982 年被列入联合国教科文组织世界遗产名录的。建造它的人属于密西西比文化，时间为公元 800 年到 1400 年。在 1100 年前后，也就是它的鼎盛时期，此地的居民曾达到两万人。遗址大约共有 120 个土丘，所以它的居民俗称“建丘者”。遗址的面积至少有 800 公顷，据说比当时的伦敦都大，是美国最大的前哥伦布时期考古遗址 [40]。

最大的土丘叫“修道士土丘”（Monks Mound），约 30 米高。据估计，建造这个土丘用了约 62 万立方米的土。它占地约 2.4 公顷，比秘鲁莫切文明都城旁边的太阳金字塔略大一些，所以，它在联合国教科文组织的相关网页上被称为“新世界最大的史前泥土建筑”[41] 乃实至名归。多数土丘小得多，本来的用途是公共建筑或坟墓的平台和地基。然而，早期的欧洲探险者和定居者不肯相信这些土丘是当地人所建。亨利 · 布拉肯里奇（Henry Brackenridge）1811 年发表的第一份关于这些土丘的报告把它们比作埃及的金字塔。和约翰 · 劳埃德 · 斯蒂芬斯发表相关著作之前关于玛雅文明的种种猜测一样，卡霍基亚土丘也被认为是外来人造的，如果不是埃及人或古以色列人的话，就可能是腓尼基人或维京人。[42]

修建这些土丘的确工程浩大，它们所代表的复杂社会也令人惊叹。这些大小不同、形状各异的土丘是对一个曾经遍及密西西比河谷和美国东南部的文明的永久纪念。如果这个社会的成员像玛雅人和其他新世界文明一样，为后人留下了详细的文字记录的话，我们无疑会对建造了这些古迹的原住民更加肃然起敬。

当然，还有许多其他的北美考古遗址值得参观，包括殖民时代的威廉斯堡和乔治·华盛顿的弗农山庄（Mount Vernon）。两地的工作人员都打扮成当时人的模样，重现当时的情景，希望寓教于乐，使感兴趣的游客对相关的历史有所了解。这两处遗址偶尔也欢迎志愿者来参与发掘工作。[43]

对于想在美国亲身参加正式考古行动的人来说，机会是很多的。[44] 了解各个挖掘现场的情况、找到招收志愿者的挖掘项目并不很难。比如，克劳谷（Crow Canyon）考古中心 [45] 就在梅萨维德国家公园附近。那里有好几个考古项目对志愿者开放，个人参加也可以，全家齐上阵也可以。伊利诺伊州坎普斯维尔（Kampsville）的美国考古中心 [46] 也有一个较为成熟的类似项目。还有其他一些挖掘项目也欢迎志愿者参加。美国考古学研究所每年都会在网站上发布一个公告，列举提供现场考古机会的挖掘项目，[47] 大部分招收志愿者的项目会位列其中。

本章谈到了南卡罗来纳州一艘沉没的潜艇和弗吉尼亚州一处被遗弃的居民点，还略述了美国西南部的废墟、西北部太平洋沿岸的考古发现和中西部的土丘。尽管对这些古迹的介绍仅仅是点到为止，我们已经看得出北美考古的丰富多彩。在北美大陆上无论走到哪里，脚下的泥土中都埋着某些有趣的东西。

更深一层 4

你发现的东西归你吗?

正在挖掘的盗墓者

在最后一个“更深一层”中，我想先来回答一个总是被人问到的问题。回答很简短，涉及的内容却很多。问题是：“你找到的东西归你吗？”简短的回答是：“不。”不管你是在自己的国家还是在另外一个国家挖掘，所在国的国家文物局都有一套规定。在整个考古历史中，最有价值的发现通常会送交国家或地区的博物馆，但大部分文物会装进袋子和盒子，存在当地的大学、博物馆或别的什么地方，留待研究生和其他学者进行研究。一个 6 到 7 周的挖掘季的收获需要学者研究两年，甚至更长的时间，才能发表研究成果。

不但我发现的东西不归我，而且我认为其他人也不应该私藏文物。学者们一致认为，私人收藏与世界各地对古遗址的劫掠有直接的关系。如果偷窃来的文物没有市场，就不会有人去盗墓。

博物馆的收藏是个比较复杂的问题。大英博物馆、卢浮宫、纽约大都会博物馆和其他博物馆是否应该把欧洲在 19 世纪和 20 世纪的殖民时期获得的文物，如埃尔金大理石雕、奈费尔提蒂的胸像和罗塞塔石碑等，归还原属国？过去的 20 年间，博物馆小心了许多，尽量确保它们购买的文物来路清白，但是，现在各博物馆展出的许多文物仍然是劫掠来的，是几十年前规定不严格的时候获得的。这个问题涉及道义、伦理、经济和法律等层面，很难解决。也许最好的办法是视具体情况分别处理，[1] 但就连这个办法也没有定论。

然而，现在世界各地古迹遭到的劫掠为有记录以来之最，对此，私人收藏的需求几乎肯定起到了推波助澜的作用。最有机会偷窃文物的，是政局不稳导致无法监管古迹的地方，今天的叙利亚和伊拉克就是例子。当然，盗窃文物古已有之，埃及的一些法老墓在古代，甚至可能在法老刚下葬后就被盗了。但是，现在我们看到的是全世界范围内盗墓行为的激增。在阿富汗、埃及、伊拉克、约旦、叙利亚，甚至秘鲁和美国，古遗址都被盗墓者挖得满目疮痍。[2]

小规模非法挖掘古文物在有些地区和文化中一直是一种生活方式，通常是穷人借以补充自己微薄收入的办法。在叙利亚，商店关门，田地被焚，外出谋生绝无可能，如果一个村民为了养活家人而偷挖圆柱形古印章卖给中间人，我们很难因此而怪罪他。但是，劫掠古文物现在似乎成了大规模的行动。据报道，极端组织“伊斯兰国”在叙利亚鼓吹并积极参与文物贸易，把一些遗址洗劫一空，对其他古迹大肆毁坏，尼姆鲁德和摩苏尔博物馆等都惨遭毒手。[3]

2011 年 1 月埃及发生革命后，同年 5 月，我作为观察员代表团的成员访问了埃及。我们进行了地面实况调查，以确认我的同事萨拉·帕卡克在卫星图像上注意到的地上新掘的洞是否为盗墓坑。她的观察准确无误，对此我可以担保，因为我目睹了现场，并有照片为证。我们的调查结果已发表在《古物》杂志[4]上供人参考。

事实上，被盗掠的埃及古文物和同样命运的伊拉克古文物一样，都出现在了伦敦和纽约的拍卖行。巴格达的伊拉克博物馆被抢劫后，一些最著名的收藏品下落不明。[5]许多现已归还或被追回，但仍有一些至今不知所踪。有的文物甚至被公然放在易贝（eBay）网上出售，直到 eBay 因日益增加的压力对此加以禁止。然而，仍然有人无视禁令，在 eBay 上出售抢劫来的文物。

我最喜欢的一个故事就是关于出售文物的：某人想出售一件偷来的伊拉克文物，但经过仔细检查后，发现它不过是博物馆礼品店里卖的复制品。负责追回伊拉克博物馆被盗文物的美国陆军上校马修·博格达诺斯（Matthew Bogdanos）在他 2005 年出版的畅销书《巴格达的盗贼》（*Thieves of Baghdad*）[6]中记录了许多这样的故事。

伊拉克的文物盗掠不仅限于博物馆，而且祸及全国各地的考古遗址。据报道，各个考古遗址上都有手拿铁锹、带着机枪的人在进

在伊拉克盗掠文物

行非法挖掘。[7] 至少乌玛（Umma）古城已经被完全毁掉，在照片中只能看到盗墓者挖的坑，古建筑物或其他古迹都荡然无存。

如果一件独一无二的被盗文物出现在市场上，致力于遏止非法文物贸易的考古学者会陷入左右为难的境地。2011 年就发生了这样一桩事：英国一位亚述专家在古董商 [8] 那里看到了一批刻着楔形文字的泥板，于是建议伊拉克库尔德斯坦地区的苏莱曼尼亚博物馆把它们买下来。这批泥板中有一片载有《吉尔迦美什》之前不为人知的一部分，填上了史诗的第五块泥板上关于吉尔迦美什和同伴恩奇都（Enkidu）前往雪松之林寻找木材那一段里的一大块空白；通常认为他们去的地方就是《圣经》中著名的黎巴嫩香柏树*所在的地区。新发现的诗句描述了两人进入树林后听到的各种声音，[9]包括鸟啭、虫鸣和猿啼等。

这块遗失了3 000年的泥板是对一部世界文学经典著作的重要补充。当然，考古学家面临的两难问题是，一方面不想鼓励偷盗古文物，另一方面又不能眼看着这块载有宝贵文字的泥板流入艺术品收藏市场，从公共视线中消失，因此必须努力拯救它，使学者得以对它进行研究。关于这个两难问题的讨论是由死海古卷引发的。许多死海古卷均自贝都因人手中购买而来，而贝都因人在库姆兰的山洞里拿取古卷属于非法行为。一个经常提出的问题是：如果这些古卷出现在今天的古董市场上，它们的命运又将如何？

事实上，有一批泥板有过类似的经历。它们一共有一两百块，是一部档案的一部分，档案记载了公元前6世纪在巴比伦囚虏事件（Babylonian Exile）**中被赶到美索不达米亚、在那里待到公元前5世纪的犹太人的日常生活。这些泥板出现在古董市场上的时间据说是在20世纪70年代以后，但确切时间仍有争议。最终，至少一半泥板被一位私人藏家买下，两位学者对它们进行研究后发表了研究成果。2015年2月初，它们被送到耶路撒冷的圣经地博物馆展出，另一组学者[10]也发表了关于它们的论文。

---

* 香柏树即雪松，和合本《圣经》译为香柏树。——译者注

** 公元前6世纪，犹太王国两度落入巴比伦王国之手，大批犹太人被掳往巴比伦。波斯国王居鲁士二世攻占巴比伦后，犹太囚虏才重获自由。——编者注

尽管不清楚这些泥板来自哪里，但上面记录的古地名是“al-yahudu”，大致的意思是“犹太城”。这批泥板是来自美索不达米亚的第一批文字证据，证明《圣经》和其他文献记载的巴比伦囚虏事件确有其事，还记录了被囚的犹太人的遭遇。它们极为重要，但它们的背景不明，而且显然是被盗文物；据有些报道说，它们也许来自伊拉克南部。应当发表关于它们的研究报告吗？应当展出它们吗？在这个具体事例中，至少有些学者认为这批泥板应该展出，相关研究结果也应该发表，尽管它们和死海古卷几乎一样，显然是被盗文物，是非法获得的。然而，这并非所有学者的一致意见。美国考古研究所有一项政策，如果送交的论文无法证明其所描述的文物并非盗掠而来，就不予发表。

1970 年，联合国教科文组织通过了《关于禁止和防止非法进出口文化财产和非法转让其所有权的方法的公约》，该公约于 1972 年 4 月生效。[11] 自此，任何出售的古董都必须具有有效证明，证明它是在 1970 年（或公约开始实施的 1973 年）之前发现的，如果发现的时间晚于这个日期，就要证明它是从原属国合法出口的，换言之，需证明它不是盗掠而来的。当然，这个制度做不到万无一失，自公约生效后，艺术品市场上自称是 1970 年以前发现的文物突然多了许多，但总的来说，这是个好的开端（不过公约至今已有近 50 年，也许到更新的时候了）。

毋庸赘言，盗掠文物自古有之，武装冲突期间及之后尤其如此，但是特别的情况需要特别的法律[12]。所以，现在美国开始通过新的法律，不仅管理在美国出土的文物，而且也涉及在其他地方出土后走私到美国的文物。

一个多世纪以来，美国立法者通过了不少保护古遗址和古文物的法律。这方面最早的法律是西奥多·罗斯福总统任内颁布的。当时，美国西南部古普韦布洛遗址的盗墓行为十分猖獗，以此种非法手段获得的彩陶和其他文物大量流入市场。为控制这类文物的贸易，1906 年美国通过了《文物法》。它旨在遏止，或至少管控新墨西哥州、亚利桑那州和其他地方对古代遗址的劫掠，因为在有些古遗址中，包括位于亚利桑那州的年代在公元 1350 年左右的卡萨格兰德（Casa Grande），劫掠者在大肆盗窃房屋的木梁和其他遗存[13]。

新的相关法律接踵而来，其中 1935 年通过的《历史遗址与古迹法》规定，国家公园管理局有权确定、保护并维护原住民遗址和殖民时代遗址等文化财产。[14] 这项职责是国家公园管理局成为美国考古人员最大雇主的原因之一。

有些最重要的考古法律是 1979 年后通过的。它们包括前面提到过的《美国原住民坟墓保护和返还法》，也包括保护联邦土地上的考古遗址的《考古资源保护法》。政府可对从这类遗址上拿走文物的人课以高达两万美元的罚款并监禁一年，使其永远留下犯罪记录。[15] 2009 年，联邦探员在犹他州的布兰丁（Blanding）逮捕了 16 个人，因为他们盗挖了附近联邦土地上[16]的原住民文物。后来这个案子中一共有 24 个人被控告。

这类法律影响到了考古遗址的方方面面，从发现到挖掘，再到维护、保存和宣传。它们的目的是帮助而非妨碍考古人员工作，执法过程实际上为考古人员创造了许多就业机会。各州、各市和（前面提到过的）国家公园管理局都雇用考古人员进行文化资源管理。建筑工程开工之前，考古人员经常会赶在推土机前面进行调查。

不久前，鉴于目前世界范围内的问题，美国众议院于 2015 年通过立法，规定在美国出售从叙利亚盗掠来的文物为非法。这项名为《保护和维护国际文化财产法》的法案 2016 年 4 月在参议院得到通过，[17] 同年 5 月 9 日由总统签署成为法律。同样，美国和埃及在 2016 年 11 月 30 日签署了谅解备忘录，限制美国从埃及进口文物，以遏制埃及文物被盗 [18] 的现象。

我认为，古文物是人类共同遗产的一部分，而且我相信许多其他考古学者也持此观点。所以我非常希望新的法律和协议能够帮助减少世界各地盗掠文物的行为。无论是在立法方面，还是在守卫挖掘现场或保护已知但尚未挖掘的遗址等方面，我们都可以并应该更加努力。[19] 非考古专业的人能够做的是抵住诱惑，不在中东的市场或 eBay 上购买古文物。因为我们发掘、研究并就其著书立说的东西都是很久以前的，所以我们都应关注的问题是：如何尽力阻止关于人类共同历史的知识永成逝水。

结　语

回到未来

未来的文物

考古工作的核心是“过去”的概念——历史上的文明一层又一层，每个文明都实实在在地建立在之前的文明上面。我们挖穿一层又一层的泥土时，不仅在发掘过去的物品，也是在发现我们与过去的密切联系。

当然，有一天我们自己也会成为过去。我们的文明、文化都会消失在历史的长河中，未来的考古学家也会发现他们和我们的联系。我们的苹果手机、芭比娃娃、沃尔玛商店和麦当劳的金拱门都会成为未来考古学家研究的对象。因此，我想借此机会展望一下未来，探索两个问题：一个是未来的考古学家将如何工作，即他们会使用何种新工具和新技术；另一个是未来的考古学家对我们的社会和文明将如何解释。先来看后一个问题。

艾伦·韦斯曼（Alan Weisman）的畅销书《没有我们的世界》（*The World without Us*）[1]出版后，我看了两个据其拍摄的电视节目。自那以来，我就一直在论说“未来考古学”。那两个电视节目一个是在国家地理频道播放的，名为《人类消失之后》（*Aftermath: Population Zero*）；另一个在历史频道播放，叫《没有人的生活》（*Life without People*）。两个电视节目都像韦斯曼的原书一样，设想了如果人类有一天不复存在，我们的城市和纪念碑会怎么样。它们都展示了埃菲尔铁塔垮塌、西雅图的太空针塔倾颓、狮子在白宫草坪上游荡等画面。

如果今天（除了考古学者自己）所有人都消失了，那么考古学者在两百年后会发现些什么呢？两千年后呢？他们对发现的东西如何解释？他们将如何重现我们社会的情景？

暂且不论所有的政府大楼、学校、住宅、高速公路、桥梁、道路、机场等等，只想一想，华盛顿动物园或史密森博物馆这类建筑，甚至是星巴克和麦当劳将会是什么样子？在它们的废墟中能找到些什么？考古人员能准确地知晓它们的用途吗？也就是说，他们能否清楚地看出一个曾经是动物园，另一个曾经是咖啡馆？如果考

自由女神像的头部

古人员推测得不对，会以为它们是做什么用的？

动物园可能比较难以确定，除非原来园中各处的说明仍然可辨。也要看动物是不是都逃走了，若是那样，笼子就都是空的。如果动物被困在笼子里，就能发现它们的骸骨。如果发现了动物的骸骨，又能读到园中的说明，即可轻易地确定此地曾经是动物园；若没有上述线索，也许就无法确知此地原来的用途。

史密森学会下设的各个博物馆，以及纽约大都会博物馆和波士顿美术博物馆等大型博物馆辨认起来肯定非常困难，除非考古人员突然灵机一动，想到自己挖掘的是一座博物馆。一座藏有希望钻石*、恐龙和一条大鲸鱼的建筑必然会引起考古人员的极大困惑和争论，直到他们意识到自己挖掘的是国家自然博物馆。

然而，我个人以为星巴克和麦当劳这类地方才最让未来的考古人员摸不着头脑。具体来说，我想他们很可能会以为星巴克是一种宗教，它崇拜的女神头戴王冠，秀发如瀑，几乎每个街区或街角都有她的神龛或神庙。对麦当劳也能达成同样的结论，只不过在麦当劳宗教中，信徒崇拜的神有名字，叫罗纳德·麦当劳；他长着红色的头发，穿着俗丽的衣衫。也许考古学者会认为这两个神祇是众神之首，如同希腊人的宙斯和赫拉，罗马人的朱庇特和朱诺。

这当然是玩笑话，但是，如果留不下足够的相关记录，未来的考古学家真的可能会做出这样的解释。现在我们在挖掘过程中每当发现一时不知如何解释的东西，都半开玩笑地说它一定和宗教有关。

猜想未来的考古非常有趣，这主要是因为我们花了这么多的时间研究消逝在历史中的文化，却一般不去想我们自己的文化在未来的考古学者眼中将是什么样子。比如，现在人们的互动很大一部分是线上的交流，这样的互动大部分会消失无踪，或者使未来的考古学者无从获取。那么他们将如何判断我们的识字率呢？如果我们的生活戛然而止，如公元 79 年在庞贝发生的那样，未来的考古学者看到每一具骨架都随身携带、许多骨架仍抓在手中的用金属、塑

* 它是世界上现存最大的蓝色钻石，藏于史密森学会下属的国家自然博物馆。——译者注

料、玻璃和线圈做成的长方形物品，会以为是什么呢？他们会想到这些曾经是通信工具吗？

1979年，已经有人给出了自己的猜测。那年戴维·麦考利（David Macaulay）发表了一本绝妙的插图小书《神秘的汽车旅馆》（*Motel of the Mysteries*）。这本书的背景设定是，1985年的一天，北美的全部生命突然中止。4022年，业余考古爱好者霍华德·卡森（Howard Carson）偶然发现了一处古迹，这就是神秘的汽车旅馆。于是，他组织了一队人来帮他发掘，还带了一个名叫哈丽雅特·伯顿（Harriet Burton）的助手。[2]

显然，“霍华德·卡森”是以霍华德·卡特为原型的，他的助手“哈丽雅特·伯顿”在生活中的原型是哈里·伯顿（Harry Burton），他是埃及古物学者，在卡特挖掘图坦卡蒙陵墓时担任摄影师。麦考利在书中多处巧妙诙谐地套用图坦卡蒙陵墓的发现经过，包括让他笔下的卡森说出卡特那句名言[3]，即他看到了“奇妙的东西”。在书中，卡森虽然发现了两具人骨，但人骨所在之地不是坟墓，尽管他自己并不知道。对他的发现，我们这些知情的读者一看即知——那是汽车旅馆的一间客房。

卡森他们对挖掘过程中发现的东西的解释错误百出，令人捧腹，还牵涉到许多考古圈内的玩笑，同时也表明了我刚才说的：如果考古人员不知道某件东西是做什么用的，就经常认为它有宗教用途。于是，在所谓的“外室”，麦考利笔下的霍华德·卡森发现一切都面向“大祭坛”，包括仍躺在“祭祀台”上、手中紧握“通圣符”的尸体。当然，我们很清楚那都是些什么：“大祭坛”不是别的，正是电视机；“祭祀台”不过是床而已；“通圣符”则是电视机的遥控器[4]。然而，时隔两千年，又没有任何可资参考的材料，卡森把这些都看成了与宗教相关的物品。

麦考利书中最让人忍俊不禁的是哈丽雅特自豪地戴上“圣头巾”和“圣领圈”的情节；发现这些东西的时候，它们仍连接在“圣罐”上面。关于这个情节的插图清楚地显示，她脖子上戴的“圣领圈”其实是马桶座，额头上缠绕的“圣头巾”是印有“已经消毒放心使用”字样的纸条。两把牙刷被当作“塑料耳饰”在她耳朵上摇来荡去。她还戴着澡盆的橡皮水塞，当作“精巧的银链子和吊坠”。更有趣的是，那幅插图的构图与海因里希·谢里曼让妻子索菲娅戴上他在特洛伊找到的“普里阿摩斯宝藏”中的所有首饰后为她拍摄的那张著名照片一模一样。[5]

这就是我们时代的星巴克、麦当劳、博物馆、动物园，甚至是汽车旅馆将来被发掘出来时可能的遭遇。正经地说，的确应当考虑到，未来的考古学家可能会严重误解我们现在的文化，我们也许偶尔，甚至可能经常也误解了过去。这是考古的风险。但是，只要找到了足够的资料，学者们在试着对一座建筑、一片遗址甚至一个文明做出恰当解释时，往往就能达成一致意见。

未来的考古学家会如何进行考古工作呢？换言之，他们会使用何种新工具和新技术？当然，我们不可能知道确切的答案，正如海因里希·谢里曼和霍华德·卡特不可能预见现在用于特洛伊和图坦卡蒙陵墓的遥感技术一样。

我猜想技术会继续进步，使人能够在动土挖掘之前更清楚地看到地下或中美洲和柬埔寨的密林遮蔽下的情形。比如，我坚信不疑而且多年来反复论说，将来一定会出现更好的遥感技术。除激光雷达以外，我们目前使用的大部分技术，如磁力仪、电阻率探测等，是几十年前发明的。现在是更进一步的时候了。事实上，有些更新的技术已经开始投入使用，比如，在一些挖掘项目中，磁通门梯度仪和铯磁力仪已经取代了质子磁力仪。[6] 如前所说，使用遥感技术能够最大限度地减少实际的挖掘工作。考古是种破坏，遥感技术可以使我们少做破坏，在动土之前便了解地下的情况。

举例来说，我想将来也许有可能透过土层探知塑料或其他材料的存在，正如我们现在能够探知埋藏在地下的墙体和壕沟一样。比如，运输安全管理局在机场使用的侦测毒品和炸药的技术是否可以用来探查地下埋藏的文物所含的化学物质？能否考虑和油气勘探公司联起手来，使用新技术来探测土丘的更深处？或者一层层探测不同深度的地层？我确信实现又一轮技术突破的时机已经成熟，但我认为也要找到合适的工程人员。说不定哪位工程师会说："等等，你想干什么？哦，我们做得到，没问题。"

我也认为，随着化学和生物学的发展，特别是现有 DNA 研究的深入，会出现新的分析技术。保存文物的技术也会不断进步，使我们能保住更多的挖掘发现。最重要的是，考古工作应更加重视社会的需要和愿望，增加与当地人民的合作，因为考古工作探索的是他们的遗产，所以应当让他们对如何处理自己祖先的遗物有更大的发言权。[7]

我还认为，可以相当有把握地说，自考古问世之日就开始的实地挖掘工作仍将继续，也就是说，考古人员仍离不开镐头、铁锹、泥铲和牙医工具。又快又好而且不损坏古物的挖掘方法并不多。不过，此言也许过于绝对，以后可能会发明出目前想象不到的新型挖掘技术。只有这条考古学的原理永远不变：最好的东西总是在挖掘季的最后一天发现的……而且几乎总是出现在遇到挫折的时候。

在我乔治·华盛顿大学的办公室里，除了我母亲两次送给我的那本关于谢里曼的书以外，墙上还贴着两条原应贴在汽车尾部的标语。一条比较简单："考古学：我宁愿去挖土。"另一条说："考古学家。地球上最酷的工作。我保存过去，你呢？"正如所有的汽车尾部标语一样，这两条标语言简意赅。它们很好地概括了我对考古的感情——我真的宁愿去挖土。但是，它们也向世人发出了挑战。考古学不仅是寻找过去的文明留下的遗物，而且要为子孙后代保存管理这些遗物。我希望此书能够为达此目的略尽绵薄之力。

致 谢

本书描述了我在考古界的前辈所做的工作，没有他们的努力，本书根本不可能写成。我研究的学科历史悠久、备受尊敬，我工作的领域吸引着如此众多的人，这些都使我深感自豪。

我要感谢所有在乔治·华盛顿大学选过我教的“考古入门”的学生（过去15年来每年秋季学期一般都有近140名学生修这门课）和历年来曾跟随我在美吉多和泰勒卡布里挖掘过的学生们。本书特别要献给迄今为止的150多位在我的指导下主修考古学的学生。

我也想对几个人特别致谢，首先是普林斯顿大学出版社的编辑罗布·滕皮奥。是他建议我写这本书的，也是他在本书的创作过程中对我循循善诱。罗布不仅是我的编辑，我以有他这样一位挚友而骄傲。其次，我要感谢格莉妮丝·福克斯这位卓越的艺术家和出色的考古插图家，她的插图使本书大为增色。我还要感谢沙科纳·克鲁斯、斯科特·屈恩、莱恩·马利根，以及普林斯顿大学出版社所有其他为此书的出版助了一臂之力的人。特别要感谢米切尔·阿伦和吉尔·鲁瓦尔卡巴二人，他们各自仔仔细细地把本书的最终稿过了一遍，提出了中肯的建议和博学的修改意见；还要感谢彼得·库珀、威廉·达尔迪斯、兰迪·赫尔姆、丹尼尔·雷诺索、丹·鲁瓦尔卡巴、吉姆·韦斯特、卡桑德拉·怀斯曼和几位匿名的审稿人，他们在本书几易其稿的过程中阅读了书稿的全文或某些部分，并提出了建议，使书稿大为改进。

最后，特别重要的是，我要感谢家人。感谢我的父母马丁和伊夫琳在我长大的过程中放手让我追求爱好，感谢我的孩子汉娜和约书亚让我在他们长大的过程中继续沉迷于我的爱好，尤其要感谢我的妻子黛安多年来对我不离不弃的支持。

注　释

前言　一只“石化的猴爪”

[1] Braymer 1960.

[2] Ceram 1951, 1967; Stephens 1962; see also Ceram 1958, 1966.

[3] Assaf Yasur-Landau of the University of Haifa and I are codirectors of the dig; Andrew Koh of Brandeis University is associate director.

[4] See Jaggard 2014; Lemonick 2014b; Levitan 2013; McIntyre 2014; Naik 2013; Netburn 2013; Wilford 2013. The actual publication of our findings (Koh, Yasur-Landau, and Cline 2014) can be found in the journal *PLoS ONE*, available online: http://journals.plos.org/plosone/article?id=10.1371/journal.pone.0106406.

[5] Media reports appearing on June 2, 2016: Hatem 2016; Moye 2016; Rabinovitch 2016; Romey 2016; Smith 2016; Steinbuch 2016; Weber 2016; also http://www.archaeology.org/news/4507–160602-archaeologists-return-to-the-judean-desert; http://www.inquisitr.com/3161047/new-archaeology-discovery-2000-year-old-roman-military-barracks-will-be-viewed-by-subway-riders-video/; http://www.archaeology.org/news/4503–160601-london-writing-tablet; https://www.washingtonian.com/2016/06/02/things-to-do-in-dc-this-weekend-june-2–5/. The actual title of the published scholarly analysis of Tut's dagger was a bit more subdued: "The Meteoritic Origin of Tutankhamun's Iron Dagger Blade"—see Comelli, D'Orazio, Folco, El-Halwagy, Frizzi, Alberti, Capogrosso et al. 2016.

[6] Dunston 2016.

[7] Cline 2007b.

[8] I said this previously in Cline 2015: 620–21; see also Killgrove 2015b. For good discussions debunking such pseudo-archaeology, see Fagan 2006; Feder 2010, 2013; Stiebing 1984.

[9] Curry 2015; Dubrow 2014; Mueller 2016; Romano 2015; Romey 2015; Vance 2015.

[10] Lange 2008.

[11] Neuendorf 2015.

[12] Binkovitz 2013; Blumenthal and Mashberg 2015.

[13] Other authors have previously discussed many of the same topics, sites, and archaeologists, of course; I find the various books written or edited by Brian Fagan and by Paul Bahn to be among the most useful and accessible. Relevant volumes are Bahn 1995, 1996a, b, c, 1999, 2000, 2001,

2003, 2007, 2008, 2009, 2014; Bahn and Cunliffe 2000; Bahn and Renfrew 1996; Catling and Bahn 2010; Fagan 1994,1996, 2001, 2003, 2004a, b, 2007a, b, 2014; Fagan and Durrani 2014, 2016;Renfrew and Bahn 2012, 2015; see also Hunt 2007; Pollard 2007.

序章　奇妙的东西：图坦卡蒙和他的陵墓

[1] Carter and Mace 1977: 95–96. See also Carter 2010; Pollard 2007: 134–41; Snape in Bahn 1995: 32–35.

[2] Shaer 2014; http://www.nbcnews.com/science/science-news/tut-tut-new-view-king-tutankhamun-sparks-debate-n239166.

[3] On Hatshepsut, see Cooney 2015; Tyldesley 1998. On Thutmose III, see Cline and O'Connor 2006; Gabriel 2009. On Akhenaten, see Aldred 1991; Redford 1987. On Nefertiti, see Tyldesley 2005. See also Dodson 2009 and 2014 on the periods both immediately preceding and following Tut.

[4] Reeves 1990: 44–46. Many of the details about the tomb and its contents presented below are based on Reeves's excellent book. See also Allen 2006; Reeves and Wilkinson 1996: 122–27. The most recent discussion of the two men and their discoveries is by Fagan 2015.

[5] According to Carter's diaries, http://www.griffith.ox.ac.uk/gri/4sea1not.html.

[6] According to Carter's diaries, http://www.griffith.ox.ac.uk/gri/4sea1not.html.

[7] See the entry in Carter's diary at http://www.griffith.ox.ac.uk/gri/4sea1not.html; also Reeves 1990: 44–46; Reeves and Wilkinson 1996: 122–27.

[8] Ibid. See also Carter's diary at http://www.griffith.ox.ac.uk/gri/4sea1not.html.

[9] Carter and Mace 1977: 95–96. See also Carter 2010.

[10] See Carter's diaries, http://www.griffith.ox.ac.uk/gri/4sea1not.html.

[11] See Carter's diaries, http://www.griffith.ox.ac.uk/gri/4sea1not.html.

[12] Reeves and Wilkinson 1996: 122–27.

[13] http://www.griffith.ox.ac.uk/gri/4sea1no2.html.

[14] http://www.nytimes.com/learning/general/onthis day/big/0216.html#article.

[15] http://www.griffith.ox.ac.uk/discoveringTut/journals-and-diaries/season-4/journal.html.

[16] http://www.griffith.ox.ac.uk/discoveringTut/journals-and-diaries/season-4/journal.html.

[17] Hawass 2005: 263–72; http://press.national geographic.com/2005/03/07/tutankhamun-ct-scan-results-issued-march-7–2005-by-the-egyptian-supreme-council-of-antiquities/; http://news.bbc.co.uk/2/hi/science/nature/4328903.stm.

[18] King and Cooper 2006.

[19] Handwerk 2005.

[20] Shaer 2014; http://www.nbcnews.com/science/science-news/tut-tut-new-view-king-tutankhamun-sparks-debate-n239166.

[21] Hawass 2010: 34–59; see also Hawass et al. 2010: 638–47.

[22] See Keys 2015; Martin 2015; Reeves 2014.

[23] Reeves 2015b: 1; see http://www.highres.factum-arte.org/Tutankhamun/.

[24] Del Giudice 2014; Neild 2014.

[25] Reeves 2015a, b.

[26] See Borger 2016; Ghose 2015; Hessler 2015, 2016a, b; Jarus 2016; Strauss 2015; also http://www.archaeology.org/news/4269–160317-tutankhamun-tomb-scan.

第 1 章　火山灰下的古意大利

[1] Wade 2015b.

[2] Mocella et al. 2015.

[3] Wade 2015b.

[4] Van Gilder Cooke 2016; see also http://popular-archaeology.com/issue/winter-2015–2016/article/metallic-ink-used-in-the-herculaneum-scrolls.

[5] Jaggard 2015; Seabrook 2015; Urbanus 2015; Wade 2015b. Similar techniques are now being used on carbonized scrolls that have been found elsewhere, such as at Elephantine in Egypt and En Gedi in Israel. See Estrin 2016; Gannon 2016; Seales, Parker, Segal, Tov, Shor, and Porath 2016.

[6] Bahn 1995: 122–25; Bahn 1996b: 154–59; Fagan and Durrani 2014: 27; Pollard 2007: 16–21.

[7] See the entries on Winckelmann in Fagan 2003: 22–25 and Fagan 2014: 42–45. See also Fagan and Durrani 2014: 10–14 for a good discussion, and definitions, of the types of archaeology, including prehistoric, classical, biblical, underwater, forensic, historical, and industrial, as well as Egyptology, Assyriology, and bioarchaeology.

[8] There are many, many, many books written about Pompeii and Herculaneum. Among the best are Beard 2010; Berry 2007; Cooley and Cooley 2013; Ellis 2011; Grant 1980, 2005.

[9] Translation available at http://www.gutenberg.org/files/2811/2811-h/2811-h.htm.

[10] In the lost wax method, a sculptor creates a statue in wax, then encases it in a harder material and heats it up so that the wax melts and runs out a hole in the bottom. This leaves a cavity in the exact shape of the wax within the harder material, into which molten bronze can then be poured, which creates the same shape in metal as had been originally in wax.

[11] Stewart 2006.

[12] Clinton 2013; Glover 2013; Griffiths 2015b; Sheldon 2014.

[13] Povoledo 2015; Woollaston 2015.

[14] http://volcanoes.usgs.gov/hazards/lahar/ruiz.php; http:// pubs.usgs.gov/of/2001/ofr-01–0276/.

[15] http://www.herculaneum.ox.ac.uk/files/newsletters/harchissue1.pdf.

[16] Mastrolorenzo et al. 2001.

[17] Jashemski 1979, 2014.

[18] See, e.g., Gates 2011: 356–67; MacKendrick 1960: 196–223.

[19] Fuller 2014.

[20] Ibid.

[21] See http://classics.uc.edu/pompeii/index.php/news/1-latest/142-ipads2010.html, http://www.macworld.com/article/1154717/ipad_archeology_pompeii.html, and https://www.macstories.net/ipad/apple-profiles-researchers-using-ipads-in-pompeii/.

[22] Gates 2011: 365–67; see also http://www.stoa.org/diotima/essays/seaford.shtml.

[23] The following examples are taken from Lewis and Reinhold 1990: 236–38, 276–78.

[24] Kumar 2013.

第 2 章　挖掘特洛伊

[1] Described by Schliemann in his book, *Troy and Its Remains* (Schliemann 1875); quoted by Traill 1995: 111. I have written about this previously, in Cline 2013: 76–80.

[2] Schliemann 1881: 453–54, with illustrations and further discussion on subsequent pages. See also the list of items in Traill 1995: 111–12, with quotations from the original notebooks, letters, and other relevant records; and Cline 2013: 76–80.

[3] Ceram 1967: 41–45; see also Mee in Bahn 1995: 98–99; Pollard 2007: 78–83.

[4] There are many translations of the *Iliad*; see, for instance, Fagles 1991. For a translation of the Epic Cycle, see Evelyn-White 1914. The story is also briefly recapitulated in Cline 2013.

[5] See discussions in Cline 2013, 2014.

[6] Schliemann 1881: 3. See, e.g., Traill 1985, 1995: 4–5; also Cline 2013: 72–73.

[7] Allen 1999.

[8] See the relevant articles on Schliemann's discovery of the treasure in Traill 1993, among other discussions, including Traill 1983 and 1984, but especially Fitton 2012. See also Cline 2013: 76–80; Rose 1993.

[9] See the relevant articles on Schliemann's discovery of the treasure in Traill 1983, 1984, 1993; also discussions in Easton 1981, 1984a, b, 1994, and 1995, as well as Traill 1999, 2000.

[10] See the discussions by Meyer, Rose, and Hoffman in *Archaeology* 46/6 (1993); also Easton 1995; Goldmann, Agar, and Urice 1999; Meyer 1995; and Traill 1995: 300–01.

[11] Sayce 1890. See also previous brief discussions in Cline 2013: 30–33, 2014: 33–35.

[12] Hrozný 1917.

[13] On the Hittites, see especially the overviews by Bryce 2002, 2005, 2012; Collins 2007. See also Ceram 1955.

[14] See full discussion in Cline 2013: 54–68.

[15] Wilford 1993a.

[16] Cline 2013: 98; Jablonka 1994; Korfmann 2004: 38; Latacz 2004: 22–37; Wilford 1993b. Note that some of the material in this chapter is similar to that which I have previously published in Cline 2013 and 2014. There also are dozens, if not hundreds, of other volumes available on Troy and the Trojan War; among the best are Bryce 2006; Latacz 2004; Strauss 2006; Thomas and Conant 2005; Wood 1996; and, for young adults, Rubalcaba and Cline 2011.

[17] Becker and Jansen 1994: 105–14; Bryce 2006: 62; Bryce 2010: 478; Easton et al. 2002: 82; Korfmann 2004: 38; Korfmann 2007: 24; Latacz 2004: 22–24, 73; Shanks 2002: 29.

[18] Cline 2013: 99–10; Korfmann 2004.

[19] Easton 2010; Schachermeyr 1950.

[20] Kunnen-Jones 2002; Reilly 2004; Rose 2014: 226, 249–50.

第 3 章　从埃及到永恒

[1] Recent articles about such claims or beliefs include Kaufman 2016; Killgrove 2015a.

[2] The following publications also will provide clear and accurate information about the archaeology of ancient Egypt, including further details on the topics discussed in this chapter:

Bard 2008; Kemp 2005; Lehner and Wilkinson 1997; Robins 2008; Silverman 2003; Wilkinson 2013.

[3] Fagan 2004b: 65–128. On the history of Egyptology up until 1881, see Thompson 2015.

[4] Fagan 2004b: 98–104. See the entry on Belzoni by Garry J. Shaw in Fagan 2014: 46–50; also Pollard 2007: 40–43.

[5] Fagan 2004b: 177–81; Reid 2002: 44–46; Thompson 2015: 198–207; see also the entry on Lepsius by Garry J. Shaw in Fagan 2014: 51–55.

[6] Fagan 2004b: 181–91; Thompson 2015: 223–82; see also the entry on Mariette by Garry J. Shaw in Fagan 2014: 56–61.

[7] Fagan 2004b: 47–56; Reid 2002: 31–36; Thompson 2015: 97–103.

[8] Fagan 2004b: 157–70; Reid 2002: 40–44; Robinson 2012; see also Pollard 2007: 44–47; Snape in Bahn 1995: 40–41.

[9] Bard 2008: 25–33.

[10] On Egyptian chronology and dates, see, e.g., Bard 2008: 36–55.

[11] See, e.g., Weiss 2012.

[12] Cline 2014.

[13] On mummification and the specific details discussed in the following paragraphs, see, e.g., Andrews 1984; Hamilton-Paterson and Andrews 1978.

[14] Jarus 2012.

[15] Andrews 1984: 29.

[16] See, e.g., Carrington 2014; Griffiths 2015a; Hawass and Saleem 2015; also http://www.historyextra.com/feature/secret-lives-ancient-egyptians-revealed-ct-scans-mummies.

[17] Griffiths 2015a.

[18] Anyangwe 2015; Morelle 2015; Robinson and Millner 2015.

[19] On the pyramids and the specific details discussed in the following paragraphs, see especially Lehner and Wilkinson 1997.

[20] Stiebing 2009: 136–37.

[21] Brier and Houdin 2009.

[22] See http://www.universetoday.com/93398/can-you-see-the-pyramids-from-space/.

[23] See, e.g., http://www.pbs.org/wgbh/nova/ancient/who-built-the-pyramids.html.

[24] See also http://www.pbs.org/wgbh/nova/ancient/who-built-the-pyramids.html, where Lehner mentions three, rather than four, shifts.

[25] See, e.g., Lehner and Wilkinson 1997.

[26] For more information, see Lehner and Wilkinson 1997 and others, including Bard 2008: 137–40.

[27] Bard 2008: 141–42.

[28] See Lorenzi 2016a, b.

[29] See Hatem 2016; Lorenzi 2016c. On efforts by University of Texas physicists at a Maya pyramid in Belize, see the home page of the Maya Muon Research Group led by Professor Roy Schwitters: http://www.hep.utexas.edu/mayamuon/.

[30] See the abstract booklet from the 67th Annual Meeting (2016) at http://www.arce.org/files/user/page157/ARCE_2016_Abstract_Booklet.pdf.

第 4 章　美索不达米亚之谜

[1] See *Time*, "Books: Dame Agatha: Queen of the Maze," January 26, 1976. In that article, she is cited as having pronounced this on the occasion of her twenty-fifth wedding anniversary. Available online for *Time* subscribers at http://content.time.com/time/subscriber/article/0,33009,913961–2,00.html. For the book that accompanied the exhibit at the British Museum, see Trümpler 2001.

[2] Christie 2011; see also http://bjrichards.blogspot.com/2013/01/more-deadly-than-male-life-of-katharine_4954.html. She also wrote about their life while on excavation, to answer questions posed by friends upon their return; see Mallowan 2012. See also Trümpler 2001.

[3] Lloyd 1980b: 43–56; Moorey 1982. See also Larsen 1996; Roux 1992.

[4] Zettler and Horne 1998: 14–19, 21–23.

[5] Zettler and Horne 1998: 22–25; see also Edens in Bahn 1995: 142–43; Edens in Bahn 1996c: 68–71; Pollard 2007: 128–33.

[6] Zettler and Horne 1998: 22–25; see also Edens in Bahn 1996c: 68–71; Pollard 2007: 128–33.

[7] See Lloyd 1980a for a good overview, as well as Fagan 2007b and Larsen 1996 for much more detailed, and easily accessible, discussions of early archaeologists in Mesopotamia, to which the following pages owe much; see also http://www.britishmuseum.org/explore/highlights/highlight_objects/me/c/colossal_winged_bull.aspx; and http://www.britishmuseum.org/explore/highlights/highlight_objects/me/c/colossal_statue_of_winged_lion.aspx.

[8] Bahn 2008: 26; Fagan 2003: 55–57; Fagan 2007b: 79–93; Larsen 1996: 79–87, 178–88, 215–27, 293–305, 333–37; Lloyd 1980a: 14, 75–78; and the entry on Rawlinson by Andrew Robinson in Fagan 2014: 183–85.

[9] Fagan 2003: 55–57; Fagan 2007b: 90–92; Lloyd 1980a: 14, 75–78.

[10] See Bahn 2008: 26; Fagan 2003: 55–57; Fagan 2007b: 79–93; Larsen 1996: 79–87, 178–88, 215–27, 293–305, 333–37; Lloyd 1980a: 14, 75–78; and the entry on Rawlinson by Andrew Robinson in Fagan 2014: 183–85.

[11] Lloyd 1980a: 94–98; Lloyd 1980b: 35. See also Edens in Bahn 1995: 150–51; Fagan 2007b: 97–107; Larsen 1996: 3–33.

[12] Ibid.

[13] Fagan 2003: 45–46, 51–54; Fagan 2007b: 109–15; Larsen 1996: 34–69; Lloyd 1980a: 15–16, 87–94; Oates and Oates 2001: 2–6; and the entry on Layard by Joan Oates in Fagan 2014: 68–71; see also Edens in Bahn 1995: 150–51; Pollard 2007: 48–53.

[14] Fagan 2007b: 109–23. See also Larsen 1996: 70–78, 88–98, 115–24.

[15] Quoted in Lloyd 1980a: 101.

[16] Fagan 2007b: 115–23; Larsen 1996: 88–124; Lloyd 1980a: 101–3.

[17] El-Ghobashy 2015.

[18] Fagan 2007b: 131, 134–36; Layard 1849; Oates and Oates 2001: 6.

[19] Fagan 2007b: 136–44; Larsen 1996: 196–235, 255–74.

[20] Fagan 2007b: 136–44; Larsen 1996: 196–235, 255–74; Lloyd 1980a: 125–29; Russell 1991: 1.

[21] Byron 1815, http://www.poetryfoundation.org/poem/173083.

[22] Ussishkin 1984, 1987, 1988. See also Ussishkin 2014.

[23] Bleibtreu 1990, 1991.

[24] Quoted in Lloyd 1980b: 33; also in Fagan 2014: 71 and Lloyd 1980a: 125.

[25] Fagan 2007b: xi.

[26] Fagan 2007b: 106–7; Larsen 1996: 32; Lloyd 1980b: 36; Parrot 1955: 40–41.

[27] Fagan 2007b: 123–31; Larsen 1996: 125–32.

[28] Fagan 2007b: 183–85; Larsen 1996: 344–49; Lloyd 1980a: 98, 130–31, 134, 140; Lloyd 1980b: 32–33, 36; Parrot 1955: 42.

[29] Lloyd 1980b: 32–33, 36.

[30] Fagan 2007b: 173–83; Larsen 1996: 315–32; Lloyd 1980a: 138–39.

[31] Fagan 2007b: 181; Lloyd 1980a: 126.

[32] Lloyd 1980a: 98, 135–39; Lloyd 1980b: 31.

[33] A good translation of the *Epic of Gilgamesh* was published by George in 2003.

[34] Lloyd 1980a: 146–47; Oates and Oates 2001: 8–9; Russell 1991: 4.

[35] Finkel 2014a, b; Moss 2014.

[36] See, e.g., Kramer 1988; Roux 1992.

[37] For an overview and collection of relevant bibliography, see Moro-Abadía 2006: 4–17. See also especially Gosden 2001, 2004; Meskell 1998; Silberman 1989; and Trigger 1984.

[38] See Hussein 2016; Luhnow 2003; Oates in Fagan 2007a: 66–69. See also http://news.nationalgeographic.com/news/2003/06/photogalleries/nimrud/photo3.html.

第5章　探秘中美洲丛林

[1] See Chase et al. 2010, 2011, 2012, 2014.

[2] Fagan and Durrani 2014: 136.

[3] See Wilford 2010; also http://www.archaeology.org/news/2443–140818-mexico-yucatan-maya-cities-rediscovered (quote); http://news.national geographic.com/news/2010/05/photogalleries/100520-ancient-maya-city-belize-science-pictures/.

[4] Stephens 1949, 2: 245–46. See also the discussion in Stuart and Stuart 2008: 35–63.

[5] Stephens 1949, 2: 247.

[6] Stephens 1949, 1962.

[7] See the introduction in Koch 2013: 1–8. See also the introductions written by Victor Wolfgang von Hagen and published in the reprints of Stephens's volumes by the University of Oklahoma Press (1962; 1970), as well as Glassman 2003; Koch 2013; and von Hagen 1947. See also the recent publication by Carlsen 2016.

[8] Koch 2013: 1.

[9] See the entry on Stephens and Catherwood by Michael D. Coe in Fagan 2014: 63–67; also Pollard 2007: 54–57.

[10] Republished as Stephens 1970.

[11] See also Carlsen 2016: 158–59, 257–61, 325–26 for comments on, and descriptions of, these various ailments.

[12] Stephens 1949, 2: 368–74; quotation taken from 2: 373–74. See also Carlsen 2016: x–xi, 231–33, 284–88, 358–62 on Stephens's comments in favor of construction by the local inhabitants both here and at other Maya sites; also the brief discussion of the previous explorers of Copán

by Koch 2013: 98–99.

[13] Stephens 1949, 1: 123–25.

[14] Stephens 1949, 2: 386. Quoted also in Koch 2013: 6.

[15] Coe 2012.

[16] See the entry on these three scholars—Thompson, Proskouriakoff, and Knorosov—by Michael D. Coe in Fagan 2014: 191–95; also Stone in Bahn 1995: 218–19.

[17] See http://www.unc.edu/news/archives/jan07/maya010907.htm; Stuart and Stuart 1977; Stuart and Stuart 1993.

[18] See https://www.macfound.org/fellows/214/. See also Coe 2012 and the similarly titled documentary, "Breaking the Maya Code," of which portions are available on YouTube, as well as the entry on Maya writing by David Stuart in Fagan 2007a: 242–43; also Stone in Bahn 1995: 218–19. Note also the bibliography listing for Stuart in Houston, Mazariegos, and Stuart 2001.

[19] Lyon-House 2012; Stuart 2011.

[20] Fash 2001; Koch 2013: 129; Stuart 2011: 275–78 and Appendix 5; http://whc.unesco.org/en/list/129.

[21] Carlsen 2016: 122–24; Koch 2013: 123–25; Stephens 1949, 1:98–99.

[22] Stephens 1949, 1: 110–11.

[23] Coe 2005: 115; Fash 2001: 129, 139–50; and Carlsen 57–65 (for a lengthy description and discussion of their entire time at Copan).

[24] See http://www.socialstudiesforkids.com/articles/worldhistory/mayanballgame.htm. For a recent scholarly treatment, see Blomster 2012: 8020–25.

[25] Hammond 1982: 46–48; Koch 2013: 130; see also the entry on Alfred Maudslay by Norman Hammond in Fagan 2014: 78–82.

[26] Koch 2013: 154; Stephens 1949, 2: 163–66.

[27] http://whc.unesco.org/en/list/64; http://www.tikalnationalpark.org; Bahn 2009: 136–37; Coe 2005: 122–25; Stuart and Stuart 1977: 52. See also Harrison 1999.

[28] Coe 2005: 124–25; http://www.tikalnationalpark.org; http://www.mayan-traveler.com/tikal-elmirador-flores-copan.php; http://www.utexas.edu/cofa/art/347/maya_tikal.html; http://mesoweb.com/encyc/index.asp? passcall=rightframeexact&rightframeexact=http%3A//mesoweb.com/encyc/view.asp%3Fact%3Dviewexact%26view%3Dnormal%26word%3DI%26wordAND%3DJasaw+Chan+Kawiil.

[29] Koch 2013: 82–84, 91–95; Stuart and Stuart 2008: 35–63.

[30] See Carlsen 2016: x–xi, 231–33, 284–88, 358–62 (on Stephens's arguments against influence from Atlanteans, Egyptians, Phoenicians, or others).

[31] Carlsen 2016: 245–60; Koch 2013: 162–70; Stephens 1949, 2: 288–90.

[32] Stephens 1949, 2: 288; Stone in Bahn 1995:216–17.

[33] Koch 2013: 167–68; also Cortez in Bahn 1996c: 126–29; Fagan and Durrani 2014: 333; Stone in Bahn 1995: 216–17.

[34] Stuart and Stuart 2008: 6–7; also Cortez in Bahn 1996c: 126–29; Fagan and Durrani 2014: 333; Stone in Bahn 1995: 216–17.

[35] This has been featured in an episode of the television show *Ancient Aliens*, which discusses whether this scene shows Pacal piloting a space ship; see episode one of season four (2012).

[36] Stone in Bahn 1995: 216–17; Stuart and Stuart 2008: 11–12,92–98.
[37] http://whc.unesco.org/en/list/411.
[38] Stuart and Stuart 2008: 12, 22, 74–105, 182–84.
[39] Stuart in Fagan 2007a: 94–97.
[40] Koch 2013: 178–81; Stephens 1949, vols. 1–2.
[41] Carlsen 2016: 331–39; Koch 2013: 188–244; Stephens 1962, vols. 1–2.
[42] Coe 2005: 188–89, with references.
[43] Bahn 2009: 144–45; Coe 2005: 179–90; Koch 2013: 225–30.
[44] Bahn 2009: 144–45; http://whc.unesco.org/en/list/483.
[45] Stephens 1962: chapters 16 and 17 (also available online at http://www.gutenberg.org/files/33130/33130-h/33130-h.htm#div1_17).
[46] Coe 2005: 188–89, with references.
[47] Coe 2005: 161; see also (in some cases, with a large grain of salt) Ghose 2014; Mott 2012; Moyer 2014; Stromberg 2012; http://popular-archaeology.com/issue/summer-2015/article/classic-ancient-maya-collapse-not-caused-by-overpopulation-and-deforestation-say-researchers; http://science.nasa.gov/science-news/science-at-nasa/2009/06oct_maya/.

更深一层 1 如何确定挖掘地?

[1] For concise discussions of much of the material covered in this interlude, see Fagan and Durrani 2014: 120–49 (chapter 8). The following also will be of interest to those seeking information beyond what is presented in this chapter: Banning 2002; Collins and Molyneaux 2003; Conyers 2013; Howard 2007; Leach 1992; White and King 2007.
[2] Fagan and Durrani 2014: 92.
[3] See Fagan and Durrani 2014: 87 for more on these definitions of artifacts and features, as well for definitions of structures and ecofacts.
[4] The following section on surveys and surveying is based on, and indebted to, the discussion in Fagan and Durrani 2014: 126–36.
[5] Fagan and Durrani 2014: 126–29, 144–45, 157.
[6] Casana 2015; Vergano 2014; see also http://www.nro.gov/history/csnr/corona/; http://www.nro.gov/history/csnr/corona/factsheet.html.
[7] Bradford 1957.
[8] Fagan and Durrani 2014: 145; Lerici 1959, 1962. Lerici's team, including archaeologists from the University of Pennsylvania in the later years, also employed very early versions of proton magnetometers as well as electronic resistivity meters, both of which will be discussed later in this book, to aid them in their detection of additional tombs.
[9] Fagan and Durrani 2014: 135, fig. 8.10.
[10] Blumenthal and Mashberg 2015; Cronin 2011; Parcak 2009; Said-Moorhouse 2013. For a clip of Sarah Parcak's appearance on *The Late Show* with Stephen Colbert on January 8, 2016, see https://youtu.be/vK2 t27FNJmU.
[11] Maugh 1992.
[12] Fagan and Durrani 2014: 133–34.

[13] Ibid.

[14] Tepper 2002, 2003a, b, 2007.

[15] Adams, David, and Tepper 2014; Ben Zion 2015b; Pincus, DeSmet, Tepper, and Adams 2013. See also http://mfa.gov.il/MFA/IsraelExperience/History/Pages/Roman-legion-camp-uncovered-at-Megiddo-9-Jul-2015.aspx.

[16] Dunston 2016.

[17] Fagan and Durrani 2014: 136. On LiDAR and Roman roads in England, see Calderwood 2016; Nagesh 2016; Webster 2015. On Jezreel, see http://www.biblicalarchaeology.org/daily/archaeology-today/biblical-archaeology-topics/jezreel-expedition-sheds-new-light-on-ahab-and-jezebel's-city/.

[18] McNeil 2015.

[19] Fagan and Durrani 2014: 141–42.

[20] Cline and Yasur-Landau 2006.

[21] Fagan and Durrani 2014.

[22] Ibid.

[23] See, e.g., Dvorsky 2014a.

[24] Fagan and Durrani 2014: 130–31; Keys 2014. See also Dvorsky 2014b.

[25] Keys 2014; Dvorsky 2014b; Moss 2015. See further http://www.usatoday.com/story/news/nation-now/2015/09/07/superhenge-discovery-at-stonehenge/71846436/; http://www.bbc.com/news/uk-england-wiltshire-34156673?ocid=socialflow_twitter%3FSThisFB%3FSThisFB.

[26] Keys 2016; Knapton 2016.

[27] Fagan and Durrani 2014: 126.

[28] Fagan and Durrani 2014: 125–26.

[29] Fagan and Durrani 2014: 129–30.

[30] Yasur-Landau, Cline, and Pierce 2008.

第 6 章　发现人类最早的远祖

[1] Shreeve 2015; see also McKenzie 2016; Wilford 2015; and Williams 2016. For the original scientific publication, see Berger et al. 2015.

[2] Note that *hominin* is now used in place of the previous term, *hominid*, to mean "the group consisting of modern humans, extinct human species, and all our immediate ancestors (including members of the genera *Homo*, *Australopithecus*, *Paranthropus,* and *Ardipithecus*)." See http://australianmuseum.net.au/hominid-and-hominin-whats-the-difference# sthash.bYSSx6yE.dpuf; also http://www.smithsonianmag.com/science-nature/whats-in-a-name-hominid-versus-hominin-216054/?no-ist.

[3] McKenzie 2016; Shreeve 2015; Wilford 2015; Williams 2016.

[4] See, e.g., Lents 2016; McKie 2015; Pyne 2016; Williams 2016. For a previous announcement by Berger of another discovery of early hominin fossils, from a cave near Johannesburg in South Africa, see Berger et al. 2010, Wilford 2015, Williams 2016, and http://www.sciencemag.org/site/extra/sediba/. These particular fossils were excavated in August 2008, after Berger's nine-year-old son found the first two by accident. They were officially named *Australopithecus*

sediba in 2010. Berger dates them to about 1.78–1.95 million years ago.

[5] http://www.nationalgeographic.com/explorers/bios/leakeys/. Many books have been written about the Leakeys, or by the Leakeys themselves. See, for example, Bowman-Kruh 2005; Cole 1975; M. D. Leakey 1979, 1986; R. E. Leakey 1984; Morell 1996.

[6] Pearson 2003; http://www.nationalgeographic.com/explorers/bios/leakeys/.

[7] http://www.nationalgeographic.com/explorers/bios/leakeys/; http://www.leakey.com/bios/meave-leakey.

[8] See, e.g., Leakey and Lewin 1979.

[9] Thackery in Bahn 1996c: 18–19; Wong 2011; http://www.leakey.com/bios/richard-leakey.

[10] Cole 1975.

[11] Fagan 2003: 148–52; see also the entry on the Leakeys by Brian Fagan in Fagan 2014: 215–19. A greatly expanded version of the story also can be found in Fagan 1994: 57–78.

[12] Bahn 2008: 76–78; Fagan 2003: 148–52; Fagan 2014: 215–19. See also http://www.leakey.com/bios/louis-seymour-bazett-leakey; http://www.leakey.com/bios/mary-leakey; http://www.pbs.org/wgbh/aso/databank/entries/do59le.html.

[13] http://www.leakey.com/bios/mary-leakey; http:// humanorigins.si.edu/evidence/behavior/footprints/laetoli-footprint-trails; http://www.getty.edu/conservation/publications_resources/newsletters/10_1/laetoli.html; http://www.pbs.org/wgbh/evolution/educators/course/session5/engage_a.html.

[14] Thackeray in Bahn 1995: 18–19.

[15] Fagan and Durrani 2014: 42; Raichlen et al. 2010; Thackeray in Bahn 1995: 18–19.

[16] http://humanorigins.si.edu/evidence/behavior/footprints/footprints-koobi-fora-kenya.

[17] McKie 2012; Millar 1972; Spencer 1990; Walsh 1996.

[18] "Science: End as a Man," *Time*, November 30, 1953; available online at http://content.time.com/time/subscriber/article/0,33009,823171,00.html.

[19] https://iho.asu.edu/about/lucys-story. See also Johanson and Edey 1981; Johanson and Wong 2010; Pollard 2007: 192–97; Thackeray in Bahn 1995: 17–18; Thackeray in Bahn 1996c: 14–17.

[20] https://iho.asu.edu/about/lucys-story. See also Johanson and Edey 1981; Johanson and Wong 2010; Pollard 2007: 192–97; Thackeray in Bahn 1995: 17–18; Thackeray in Bahn 1996c: 14–17.

[21] See https://iho.asu.edu/about/lucys-story; Johanson and Edey 1981.

[22] http://whc.unesco.org/en/list/1393.

[23] See the entry on Garrod by William Davies in Fagan 2014: 202–5; also Bar-Yosef and Callander 2006: 380–424; Davies and Charles 1999; Fagan 2003: 136–39.

[24] Bahn 2008: 44–45; and see the entry on Garrod by William Davies in Fagan 2014: 202–5.

[25] http://www.timesofisrael.com/finding-man-israels-prehistoric-caves/.

[26] Bahn 2008: 44–45.

[27] Choi 2014; Lemonick 2014a.

[28] Bahn 2009: 38–39; Bar-Yosef, Vandermeersch, Arensburg, Belfer-Cohen, Goldberg, Laville, and Meignen 1992: 497–550.

[29] Edwards 2010; Solecki 1954, 1971, 1975; Solecki, Solecki, and Agelarakis 2004; Trinkaus 1983.

[30] Edwards 2010; Solecki 1954, 1971, 1975; Sommer 1999; Trinkaus 1983.

[31] For a good overview of all the cave paintings, see Curtis 2006.

[32] Bahn 1995: 58–59; Fagan and Durrani 2014: 32; Pollard 2007: 74–77; Spivey 2005: 17–20. See also Saura Ramos, Pérez-Seoane, and Martínez 1999.

[33] See, in addition to the references in the previous footnote, also http://whc.unesco.org/en/list/310; http://www.visual-arts-cork.com/prehistoric/altamira-cave-paintings.htm.

[34] http://www.visual-arts-cork.com/prehistoric/altamira-cave-paintings.htm.

[35] http://whc.unesco.org/en/list/310.

[36] Altares 2015a, b; Rubin 2015. See also http://www.bradshawfoundation.com/news/cave_art_paintings.php?id=The-Spanish-Cave-of-Altamira-opens-with-politics.

[37] Cosgrove 2014. See also Bahn 1995: 60–61; Bahn 2009: 84–85; Bataille 1955.

[38] http://whc.unesco.org/en/list/85.

[39] Bahn 1995: 60–61; Bahn 2009: 84–85; Hammer 2015; Thurman 2008. See also http://whc.unesco.org/en/list/85; http://www.bradshaw foundation.com/lascaux/index.php.

[40] Bahn 1995: 60–61; Bahn 2009: 84–85. See also http://www.bradshawfoundation.com/lascaux/index.php.

[41] *the public can visit* Cosgrove 2014; Hammer 2015; Rubin 2015. See also http://www.bradshawfoundation.com/chauvet/chauvet_cave_paintings.php.

[42] Dargis 2011; http://www.bradshawfoundation.com/chauvet/chauvet_cave_paintings.php; http://www.bradshawfoundation.com/chauvet/chauvet_cave_UNESCO_world_heritage_site.php; http://whc.unesco.org/en/list/1426; http://www.metmuseum.org/toah/hd/chav/hd_chav.htm.

[43] Callaway 2016; Chauvet, Deschamps, and Hillaire 1996: 35–70; Clottes 2003; Fagan and Durrani 2014: 16; Lichfield 2016; Nomade et al. 2016.

[44] Hammer 2015; Morelle and Denman 2015. See also http://www.metmuseum.org/toah/hd/chav/hd_chav.htm; http://www.newworldencyclopedia.org/entry/Chauvet_Cave.

[45] Daley 2016; Netburn 2016; Quiles et al. 2016.

[46] Thurman 2008; http://www.newworldencyclopedia.org/entry/Chauvet_Cave.

[47] Dargis 2011; Thurman 2008. See also http://www.newworldencyclopedia.org/entry/Chauvet_Cave.

[48] Hammer 2015; based on Chauvet, Deschamps, and Hillaire 1996: 41.

[49] Hammer 2015; also http://www.newworld encyclopedia.org/entry/Chauvet_Cave.

[50] Hammer 2015; Thurman 2008; http://www.bradshaw foundation.com/chauvet/chauvet_cave_paintings.php.

[51] See http://www.donsmaps.com/images9/chauvetmap.gif for a useful and detailed map redrawn by Don Hitchcock, after one originally published in Clottes 2003. The succeeding paragraphs follow this map.

[52] Dargis 2011; Rubin 2015.

[53] http://www.prehistoric-wildlife.com/species/m/megaloceros.html.

[54] Callaway 2016; Lichfield 2016; Nomade et al. 2016.

[55] Thurman 2008.

[56] Hammer 2015; Morelle and Denman 2015; Rubin 2015.

[57] Minder 2014.

[58] Williams 2016 uses this same apt analogy—of the family tree turning into a bush—in an article

that appeared in *The New Yorker* as the final draft of this manuscript was being completed, writing, "As more fossils surfaced and better research tools allowed for nuanced comparisons, the tree became a bush with many branches, depicting diverse species that overlapped in time."

第 7 章　新月沃土最初的农夫

[1] http://occupytheory.org/gobekli-tepe-hoax-debunked/; http://www.history.com/shows/ancient-aliens/episodes/season-2. Curry 2008; Fagan and Durrani 2014: 236–37; Mann 2011; Schmidt in Fagan 2007a: 180–83; Spivey 2005: 44–49.

[2] http://www.al-monitor.com/pulse/originals/2015/07/turkey-worlds-oldest-temple-discovered-in-south.html#; http://www.hurriyetdaily news.com/ancient-gobeklitepe-pioneer-schmidt-passes-away.aspx?pageID= 8&nID=69418&NewsCatID=375.

[3] A dated but still valuable resource that presents these theories briefly is Redman 1978. See also, e.g., Simmons 2007 with numerous additional references.

[4] Curry 2008; Mann 2011; Spivey 2005: 44–49.

[5] Gray 2015; Osborne 2015; http://www.hurriyetdailynews.com/signs-of-worlds-first-pictograph-found-in-gobeklitepe-.aspx?pageID= 238&nID=85438&NewsCatID=375

[6] Curry 2008; Mann 2011; Spivey 2005: 44–49.

[7] Mann 2011.

[8] Curry 2008; Mann 2011; Spivey 2005: 44–49.

[9] Curry 2008.

[10] See Cline 2012: 42–44.

[11] See Cline 2015: 620–21.

[12] Garstang and Garstang 1940; see also Edens in Bahn 1995: 140–41.

[13] Kenyon 1957.

[14] Fagan and Durrani 2014: 88, 98–100, 103; see also Bahn 2008: 56–57; Fagan 2014: 139 (within the entry on Petrie by Garry J. Shaw); Hallote 2006: 154–55, 181. Max Uhle and Nels Nelson are considered by New World archaeologists to have done the same in regard to introducing the concept of stratigraphy into North American rchaeology.

[15] See discussion in Cline 2007a: 93–120.

[16] See, e.g., Barkai and Liran 2008.

[17] See, e.g., Edens in Bahn 1996c: 42–45.

[18] http://www.damienhirst.com/for-the-love-of-god; http://www.theguardian.com/artanddesign/video/2012/apr/18/damien-hirst-tate-modern-skull-video; http://www.tate.org.uk/context-comment/video/tateshots-damien-hirst-love-god.

[19] Nigro 2006: 1–40. See also the publications posted at https://uniroma1.academia.edu/LorenzoNigro.

[20] http://www.catalhoyuk.com; see also Edens in Bahn 1995: 68–69; Pollard 2007: 172–75.

[21] Fagan and Durrani 2014: 53; Hodder 2006.

[22] Hodder 2006.

[23] See http://maxlab.mcmaster.ca/research-projects-1/catalhoeyuk-turkey for a list of publications on the analysis of obsidian found at Çatalhöyük.

[24] http://www.sci-news.com/archaeology/science-catalhoyuk-map-mural-volcanic-eruption-01681.html; Schmitt et al. 2014.

[25] Balter 2009; Hodder 2011. See also http://www.catalhoyuk.com/newsletters/04/introduction.html; http://photocollage.topic show.com/PhotoCollage.aspx?Category=events&Title=turkish-catalhoyuk-fashion-show-at-shanghai-world-expo&Mode=Public.

[26] Phillips 1955: 246–47; Willey and Phillips 1958: 2.

[27] Fagan and Durrani 2014: 46–49; Kelly and Thomas 2013: 13–14, 35–38.

[28] Kelly and Thomas 2013: 35–38. See also Fagan and Durrani 2014: 46–49.

[29] See, e.g., Hodder 1986, 1987, 1999; also Fagan and Durrani 2014: 46–49; Kelly and Thomas 2013: 35–38.

[30] http://www.catalhoyuk.com/library/goddess.html; http://www.musetours.com/explore-the-land-of-mother-goddess/.

[31] See, for instance, Gimbutas 1974, 1991. For a recent discovery, see Kark 2016.

第 8 章　揭秘希腊初民

[1] Schliemann 1880. See also Castledon 2005; French 2002; Schofield 2007.

[2] Pausanias, *Description of Greece* 2.16.6–7; translation available online at http://www.theoi.com/Text/Pausanias2B.html.

[3] Schliemann 1880: 60–61.

[4] Ibid., 61.

[5] Ibid., 61–62.

[6] Ibid., 80–99.

[7] Harrington 1999; Riley 2015. See also Ceram 1966: 59–60 for a slightly different wording in the telegram, beginning with "I am overwhelmed with joy."

[8] Schliemann 1880: 86, 99.

[9] Musgrave et al. 1995: 107–36. See also Brown et al. 2000: 115–19. Similar work has now been done on some of the skeletons from Grave Circle A; see Papazoglou-Manioudaki et al. 2009: 233–77; Papazoglou-Manioudaki et al. 2010: 157–224.

[10] http://whc.unesco.org/en/list/941

[11] Robinson 2002.

[12] Cline 1987, 1998.

[13] See further discussion in Cline 2014.

[14] Blakemore 2015; Lawler 2015; Wade 2015a, 2016; also http://magazine.uc.edu/issues/0316/pay_dirt.html. See now Davis and Stocker 2016.

[15] Castledon 1993; Evans 1921–23; Fitton 2002; see also Mee in Bahn 1995: 92–93; Pollard 2007: 108–13.

[16] Eisler 1988.

[17] Ceram 1966: 31–33; Lapatin 2002.

[18] Koehl 1986: 407–17.

[19] Niemeier 1988; Shaw 2004.

[20] Bietak 1992: 26–28.

第 9 章　找到了亚特兰蒂斯？

[1] Owen 2011; see also the relevant chapter in Adams 2015.
[2] See Adams 2015 for a collection of the claims, which he investigated.
[3] Herodotus, *Histories*, IV.147; http:// www.perseus.tufts.edu/hopper/text?doc=Perseus%3Atext%3A1999.01.0126% 3Abook%3D4%3Achapter%3D147%3Asection%3D1.
[4] Herodotus, *Histories*, IV.147; see also Apollonios Rhodius, *Argonautica*, 4.173, 175.
[5] Marinatos 1939: 425–39.
[6] Doumas 1983.
[7] Doumas 1993; Marinatos 1984.
[8] Cline 1991.
[9] Davis 1986.
[10] Doumas 1993.
[11] Morris 1989.
[12] Friedrich et al. 2006; Manning et al. 2006; Manning 2014; see also discussions in Warburton 2009.
[13] For further discussions, and specific references for additional reading, see Cline 2007a: 85–86, 210.
[14] See discussions in Cline 1994.
[15] See Luce 1969.
[16] Translation by Benjamin Jowett; http://classics.mit.edu/Plato/timaeus.html.
[17] See the amusing recounting in Adams 2015.
[18] Ritner and Moeller 2014.

第 10 章　海面下的迷人宝库

[1] See discussion in Cline 2014: 73–79, with further references; see also Fagan and Durrani 2014: 328–29; Mee in Bahn 1995: 102–3.
[2] http://www.penn.museum/sites/expedition/nautical-archaeology/.
[3] Bass 1967.
[4] http://nauticalarch.org/about/history/.
[5] https://www.archaeological.org/awards/goldmedal.
[6] A sample of the publications to date include Bass 1986, 1987; and Pulak 1998, 1999, 2010. A concise discussion can be found at http://nautical arch.org/projects/all/southern_europe_mediterranean_aegean/uluburun_turkey/introduction/.
[7] See Bass 1986, 1987; Pulak 1998, 1999, 2010.
[8] Numerous citations could be given for all of this from the various scholarly publications, but it is most usefully summarized on the INA's own website at http://nauticalarch.org/projects/all/southern_europe_mediterranean_aegean/uluburun_turkey/continuing_study/dendrochronological_dating/.
[9] Pulak 1998. 164
[10] Stern et al. 2008.

[11] Jackson and Nicholson 2010; Walton et al. 2009.
[12] Cucchi 2008.
[13] For pictures and further description, see especially Bass 1987.
[14] Manning et al. 2009.
[15] Cline and Yasur-Landau 2007.

第 11 章　从掷铁饼到民主

[1] https://www.rio2016.com/en/sports; http://ancientolympics.arts.kuleuven.be/eng/TC002cEN.html; http://www.bullshido.org/Pankration.
[2] Andronicos 1992: 18; D. H. Cline 2016: 97; Gates 2011: 245; Pollard 2007: 26; Swaddling 1999: 7; Yalouris and Yalouris 1987: 27.
[3] Andronicos 1992: 18; Clayton and Price 1989: 76–77; Gates 2011: 245; Swaddling 1999: 13, 16; Yalouris and Yalouris 1987: 27.
[4] Gates 2011: 245; Kyrieleis 2007: 102; Pausanias, *Description of Greece*, 5.7.1–6.21.7; Pollard 2007: 26–27; Swaddling 1999: 13, 16; translation available online at http://www.theoi.com/Text/Pausanias5A.html#7; http:// www.theoi.com/Text/Pausanias5B.html; http://www.theoi.com/Text/Pausanias 6A.html; http://www.theoi.com/Text/Pausanias6B.html.
[5] D. H. Cline 2016: 99.
[6] Andronicos 1992: 18–23, 27; Clayton and Price 1989: 61, 65–67, 76–77; D. H. Cline 2016: 97; Gates 2011: 246–49; Kyrieleis 2007: 108–11; MacKendrick 1979: 165, 220–23; Swaddling 1999: 16–20; Yalouris and Yalouris 1987: 16–17.
[7] Andronicos 1992: 23–27; Kyrieleis 2007: 104–5; MacKendrick 1979: 287–89; Pollard 2007: 29; Swaddling 1999: 8.
[8] Kyrieleis 2007: 102–3; MacKendrick 1979: 218, 220; Pollard 2007: 27; Swaddling 1999: 16.
[9] Ceram 1966: 34–37; Dyson 2006: 82–85; Kyrieleis 2007: 102–3; MacKendrick 1979: 218–20; Pollard 2007: 27–28; Swaddling 1999: 16.
[10] Schaar 2012: 328, citing Evans 1931: 19. See also MacKendrick 1979: 4.
[11] Dyson 2006: 198; Kyrieleis 2007: 106; MacKendrick 1979: 224; Swaddling 1999: 16.
[12] Andronicos 1992: 14–18; Gates 2011: 245–46, 249–50; Kyrieleis 2007: 104, 106, 112–13; MacKendrick 1979: 163–64, 223–26, 287–89; Swaddling 1999: 14–36; Yalouris and Yalouris 1987: 10–29; http:// whc.unesco.org/en/list/517.
[13] Andronicos 1992: 30–32; Kyrieleis 2007: 113–14, figs. 28–32; MacKendrick 1979: 164, 225; Swaddling 1999: 30–31.
[14] Andronicos 1992: 31; Kyrieleis 2007: 113, figs. 29–30; MacKendrick 1979: 225.
[15] Gates 2011: 245–46; MacKendrick 1979: 164–65; Swaddling 1999: 27–29; Yalouris and Yalouris 1987: 11.
[16] Andronicos 1992: 27–28; Clayton and Price 1989: 66–67, 70; Kyrieleis 2007: 110–11; MacKendrick 1979: 223; Swaddling 1999: 20.
[17] See Swaddling 1999: 53–54, 57–89 for more details on the following paragraphs.
[18] D. H. Cline 2016: 96–97, 100; Gates 2011: 250–51; Swaddling 1999: 53–54, 57–89.
[19] Suetonius, *Nero*, 23–24; http://www.perseus.tufts.edu/hopper/text?doc=Perseus%3Atext%3A1

999.02.0132%3Alife%3Dnero%3A chapter%3D23; and http://www.perseus.tufts.edu/hopper/text?doc=Perseus: abo:phi,1348,016:24.

[20] Andronicos 1993: 10–12, 17–19; D. H. Cline 2016: 190; Gates 2011: 239–40; MacKendrick 1979: 292–93; Scott 2014: 12–24; Zeilinga de Boer and Hale 2002.

[21] Andronicos 1993: 7; Scott 2014: 52–63.

[22] Gates 2011: 240; Herodotus 1.75.2, 1.91.4; Scott 2014: 83–85; Zeilinga de Boer and Hale 2002; http://www.perseus.tufts.edu/hopper/text?doc=Perseus%3Atext%3A1999.01.0126%3Abook%3D1%3Achapter%3D75%3Asection%3D2; and http://www.perseus.tufts.edu/hopper/text?doc=Perseus%3Atext%3A1999.01.0126%3Abook%3D1%3Achapter% 3D91%3Asection%3D4.

[23] See MacKendrick 1979: 293; Scott 2014: 23–24; Zeilinga de Boer and Hale 2002.

[24] Andronicos 1993: 19–20; Dyson 2006: 120–21; MacKendrick 1979: 165; Mulliez 2007: 141; Scott 2014: 267–68; Sheftel 2002; Vogelkoff-Brogan 2014 (citing Amandry 1992). Monetary calculations made according to http://www.davemanuel.com/inflation-calculator.php.

[25] http://whc.unesco.org/en/list/393.

[26] Dyson 2006: 119; MacKendrick 1979: 166; Mulliez 2007: 134–40, 142–44, 153; Scott 2014: 42, 252–67, 269–73.

[27] MacKendrick 1979: 167–68; Mulliez 2007: 153–56;Scott 2014: 274–84.

[28] Mulliez 2007: 151.

[29] Andronicos 1993: 20; Herodotus 1.31 (translation at http://www.perseus.tufts.edu/hopper/text?doc=Perseus:text:1999.01.0126:book= 1:chapter=31); MacKendrick 1979: 166–67, fig. 4.6; Mulliez 2007: 144–46, figs. 23–25; Scott 2014: 67, fig. 3.1.

[30] Andronicos 1993: 24–27; Gates 2011: 244, fig. 15.5; MacKendrick 1979: 268–70, fig. 5.18; Mulliez 2007: 147–49, figs. 28–31; Scott 2014: 123.

[31] Andronicos 1993: 8–9, 20–21; MacKendrick 1979: 168–69; Mulliez 2007: 144, 147, 150–51; Scott 2014: 158–59, 197–98, 209–11.

[32] Mulliez 2007: 144, 147, 151, fig. 21.

[33] The following is based on the maps found in a number of publications, including Andronicos 1993: 30–31 (see also discussions on 15–19) and Gates 2011: 239. See also the descriptions in Scott 2014: 233–35, 291–301, and, originally, Pausanias 10.8.6–10.17.1 and 10.18.1–10.24.7; the latter is at http://www.theoi.com/Text/Pausanias10A.html#5.

[34] Andronicos 1993: 16; Gates 2011: 243; Scott 2014: 112–13, 128–29, 136–37, 291–92, fig. 6.2; MacKendrick 1979: 172–73.

[35] Andronicos 1993: 16–17, 20–24; Gates 2011: 241–42; MacKendrick 1979: 168–70, fig. 4.7; Mulliez 2007: 144; Scott 2014: 105–8, 112–13, figs. 5.2–5.4.

[36] Gates 2011: 243; MacKendrick 1979: 170–71; Scott 2014: 128.

[37] Andronicos 1993: 8; D. H. Cline 2016: 137; Gates 2011: 243; MacKendrick 1979: 172–73; Scott 2014: 121–22, 240–41, fig. 11.4.

[38] Andronicos 1993: 17–19; Gates 2011: 238–39; MacKendrick 1979: 171–72, 290–92; Pausanias 10.5.9–13, http://www.theoi.com/Text/Pausanias10A.html#5; Scott 2014: 93–97, 153–57.

[39] Gates 2011: 244; Mulliez 2007: 147; Pausanias 10.7.2–8, http://www.theoi.com/Text/Pausanias10A.html#5; Scott 2014: 73, 124–25, 244.

[40] See Camp 2001; Hurwit 1999; also http://whc.unesco.org/en/list/404.

[41] For descriptions and discussions, see especially Camp 1986, 2010. The full publication, but

only of the discoveries made before the 1970s, can be found in Thompson and Wycherley 1972.

[42] Camp 1986, 2010; Dyson 2006: 188–90; Thompson 1983.

[43] http://www.ascsa.edu.gr/index.php/news/news Details/bruce-on-idig. On iPads at Pompeii, see http://classics.uc.edu/pompeii/index.php/news/1-latest/142-ipads2010.html, http://www.macworld.com/article/1154717/ipad_archeology_pompeii.html, and https://www.macstories.net/ipad/apple-profiles-researchers-using-ipads-in-pompeii/.

[44] Camp 1986: 13; Camp 2010: 30–33; Dyson 2006: 78, 188.

[45] Camp 1986: 40–41, 48–57, 77–107, 113–16, 122–50,156–211. See also Camp 2010: 48–49, 53–61, 66–67, 89–91, 123–28, 176–78; Gawlinski 2014: 13–15, 66–67, 142–43.

[46] Camp 1986: 57–59, 107–12; D. H. Cline 2016: 142–43,185; Gawlinski 2014: 134–42; Thompson 1983.

[47] Camp 1986: 66–72; Camp 2010: 95–101; Shear 1984.

[48] Shear 1984.

第 12 章　罗马人到底为我们做了什么？

[1] http://www.imdb.com/title/tt0079470/quotes; http://www.epicure.demon.co.uk/whattheromans.html.

[2] See Stanley Price 1991, with further references in the various footnotes.

[3] Stanley Price 1991, esp. 8–9.

[4] See, e.g., Gates 2011: 329.

[5] Coulston and Dodge 2000: 5; Gates 2011: 329; Laurence 2012: 28–29, 31; McGeough 2004: 54–55; Smith 2000: 18–19.

[6] See, e.g., Gates 2011: 329.

[7] Packer 1989: 138.

[8] Coulston and Dodge 2000: 7–8; Gates 2011: 339; Hopkins and Beard 2005: 171–73; McFeaters 2007: 51; Packer 1989: 138–39; Perrottet 2005; Petter 2000.

[9] Aicher 2000: 119, 134; Connolly and Dodge 1998: 110; Coulston and Dodge 2000: 8; Falasca-Zamponi 1997: 90–99; Fugate Brangers 2013: 125–27; Gates 2011: 340, 349; Guidi 1996: 113–14; MacKendrick 1960: 140, 145–46; McFeaters 2007: 53–54; McGeough 2004: 43–44; Nolan 2005; Olariu 2012; Packer 1989: 139; Painter 2005: xv, 3, 9, 19; Patric 1937; Perrottet 2005.

[10] Aicher 2000: 120–21; Fugate Brangers 2013; Guidi 1996: 113–14; Hopkins and Beard 2005: 173–77; MacKendrick 1960: 140, 145–50; McFeaters 2007: 55–57; McGeough 2004: 43–44; Nolan 2005; Olariu 2012; Packer 1989: 139; Packer 1997: 307; Patric 1937; Painter 2005: xvi, 2–12; Perrottet 2005.

[11] See, e.g., Hopkins and Beard 2005: 174, ill. 28; MacKendrick 1960: 141, fig. 5.12; Painter 2005: 11–13, 15–16, figs. 1.2–1.8.

[12] Claridge 2010: 207–12; Connolly and Dodge 1998: 112; Gates 2011: 352–55; MacKendrick 1960: 160–70; Olariu 2012: 360.

[13] Claridge 2010: 207–8, 213; Fugate Brangers 2013: 130–31; Gates 2011: 352; MacKendrick 1960: 156, 160; Nolan 2005; Olariu 2012: 360.

[14] Aicher 2000: 124; Claridge 2010: 207–8, 213; Coulston and Dodge 2000: 9; Fugate Brangers 2013: 130–31; MacKendrick 1960: 158–60, 162; Nolan 2005; Olariu 2012: 360, 364; Perrottet 2005.

[15] See especially Andersen 2003; Conlin 1997a and b; and Nolan 2005; but also Aicher 2000: 124; Claridge 2010: 207–8, 213; Coulston and Dodge 2000: 9; Fugate Brangers 2013: 130–31; MacKendrick 1960: 158–60, 162; Olariu 2012: 360, 364; Perrottet 2005.

[16] Claridge 2010: 171–74, fig. 64; Hopkins and Beard 2005: 26–28; Kingsley 2006: 203, 205, 216–17.

[17] Claridge 2010: 173, fig. 65; Coulston and Dodge 2000: 355–57, with further references; Kingsley 2006: 205, 207–208; MacKendrick 1960: 138, 226–30.

[18] Josephus, *Jewish War,* 6.6.317.

[19] Claridge 2010: 171–72; Gates 2011: 383–84; Hopkins and Beard 2005: 26–29; Kingsley 2006: xiii, 95, 203, 217–19, 267–69; MacKendrick 1960: 235–36.

[20] Claridge 2010: 121–23; MacKendrick 1960: 235–36.

[21] See http://yu.edu/cis/activities/arch-of-titus/; Fine 2013; Povoledo 2012. On polychromy in antiquity, see, e.g., Fine 2013; Gurewitsch 2008; Pazanelli, Schmidt, and Lapatin 2008.

[22] See http://yu.edu/cis/activities/arch-of-titus/; Fine 2013; Povoledo 2012; http://romereborn.frischerconsulting.com.

[23] Piening 2013. See also Fine 2013; Povoledo 2012; http://yu.edu/cis/activities/arch-of-titus/.

[24] Coleman 2000: 231; Connolly and Dodge 1998: 192–93; Dunkle 2008: 256–58; Hopkins and Beard 2005: 2–3, 21, 34–35, 163; MacKendrick 1960: 194, 224, 231–35.

[25] Bahn 2009: 71; Connolly and Dodge 1998: 117–18; Gates 2011: 375–77, 386; Hopkins and Beard 2005: 28–31; MacKendrick 1960: 189–94, 224, 230; McGeough 2004: 218, 220.

[26] Bahn 2009: 71; Binnie 2014; Connolly and Dodge 1998: 117–18; Kington 2009; MacKendrick 1960: 189–94, 224, 230; McGeough 2004: 35–36.

[27] Feldman 2001: 23–24.

[28] For the discussion in the following paragraphs, see Alföldy 1995 and Feldman 2001. See also Coleman 2000: 229–30; Dunkle 2008: 259; Hopkins and Beard 2005: 32–34; Johnston 2001.

[29] Coleman 2000: 231–35, 238–39; Connolly and Dodge 1998: 190–208; Dunkle 2008: 260–63; Futrell 2006: 62, 65–66, 79–80, 113–14, 221; Gates 2011: 385–87; Hopkins and Beard 2005: 2, 12–13, 122–35; MacKendrick 1960: 194, 224, 231–35; McGeough 2004: 218.

[30] Quotation from *Manfred*, by Byron, as presented in Hopkins and Beard 2005: 3–5 and Dunkle 2008: 285. See also additional references to the other authors by Hopkins and Beard 2005: 7–12 and Dunkle 2008: 285–87.

[31] Coleman 2000: 234; Connolly and Dodge 1998: 199–202, 207–8; Dunkle 2008: 278–79; Hopkins and Beard 2005: 94, 100, 136–38; MacKendrick 1960: 233–35.

[32] Coleman 2000: 238; Hopkins and Beard 2005: 42–43, 51; McGeough 2004: 218.

[33] Coleman 2000: 239; Connolly and Dodge 1998: 190, 192; Dunkle 2008: 279–85; Hopkins and Beard 2005: 2–3, 103–5, 160–62, 164–71; MacKendrick 1960: 230.

[34] Bomgardner 2001; Chase 2002; Welch 2007.

[35] Packer 1989: 140. See also Painter 2005: xv.

[36] Packer 1989: 141; Packer 1997: 307. See also various discussions in Connolly and Dodge 1998; Hopkins and Beard 2005; and MacKendrick 1960.

[37] Guidi 1996: 113; McFeaters 2007: 57–58; Packer 1989: 141; Packer 1997: 307.
[38] Díaz-Andreu and Champion 1996: 3. For examples, see the various chapters in their edited book as well as the references in the individual chapters' bibliographies.
[39] Díaz-Andreu and Champion 1996: 3.
[40] Díaz-Andreu and Champion 1996: 2–4, 7–9, 21; Guidi 1996: 109–10, 113–14; McFeaters 2007: 50–51, 58–59; Painter 2005: 4–5. See also McGeough 2004: 43.
[41] See discussions in Díaz-Andreu and Champion 1996: 10–11, 14–15; Guidi 1996; McFeaters 2007; and Painter 2005, among others.
[42] See my discussions at the beginning and end of each chapter in Cline 2004.

更深一层 2　如何确定挖掘法？

[1] See also the discussion, with a detailed list of tools, in Fagan and Durrani 2014: 160–61.
[2] Fagan and Durrani 2014: 88.
[3] Ibid., 89.
[4] Ibid., 158–60.
[5] Ibid., 156–58.
[6] Bahn 2008: 57; Fagan 2014: 139 (within the entry on Petrie by Garry J. Shaw).
[7] Fagan and Durrani 2014: 88, 98–100, 103; see also Bahn 2008: 56–57; Fagan 2014: 139 (within the entry on Petrie by Garry J. Shaw); Hallote 2006: 154–55, 181.
[8] Fagan and Durrani 2014: 88, 102–3; see also Bahn 2008: 56–57; Fagan 2014: 139; Hallote 2006: 154–55, 181.
[9] See, e.g., Fagan 2014: 139 (within the entry on Petrie by Garry J. Shaw).
[10] Bahn 2008: 61; Fagan 2003: 144–47; Fagan and Durrani 2014: 90; see also the entry on Wheeler by Martin Carver in Fagan 2014: 152–56.
[11] See http://www.harrismatrix.com/.
[12] Bahn 2008: 74–75; Fagan 2003: 140–43; see also the entry on Kenyon by Miriam C. Davis in Fagan 2014: 220–23.

第 13 章　挖掘大决战的战场

[1] Davies 1986; Kempinski 1989.
[2] See full discussion of all the battles in Cline 2000, including a fuller discussion of the battle described in Revelation.
[3] See discussion in Cline 2000.
[4] See overall discussion in Cline 2009.
[5] On Yadin, see Silberman 1993.
[6] See again relevant discussion in Cline 2009.
[7] Finkelstein and Ussishkin 1994; Silberman, Finkelstein, Ussishkin, and Halpern 1999.
[8] Cline 2006; Cline and Samet 2013.
[9] Gadot and Yasur-Landau 2006.

[10] See, e.g., Harrison 2003.

[11] See Cline 2011, with further discussion and additional references to the other theories and suggestions.

[12] Cline and Sutter 2011: 159–90.

[13] See, e.g., Fox 1993; Schofield, Johnson, and Beck 2002; Scott, Babits, and Haecker 2007; also Pollard 2007: 218–22.

[14] Cline and Sutter 2011: 159–90.

[15] Hasson 2012; https://english.tau.ac.il/news/tel_megido.

[16] Adams, David, and Tepper 2014; Ben Zion 2015b; Pincus, DeSmet, Tepper, and Adams 2013. See also http://mfa.gov.il/MFA/IsraelExperience/History/Pages/Roman-legion-camp-uncovered-at-Megiddo-9-Jul-2015.aspx.

第 14 章　发掘《圣经》

[1] On the scrolls, see Cline 2009: 91–97; Davies, Brooke, and Callaway 2002; Fields 2006; Lim 2006; Magness 2002; Pollard 2007: 158–61; Shanks 1992, 1998.

[2] On Qumran itself, see, e.g., Cargill 2009; Cline 2009: 93–94; Magness 2002.

[3] Magness 2002: 25–26.

[4] See http://www.deadseascrolls.org.il/learn-about-the-scrolls/discovery-and-publication?locale=en_US.; http://gnosis.org/library/dss/dss_timeline.htm. See also the detailed account in Fields 2006, as well as the account in Lim 2006.

[5] See http://www.deadseascrolls.org.il/learn-about-the-scrolls/discovery-and-publication?locale=en_US.

[6] See, e.g., Allegro 1960; McCarter 1992; Wolters 1996.

[7] Translation following García Martínez 1996: 461.

[8] See, e.g., Neese 2009.

[9] Yadin 1985; see also White Crawford 2000; Wise 1990.

[10] See, e.g., Shanks 2010 and numerous articles in past issues of *Biblical Archaeology Review*.

[11] Chandler 1991.

[12] Abegg, Flint, and Ulrich 1999: 213–14.

[13] See Vanderkam and Flint 2002: 115–16. See also Abegg, Flint, and Ulrich 1999: 214.

[14] Bahn 2000: 58–59; Moorey 1988.

[15] Aharoni 1962; Harris 1998; Yadin 1971.

[16] Freund and Arav 2001; Harris 1998; Saldarini 1998; Yadin 1971, esp. chapters 5–10; see also Freund 2004.

[17] Freund and Arav 2001; Yadin 1971: 124–39.

[18] Freund and Arav 2001; Harris 1998; Saldarini 1998; Yadin 1971, chapter 16.

[19] Harris 1998.

[20] For those who are interested, *The Dead Sea Scrolls Bible* documents alternative readings found in the Dead Sea Scrolls by presenting them in footnotes attached to the traditional text of the Hebrew Bible; see Abegg, Flint, and Ulrich 1999. As of 2012, there also is a website that contains digitized images of virtually all the scrolls and fragments; go to http://www.

deadseascrolls.org.il/?locale=en_US. For those who are without Internet access, or who prefer reading physical books, translations of most of the scrolls can be found in García Martinez 1996 or Vermes 1998.

第 15 章　马萨达之谜

[1] Yadin 1966. See also summary by Snapes in Bahn 1995: 158–59.
[2] Ben-Yehuda 1995, 2002.
[3] Ben-Tor 2009.
[4] Ben-Tor 2009: 309; http://whc.unesco.org/en/list/1040.
[5] Yadin 1966: 13–14.
[6] Ibid.
[7] Ibid., 19–29.
[8] Ibid., 37.
[9] Ibid., *passim*.
[10] Ibid., 88.
[11] Ibid., 54, 64, 98, 108–9, 168–71.
[12] Yadin 1966.
[13] Magness 2012: 215.
[14] Josephus, *The Jewish War*, 7.8; translation following Whiston 1999: 927.
[15] Ibid.
[16] Yadin 1966: 126.
[17] Josephus, *The Jewish War*, 7.8; translation following Whiston 1999: 926.
[18] Ibid., 928.
[19] Ibid., 928–29.
[20] Ibid., 929.
[21] Josephus, *The Jewish War*, 7.9; translation following Whiston 1999: 933.
[22] Josephus, *The Jewish War*, 3.7.3–3.8.9; translation following Whiston 1999: 784–97.
[23] Yadin 1966: 171–79.
[24] Yadin 1966: 54, 193, 197; Ben-Tor 2009: 299–307.
[25] Ben-Tor 2009: 305.
[26] Yadin 1966: 54.
[27] Ibid.
[28] Yadin 1966: 197, 201.
[29] Ben-Tor 2009: 304.
[30] Ben-Tor 2009: 309.
[31] See, e.g., Kohl and Fawcett 1995; Meskell 1998.

第 16 章　沙漠中的城市

[1] Eigeland 1978; Matthiae 1981, 2013; see also Edens in Bahn 1995: 148–49.

[2] Eigeland 1978.

[3] Eigeland 1978.

[4] Plaut 1978; also Vicker 1979: 1; Bermant and Weitzman 1979: 1–13.

[5] O'Toole 1979: A18.

[6] Pettinato 1981, 1991; Shanks 1980.

[7] Chivers 2013.

[8] Barnard 2015; Hutcherson 2015; Melvin, Elwazer, and Berlinger 2015; Smith-Spark 2015; see also http://www.reuters.com/article/2015/08/18/us-mideast-crisis-archaeology-idUSKCN0QN24K20150818; http://www.huffingtonpost.com/entry/isis-beheads-archeologist-palmyra_55d3a125e4b055a6dab1da13?kvcommref=mostpopular.

[9] Turner 2016.

[10] http://whc.unesco.org/en/list/23. Major publications on Palmyra include Browning 1979 and Stoneman 1992; and now Smith 2013.

[11] http://whc.unesco.org/en/list/326; the site received its UNESCO designation in 1985. Introductory volumes to the site include Amadasi and Schneider 2002; Browning 1973; and Taylor 2002.

[12] http://world.new7wonders.com/?n7w-page=new7wonders-of-the-world

[13] Lawler 2007; Pollard 2007: 36.

[14] Pollard 2007: 36.

[15] Pollard 2007: 34–39.

[16] Carlsen 2016: 94–106; Stephens 1970: xxxii–xxxiii.

[17] *Petra*, by John Burgon (1813–1888); Stephens 1970: xl.

[18] http://www.deseretnews.com/article/25740/U-PROFESSOR-WILL-LEAD-EXPEDITION-TO-PETRA.html?pg=all

[19] http://www.biblicalarchaeology.org/daily/archaeology-today/archaeologists-biblical-scholars-works/philip-c-hammond-1924–2008/; http://www.biblicalarchaeology.org/daily/archaeology-today/biblical-archaeology-topics/scholarship-winners-speak-up/

[20] Stephens 1970: xxxiii, 254–56.

[21] Browning 1973: 118–19.

[22] Browning 1973: 90–97.

[23] http://proteus.brown.edu/483/Home.

[24] Bohstrom 2016; Lawler 2007; https://petragarden excavation.wordpress.com/project-history-2/.

[25] https://acorjordan.wordpress.com/2015/08/01/petra-papyri/.

[26] Browning 1973: 118–19, 188–89.

更深一层 3 年代有多久？为什么能保留下来？

[1] For concise discussions of much of the material covered in this chapter, see Fagan and Durrani 2014: 96–118 (chapter 7).

[2] See, e.g., Aitken 1990; Fagan and Durrani 2014: 111–17; Taylor and Aitken 1997.

[3] Fagan and Durrani 2014: 111–12.

[4] See, e.g., the explanation at http://www.physlink.com/Education/AskExperts/ae403.cfm, which

states that it is "fairly simple to determine how many total carbon atoms should be in a sample given its weight and chemical makeup."

[5] Manning et al. 2009.

[6] For an example of radiocarbon dating used as part of academic discussions, see, e.g., Levy and Higham 2014.

[7] See Fagan and Durrani 2014: 108–111; also, e.g., Baillie 2014 with earlier references.

[8] http://news.bbc.co.uk/2/hi/uk_news/scotland/edinburgh_and_east/8058185.stm.

[9] Ibid.

[10] Manning et al. 2009.

[11] Bahn 1995: 178–79; Pollard 2007: 199–203.

[12] Portal 2007: 15, 18, 21.

[13] Bahn 1995: 178–79; Portal 2007: 15, 18, and *passim*. See also http://science.nationalgeographic.com/science/archaeology/emperor-qin/.

[14] Quote found at http://www.britishmuseum.org/PDF/Teachers_resource_pack_30_8a.pdf.

[15] Bahn 1995: 178–79.

[16] Bahn 1995: 178.

[17] http://news.bbc.co.uk/2/hi/asia-pacific/8676886.stm; http:// news.nationalgeographic.com/news/2012/06/pictures/120620-terra-cotta-warriors-china-new-army-shield-armor-science/.

[18] Yan et al. 2014; http://www.eurekalert.org/pub_releases/2014–08/scp-ss2080114.php.

[19] Bahn 1995: 179.

[20] http://www.britishmuseum.org/PDF/Teachers_resource_pack_30_8a.pdf; http://science.nationalgeographic.com/science/archaeology/emperor-qin/.

[21] Russon 2014; http://www.chinadaily.com.cn/china/2006–07/31/content_653375.htm.

[22] Moskowitz 2012; http://www.britishmuseum.org/PDF/Teachers_resource_pack_30_8a.pdf.

[23] See Fagan and Durrani 2014: 62–69.

[24] She subsequently published a book about them (Barber 1999), as did he (Mallory and Mair 2000). See also Hudson in Bahn 1996c: 152–53.

[25] Demick 2010; Wade 2010; see also Hudson in Bahn 1996c: 152–53; http://factsanddetails.com/asian/cat62/sub406/item2567.html.

[26] Demick 2010; Wade 2010; see also Hudson in Bahn 1996c: 152–53; http://factsanddetails.com/asian/cat62/sub406/item2567.html.

[27] Bahn 1995: 84–85, 1996c: 140–45; Fagan and Durrani 2014: 68, 302–3; Pollard 2007: 232–35; Scarre in Fagan 2007a: 40–41; and http://www.iceman.it/en/oetzi-the-iceman; see also http://factsanddetails.com/world/cat56/sub362/item1496.html#chapter-0.

[28] Bahn 1996c: 140–45. For the story of the years immediately following the initial discovery, see Spindler 1995, written by the archaeologist in charge of the initial scientific studies.

[29] See http://www.iceman.it/en/oetzi-the-iceman, with further references; also http://factsanddetails.com/world/cat56/sub362/item 1496.html#chapter-0.

[30] See http://www.iceman.it/en/oetzi-the-iceman, with further references; also http://factsanddetails.com/world/cat56/sub362/item 1496.html#chapter-0.

[31] Bahn 1996c: 140–45. See http://www.iceman.it/en/oetzi-the-iceman, with further references; http://factsanddetails.com/world/cat56/sub362/item1496.html#chapter-0. For an excellent, and brief, explanation of strontium isotope analysis, see http://archive.archaeology.org/0705/

abstracts/isotopes.html.

[32] See again http://www.iceman.it/en/oetzi-the-iceman, with further references; also http://factsanddetails.com/world/cat56/sub362/item1496.html#chapter-0.

[33] Barzilay 2016, reporting on an article published in *Science* by Maixner et al. 2016. See also Rosen 2016; http://www.pbs.org/wgbh/nova/next/body/ancient-icemans-h-pylori-genome-hints-at-ancient-migrations-to-europe/; and http://www.eurekalert.org/pub_releases/2016–01/eaob-pfi122915.php.

[34] On European migrations, see, e.g., Cooper and Haak 2015, with references to the original publications in *Science* and *Nature*; for Richard III, see, e.g., Kennedy 2014 and Sample 2015, reporting on the initial publication by King et al. 2014.

[35] See Samadelli et al. 2015; Scallan 2015; also http://www.iceman.it/en/tattoos; http://www.celebritytattoodesign.com/brad-pitt-tattoos.

[36] http://factsanddetails.com/world/cat56/sub362/item1496.html#chapter-0.

[37] See http://www.iceman.it/en/oetzi-the-iceman, with further references; also http://factsanddetails.com/world/cat56/sub362/item1496.html#chapter-0.

[38] Bogucki in Bahn 1995: 156–57; Bogucki in Bahn 1996c: 146–51; Liesowska 2014; Pollard 2007: 236–39; Polosmak 1994; also http://siberiantimes.com/culture/others/features/siberian-princess-reveals-her-2500-year-old-tattoos/. See also discussions in Hall 2015; Mayor 2014.

[39] Bogucki in Bahn 1995: 156–57; Bogucki in Bahn 1996c: 146–51; Liesowska 2014; Pollard 2007: 236–39; Polosmak 1994. See also http://siberiantimes.com/culture/others/features/siberian-princess-reveals-her-2500-year-old-tattoos/.

[40] http://www.nationalgeographic.com/explorers/bios/johan-reinhard/; Schreiber in Bahn 1996c: 160–61.

[41] Reinhard 2005.

[42] Clark 1998; Reinhard in Fagan 2007a: 100–5; Schreiber in Bahn 1996c: 160–61.

[43] Fagan and Durrani 2014: 63–64; Kaner in Bahn 1996c: 164–69; Tarlow in Bahn 1995: 114–15; see, e.g., Aldhouse-Green 2015 and Glob 2004.

[44] Kaner in Bahn 1996c: 164–69; Pollard 2007: 212–17; Tarlow in Bahn 1995: 114–15; http://www.britishmuseum.org/explore/highlights/highlight_objects/pe_prb/l/lindow_man.aspx.

[45] Kaner in Bahn 1996c: 164–69; Tarlow in Bahn 1995: 114–15; http://www.britishmuseum.org/explore/highlights/highlight_objects/pe_prb/l/lindow_man.aspx.

[46] Fagan and Durrani 2014: 63–64; Kaner in Bahn 1996c: 164–69; Tarlow in Bahn 1995: 114–15; http://www.tollundman.dk.

[47] http://abcnews.go.com/Technology/story?id=119824.

[48] Ballard 2008; Krause 2000; Søreide 2011. See also http://www.nationalgeographic.com/blacksea/index.html.

[49] See Ballard 2008; Krause 2000; Ryan and Pittman 1998; Søreide 2011. See also http://www.nationalgeographic.com/blacksea/index.html.

[50] Pollard 2007: 154–57; Tarlow in Bahn 1995: 128–31. For book-length accounts, see, e.g., Bruce-Mitford 1979 and Williams 2011.

[51] Pollard 2007: 154–57; Tarlow in Bahn 1995: 128–31.

[52] Ibid.

[53] Ibid.

[54] Ibid.
[55] Ibid.
[56] Ibid.
[57] Cohen 2011; Kennedy 2011; Ravilous 2012.
[58] Ibid.
[59] Ibid.

第 17 章　沙漠中的线条，空中俯瞰的城

[1] Von Däniken 1968.
[2] Ibid., 17.
[3] http://www.daniken.com/e/index.html.
[4] http://www.swissinfo.ch/eng/closure-of-mystery-park-is-no-enigma/5576928.
[5] Dearden 2014.
[6] Ruble 2014.
[7] See Feder 2013; Hall 2010; Pollard 2007: 158–61; Reinhard 1988; Schreiber in Bahn 1995: 208–9.
[8] Hall 2010; http://whc.unesco.org/en/list/700.
[9] http://science.nationalgeographic.com/science/archaeology/nasca-lines/.
[10] See, e.g., Moran 1998, with a foreword by von Däniken, cited by http://www.jasoncolavito.com/blog/the-nazca-astronaut-a-fishy-story.
[11] See http://www.jasoncolavito.com/blog/the-nazca-astronaut-a-fishy-story, citing Reiche 1949.
[12] http://ancientaliensdebunked.com/the-nazca-astronautowlman-or-fisherman/.
[13] Kroeber and Collier 1998.
[14] Hall 2010; Reiche 1949; http://old.dainst.org/en/nasca?ft=all.
[15] Hall 2010.
[16] Joe Nickell, previously of the University of Kentucky, created a full-sized experimental reproduction of a Nazca image, using just string, wooden stakes, and a little mathematics; see http://www.joenickell.com/NascaGeoglyphRecreator/NascaGeoglyphRec1.html. See also Feder 2013, quoted in Hamilton 2008: 23–26.
[17] Alva and Donnan 1993; Schreiber in Bahn 1995: 226–27; Schreiber in Bahn 1996c: 118–21.
[18] Alva and Donnan 1993: 13.
[19] Alva and Donnan 1993: 13–14, 24.
[20] Alva and Donnan 1993: 23–24.
[21] Alva 1988: 510–48; see also Alva 1990: 2–15; Alva and Donnan 1993; and http://archaeology.about.com/od/mocheculture/ig/New-Elite-Moche-Burial/Tomb-of-Lord-of-Sipan-.htm. Also, regarding later discoveries, Wilford 2006; http://www.nytimes.com/2001/02/16/science/16reuters-archaeo.html.
[22] Note, though, that the number of burials reported varies; see, e.g., http://www.world-archaeology.com/features/tombs-of-the-lords-of-sipan.htm, which describes eight people besides the main person buried.
[23] http://archaeology.about.com/od/mocheculture/ig/New-Elite-Moche-Burial/Moche-Sacrifice-

Ceremony.htm#step-heading, citing Alva and Donnan 1993, among other sources. On the Moche and their art, see also Donnan 1978, 1990; Donnan and McClelland 1999; Long 1990.

[24] http://whc.unesco.org/en/list/274.

[25] See, e.g., Burger and Salazar 2004; Reinhard 2007; see also Pollard 2007: 122–27; Schreiber in Bahn 1995: 238–39.

[26] See http://www.archaeology.org/news/3730–151001-machu-picchu-dna.

[27] Adams 2011.

[28] Bingham 1913.

[29] Bingham 1922, 1979, 2003.

[30] http://www.npr.org/2010/12/15/132083890/yale-returns-machu-picchu-artifacts-to-peru; http://www.carnegiemuseums.org/cmag/bk_issue/2003/sepoct/feature1.html; http://www.pirwahostelscusco.com/blog/hostels/new-machu-picchu-exhibit-opens-in-cusco-showcasing-yale-artifacts/; http://www.cultureindevelopment.nl/News/Heritage_the_Americas/654/Machu_Picchu,_Yale,_and_the_world_stage.

[31] Ibid.

第 18 章 巨头、羽蛇和金鹰

[1] Cooper-White 2015; Mejia 2015; Shaer 2016; Sullivan 2014; also http://www.thedailybeast.com/articles/2015/05/09/the-mysteries-of-teotihuacan.html.

[2] See Cooper-White 2015; Mejia 2015; Shaer 2016; Sullivan 2014; also http://www.bbc.com/news/world-latin-america-29828309; http://www.thedailybeast.com/articles/2015/05/09/the-mysteries-of-teotihuacan.html; http://hds.harvard.edu/news/2015/10/02/exploring-ancient-city-teotihuacan#; http://phys.org/news/2013–04-robot-chambers-ancient-mexico-temple.html. See also videos at https://www.youtube.com/watch?v=iCJM_5dOMSE&feature=youtu.be; https://www.youtube.com/watch?v=C8ZEKp85dwk&feature= youtu.be; https://www.youtube.com/watch?v=kksFtR9dEF4&feature=youtu.be.

[3] Diehl 2004: 9, 11; Grove 2014: 183; Pool 2007: 7, fig. 1.4; Stone in Bahn 1995: 206–7.

[4] See especially Stirling 1939, 1940, 1941, 1947. See also the entry on Stirling by Michael D. Coe in Fagan 2014: 115–18; also Stone in Bahn 1995: 206–7.

[5] Grove 2014: 1–2, 6; Pool 2007: 1, 35.

[6] Grove 2014: 1–2, 6, 21; Pool 2007: 1–3, 250–51, fig. 1.1.

[7] Diehl 2004: 13–15.

[8] Diehl 2004: 14; Grove 2014: 2–3, fig. 1.1; Pool 2007: 5, fig. 1.3.

[9] Blom and La Farge 1926–27; Grove 2014: 5–16; Pool 2007: 36–38; Stone in Bahn 1995: 206–7.

[10] See maps in Diehl 2004: 1; Grove 2014: 3, fig. 1.1; Pool 2007: 5, fig. 1.3.

[11] Grove 2014: 17–30; Pool 2007: 40–44; Stone in Bahn 1995: 206–7.

[12] Grove 2014: 13–16, 31–36; Pool 2007: 44.

[13] Grove 2014: 33–36 and figs. 4.1–4.2. See Stirling 1940. The Olmec heads have been featured in an episode of the television show *Ancient Aliens*, where it is discussed whether they are wearing flight helmets; see episode 1 of season 4 (2012).

[14] Diehl 2004: 60–82; Grove 2014: 37–49; Pool 2007: 1.
[15] Grove 2014: 50–55. On the heads, of which seventeen total have been found at the various Olmec sites, see Pool 2007: 106–7 and fig. 4.3.
[16] Diehl 2004: 16, 27–28; Grove 2014: 80–89, 104–15, 151–60; Pool 2007: 50–52.
[17] Stone in Bahn 1995: 206–7.
[18] De Rojas 2012: 5–6; Draper 2010: 110–35; Smith 2003: 4, 36.
[19] Bahn 2009: 154–55; Smith 2003: 43–55; Stone in Bahn 1995: 236–37.
[20] Bahn 2009: 154–55.
[21] De Rojas 2012: 56.
[22] Atwood 2014; Bahn 2009: 154–55; de Rojas 2012: 56–62; Stone in Bahn 1995: 236–37.
[23] Bahn 2009: 154–55; Stone in Bahn 1995: 236–37.
[24] Draper 2010: 110–35; Lovgren 2006.
[25] Draper 2010: 110–35.
[26] Ibid.
[27] Ibid.
[28] http://whc.unesco.org/en/list/414.
[29] http://science.nationalgeographic.com/science/archaeology/teotihuacan-/. Note that the dates given differ: http://whc.unesco.org/en/list/414.
[30] Naughton 2015; see also Bahn 2009: 138–39; Fagan and Durrani 2014: 290–92; Meyer 1973b; http://whc.unesco.org/en/list/414.
[31] http://whc.unesco.org/en/list/414.
[32] Bahn 2009: 138–39; http://www.utexas.edu/cofa/art/347/teotihuacan.htm.
[33] Stone in Bahn 1995: 228–29; Bahn 2009: 138–39; http://www.utexas.edu/cofa/art/347/teotihuacan.htm.
[34] Cooper-White 2015; Mejia 2015; Sullivan 2014; http://www.bbc.com/news/world-latin-america-29828309; http://www.thedailybeast.com/articles/2015/05/09/the-mysteries-of-teotihuacan.html; http://hds.harvard.edu/news/2015/10/02/exploring-ancient-city-teotihuacan#; http://phys.org/news/2013-04-robot-chambers-ancient-mexico-temple.html. See also videos at https://www.youtube.com/watch?v=iCJM_5dOMSE&feature=youtu.be; https://www.youtube.com/watch?v=C8ZEKp85dwk&feature=youtu.be; https://www.youtube.com/watch?v=kksFtR9dEF4&feature=youtu.be.
[35] Millon 1964, 1973; Millon, Drewitt, and Cowgill, 1973; see http://humanitieslab.stanford.edu/teotihuacan/1497.
[36] Bahn 2009: 138–39; Fagan and Durrani 2014: 27, 290–92.

第 19 章　潜艇和殖民者，金币和铅弹

[1] Amer 2002: 137–39; Cussler 2011; http://www.hunley.org; http://news.nationalgeographic.com/news/2001/03/0321_hunleyfind.html. Numerous accounts on the *Hunley* are available, including Chaffin 2008; Hicks 2015; Hicks and Kropf 2002; Neyland in Fagan 2007a: 220–23; Ragan 1999, 2006; and Walker 2005.
[2] Gast 2014; http://www.hunley.org; http://futureforce.navylive.dodlive.mil/2014/10/how-did-

hunleys-crew-die/.

[3] Fagan and Durrani 2014: 358; http://www.nps.gov/history/local-law/FHPL_AbndShipwreck.pdf.

[4] Gast 2014. Note that Amer 2002: 138 gives the date of the recovery of the *Hunley* as August 8, 2001.

[5] Amer 2002: 138; http://www.scstatehouse.gov/code/t54c007.php.

[6] Gast 2014.

[7] David L. Conlin (personal communication, July 18, 2016) ; Conlin and Russell 2006; Gast 2014; http://www.achp.gov/docs/Section106SuccessStory_HLHunley.pdf; http://news.nationalgeographic.com/news/2001/03/0321_hunleyfind.html; http://usatoday30.usatoday.com/news/nation/2001–03–21-hunley.htm.

[8] http://hunley.org/main_index.asp?CONTENT=press&ID=126; http://www.navy.mil/submit/display.asp?story_id=15458.

[9] Amer 2002: 138; Gast 2014; http://www.civilwarnews.com/archive/articles/hunley_study.htm; http://hunley.org/main_index.asp? CONTENT=press&ID=114.

[10] See Conlin and Russell 2006; http://www.achp.gov/docs/Section106SuccessStory_HLHunley.pdf.

[11] Pringle 2011; Taylor 2011.

[12] http://www.nps.gov/jame/learn/historyculture/pocahontas-her-life-and-legend.htm.

[13] The following information is based on Kelso's 2007 article on his Jamestown excavations, as published in Fagan 2007a: 172–75. See also Fagan and Durrani 2014: 8; Kelso 2008; Kelso and Straube 2004.

[14] See Kelso in Fagan 2007a: 172–75.

[15] See Epstein 2015 and O'Brien 2015, from which the following information is derived.

[16] See Epstein 2015 and O'Brien 2015.

[17] http://historicjamestowne.org/july-2015/.

[18] See Epstein 2015 and O'Brien 2015.

[19] http://historicjamestowne.org/archaeology/chancel-burials/founders/gabriel-archer/; http://historicjamestowne.org/archaeology/chancel-burials/founders/robert-hunt/.

[20] http://historicjamestowne.org/archaeology/chancel-burials/founders/william-west/; http://historicjamestowne.org/archaeology/chancel-burials/founders/ferdinando-wainman/.

[21] http://smithsonianscience.si.edu/2013/05/forensic-analysis-of-17th-century-human-remains-at-jamestown-va-reveal-evidence-of-cannibalism/; https://www.youtube.com/watch?v=FGcN9_Gd5zQ.

[22] http://smithsonianscience.si.edu/2013/05/forensic-analysis-of-17th-century-human-remains-at-jamestown-va-reveal-evidence-of-cannibalism/; https://www.youtube.com/watch?v=FGcN9_Gd5zQ.

[23] http://smithsonianscience.si.edu/2013/05/forensic-analysis-of-17th-century-human-remains-at-jamestown-va-reveal-evidence-of-cannibalism/.

[24] https://www.youtube.com/watch?v=FGcN9_Gd5zQ.

[25] http://smithsonianscience.si.edu/2013/05/forensic-analysis-of-17th-century-human-remains-at-jamestown-va-reveal-evidence-of-cannibalism/; http://historicjamestowne.org; http://anthropology.si.edu/writteninbone/about_exhibit.html.

[26] Pollard 2007: 240–43; http://nmnh.typepad.com/100years/2012/10/the-9000-year-old-kennewick-man.html.

[27] Fagan and Durrani 2014: 358; http://www.nps.gov/nagpra/MANDATES/INDEX.HTM.

[28] Kroeber 2011.

[29] Pope 1923.

[30] Bower 2002; the story subsequently became the subject of a book: Starn 2004.

[31] Preston 2014; http://www.burkemuseum.org/kman/. For overviews of the initial portion of the saga, see Chatters 2002 and Thomas 2001.

[32] Callaway 2015; http://www.burkemuseum.org/kman/; http://nmnh.typepad.com/100years/2012/10/the-9000-year-old-kennewick-man.html.

[33] On the continuing controversy, see Callaway 2015; Gerianos 2016; Mapes 2016a, b; Owsley and Jantz 2014; Preston 2014; Rasmussen et al. 2015; Zimmer 2016. See also http://www.burkemuseum.org/kman/.

[34] http://whc.unesco.org/en/list/353; http://www.nps.gov/chcu/index.htm; http://www.learner.org/interactives/collapse/chacocanyon.html. See also Fagan 2005; Fagan and Durrani 2014: 348–50; Lekson 2006, 2007; Vivian and Hilpert 2012.

[35] Fagan and Durrani 2014: 348–50; http://www.nps.gov/chcu/planyourvisit/pueblo-bonito.htm; http://www.nps.gov/chcu/index.htm; https://www.crowcanyon.org/EducationProducts/peoples_mesa_verde/pueblo_II_bonito_escalante.asp; https://www.crowcanyon.org/EducationProducts/peoples_mesa_verde/pueblo_II_overview.asp.

[36] http://www.nps.gov/chcu/faqs.htm; http://www.nps.gov/chcu/planyourvisit/pueblo-bonito.htm. See also Fagan 2005; Fagan and Durrani 2014: 348–50; Lekson 2006, 2007; Monastersky 2015; and Vivian and Hilpert 2012.

[37] http://www.nps.gov/meve/index.htm.

[38] http://whc.unesco.org/en/list/27; http://www.nps.gov/meve/index.htm; http://www.nps.gov/meve/learn/historyculture/cliff_palace_preservation.htm; http://www.nps.gov/meve/learn/historyculture/places.htm.

[39] http://whc.unesco.org/en/list/198.

[40] Hodges 2011; http://whc.unesco.org/en/list/198; http://cahokiamounds.org/explore/.

[41] http://whc.unesco.org/en/list/198; see also Hodges 2011.

[42] Hodges 2011; http://whc.unesco.org/en/list/198.

[43] http://www.history.org; http://www.mountvernon.org/research-collections/archaeology/.

[44] See Fagan and Durrani 2014: 392–93.

[45] http://www.crowcanyon.org.

[46] http://www.caa-archeology.org.

[47] https://www.archaeological.org/fieldwork/afob.

更深一层 4　你发现的东西归你吗?

[1] See, e.g., Anderson 2016, Atwood 2006; Cuno 2010, 2012; Felch and Frammolino 2011; Meyer 1973a; Roehrenbeck 2010; Watson and Todeschini 2006; Waxman 2009. See also Bering 2016, as well as http://content.time.com/time/specials/packages/completelist/0,29569,1883142,00.

html for *Time*'s list of "Top 10 Plundered Artifacts"; and http://www.theguardian.com/artanddesign/2016/may/08/greece-international-justice-regain-parthenon-marbles-uk for a recent article on the Elgin Marbles.

[2] Fagan and Durrani 2014: 20–22. See also Curry 2015; Dubrow 2014; Mueller 2016; Romano 2015; Romey 2015; Vance 2015.

[3] Casana 2015; http://www.cnn.com/2015/03/09/world/iraq-isis-heritage/.

[4] Parcak et al. 2016.

[5] Bogdanos 2005. See also Emberling and Hanson 2008; Rothfield 2008a.

[6] Ibid.

[7] See, e.g., Andrews 2003; Emberling and Hanson 2008.

[8] George 2016.

[9] Al-Rawi and George 2014; George 2016.

[10] Horowitz, Greenberg, and Zilberg 2015; Pearce and Wunsch 2014; see also Abraham 2011. News reports, reviews, and discussions occur in Baker 2015; Ben Zion 2015a; Hasson 2015; and http://lawrenceschiffman.com/wp-content/uploads/2015/03/jews-of-babylon.pdf; http://www.reuters.com/article/us-israel-archaeology-babylon-idUSKBN0L71EK20150203; http://paul-barford.blogspot.com/2015/02/babylonian-cunies-from-private.html; http://news.cornell.edu/stories/2015/01/new-archive-jewish-babylonian-exile-released; http://www.ancientjewreview.com/articles/2015/2/18/pearce-and-wunsch-documents-of-judean-exiles-and-west-semites-in-babylonia-1.

[11] http://www.unesco.org/new/en/culture/themes/illicit-traffic-of-cultural-property/1970-convention/; http://portal.unesco.org/en/ev.php-URL_ID=13039&URL_DO=DO_TOPIC&URL_SECTION=201.html.

[12] Atwood 2006; Brodie and Tubb 2011; Rothfield 2008b; Rush 2012.

[13] Fagan and Durrani 2014: 355–58; Harmon and McManamon 2006; http://www.nps.gov/archeology/sites/antiquities/about.htm; http://www.georgewright.org/313mcmanamon.pdf.

[14] http://www.nps.gov/history/local-law/fhpl_histsites.pdf.

[15] Fagan and Durrani 2014: 358; http://www.nps.gov/archeology/tools/Laws/arpa.htm.

[16] See http://www.npr.org/templates/story/story.php?storyId=106091937; http://articles.latimes.com/2009/jun/17/nation/na-artifacts-backlash17; http://www.nytimes.com/2009/06/21/us/21blanding.html?_r=0.

[17] https://democrats-foreignaffairs.house.gov/news/press-releases/president-signs-engel-bill-stop-isis-looting-antiquities; http://www.al-monitor.com/pulse/originals/2015/06/congress-illegal-isis-looting-syria-artifacts.html; https://www.congress.gov/bill/114th-congress/house-bill/1493/text.

[18] http://www.theantiquitiescoalition.org/state-department-hearing-on-egypt-antiquities-import-mou/; http://www.state.gov/r/pa/prs/ps/2016/11/264632.htm.

[19] Organizations that are involved in working on such measures include the US Committee of the Blue Shield (www.uscbs.org), SAFE: Saving Antiquities for Everyone (http://savingantiquities.org), the Antiquities Coalition (https://theantiquitiescoalition.org), and the American Schools of Oriental Research Cultural Heritage Initiatives (http://www.asor-syrianheritage.org/about/mission/), among others.

结语　回到未来

[1]　Weisman 2007.
[2]　Macaulay 1979.
[3]　Macaulay 1979: 26.
[4]　Macaulay 1979: 30, 52–65.
[5]　Macaulay 1979: 32–33, 36–37, 68–81.
[6]　See, e.g., https://archeosciences.revues.org/1781.
[7]　See, e.g., http://www.sfu.ca/ipinch/project-components/community-based-initiatives.

参考文献

Abegg, Martin Jr., Peter Flint, and Eugene Ulrich. 1999. *The Dead Sea Scrolls Bible: The Oldest Known Bible Translated for the First Time into English.* New York: HarperCollins.

Abraham, Kathleen. 2011. "The Reconstruction of Jewish Communities in the Persian Empire: The Āl-Yahūdu Clay Tablets." In *Light and Shadows: The Story of Iran and the Jews*, edited by Hagai Segev and Asaf Schor, 261–62. Tel Aviv, Israel: Beit Hatfutsot.

Adams, Mark. 2011. *Turn Right at Machu Picchu: Rediscovering the Lost City One Step at a Time.* New York: Dutton.

———. 2015. *Meet Me in Atlantis: My Obsessive Quest to Find the Sunken City*. New York: Dutton.

Adams, Matthew J., Jonathan David, and Yotam Tepper. 2014. "Excavations at the Camp of the Roman Sixth Ferrata Legion in Israel." *Bible History Daily*, May 1 (originally published October 17, 2013). http://www.biblicalarchaeology.org/daily/biblical-sites-places/biblical-archaeology-sites/legio/.

Aharoni, Yohanan. 1962. "Expedition B—The Cave of Horror." *Israel Exploration Journal* 12, nos. 3–4: 186–99.

Aicher, Peter. 2000. "Mussolini's Forum and the Myth of Augustan Rome." *Classical Bulletin* 76: 117–39.

Aitken, Martin J. 1990. *Science-Based Dating in Archaeology*. Boston: Routledge.

Aldhouse-Green, Miranda. 2015. *Bog Bodies Uncovered: Solving Europe's Ancient Mystery*. London: Thames and Hudson.

Aldred, Cyril. 1991. *Akhenaten: King of Egypt*. London: Thames and Hudson.

Alföldy, Géza. 1995. "Eine Bauinschrift aus dem Colosseum." *Zeitschrift für Papyrologie und Epigraphik* 109: 195–226.

Allegro, John M. 1960. *The Treasure of the Copper Scroll*. Garden City, NY: Doubleday.

Allen, Susan Heuck Allen. 1999. *Finding the Walls of Troy: Frank Calvert and Heinrich Schliemann at Hisarlik*. Berkeley: University of California Press.
Allen, Susan J. 2006. *Tutankhamun's Tomb: The Thrill of Discovery*. New York: Metropolitan Museum of Art.
Al-Rawi, Farouk N. H., and Andrew George. 2014. "Back to the Cedar Forest: The Beginning and End of Tablet V of the Standard Babylonian Epic of Gilgameš." *Journal of Cuneiform Studies* 66: 69–90.
Altares, Guillermo. 2015a. "Altamira Cave Will Open to Visitors." *El País*, March 27. http://elpais.com/elpais/2015/03/27/inenglish/1427469981_303108.html.
———. 2015b. "Altamira Must Be Closed to Visitors, Spanish Scientists Tell UNESCO." *El País*, March 26. http://elpais.com/m/elpais/2015/03/23/inenglish/1427122533_376325.html.
Alva, Walter. 1988. "Discovering the New World's Richest Unlooted Tomb." *National Geographic* (October), 510–48.
———. 1990. "New Tomb of Royal Splendor." *National Geographic* (June): 2–15.
Alva, Walter, and Christopher B. Donnan. 1993. *Royal Tombs of Sipán*. Los Angeles: UCLA Fowler Museum of Cultural History.
Amadasi, Maria G., and Eugenia E. Schneider. 2002. *Petra*. Translated by Lydia G. Cochrane. Chicago: University of Chicago Press.
Amandry, Pierre. 1992. *La redécouverte de Delphes*. Paris: De Boccard.
Amer, Christopher F. 2002. "South Carolina: A Drop in the Bucket." In *International Handbook of Underwater Archaeology*, edited by Carol V. Ruppé and Janet F. Barstad, 127–42. New York: Kluwer Academic–Plenum.
Andersen, Wayne V. 2003. *The Ara Pacis of Augustus and Mussolini: An Archaeological Mystery*. Geneva, Switz.: Fabriart.
Anderson, Maxwell L. 2016. *Antiquities: What Everyone Needs to Know*. New York: Oxford University Press.
Andrews, Carol. 1984. *Egyptian Mummies*. Cambridge, MA: Harvard University Press.
Andrews, Edmund L. 2003. "Iraqi Looters Tearing Up Archaeological Sites." *New York Times*, May 23. http://www.nytimes.com/2003/05/23/international/worldspecial/23LOOT.html.
Andronicos, Manolis. 1992. *Olympia*. Athens, Greece: Ekdotike Athenon.
———. 1993. *Delphi*. Athens, Greece: Ekdotike Athenon.
Anyangwe, Eliza. 2015. "Could Egypt's Empty Animal Mummies Reveal an Ancient Scam?" *CNN*, May 22. http://www.cnn.com/2015/05/22/africa/ancient-egypt-animal-mummies-empty/.
Atwood, Roger. 2006. *Stealing History: Tomb Raiders, Smugglers, and the Looting of the Ancient World*. Repr. New York: St. Martins Griffin.
———. 2014. "Beneath the Capital's Busy Streets, Archaeologists Are Discovering the Buried World of the Aztecs." *Archaeology* 67, no. 4 (June 9):

26–33. http://www.archaeology.org/issues/138–1407/features/2173-mexico-city-aztec-buried-world.
Bahn, Paul G. 1995. *100 Great Archaeological Discoveries*. New York: Facts on File.
———. 1996a. *Archaeology: A Very Short Introduction*. Oxford, UK: Oxford University Press.
———. 1996b. *Bluff Your Way in Archaeology*. West Sussex, UK: Ravette.
———. 1996c. *Tombs Graves and Mummies: 50 Discoveries in World Archaeology*. New York: Barnes and Noble.
———. 1999. *Wonderful Things: Uncovering the World's Great Archaeological Treasures*. London: Seven Dials.
———. 2000. *Lost Treasures: Great Discoveries in World Archaeology*. New York: Barnes and Noble. [NB: This is the US publication of *Wonderful Things*.]
———. 2001. *The Penguin Archaeology Guide*. New York: Penguin.
———. 2003. *Archaeology: The Definitive Guide*. New York: Barnes and Noble.
———. 2007. *The Bluffer's Guide to Archaeology*, rev. ed. London: Oval.
———. 2008. *The Great Archaeologists: The Lives and Legacy of the People Who Discovered the World's Most Famous and Important Archaeological Sites*. London: Anness.
———. 2009. *Legendary Sites of the Ancient World: An Illustrated Guide to Over 80 Major Archaeological Discoveries*. London: Anness.
———. 2014. *The History of Archaeology: An Introduction*. New York: Routledge.
Bahn, Paul G., and Barry Cunliffe. 2000. *The Atlas of World Archaeology*. New York: Checkmark–Facts on File.
Bahn, Paul G., and Colin Renfrew. 1996. *The Cambridge Illustrated History of Archaeology*. Cambridge: Cambridge University Press.
Baillie, Michael G. L. 2014. *Tree-Ring Dating and Archaeology*. Boston: Routledge.
Baker, Luke. 2015. "Ancient Tablets Reveal Life of Jews in Nebuchadnezzar's Babylon." *Reuters*, February 3. http://www.reuters.com/article/us-israel-archaeology-babylon-idUSKBN0L71EK20150203.
Ballard, Robert D., ed. 2008. *Archaeological Oceanography*. Princeton, NJ: Princeton University Press.
Balter, Michael. 2009. *The Goddess and the Bull: Çatalhöyük—An Archaeological Journey to the Dawn of Civilization*. Walnut Creek, CA: Left Coast Press.
Banning, Edward B. 2002. *Archaeological Survey (Manuals in Archaeological Method, Theory and Technique)*. New York: Springer.
Barber, Elizabeth W. 1999. *The Mummies of Ürümchi*. New York: W. W. Norton.
Bard, Kathryn A. 2008. *An Introduction to the Archaeology of Ancient Egypt*. New York: Wiley-Blackwell.

Barkai, Ran, and Roy Liran. 2008. "Midsummer Sunset at Neolithic Jericho." *Time and Mind* 1, no. 3 (November): 273–84.

Barnard, Anne. 2015. "ISIS Destroys Triumphal Arches in Palymyra, Syria." *New York Times*, October 5. http://www.nytimes.com/2015/10/06/world/middleeast/isis-syria-arch-triumph-palmyra.html?_r=0.

Bar-Yosef, Ofer, and Jane Callander. 2006. "Dorothy Annie Elizabeth Garrod." In *Breaking Ground: Pioneering Women Archaeologists*, edited by Getzel M. Cohen and Martha Sharp Joukowsky, 380–424. Ann Arbor: University of Michigan Press.

Bar-Yosef, Ofer, B. Vandermeersch, B. Arensburg, A. Belfer-Cohen, P. Goldberg, H. Laville, L. Meignen, et al. 1992. "The Excavations in Kebara Cave, Mt. Carmel." *Current Anthropology* 33, no. 5: 497–550.

Barzilay, Julie. 2016. "Secrets of 'Iceman': How a 5,300-Year-Old Mummy Sheds Light on Evolution, Migration." *ABC News*, January 7. http://abcnews.go.com/Health/secrets-iceman-5300-year-mummy-sheds-light-evolution/story?id=36146634.

Bass, George F. 1967. *Cape Gelidonya: A Bronze Age Shipwreck*. Philadelphia: American Philosophical Society.

———. 1986. "A Bronze Age Shipwreck at Ulu Burun (Kas): 1984 Campaign." *American Journal of Archaeology* 90: 269–96.

———. 1987. "Oldest Known Shipwreck Reveals Splendors of the Bronze Age." *National Geographic* (December): 692–733.

Bataille, Georges. 1955. *Lascaux: or, The Birth of Art: Prehistoric Painting*. Translated by Austryn Wainhouse. Lausanne, Switz.: Skira.

Beard, Mary. 2010. *The Fires of Vesuvius: Pompeii Lost and Found*. Cambridge, MA: Belknap Press.

Becker, Helmut, and Hans Günter Jansen. 1994. "Magnetic Prospektion 1993 der Unterstadt von Troia und Ilion." *Studia Troica* 4: 105–14.

Ben-Tor, Amnon. 2009. *Back to Masada*. Jerusalem: Israel Exploration Society.

Ben-Yehuda, Nachman. 1995. *The Masada Myth: Collective Memory and Mythmaking in Israel*. Madison: University of Wisconsin Press.

———. 2002. *Sacrificing Truth: Archaeology and the Myth of Masada*. Amherst, NY: Humanity.

Ben Zion, Ilan. 2015a. "'By the Rivers of Babylon' Exhibit Breathes Life into Judean Exile." *Times of Israel*, February 1. http://www.timesofisrael.com/by-the-rivers-of-babylon-exhibit-breathes-life-into-judean-exile/#ixzz3Qq8033Hh.

———. 2015b. "In First, Imperial Roman Legionary Camp Uncovered near Megiddo." *Times of Israel*, July 7. http://www.timesofisrael.com/in-first-imperial-roman-legionary-camp-uncovered-near-megiddo/.

Berger, Lee R., Darryl J. de Ruiter, Steven E. Churchill, Peter Schmid, Kristian J. Carlson, Paul H. G. M. Dirks, and Job M. Kibii. 2010. "*Australopithecus sediba*: A New Species of Homo-Like Australopith from South Africa." *Science* 328, no. 5975 (April 9): 195–204. doi: 10.1126/science.1184944.

Berger, Lee R., John Hawks, Darryl J. de Ruiter, Steven E. Churchill, Peter Schmid, Lucas K. Delezene, Tracy L Kivell, et al. 2015. "*Homo naledi*, a New Species of the Genus *Homo* from the Dinaledi Chamber, South Africa." *eLife*, September 10 (eLife 2015;4:e09560). https://elifesciences.org/content/4/e09560 or http://dx.doi.org/10.7554/eLife.09560.

Bering, Henrik. 2016. "Holding On to the Past." *Wall Street Journal*, May 6. http://www.wsj.com/articles/holding-on-to-the-past-1462563965.

Bermant, Chaim, and Michael Weitzman. 1979. *Ebla: A Revelation in Archeology*. New York: Times Books.

Berry, Joanne. 2007. *The Complete Pompeii*. Repr. London: Thames and Hudson.

Bietak, Manfred. 1992. "Minoan Wall-Paintings Unearthed at Ancient Avaris." *Egyptian Archaeology* 2: 26–28.

Bingham, Hiram. 1913. "In the Wonderland of Peru." *National Geographic* (April): 387–584. Reproduced as "Rediscovering Machu Picchu," http://ngm.nationalgeographic.com/1913/04/machu-picchu/bingham-text.

———. 1922. *Inca Land: Explorations in the Highlands of Peru*. Boston: Houghton Mifflin.

———. 1979. *Machu Picchu, a Citadel of the Incas*. Repr. New York: Hacker Art Books.

———. 2003. *Lost City of the Incas*. Repr. New Haven, CT: Phoenix Press.

Binkovitz, Leah. 2013. "Q+A: How to Save the Arts in Times of War." *Smithsonian*, January 24. http://www.smithsonianmag.com/smithsonian-institution/qa-how-to-save-the-arts-in-times-of-war-5506188/?no-ist.

Binnie, Isla. 2014. "Nero's Buried Golden Palace to Open to the Public—in Hard Hats." *Reuters*, October 24. http://www.reuters.com/article/us-italy-palace-idUSKCN0ID1WJ20141024.

Blakemore, Erin. 2015. "The Incredible Treasures Found inside the 'Griffin Warrior' Tomb." *Smithsonian.com*, October 28. http://www.smithsonianmag.com/smart-news/heres-what-was-inside-griffin-warriors-grave-180957063/?no-ist.

Bleibtreu, Erika. 1990. "Five Ways to Conquer a City." *Biblical Archaeology Review* 16, no. 3: 37–44.

———. 1991. "Grisly Assyrian Record of Torture and Death." *Biblical Archaeology Review* 17, no. 1: 52–61, 75.

Blom, Frans, and Oliver La Farge. 1926–27. *Tribes and Temples*. New Orleans, LA: Tulane University, Middle American Research Institute.

Blomster, Jeffrey P. 2012. "Early Evidence of the Ballgame in Oaxaca, Mexico." *Proceedings of the National Academy of Sciences* 109, 21: 8020–25.

Blumenthal, Ralph, and Tom Mashberg. 2015. "TED Prize Goes to Archaeologist Who Combats Looting with Satellite Technology." *New York Times*,

November 8. http://www.nytimes.com/2015/11/09/arts/international/ted-grant-goes-to-archaeologist-who-combats-looting-with-satellite-technology.html?_r=0.

Bogdanos, Matthew. 2005. *Thieves of Baghdad*. New York: Bloomsbury.

Bohstrom, Phillipe. 2016. "Monumental Forgotten Gardens of Petra Rediscovered After 2,000 Years." *Haaretz*, September 25. http://www.haaretz.com/jewish/archaeology/1.744119.

Bomgardner, David L. 2001. *The Story of the Roman Amphitheatre*. London: Routledge.

Borger, Julian. 2016. "Egypt 'Suppressing Truth' over Hidden Chambers in Tutankhamun's Tomb." *Guardian*, May 13. http://www.theguardian.com/world/2016/may/12/egypt-hidden-chambers-tutankhamun-tomb-nefertiti.

Bower, Bruce. 2002. "Ishi's Long Road Home." *Science News*, June 4. https://www.sciencenews.org/article/ishis-long-road-home?mode=magazine&context=229.

Bowman-Kruhm, Mary. 2005. *The Leakeys: A Biography*. Westport, CT: Greenwood Press.

Bradford, John. 1957. "New Techniques and the Archaeologist." *New Scientist* (May 2): 17–19.

Braymer, Marjorie. 1960. *The Walls of Windy Troy: A Biography of Heinrich Schliemann*. New York: Harcourt Brace.

Brier, Bob, and Jean-Pierre Houdin. 2009. *The Secret of the Great Pyramid: How One Man's Obsession Led to the Solution of Ancient Egypt's Greatest Mystery*. New York: Harper Perennial.

Brodie, Neil, and Kathryn Walker Tubb, eds. 2011. *Illicit Antiquities: The Theft of Culture and the Extinction of Archaeology*. Repr. Boston: Routledge.

Brown, Terence A., Keri A. Brown, Christine E. Flaherty, Lisa M. Little, and A. John N. W. Prag. 2000. "DNA Analysis of Bones from Grave Circle B at Mycenae: A First Report." *Annual of the British School at Athens* 95: 115–19.

Browning, Iain. 1973. *Petra*. Park Ridge, NJ: Noyes Press.

———. 1979. *Palmyra*. Park Ridge, NJ: Noyes Press.

Bruce-Mitford, Rupert. 1979. *Sutton Hoo Ship Burial: A Handbook*. London: British Museum Press.

Bryce, Trevor R. 2002. *Life and Society in the Hittite World*. Oxford. UK: Oxford University Press.

———. 2005. *The Kingdom of the Hittites*, new ed. Oxford, UK: Oxford, University Press.

———. 2006. *The Trojans and Their Neighbors*. London: Routledge.

———. 2010. "The Trojan War." In *The Oxford Handbook of the Bronze Age Aegean*, edited by Eric H. Cline, 475–82. New York: Oxford University Press.

———. 2012. *The World of the Neo-Hittite Kingdoms*. Oxford, UK: Oxford University Press.
Burger, Richard, and Lucy Salazar, eds. 2004. *Machu Picchu: Unveiling the Mystery of the Incas*. New Haven, CT: Yale University Press.
Burgon, John William. 1846. *Petra, a Poem: To Which a Few Short Poems Are Now Added*, 2nd ed. Oxford: F. MacPherson.
Byron, George Gordon. 1815. *Hebrew Melodies*. London: John Murray.
Calderwood, Imogen. 2016. "Long-lost Roman Roads Discovered on Flood Maps: Hi-tech Lidar Data Reveals the Route of 2,000-Year-Old Highways across Britain." *DailyMail.com*, January 1. http://www.dailymail.co.uk/news/article-3381432/Long-lost-Roman-roads-discovered-flood-maps-Hi-tech-Lidar-data-reveals-route-2–000-year-old-highways-Britain.html?ITO=applenews.
Callaway, Ewen. 2015. "Ancient American Genome Rekindles Legal Row." *Nature*, June 18. http://www.nature.com/news/ancient-american-genome-rekindles-legal-row-1.17797.
———. 2016. "'Cave of Forgotten Dreams' May Hold Earliest Painting of Volcanic Eruption." *Nature*, January 15. http://www.nature.com/news/cave-of-forgotten-dreams-may-hold-earliest-painting-of-volcanic-eruption-1.19177.
Camp, John M. II. 1986. *The Athenian Agora: Excavations in the Heart of Classical Athens*. London: Thames and Hudson.
———. 2001. *The Archaeology of Athens*. New Haven, CT: Yale University Press.
———. 2010. *The Athenian Agora: Site Guide*, 5th ed. Athens, Greece: American School of Classical Studies at Athens.
Cargill, Robert. 2009. *Qumran through (Real) Time: A Virtual Reconstruction of Qumran and the Dead Sea Scrolls*. Chicago: Gorgias Press.
Carlsen, William. 2016. *Jungle of Stone: The True Story of Two Men, Their Extraordinary Journey, and the Discovery of the Lost Civilization of the Maya*. New York: William Morrow.
Carrington, Daisy. 2014. "Egypt's Mummies Get Virtually Naked with CT Scans." *CNN*, May 1. http://www.cnn.com/2014/05/01/world/meast/mummies-get-virtually-naked-with-ct-scans/.
Carter, Howard. 2010. *The Tomb of Tut-Ankh-Amen: Discovered by the Late Earl of Carnarvon and Howard Carter*, 2 vols. Repr. Cambridge: Cambridge University Press.
Carter, Howard, and Arthur C. Mace. 1977. *The Discovery of the Tomb of Tutankhamen (Egypt)*. Repr. New York: Dover.
Casana, Jesse. 2015. "Satellite Imagery-Based Analysis of Archaeological Looting in Syria." *Near Eastern Archaeology* 78, no. 3: 142–52.
Castledon, Rodney. 1993. *Minoan Life in Bronze Age Crete*. London: Routledge.
———. 2005. *The Mycenaeans*. London: Routledge.

Catling, Christopher. 2012. *Discovering the Past through Archaeology: The Science and Practice of Studying Excavation Materials and Ancient Sites*. London: Southwater.

———. 2013. *A Practical Handbook of Archaeology: A Beginner's Guide to Unearthing the Past*. London: Lorenz.

Catling, Christopher, and Paul G. Bahn. 2010. *The Illustrated Practical Encyclopedia of Archaeology: The Key Sites, Those Who Discovered Them, and How to Become an Archaeologist*. London: Lorenz.

Ceram, C. W. 1951. *Gods, Graves, and Scholars: The Story of Archaeology*. New York: Random House.

———. 1955. *The Secret of the Hittites*. New York: Alfred A. Knopf.

———. 1958. *The March of Archaeology*. New York: Alfred A. Knopf.

———. 1967. *Gods, Graves, and Scholars: The Story of Archaeology*, 2nd rev. ed. New York: Random House.

———, ed. 1966. *Hands on the Past: Pioneer Archaeologists Tell Their Own Story*. New York: Alfred A. Knopf.

Chaffin, Tom. 2008. *The* H. L. Hunley*: The Secret Hope of the Confederacy*. New York: Hill and Wang.

Chandler, Russell. 1991. "Library Lifts Veil on Dead Sea Scrolls." *Los Angeles Times*, September 22. http://articles.latimes.com/1991–09–22/news/mn-4145_1_dead-sea-scrolls.

Chase, Arlen F., Diane Z. Chase, Jaime J. Awe, John F. Weishampel, Gyles Iannone, Holley Moyes, Jason Yaeger, et al. 2014. "The Use of LiDAR in Understanding the Ancient Maya Landscape." *Advances in Archaeological Practice* 2, no. 3 (August): 208–21.

Chase, Arlen F., Diane Z. Chase, Christopher T. Fisher, Stephen J. Leisz, and John F. Weishampel. 2012. "Geospatial Revolution and Remote Sensing LiDAR in Mesoamerican Archaeology." *Proceedings of the National Academy of Sciences* 109, no. 32: 12916–21.

Chase, Arlen F., Diane Z. Chase, and John F. Weishampel. 2010. "Lasers in the Jungle." *Archaeology* 63, no. 4: 27–29. http://archive.archaeology.org/1007/.

Chase, Arlen F., Diane Z. Chase, John F. Weishampel, Jason B. Drake, Ramesh L. Shrestha, K. Clint Slatton, Jaime J. Awe, et al. 2011. "Airborne LiDAR, Archaeology, and the Ancient Maya Landscape at Caracol, Belize." *Journal of Archaeological Science* 38, no. 2: 387–98.

Chase, Raymond G. 2002. *Ancient Hellenistic and Roman Amphitheatres, Stadiums, and Theatres: The Way They Look Now*. Portsmouth, NH: P. E. Randall.

Chatters, James C. 2002. *Ancient Encounters: Kennewick Man and the First Americans*. New York: Simon and Schuster.

Chauvet, Jean-Marie, Eliette Brunel Deschamps, and Christian Hillaire. 1996. *Dawn of Art: The Chauvet Cave; The Oldest Known Paintings in the World*. Translated by Paul G. Bahn. New York: Harry N. Abrams.

Chivers, C. J. 2013. "Grave Robbers and War Steal Syria's History." *New York Times*, April 6. http://www.nytimes.com/2013/04/07/world/middleeast/syrian-war-devastates-ancient-sites.html?pagewanted=all&_r=1.

Choi, Charles Q. 2014. "Humans Did Not Wipe Out the Neanderthals, New Research Suggests." *Livescience*, August 20. http://www.livescience.com/47460-neanderthal-extinction-revealed.html.

Christie, Agatha. 2011. *Murder in Mesopotamia: A Hercule Poirot Mystery*. Repr. New York: William Morrow.

Claridge, Amanda. 2010. *Rome: An Oxford Archaeological Guide*, 2nd ed. Oxford, UK: Oxford University Press.

Clark, Liesl. 1998. "Ice Mummies of the Inca." *Nova*, November 14. http://www.pbs.org/wgbh/nova/ancient/ice-mummies-inca.html.

Clayton, Peter, and Martin Price. 1989. *The Seven Wonders of the Ancient World*. London: Routledge.

Cline, Diane Harris. 2016. *The Greeks: An Illustrated History*. Washington, DC: National Geographic Books.

Cline, Eric H. 1987. "Amenhotep III and the Aegean: A Reassessment of Egypto–Aegean Relations in the 14th Century BCE." *Orientalia* 56, no. 1: 1–36.

———. 1991. "Monkey Business in the Late Bronze Age Aegean: The Amenhotep II Figurines at Mycenae and Tiryns." *Bulletin of the British School at Athens* 86: 29–42.

———. 1994. *Sailing the Wine-Dark Sea: International Trade and the Late Bronze Age Aegean*. Oxford, UK: Tempus Reparatum.

———. 1998. "Amenhotep III, the Aegean and Anatolia." In *Amenhotep III: Perspectives on his Reign*, edited by David B. O'Connor and Eric H. Cline, 236–50. Ann Arbor: University of Michigan Press.

———. 2000. *The Battles of Armageddon: Megiddo and the Jezreel Valley from the Bronze Age to the Nuclear Age*. Ann Arbor: University of Michigan Press.

———. 2004. *Jerusalem Besieged: From Ancient Canaan to Modern Israel*. Ann Arbor: University of Michigan Press.

———. 2006. "Area L (The 1998–2000 Seasons)." In *Megiddo IV: The 1998–2002 Seasons* (2 vols.), edited by Israel Finkelstein, David Ussishkin, and Baruch Halpern, 1: 104–23. Tel Aviv, Israel: Tel Aviv University.

———. 2007a. *From Eden to Exile: Unraveling Mysteries of the Bible*. Washington, DC: National Geographic Books.

———. 2007b. "Raiders of the Faux Ark." *Boston Globe*, September 30, Opinion section, E1–2. http://www.boston.com/news/globe/ideas/articles/2007/09/30/raiders_of_the_faux_ark/.

———. 2009. *Biblical Archaeology: A Very Short Introduction*. New York: Oxford University Press.

———. 2011. "Whole Lotta Shakin' Going On: The Possible Destruction by Earthquake of Megiddo Stratum VIA." In *The Fire Signals of*

Lachish: Studies in the Archaeology and History of Israel in the Late Bronze Age, Iron Age, and Persian Period in Honor of David Ussishkin, edited by Israel Finkelstein and Nadav Na'aman, 55–70. Tel Aviv, Israel: Tel Aviv University.

———. 2012. "Fabulous Finds or Fantastic Forgeries? The Distortion of Archaeology by the Media and Pseudo-Archaeologists, and What We Can Do about It." In *Archaeology, Bible, Politics, and the Media: Proceedings of the Duke University Conference*, April 23–24, 2009, edited by Eric Meyers and Carol Meyers, 39–50. Winona Lake, IN: Eisenbrauns.

———. 2013. *The Trojan War: A Very Short Introduction*. New York: Oxford University Press.

———. 2014. *1177 BCE: The Year Civilization Collapsed*. Princeton, NJ: Princeton University Press.

———. 2015. Review of Andrew Collins, *Göbekli Tepe: Genesis of the Gods; The Temple of the Watchers and the Discovery of Eden* (Bear, Rochester, VT, 2014). *American Antiquity* 80, no. 3: 620–21.

Cline, Eric H., and David B. O'Connor, eds. 2006. *Thutmose III: A New Biography*. Ann Arbor: University of Michigan Press.

Cline, Eric H., and Inbal Samet. 2013. "Area L: The 2006 and 2007 Seasons." In *Megiddo V: The 2004–2008 Seasons* (3 vols.), edited by Israel Finkelstein, David Ussishkin, and Eric H. Cline, 1: 275–91. Tel Aviv, Israel: Tel Aviv University.

Cline, Eric H., and Anthony Sutter. 2011. "Battlefield Archaeology at Armageddon: Cartridge Cases and the 1948 Battle for Megiddo, Israel." *Journal of Military History* 75, no. 1: 159–90.

Cline, Eric H., and Assaf Yasur-Landau. 2006. "Your Career Is in Ruins: How to Start an Excavation in Five Not-So-Easy Steps." *Biblical Archaeology Review* 32, no. 1: 34–37, 71.

———. 2007. "Musings from a Distant Shore: The Nature and Destination of the Uluburun Ship and Its Cargo." *Tel Aviv* 34, no. 2: 125–41.

Clinton, Jane. 2013. "Major Show Reveals Life in Pompeii and Herculaneum." *Express*, March 3. http://www.express.co.uk/news/uk/381414/Major-show-reveals-life-in-Pompeii-and-Herculaneum.

Clottes, Jean. 2003. *Chauvet Cave: The Art of Earliest Times*. Translated by Paul G. Bahn. Provo: University of Utah Press.

Coe, Michael D. 2005. *The Maya*, 7th ed. London: Thames and Hudson.

———. 2012. *Breaking the Maya Code*, 3rd ed. London: Thames and Hudson.

Cohen, Jennie. 2011. "Viking Chief Buried in His Boat Found in Scotland." *History.com*, October 19. http://www.history.com/news/viking-chief-buried-in-his-boat-found-in-scotland.

Cole, Sonia. 1975. *Leakey's Luck: The Life of Louis Seymour Bazett Leakey, 1903–1972*. New York: Harcourt Brace Jovanovich.

Coleman, Kathleen. 2000. "Entertaining Rome." In *Ancient Rome: The Archaeology of the Eternal City*, edited by Jon Coulston and Hazel Dodge, 210–58. Monograph 54. Oxford, UK: Oxford University School of Archaeology.

Collins, Billie Jean. 2007. *The Hittites and Their World*. Atlanta, GA: Society of Biblical Literature.

Collins, James M., and Brian Leigh Molyneaux. 2003. *Archaeological Survey (Archaeologist's Toolkit)*. Walnut Creek, CA: AltaMira Press.

Comelli, Daniela, Massimo D'Orazio, Luigi Folco, Mahmud El-Halwagy, Tommaso Frizzi, Roberto Alberti, Valentina Capogrosso, et al. 2016. "The Meteoritic Origin of Tutankhamun's Iron Dagger Blade." *Meteoritics and Planetary Science* 51: 1301–9. http://dx.doi.org/10.1111/maps.12664.

Conlin, David L., and Matthew A. Russell. 2006. "Archaeology of a Naval Battlefield: *H. L. Hunley* and USS *Housatonic*." *International Journal of Nautical Archaeology* 35, no. 1: 20–40.

Conlin, Diane A. 1997a. *The Artists of the Ara Pacis: The Process of Hellenization in Roman Relief Sculpture*. Chapel Hill: University of North Carolina Press.

———. 1997b. "The Reconstruction of Antonia Minor on the Ara Pacis." *Journal of Roman Archaeology* 5: 209–15.

Connolly, Peter, and Hazel Dodge. 1998. *The Ancient City: Life in Classical Athens and Rome*. Oxford, UK: Oxford University Press.

Conyers, Lawrence B. 2013. *Ground-Penetrating Radar for Archaeology (Geophysical Methods for Archaeology)*, 3rd ed. Walnut Creek, CA: AltaMira Press.

Cooley, Alison E., and M. G. L. Cooley. 2013. *Pompeii and Herculaneum: A Sourcebook*, 2nd ed. Boston: Routledge.

Cooney, Kara. 2015. *The Woman Who Would Be King: Hatshepsut's Rise to Power in Ancient Egypt*. New York: Broadway Books.

Cooper, Alan, and Wolfgang Haak. 2015. "DNA Reveals the Origins of Modern Europeans." *Phys.org*, March 23. http://phys.org/news/2015–03-dna-reveals-modern-europeans.html.

Cooper-White, Macrina. 2015. "Liquid Mercury Discovered under Ancient Temple May Shed New Light on Teotihuacan." *Huffington Post*, March 28. http://www.huffingtonpost.com/2015/04/28/mercury-royal-tomb_n_7152990.html.

Cosgrove, Ben. 2014. "LIFE at Lascaux: First Color Photos from Another World." *Life*, May 21. http://time.com/3879943/lascaux-early-color-photos-of-the-famous-cave-paintings-france-1947/.

Coulston, Jon, and Hazel Dodge. 2000. *Ancient Rome: The Archaeology of the Eternal City*. Oxford University School of Archaeology Monograph 54. Oxford, UK: Oxford University School of Archaeology.

Cronin, Frances. 2011. "Egyptian Pyramids Found by Infra-red Satellite Images." *BBC News*, May 25. http://www.bbc.com/news/world-13522957.

Cucchi, Thomas. 2008. "Uluburun Shipwreck Stowaway House Mouse: Molar Shape Analysis and Indirect Clues about the Vessel's Last Journey." *Journal of Archaeological Science* 35, no. 11 (November): 2953–59. http://www.sciencedirect.com/science/article/pii/S0305440308001362.

Cuno, James. 2010. *Who Owns Antiquity? Museums and the Battle over Our Ancient Heritage.* Princeton, NJ: Princeton University Press.

———. 2012. *Whose Culture? The Promise of Museums and the Debate over Antiquities.* Princeton, NJ: Princeton University Press.

Curry, Andrew. 2008. "Gobekli Tepe: The World's First Temple?" *Smithsonian*, November. http://www.smithsonianmag.com/history/gobekli-tepe-the-worlds-first-temple-83613665/?no-ist.

———. 2015. "Here Are the Ancient Sites ISIS Has Damaged and Destroyed." *National Geographic*, September 1. http://news.nationalgeographic.com/2015/09/150901-isis-destruction-looting-ancient-sites-iraq-syria-archaeology/.

Curtis, Gregory B. 2006. *The Cave Painters: Probing the Mysteries of the World's First Artists*. New York: Alfred A. Knopf.

Cussler, Clive. 2011. *The Sea Hunters*. New York: Pocket Books.

Daley, Jason. 2016. "New Timeline Zeros in on the Creation of the Chauvet Cave Paintings; Radiocarbon Dates Help Reconstruct the Cave's Long History." *Smithsonian.com*, April 13. http://www.smithsonianmag.com/smart-news/new-timeline-zeroes-creation-chauvet-cave-paintings-180958754/?utm_source=facebook.com&no-ist.

Dargis, Manohla. 2011. "Herzog Finds His Inner Cave Man." *New York Times*, April 28. http://www.nytimes.com/2011/04/29/movies/werner-herzogs-cave-of-forgotten-dreams-review.html?_r=2.

Davies, Graham I. 1986. *Megiddo*. Cambridge, UK: Lutterworth Press.

Davies, Philip R., George J. Brooke, and Phillip R. Callaway. 2002. *The Complete World of the Dead Sea Scrolls*. London: Thames and Hudson.

Davies, William, and Ruth Charles. 1999. *Dorothy Garrod and the Progress of the Palaeolithic*. Oxford, UK: Oxbow Books.

Davis, Ellen N. 1986. "Youth and Age in the Thera Frescoes." *American Journal of Archaeology* 90: 399–406.

Davis, Jack L., and Sharon R. Stocker. 2016. "The Lord of the Gold Rings: The Griffin Warrior of Pylos." *Hesperia* 85, no. 4: 627–55.

Dearden, Lizzie. 2014. "New Nazca Lines Geoglyphs Uncovered by Gales and Sandstorms in Peru." *Independent*, August 4. http://www.independent.co.uk/news/science/archaeology/news/new-nazca-lines-geoglyphs-uncovered-by-gales-and-sandstorms-in-peru-9645983.html.

Del Giudice, Marguerite. 2014. "Tut's Tomb: A Replica Fit for a King." *National Geographic News*, May 20. http://news.nationalgeographic.com/news/2014/05/140520-tutankhamun-egypt-archaeology-cyber-printing-3d/.

Demick, Barbara. 2010. "Cultural Exchange: China's Surprising Bronze Age Mummies." *Los Angeles Times*, October 24. http://articles.latimes.com/2010/oct/24/entertainment/la-ca-cultural-exchange-mummies-20101024.

De Rojas, José Luis. 2012. *Tenochtitlan: Capital of the Aztec Empire*. Gainesville: University Press of Florida.

Díaz-Andreu, Margarita, and Timothy Champion. 1996. "Nationalism and Archaeology in Europe: An Introduction." In *Nationalism and Archaeology in Europe*, edited by Margarita Díaz-Andreu and Timothy Champion, 1–23. Boulder, CO: Westview Press.

Diehl, Richard A. 2004. *The Olmecs: America's First Civilization*. London: Thames and Hudson.

Dodson, Aidan. 2009. *Amarna Sunset: Nefertiti, Tutankhamun, Ay, Horemheb, and the Egyptian Counter-Reformation*. Cairo, Egypt: American University in Cairo Press.

———. 2014. *Amarna Sunrise: Egypt from Golden Age to Age of Heresy*. Cairo, Egypt: American University in Cairo Press.

Donnan, Christopher B. 1978. *Moche Art of Peru: Pre-Columbian Symbolic Communication*. Los Angeles: UCLA Fowler Museum of Cultural History.

———. 1990. "Masterworks of Art Reveal a Remarkable Pre-Inca World." *National Geographic* (June): 17–33.

Donnan, Christopher B., and Donna McClelland. 1999. *Moche Fineline Painting: Its Evolution and Its Artists*. Los Angeles: UCLA Fowler Museum of Cultural History.

Doumas, Christos G. 1983. *Thera: Pompeii of the Ancient Aegean: Excavations at Akrotiri 1967–1979*. London: Thames and Hudson.

———. 1993. *The Wall Paintings of Thera*. London: Thera Foundation—Petros M. Nomikos.

Draper, Robert. 2010. "Unburying the Aztec." *National Geographic* (November): 110–35. http://ngm.nationalgeographic.com/2010/11/greatest-aztec/draper-text.

Dubrow, Marsha. 2014. "Looting of Peru's Ancient Treasures Is Worse Now Than in Spanish Colonial Era." *Examiner.com*, April 12. http://www.examiner.com/article/looting-of-peru-s-ancient-treasures-is-worse-now-than-spanish-colonial-times.

Dunkle, Roger. 2008. *Gladiators: Violence and Spectacle in Ancient Rome*. Harlow, UK: Pearson Longman.

Dunston, Lara. 2016. "Revealed: Cambodia's Vast Medieval Cities Hidden beneath the Jungle." *Guardian*, June 10. https://www.theguardian.com/world/2016/jun/11/lost-city-medieval-discovered-hidden-beneath-cambodian-jungle.

Dvorsky, George. 2014a. "Archaeologists Confirm That Stonehenge Was a Complete Circle." http://io9.com/archaeologists-confirm-that-stonehenge-was-once-a-compl-1629226053.

———. 2014b. "Archaeologists Have Made an Incredible Discovery at Stonehenge." http://io9.com/archaeologists-have-made-an-incredible-discovery-at-sto-1632927903?utm_campaign=socialflow_io9_facebook&utm_source=io9_facebook&utm_medium=socialflow.

Dyson, Stephen L. 2006. *In Pursuit of Ancient Pasts: A History of Classical Archaeology in the Nineteenth and Twentieth Centuries*. New Haven, CT: Yale University Press.

Easton, Donald F. 1981. "Schliemann's Discovery of 'Priam's Treasure': Two Enigmas." *Antiquity* 55: 179–83.

———. 1984a. "Priam's Treasure." *Anatolian Studies* 34: 141–69.

———. 1984b. "Schliemann's Mendacity—A False Trail?" *Antiquity* 58: 197–204.

———. 1994. "Priam's Gold: The Full Story." *Anatolian Studies* 44: 221–43.

———. 1995. "The Troy Treasures in Russia." *Antiquity* 69, no. 262: 11–14.

———. 2010. "The Wooden Horse: Some Possible Bronze Age Origins." In *Ipamati Kistamati Pari Tumatimis: Luwian and Hittite Studies Presented to J. David Hawkins on the Occasion of His 70th Birthday*, edited by Itamar Singer 50–63. Tel Aviv, Israel: Tel Aviv Institute of Archaeology.

Easton, Donald F., J. D. Hawkins, Andrew G. Sherratt, and E. Susan Sherratt. 2002. "Troy in Recent Perspective." *Anatolian Studies* 52: 75–109.

Edwards, Owen. 2010. "The Skeletons of Shanidar Cave." *Smithsonian*, March. http://www.smithsonianmag.com/arts-culture/the-skeletons-of-shanidar-cave-7028477/?no-ist.

Eigeland, Tor. 1978. "Ebla: City of the White Stones." *Aramco World* 29, no. 2 (March–April): 10–19.

Eisler, Riane. 1988. *The Chalice and the Blade: Our History, Our Future*. New York: HarperCollins.

El-Ghobashy, Tamer. 2015. "Iraq Officials Denounce Islamic State's Destruction of Ancient Site." *Wall Street Journal*, March 7. http://www.wsj.com/articles/nimrud-iraq-officials-denounce-islamic-states-destruction-of-ancient-site-1425653551.

Ellis, Steven. 2011. *The Making of Pompeii: Studies in the History and Urban Development of an Ancient Town*. Portsmouth, RI: Journal of Roman Archaeology Supplemental Series.

Emberling, Geoff, and Katharyn Hanson. 2008. *Catastrophe! The Looting and Destruction of Iraq's Past*. Oriental Institute Museum Publications. Chicago: University of Chicago Press. https://oi.uchicago.edu/sites/oi.uchicago.edu/files/uploads/shared/docs/oimp28.pdf.

Epstein, Marilyn S. 2015. "Jamestown Skeletons Identified as Colony Leaders." *Smithsonian Science News*, July 28. http://smithsonianscience.si.edu/2015/07/jamestown-skeletons-identified-as-colony-leaders/.

Estrin, Daniel. 2016. "Scanning Software Deciphers Ancient Biblical Scroll." *Associated Press*, September 21. http://bigstory.ap.org/article/60785bb2031a478cb71ce9278782c320/.

Evans, Arthur J. 1921–23. *The Palace of Minos: A Comparative Account of the Successive Stages of the Early Cretan Civilization as Illustrated by the Discoveries*, 4 vols. New York: Macmillan.

———. 1931. Introduction to Emil Ludwig's *Schliemann of Troy. The Story of a Goldseeker*, 9–21. London: G. P. Putnam's and Sons.

Evelyn-White, H. G. 1914. *Hesiod, the Homeric Hymns and Homerica*. Loeb Classical Library no. 57. London: W. Heinemann.

Fagan, Brian. 1994. *Quest for the Past*, 2nd ed. Long Grove, IL: Waveland Press.

———. 2001. *The Seventy Great Mysteries of the Ancient World: Unlocking the Secrets of Past Civilizations*. London: Thames and Hudson.

———. 2003. *Archaeologists: Explorers of the Human Past*. Oxford, UK: Oxford University Press.

———. 2004a. *A Brief History of Archaeology: Classical Times to the Twenty-First Century*. Boston: Routledge.

———. 2004b. *The Rape of the Nile: Tomb Robbers, Tourists, and Archaeologists in Egypt*, rev. ed. Boulder, CO: Westview Press.

———. 2005. *Chaco Canyon: Archaeologists Explore the Lives of an Ancient Society*. Oxford, UK: Oxford University Press.

———. 2007a. *Discovery! Unearthing the New Treasures of Archaeology*. London: Thames and Hudson.

———. 2007b. *Return to Babylon: Travelers, Archaeologists, and Monuments in Mesopotamia*, rev. ed. Boulder, CO: University of Colorado Press.

———. 2015. *Lord and Pharaoh: Carnarvon and the Search for Tutankhamun*. Walnut Creek, CA: Left Coast Press.

———, ed. 1996. *Eyewitness to Discovery: First-Person Accounts of More Than Fifty of the World's Greatest Archaeological Discoveries*. Oxford, UK: Oxford University Press.

———, ed. 2014. *The Great Archaeologists*. London: Thames and Hudson.

Fagan, Brian M., and Nadia Durrani. 2014. *In the Beginning: An Introduction to Archaeology*, 13th ed. Boston: Pearson.

———. 2016. *A Brief History of Archaeology: Classical Times to the Twenty-First Century*, 2nd ed. New York: Routledge.

Fagan, Garrett G., ed. 2006. *Archaeological Fantasies: How Pseudoarchaeology Misrepresents the Past and Misleads the Public*, new ed. Boston: Routledge.

Fagles, Robert. 1991. *Homer: The Iliad*. New York: Penguin Books.

Falasca-Zamponi, Simonetta. 1997. *Fascist Spectacle: The Aesthetics of Power in Mussolini's Italy*. Berkeley: University of California Press.

Fash, William L. 2001. *Scribes, Warriors, and Kings: The City of Copán and the Ancient Maya*, rev. ed. London: Thames and Hudson.

Feder, Kenneth. 2010. *Encyclopedia of Dubious Archaeology: From Atlantis to the Walam Olum*. Westport, CT: Greenwood Press.

———. 2013. *Frauds, Myths, and Mysteries: Science and Pseudoscience in Archaeology*, 8th ed. New York: McGraw-Hill.

Felch, Jason, and Ralph Fammolino. 2011. *Chasing Aphrodite: The Hunt for Looted Antiquities at the World's Richest Museum.* New York: Houghton Mifflin Harcout.

Feldman, Louis H. 2001. "Financing the Colosseum." *Biblical Archaeology Review* 27, no. 4: 20–31, 60–61.

Fields, Weston W. 2006. *The Dead Sea Scrolls: A Short History.* Leiden: E. J. Brill.

Fine, Steven. 2013. "Menorahs in Color: Polychromy in Jewish Visual Culture of Roman Antiquity." *Images* 6: 3–25. doi: 10.1163/18718000-123400001. https://www.academia.edu/5102874/_Menorahs_in_Color_Polychromy_in_Jewish_Visual_Culture_of_Roman_Antiquity_Images_6_2013_.

Finkel, Irving. 2014a. *The Ark before Noah: Decoding the Story of the Flood.* New York: Hodder and Stoughton.

———. 2014b. "Noah's Ark: The Facts behind the Flood." *Telegraph*, January 19. http://www.telegraph.co.uk/culture/books/10574119/Noahs-Ark-the-facts-behind-the-Flood.html.

Finkelstein, Israel, and David Ussishkin. 1994. "Back to Megiddo." *Biblical Archaeology Review* 20, no. 1: 26–43.

Fitton, J. Leslie. 2002. *Minoans.* London: British Museum Press.

———. 2012. "'The Help of My Dear Wife': Sophia Schliemann and the discovery of Priam's Treasure." In *Archaeology and Heinrich Schliemann. A Century after His Death. Assessments and Prospects. Myth—History—Science*, edited by George Korres, Nektarios Karadimas, and Georgia Flouda, 421–24. Athens, Greece: Society for Aegean Prehistory.

Fox, Richard A. Jr. 1993. *Archaeology, History, and Custer's Last Battle: The Little Big Horn Reexamined.* Norman, OK: University of Oklahoma Press.

French, Elizabeth. 2002. *Mycenae: Agamemnon's Capital.* Oxford, UK: Tempus.

Freund, Richard A. 2004. *Secrets of the Cave of Letters: Rediscovering a Dead Sea Mystery.* Leiden, The Netherlands: E. J. Brill.

Freund, Richard A., and Rami Arav. 2001. "Return to the Cave of Letters: What Still Lies Buried?" *Biblical Archaeology Review* 27, no. 1: 24–39.

Friedrich, Walter L., Bernd Kromer, Michael Friedrich, Jan Heinemeier, Tom Pfeiffer, and Sahra Talamo. 2006. "Santorini Eruption Radiocarbon Dated to 1627–1600 B.C." *Science* 312, no. 5773 (April 28): 548. doi: 10.1126/science.1125087.

Fugate Brangers, Susan L. 2013. "Political Propaganda and Archaeology: The Mausoleum of Augustus in the Fascist Era." *International Journal of Humanities and Social Science* 3, no. 16: 125–35.

Fuller, Dawn. 2014. "No Scrounging for Scraps: UC Research Uncovers the Diets of the Middle and Lower Class in Pompeii." *University of Cincinnati News*, January 2. http://www.uc.edu/news/NR.aspx?id=19029.

Futrell, Alison. 2006. *The Roman Games: A Sourcebook*. Historical Sources in Translation. Oxford, UK: Blackwell.

Gabriel, Richard A. 2009. *Thutmose III: The Military Biography of Egypt's Greatest Warrior King*. Sterling, VA: Potomac Books.

Gadot, Yuval, and Assaf Yasur-Landau. 2006. "Beyond the Finds: Reconstructing Life in the Courtyard Building of Level K-4." In *Megiddo IV: The 1998–2002 Seasons* (2 vols.), edited by Israel Finkelstein, David Ussishkin, and Baruch Halpern, II: 583–600. Tel Aviv, Israel: Tel Aviv University.

Gannon, Megan. 2016. "X-Rays Reveal the Secrets of Egyptian Scrolls." *Newsweek*, January 17. http://www.newsweek.com/x-rays-reveal-secrets-egyptian-scrolls-papyrus-416719?rx=us.

García Martínez, Florentino. 1996. *The Dead Sea Scrolls Translated: The Qumran Texts in English*, 2nd ed. Grand Rapids, MI: William B. Eerdmans.

Garstang, John, and J. B. E. Garstang. 1940. *The Story of Jericho*. London: Hodder and Stoughton.

Gast, Phil. 2014. "The *Hunley*: Zeroing In on What Caused Civil War Submarine's Sinking." *CNN.com*, February 15. http://www.cnn.com/2014/02/14/travel/civil-war-submarine-hunley/.

Gates, Charles. 2011. *Ancient Cities: The Archaeology of Urban Life in the Ancient Near East and Egypt, Greece, and Rome*, 2nd ed. London: Routledge.

Gawlinski, Laura. 2014. *The Athenian Agora: Museum Guide*, 5th ed. Athens, Greece: American School of Classical Studies at Athens.

George, Andrew. 2003. *The Epic of Gilgamesh*. New York: Penguin.

———. 2016. "How Looting in Iraq Unearthed the Treasures of Gilgamesh." *Aeon*, February 5. https://aeon.co/opinions/how-looting-in-iraq-unearthed-the-treasures-of-gilgamesh.

Gerianos, Nicholas K. 2016. "Kennewick Man Was a Native American." *U.S. News and World Report*, April 27. http://www.usnews.com/news/science/articles/2016-04-27/corps-determines-kennewick-man-is-native-american.

Ghose, Tia. 2014. "Belize's Famous 'Blue Hole' Reveals Clues to the Maya's Demise." *Livescience*, December 24. http://www.livescience.com/49255-drought-caused-maya-collapse.html.

———. 2015. "King Tut's Tomb May Hide Nefertiti's Secret Grave." *Livescience*, August 12. http://www.livescience.com/51837-king-tut-tomb-holds-nefertiti.html.

Gimbutas, Marija. 1974. *The Gods and Goddesses of Old Europe, 7000 to 3500 BCE: Myths, Legends, and Cult Images*. London: Thames and Hudson.

———. 1991. *The Civilization of the Goddess: The World of Old Europe*. New York: HarperCollins.

Glassman, Steve. 2003. *On the Trail of the Maya Explorer: Tracing the Epic Journey of John Lloyd Stephens*. Tuscaloosa, AL: The University of Alabama Press.

Glob, P. V. 2004. *The Bog People: Iron Age Man Preserved*. New York: NYRB Classics.

Glover, Michael. 2013. "Pompeii and Herculaneum—British Museum Exhibition Review: Buried Treasure." *Independent*, April 1. http://www.independent.co.uk/arts-entertainment/art/features/pompeii-and-herculaneum—british-museum-exhibition-review-buried-treasure-8548946.html.

Goldmann, Klaus, Özgen Agar, and Stephen K. Urice. 1999. "Who Owns Priam's Treasure?" *Archaeology Odyssey* July–August: 22–23.

Gosden, Chris. 2001. "Postcolonial Archaeology. Issues of Culture, Identity, and Knowledge." In *Archaeological Theory Today*, edited by Ian Hodder, 241–61. Oxford, UK: Polity Press.

———. 2004. *Archaeology and Colonialism. Cultural Contact from 5000 BC to the Present*. Cambridge: Cambridge University Press.

Grant, Michael. 1980. *Art and Life of Pompeii and Herculaneum*. Colchester, UK: TBS Book Service.

———. 2005. *Cities of Vesuvius: Pompeii and Herculaneum*. New Haven, CT: Phoenix Press.

Gray, Richard. 2015. "Is This the Oldest Evidence of Written Language? Pictograms Found in Ancient Turkish City Could Be 12,000-Years-Old." *Daily Mail*, July 21. http://www.dailymail.co.uk/sciencetech/article-3169595/Is-oldest-evidence-written-language-Pictograms-ancient-Turkish-city-12–000-years-old.html.

Griffiths, Sarah. 2015a. "A Glimpse beneath the Bandages: Egyptian Child Mummy Gets a CT Scan in a Bid to Uncover Its Secrets." *Daily Mail*, July 15. http://www.dailymail.co.uk/sciencetech/article-3162711/A-glimpse-beneath-bandages-Egyptian-child-mummy-gets-CT-scan-bid-uncover-secrets.html.

———. 2015b. "Restoration Work Begins on Bodies of Those Who Died When Vesuvius Engulfed Pompeii." *Daily Mail*, May 20. http://www.dailymail.co.uk/sciencetech/article-3089659/Who-petrified-child-Pompeii-Restoration-work-begins-body-boy-House-Golden-Bracelet.html.

Grove, David C. 2014. *Discovering the Olmecs: An Unconventional History*. Austin: University of Texas Press.

Guidi, Alessandro. 1996. "Nationalism without a Nation: The Italian Case." In *Nationalism and Archaeology in Europe*, edited by Margarita Díaz-Andreu and Timothy Champion, 108–18. Boulder, CO: Westview Press.

Gurewitsch, Matthew. 2008. "True Colors." *Smithsonian*, July. http://www.smithsonianmag.com/arts-culture/true-colors-17888/?no-ist.

Hall, Edith. 2015. "Pale Riders: Adrienne Mayor's 'The Amazons' Shows How a Myth Developed." *New Statesman*, January 22. http://www.newstatesman.com/culture/2015/01/pale-riders-adrienne-mayors-amazons-shows-how-myth-developed.

Hall, Stephen S. 2010. "Spirits in the Sand: The Ancient Nasca Lines of Peru Shed Their Secrets." *National Geographic* (March): 56–79.

Hallote, Rachel. 2006. *Bible, Map, and Spade: The American Palestine Exploration Society, Frederick Jones Bliss, and the Forgotten Story of Early American Biblical Archaeology*. Chicago: Gorgias Press.

Hamilton, Sue. 1998. *Ancient Astronauts: Unsolved Mysteries*. Edina, MN: ABDO.

Hamilton-Paterson, James, and Carol Andrews. 1978. *Mummies: Death and Life in Ancient Egypt*. New York: Penguin Books.

Hammer, Joshua. 2015. "Finally, the Beauty of France's Chauvet Cave Makes Its Grand Public Debut." *Smithsonian*, April. http://www.smithsonianmag.com/history/france-chauvet-cave-makes-grand-debut-180954582/?no-ist.

Hammond, Norman. 1982. *Ancient Maya Civilization*. New Brunswick, NJ: Rutgers University Press.

Handwerk, Brian. 2005. "King Tut's New Face: Behind the Forensic Reconstruction." *National Geographic News*, May 11. http://news.nationalgeographic.com/news/2005/05/0511_050511_kingtutface.html.

Harmon, David, and Francis P. McManamon. 2006. *The Antiquities Act: A Century of American Archaeology, Historic Preservation, and Nature Conservation*. Tucson: University of Arizona Press.

Harrington, Spencer P. M. 1999. "Behind the Mask of Agamemnon." *Archaeology* 52, no. 4: 51. http://archive.archaeology.org/9907/etc/mask.html.

Harris, David. 1998. "I Was There!" *Biblical Archaeology Review* 24, no. 2: 34–35.

Harrison, Peter D. 1999. *The Lords of Tikal: Rulers of an Ancient Maya City*. London: Thames and Hudson.

Harrison, Timothy P. 2003. "The Battleground: Who Destroyed Megiddo? Was It David or Shishak?" *Biblical Archaeology Review* 29, no. 6: 28–35, 60–64.

Hasson, Nir. 2012. "Megiddo Dig Unearths Cache of Buried Canaanite Treasure." *Haaretz*, May 22. http://www.haaretz.com/israel-news/megiddo-dig-unearths-cache-of-buried-canaanite-treasure-1.431797.

———. 2015. "Ancient Tablets Disclose Jewish Exiles' Life in Babylonia." *Haaretz*, January 29. http://www.haaretz.com/jewish/archaeology/.premium-1.639822.

Hatem, Ahmed. 2016. "Team Testing New Scanner on Egypt's Great Pyramid." *Associated Press*, June 2. http://bigstory.ap.org/8527da72451e472ca3925c7e42d7de52#.

Hawass, Zahi. 2005. *Tutankhamun and the Golden Age of the Pharaohs*. Washington, DC: National Geographic Books.

———. 2010. "King Tut's Family Secrets." *National Geographic* (September): 34–59. http://ngm.nationalgeographic.com/2010/09/tut-dna/hawass-text/1.

Hawass, Zahi, Yehia Z. Gad, Somaia Ismail, Rabab Khairat, Dina Fathalla, Naglaa Hasan, Amal Ahmed et al. 2010. "Ancestry and Pathology in King Tutankhamun's Family." *Journal of the American Medical Association* 303, no. 7: 638–47. http://jama.jamanetwork.com/article.aspx?articleid=185393.

Hawass, Zahi, and Sahar Saleem. 2015. *Scanning the Pharaohs: CT Imaging of the New Kingdom Royal Mummies*. Cairo, Egypt: American University in Cairo Press.

Hessler, Peter. 2015. "Radar Scans in King Tut's Tomb Suggest Hidden Chambers." *National Geographic News*, November 28. http://news.nationalgeographic.com/2015/11/151128-tut-tomb-scans-hidden-chambers/.

———. 2016a. "In Egypt, Debate Rages over Scans of King Tut's Tomb." *National Geographic News*, May 9. http://news.nationalgeographic.com/2016/05/160509-king-tut-tomb-chambers-radar-archaeology/.

———. 2016b. "Scans of King Tut's Tomb Reveal New Evidence of Hidden Rooms." *National Geographic News*, March 17. http://news.nationalgeographic.com/2016/03/160317-king-tut-tomb-hidden-chambers-radar-egypt-archaeology/.

Hicks, Brian. 2015. *Sea of Darkness: Unraveling the Mysteries of the* H. L. Hunley. Ann Arbor, MI: Spry.

Hicks, Brian, and Schuyler Kropf. 2002. *Raising the* Hunley*: The Remarkable History and Recovery of the Lost Confederate Submarine*. New York: Ballantine Books.

Hodder, Ian. 1986. *Reading the Past*. Cambridge: Cambridge University Press.

———. 1987. *Archaeology as Long-Term History*. Cambridge: Cambridge University Press.

———. 1999. *The Archaeological Process: An Introduction*. Oxford, UK: Blackwell.

———. 2006. "This Old House." *Natural History*, June. http://www.naturalhistorymag.com/htmlsite/master.html?http://www.naturalhistorymag.com/htmlsite/0606/0606_feature.html.

———. 2011. *The Leopard's Tale: Revealing the Mysteries of Çatalhöyük*. London: Thames and Hudson.

Hodges, Glenn. 2011. "Cahokia: America's Forgotten City." *National Geographic* (January): 126–45. http://ngm.nationalgeographic.com/2011/01/cahokia/hodges-text.

Hoffman, Barbara. 1993. The Spoils of War. *Archaeology* 46, no. 6: 37–40.

Hopkins, Keith, and Mary Beard. 2005. *The Colosseum*. Cambridge, MA: Harvard University Press.

Horowitz, Wayne, Yehoshua Greenberg, and Peter Zilberg, eds. 2015. *By the Rivers of Babylon: Cuneiform Documents from the Beginning of the Babylonian Diaspora*. Jerusalem: Bible Lands Museum and Israel Exploration Society (Hebrew).

Houston, Stephen, Oswaldo C. Mazariegos, and David Stuart, eds. 2001. *The Decipherment of Ancient Maya Writing*. Norman, OK: University of Oklahoma Press.

Howard, Philip. 2007. *Archaeological Surveying and Mapping: Recording and Depicting the Landscape*, new ed. Boston: Routledge.

Hrozný, Bedřich. 1917. *Die Sprache der Hethiter: ihr Bau und ihre Zugehörigkeit zum indogermanischen Sprachstamm*. Leipzig, Ger.: Hinrichs.

Hunt, Patrick. 2007. *Ten Discoveries That Rewrote History*. New York: Penguin Group.

Hurwit, Jeffrey M. 1999. *The Athenian Acropolis: History, Mythology, and Archaeology from the Neolithic Era to the Present*. Cambridge: Cambridge University Press.

Hussein, Muzahim Mahmoud. 2016. *Nimrud: The Queens' Tombs*. Chicago: Oriental Institute.

Hutcherson, Kimberly. 2015. "ISIS Video Shows Execution of 25 Men in Ruins of Syria Amphitheater." *CNN*, July 4. http://www.cnn.com/2015/07/04/middleeast/isis-execution-palmyra-syria/.

Jablonka, Peter. 1994. "Ein Verteidigungsgraben in der Unterstadt von Troia VI. Grabungsbericht 1993." *Studia Troica* 4: 51–74.

Jackson, Caroline M., and Paul T. Nicholson. 2010. "The Provenance of Some Glass Ingots from the Uluburun Shipwreck." *Journal of Archaeological Science* 37, no. 2 (February): 295–301. http://www.sciencedirect.com/science/article/pii/S030544030900346X.

Jaggard, Victoria. 2014. "Huge Wine Cellar Unearthed at a Biblical-Era Palace in Israel." *Smithsonian*, August 27. http://www.smithsonianmag.com/science-nature/huge-wine-cellar-unearthed-biblical-era-palace-israel-180952495/#igcefjsJmQpfE6vO.99.

———. 2015. "Ancient Scrolls Blackened by Vesuvius Are Readable at Last." *Smithsonian*, January 20. http://www.smithsonianmag.com/history/ancient-scrolls-blackened-vesuvius-are-readable-last-herculaneum-papyri-180953950/#jMhdSfpte7syYFeI.99.

Jarus, Owen. 2012. "Oops! Brain-Removal Tool Left in Mummy's Skull." *Livescience*, December 14. http://www.livescience.com/25536-mummy-brain-removal-tool.html.

———. 2016. "Nefertiti Still Missing: King Tut's Tomb Shows No Hidden Chambers." *Livescience*, May 11. http://www.livescience.com/54708-nefertiti-missing-no-chambers-in-king-tut-tomb.html.

Jashemski, Wilhelmina F. 1979. *The Gardens of Pompeii, Herculaneum and the Villas Destroyed by Vesuvius* (2 vols.). Athens, Greece: Aristide D. Caratzas.

———. 2014. *Discovering the Gardens of Pompeii: Memoirs of a Garden Archaeologist*. Seattle, WA: CreateSpace Independent Publishing Platform.

Johanson, Donald, and Maitland Edey. 1981. *Lucy: the Beginnings of Humankind*. New York: Simon and Schuster.

Johanson, Donald, and Kate Wong. 2010. *Lucy's Legacy: The Quest for Human Origins*. New York: Broadway Books.

Johnston, Bruce. 2001. "Colosseum 'Built with Loot from Sack of Jerusalem Temple.'" *Telegraph*, June 15. http://www.telegraph.co.uk/news/worldnews/1311985/Colosseum-built-with-loot-from-sack-of-Jerusalem-temple.html.

Kark, Chris. 2016. "Archaeologists from Stanford Find an 8,000-Year-Old 'Goddess Figurine' in Central Turkey." *Stanford News*, September 29. http://news.stanford.edu/2016/09/29/archaeologists-find-8000-year-old-goddess-figurine-central-turkey/.

Kaufman, Amy. 2016. "Megan Fox Tackles String Theory, the Truth behind the Pyramids, and the 'Brainwashed' Public." *Los Angeles Times*, June 3. http://www.latimes.com/entertainment/movies/la-ca-mn-megan-fox-ninja-turtles-20160526-snap-story.html.

Kelly, Robert L., and David Hurst Thomas. 2013. *Archaeology*, 6th ed. New York: Wadsworth.

Kelso, William M. 2007. "Jamestown: The Fort That Was the Birthplace of the United States of America." In *Discovery! Unearthing the New Treasures of Archaeology*, edited by Brian Fagan, 172–75. London: Thames and Hudson.

———. 2008. *Jamestown, the Buried Truth*. Charlottesville: University of Virginia Press.

Kelso, William M., and Beverly Straube. 2004. *Jamestown Rediscovery: 1994–2004*. Richmond, VA: APVA Preservation Virginia.

Kemp, Barry J. 2005. *Ancient Egypt: Anatomy of a Civilization*, 2nd ed. Boston: Routledge.

Kempinski, Aharon. 1989. *Megiddo. A City State and Royal Centre in North Israel*. Munich: C. H. Beck.

Kennedy, Maev. 2011. "Viking Chieftain's Burial Ship Excavated in Scotland after 1,000 Years." *Guardian*, October 18. http://www.theguardian.com/science/2011/oct/19/viking-burial-ship-found-scotland.

———. 2014. "Questions Raised over Queen's Ancestry after DNA Test on Richard III's Cousins." *Guardian*, December 2. http://www.theguardian.com/uk-news/2014/dec/02/king-richard-iii-dna-cousins-queen-ancestry.

Kenyon, Kathleen M. 1957. *Digging Up Jericho*. London: Ernest Benn.

Keys, David. 2014. "Hidden Henge: Archaeologists Discover Huge Stonehenge 'Sibling' Nearby." *Independent, UK*, September 9. http://www.sott.net/article/285448-Hidden-henge-Archaeologists-discover-huge-Stonehenge-sibling-nearby.

———. 2015. "Tutankhamun: Great Golden Face Mask Was Actually Made for His Mother Nefertiti, Research Reveals." *Independent, UK*, November 28. http://www.independent.co.uk/news/uk/home-news/tutankhamun-great-golden-face-mask-was-actually-made-for-his-mother-nefertiti-research-reveals-a6753156.html.

———. 2016. "Remarkable Ancient Structure Found Just Two Miles from Stonehenge." *Independent, UK*, August 15. http://www.independent.co.uk/news/science/archaeology/revealed-remarkable-ancient-structure-found-just-two-miles-from-stonehenge-a7190476.html.

Killgrove, Kristina. 2015a. "Archaeologists to Ben Carson: Ancient Egyptians Wrote Down Why the Pyramids Were Built." *Forbes*, November 5. http://www.forbes.com/sites/kristinakillgrove/2015/11/05/archaeologists-to-ben-carson-ancient-egyptians-wrote-down-why-the-pyramids-were-built/#3339f99613e2.

———. 2015b. "What Archaeologists Really Think about Ancient Aliens, Lost Colonies, and Fingerprints of The Gods." *Forbes*, September 3. http://www.forbes.com/sites/kristinakillgrove/2015/09/03/what-archaeologists-really-think-about-ancient-aliens-lost-colonies-and-fingerprints-of-the-gods/.

King, Michael R., and Gregory M. Cooper. 2006. *Who Killed King Tut? Using Modern Forensics to Solve a 3,300-Year-Old Mystery*. New York: Prometheus Books.

King, Turi E., Gloria Gonzalez Fortes, Patricia Balaresque, Mark G. Thomas, David Balding, Pierpaolo Maisano Delser, Rita Neumann et al. 2014. "Identification of the Remains of King Richard III." *Nature Communications*, December 2. http://www.nature.com/ncomms/2014/141202/ncomms6631/full/ncomms6631.html.

Kingsley, Sean. 2006. *God's Gold: The Quest for the Lost Temple Treasure of Jerusalem*. London: John Murray.

Kington, Tom. 2009. "Rome Archaeologists Find 'Nero's Party Piece' in Dig." *Guardian*, September 29. https://www.theguardian.com/world/2009/sep/29/nero-rome-archaeologists-dining-room.

Knapton, Sarah. 2016. "Huge Ritual Monument Thought to be Buried near Stonehenge Doesn't Exist, Admit Archaeologists." *Telegraph*, August 12. http://www.telegraph.co.uk/news/2016/08/12/huge-ritual-monument-thought-to-be-buried-near-stonehenge-doesnt/.

Koch, Peter O. 2013. *John Lloyd Stephens and Frederick Catherwood: Pioneers of Mayan Archaeology*. Jefferson, NC: McFarland.

Koehl, Robert B. 1986. "A Marinescape Floor from the Palace at Knossos." *American Journal of Archaeology* 90, no. 4: 407–17.

Koh, Andrew J., Assaf Yasur-Landau, and Eric H. Cline. 2014. "Characterizing a Middle Bronze Palatial Wine Cellar from Tel Kabri, Israel." *PLoS ONE* 9, no 8: e106406. doi:10.1371/ journal.pone.0106406.

Kohl, Philip L., and Claire Fawcett, eds. 1995. *Nationalism, Politics, and the Practice of Archaeology*. Cambridge: Cambridge University Press.

Korfmann, Manfred. 2004. "Was There a Trojan War?" *Archaeology* 57, no. 3: 36–41.

——— 2007. "Was There a Trojan War? Troy between Fiction and Archaeological Evidence." In *Troy: From Homer's* Iliad *to Hollywood Epic*, edited by Martin M. Winkler, 20–26. Oxford, UK: Blackwell.

Kramer, Samuel Noah. 1988. *History Begins at Sumer: Thirty-Nine Firsts in Recorded History*, 3rd ed. Philadelphia: University of Pennsylvania Press.

Krause, Lisa. 2000. "Ballard Finds Traces of Ancient Habitation beneath Black Sea." *National Geographic News*, September 13. http://news.nationalgeographic.com/news/2000/12/122800blacksea.html.

Kroeber, Alfred, and Donald Collier. 1998. *The Archaeology and Pottery of Nazca, Peru: Alfred Kroeber's 1926 Expedition*, edited by Patrick Carmichael. Walnut Creek, CA: AltaMira Press.

Kroeber, Theodora. 2011. *Ishi in Two Worlds: A Biography of the Last Wild Indian in North America*. 50th anniv. ed. Berkeley: University of California Press.

Kumar, Mohi. 2013. "From Gunpowder to Teeth Whitener: The Science behind Historic Uses of Urine." *Smithsonian*, August 20. http://www.smithsonianmag.com/science-nature/from-gunpowder-to-teeth-whitener-the-science-behind-historic-uses-of-urine-442390/?no-ist.

Kunnen-Jones, Marianne. 2002. "Archaeologist Brian Rose Makes His Troy Finale." *University of Cincinnati News*, October 14. http://www.uc.edu/profiles/rose.htm.

Kyrieleis, Helmut. 2007. "Olympia: Excavations and Discoveries at the Great Sanctuary." In *Great Moments in Greek Archaeology*, edited by Panos Valavanis, 100–117. Translated by David Hardy. Los Angeles: J. Paul Getty Museum.

Lange, Karen. 2008. "The Stolen Past." *National Geographic* (December): 60–65. http://ngm.nationalgeographic.com/2008/12/palestine-antiquities/lange-text.

Lapatin, Kenneth D. S. 2002. *Mysteries of the Snake Goddess: Art, Desire, and the Forging of History*. New York: Houghton Mifflin Harcourt.

Larsen, Mogans Trolle. 1996. *The Conquest of Assyria: Excavations in an Antique Land, 1840–1860*. New York: Routledge.

Latacz, Joachim. 2004. *Troy and Homer.* Oxford, UK: Oxford University Press.

Laurence, Ray. 2012. *Roman Archaeology for Historians*. London: Routledge.
Lawler, Andrew. 2007. "Reconstructing Petra." *Smithsonian*, June. http://www.smithsonianmag.com/history/reconstructing-petra-155444564/?no-ist=&page=1.
———. 2015. "Rare Unlooted Grave of Wealthy Warrior Uncovered in Greece." *National Geographic News*, October 27. http://news.nationalgeographic.com/2015/10/151027-pylos-greece-warrior-grave-mycenaean-archaeology/.
Layard, Austen Henry. 1849. *Nineveh and Its Remains*. London: John Murray.
Leach, Peter E. 1992. *The Surveying of Archaeological Sites*. London: Archetype.
Leakey, Mary D. 1979. *Olduvai Gorge: My Search for Early Man*. London: Collins.
———. 1986. *Disclosing the Past: An Autobiography*. New York: McGraw-Hill.
Leakey, Richard E. 1984. *One Life: An Autobiography*. Englewood Cliffs, NJ: Salem House.
Leakey, Richard E., and Roger Lewin. 1979. *Origins*. New York: Dutton.
Lehner, Mark, and Richard H. Wilkinson. 1997. *The Complete Pyramids: Solving the Ancient Mysteries*. London: Thames and Hudson.
Lekson, Stephen H. 2007. *The Architecture of Chaco Canyon, New Mexico*. Provo: University of Utah Press.
———, ed. 2006. *The Archaeology of Chaco Canyon: An Eleventh-Century Pueblo Regional Center*. Santa Fe, NM: School of American Research Press.
Lemonick, Michael D. 2014a. "Humans and Neanderthals Were Actually Neighbors." *Time*, August 20. http://time.com/3148351/humans-and-neanderthals-were-actually-neighbors/.
———. 2014b. "What Bronze Age Wine Snobs Drank." *Time*, August 27. http://time.com/3178786/wine-bronze-age-archaeology/.
Lents, Nathan H. 2016. "Paleoanthropology Wars: The Discovery of *Homo Naledi* Has Generated Considerable Controversy in This Scientific Discipline." *Skeptic*, January 6. http://www.skeptic.com/reading_room/paleoanthropology-wars-the-discovery-of-homo-naledi/.
Lerici, Carlo M. 1959. "Periscope on the Etruscan Past." *National Geographic* (September): 337–50.
———. 1962. "New Archaeological Techniques and International Cooperation in Italy." *Expedition*, Spring: 4–10.
Levitan, Dave. 2013. "Archaeologists Uncover 3,700-Year-Old Wine Cellar." *Wine Spectator*, November 25. http://www.winespectator.com/webfeature/show/id/49325.
Levy, Thomas, and Thomas Higham. 2014. *The Bible and Radiocarbon Dating: Archaeology, Text, and Science*. Boston: Routledge.

Lewis, Naphtali, and Meyer Reinhold. 1990. *Roman Civilization: Selected Readings* (2 vols.), 3rd ed. New York: Columbia University Press.

Lichfield, John. 2016. "Chauvet Cave Paintings: A Volcanic Eruption from 36,000 Years Ago—As Captured by Prehistoric Man." *Independent*, January 10. http://www.independent.co.uk/news/world/europe/chauvet-cave-paintings-a-volcanic-eruption-from-36000-years-ago-as-captured-by-prehistoric-man-a6805001.html.

Liesowska, Anna. 2014. "Iconic 2,500 Year Old Siberian Princess 'Died from Breast Cancer,' Reveals MRI Scan." *Siberian Times*, October 14. http://siberiantimes.com/science/casestudy/features/iconic-2500-year-old-siberian-princess-died-from-breast-cancer-reveals-unique-mri-scan/.

Lim, Timothy H. 2006. *The Dead Sea Scrolls: A Very Short Introduction*. Oxford, UK: Oxford University Press.

Lloyd, Seton. 1980a. *Foundations in the Dust: The Story of Mesopotamian Exploration*. London: Thames and Hudson.

———. 1980b. *The Ruined Cities of Iraq*. Chicago: Ares.

Long, Michael E. 1990. "Enduring Echoes of Peru's Past." *National Geographic* (June): 34–49.

Lorenzi, Rossella. 2016a. "Cosmic Ray Tech May Unlock Pyramids' Secrets." *Discovery News*, April 15. http://news.discovery.com/history/ancient-egypt/cosmic-ray-tech-may-unlock-pyramids-secrets-160415.htm.

———. 2016b. "Egyptian Pyramid Scans Reveal New Anomalies." *Discovery News*, January 19. http://news.discovery.com/history/archaeology/egyptian-pyramid-scans-reveal-new-anomalies-160119.htm.

———. 2016c. "Pyramid Interior Revealed Using Cosmic Rays." *LiveScience*, April 28. http://www.livescience.com/54596-pyramid-interior-revealed-using-cosmic-rays.html.

Lovgren, Stefan. 2006. "Aztec Temple Found in Mexico City 'Exceptional,' Experts Say." *National Geographic News*, October 5. http://news.nationalgeographic.com/news/2006/10/061005-aztecs.html.

Luce, J. V. 1969. *End of Atlantis*. London: Thames and Hudson.

Luhnow, David. 2003. "Treasure of Nimrud Is Found in Iraq, and It's Spectacular." *Wall Street Journal*, June 6. http://www.wsj.com/articles/SB105485037080424400.

Lyon-House, Leslie. 2012. "Maya Scholar Debunks World-Ending Myth." *UT News*, December 17. http://news.utexas.edu/2012/12/17/maya-scholar-debunks-world-ending-myth.

Macaulay, David. 1979. *Motel of the Mysteries*. Boston: Houghton Mifflin.

MacKendrick, Paul. 1960. *The Mute Stones Speak: The Story of Archaeology in Italy*. New York: W. W. Norton.

———. 1979. *The Greek Stones Speak: The Story of Archaeology in Greek Lands*. New York: W. W. Norton.

Magness, Jodi. 2002. *The Archaeology of Qumran and the Dead Sea Scrolls*. Grand Rapids, MI: William B. Eerdmans.

———. 2012. *The Archaeology of the Holy Land: From the Destruction of Solomon's Temple to the Muslim Conquest*. Cambridge: Cambridge University Press.

Maixner, Frank, Ben Krause-Kyora, Dmitrij Turaev, Alexander Herbig, Michael R. Hoopmann, Janice L. Hallows, Ulrike Kusebauch et al. 2016. "The 5300-Year-Old *Helicobacter pylori* Genome of the Iceman." *Science* 351, no. 6269: 162–65. http://science.sciencemag.org/content/351/6269/162.

Mallory, James P., and Victor H. Mair. 2000. *The Tarim Mummies: Ancient China and the Mystery of the Earliest Peoples from the West*. London: Thames and Hudson.

Mallowan, Agatha Christie. 2012. *Come, Tell Me How You Live: An Archaeological Memoir*. Repr. New York: William Morrow.

Mann, Charles C. 2011. "The Birth of Religion." *National Geographic* (June): 34–59. http://ngm.nationalgeographic.com/2011/06/gobekli-tepe/mann-text.

Manning, Sturt. 2014. *A Test of Time and A Test of Time Revisited: The Volcano of Thera and the Chronology and History of the Aegean and East Mediterranean in the mid Second Millennium BCE*, 2nd ed. Oxford, UK: Oxbow Books.

Manning, Sturt W., Cemal Pulak, Bernd Kromer, Sahra Talamo, Christopher Bronk Ramsey, and Michael Dee. 2009. "Absolute Age of the Uluburun Shipwreck: A Key Late Bronze Age Time-Capsule for the East Mediterranean." In *Tree-Rings, Kings and Old World Archaeology and Environment: Papers Presented in Honor of Peter Ian Kuniholm*, edited by Sturt W. Manning and Mary Jaye Bruce, 163–87. Oxford, UK: Oxbow Books.

Manning, Sturt W., Christopher Bronk Ramsey, Walter Kutschera, Thomas Higham, Bernd Kromer, Peter Steier, and Eva M. Wild. 2006. "Chronology for the Aegean Late Bronze Age 1700–1400 B.C." *Science* 312, no. 5773 (April 28): 565–69. doi: 10.1126/science.1125682.

Mapes, Lynda V. 2016a. "Five Tribes Will Work Together to Rebury Kennewick Man." *YakimaHerald.com*, April 28. http://www.yakimaherald.com/news/local/corps-of-engineers-says-kennewick-man-is-native-american-will/article_21eba658-0c9b-11e6-9790-b3f1fa7c682f.html?utm_medium=social&utm_source=twitter&utm_campaign=user-share.

———. 2016b. "It's Official: Kennewick Man Is Native American." *Seattle Times*, April 27. http://www.seattletimes.com/seattle-news/science/its-official-kennewick-man-is-native-american/.

Marinatos, Nanno. 1984. *Art and Religion in Thera: Reconstructing a Bronze Age Society*. Athens, Greece: D. and I. Mathioulakis.

Marinatos, Spyridon. 1939. "The Volcanic Destruction of Minoan Crete." *Antiquity* 13: 425–39.

Martin, Sean. 2015. "Was King Tutankhamun's Famous Burial Mask Originally Intended for His Stepmother Nefertiti?" *International Business Times*, November 26. http://www.ibtimes.co.uk/was-king-tutankhamuns-famous-burial-mask-originally-intended-his-stepmother-nefertiti-1530646.

Mastrolorenzo, Giuseppe, Pier P. Petrone, Mario Pagano, Alberto Incoronato, Peter J. Baxter, Antonio Canzanella, and Luciano Fattore. 2001. "Herculaneum Victims of Vesuvius in CE 79." *Nature* 410 (April 12): 79–70. http://www.nature.com/nature/journal/v410/n6830/abs/410769a0.html.

Matthiae, Paolo. 1981. *Ebla: An Empire Rediscovered*. Translated by Christopher Holme. Garden City, NY: Doubleday.

———. 2013. *Studies on the Archaeology of Ebla 1980–2010*. Wiesbaden, Ger.: Harrassowitz.

Maugh, Thomas H. II. 1992. "Ubar, Fabled Lost City, Found by L.A. Team: Archeology: NASA Aided in Finding the Ancient Arab Town, Once the Center of Frankincense Trade." *Los Angeles Times*, February 5. http://articles.latimes.com/1992–02–05/news/mn-1192_1_lost-city.

Mayor, Adrienne. 2014. *The Amazons: Lives and Legends of Warrior Women across the Ancient World*. Princeton, NJ: Princeton University Press.

McCarter, P. Kyle. 1992. "The Mysterious Copper Scroll: Clues to Hidden Temple Treasure?" *Bible Review* 8: 34–41, 63–64.

McFeaters, Andrew P. 2007. "The Past Is How We Present It: Nationalism and Archaeology in Italy from Unification to WWII." *Nebraska Anthropologist*. Paper 33. http://digitalcommons.unl.edu/nebanthro/33.

McGeough, Kevin M. 2004. *The Romans: New Perspectives*. Santa Barbara, CA: ABC-CLIO.

McIntyre, Dave. 2014. "Wine Cellaring Runs Deep in Our Judeo-Christian DNA." *Washington Post*, April 3. https://www.washingtonpost.com/lifestyle/food/wine-cellaring-runs-deep-in-our-judeo-christian-dna/2014/04/02/a0469d74-b882–11e3–96ae-f2c36d2b1245_story.html.

McKenzie, Sheena. 2016. "The 'Underground Astronauts' in Search of New Human Species." *CNN*, May 4. http://www.cnn.com/2016/05/03/health/homo-naledi-human-species-lee-berger/.

McKie, Robin. 2012. "Piltdown Man: British Archaeology's Greatest Hoax." *Guardian*, February 4. http://www.theguardian.com/science/2012/feb/05/piltdown-man-archaeologys-greatest-hoax.

———. 2015. "Scientist Who Found New Human Species Accused of Playing Fast and Loose with the Truth." *Guardian*, October 24. https://www.theguardian.com/science/2015/oct/25/discovery-human-species-accused-of-rushing-errors.

McMillon, Bill. 1991. *The Archaeology Handbook: A Field Manual and Resource Guide*. New York: Wiley.
McNeil, Sam. 2015. "At Jordan Site, Drone Offers Glimpse of Antiquities Looting: Archaeologists and Criminologists Use New Technologies to Study Global Trade in Stolen Artifacts." *Times of Israel*, April 3. http://www.timesofisrael.com/at-jordan-site-drone-offers-glimpse-of-antiquities-looting/.
Mejia, Paula. 2015. "Liquid Mercury Found in Mexican Pyramid Could Hold Secrets of Teotihuacan." *Newsweek*, March 26. http://www.newsweek.com/liquid-mercury-found-mexican-pyramid-could-hold-secrets-teotihuacan-325450.
Melvin, Don, Schams Elwazer, and Joshua Berlinger. 2015. "ISIS Destroys Temple of Bel in Palmyra, Syria, U.N. Reports." *CNN*, August 31. http://www.cnn.com/2015/08/31/middleeast/palmyra-temple-damaged/.
Meskell, Lynne, ed. 1998. *Archaeology under Fire: Nationalism, Politics, and Heritages in the Eastern Mediterranean and Middle East*. Boston: Routledge.
Meyer, Karl E. 1973a. *The Plundered Past*. New York: Atheneum.
———. 1973b. *Teotihuacán*. New York: Newsweek Book Division.
———. 1993. "The Hunt for Priam's Treasure." *Archaeology* 46, no. 6: 6–32.
———. 1995. "Who Owns the Spoils of War?" *Archaeology* 48, no. 4: 46–52.
Millar, Ronald W. 1972. *The Piltdown Men*. New York: St. Martin's Press.
Millon, René. 1964. "The Teotihuacán Mapping Project." *American Antiquity* 29, no. 3: 345–52.
———. 1973. *Urbanization at Teotihuacán, Mexico*. Vol. 1, *The Teotihuacán Map. Part One: Text*. Austin: University of Texas Press.
Millon, René, R. Bruce Drewitt, and George Cowgill. 1973. *Urbanization at Teotihuacan, Mexico*, vol. 1, *The Teotihuacan Map. Part Two: Maps*. Austin: University of Texas Press.
Minder, Raphael. 2014. "Back to the Cave of Altamira in Spain, Still Controversial." *New York Times*, July 30. http://www.nytimes.com/2014/07/31/arts/international/back-to-the-cave-of-altamira-in-spain-still-controversial.html.
Mocella, Vito, Emmanuel Brun, Claudio Ferrero, and Daniel Delattre. 2015. "Revealing Letters in Rolled Herculaneum Papyri by X-ray Phase-Contrast Imaging." *Nature Communications* 6 (January 20): doi:10.1038/ncomms6895. http://www.nature.com/ncomms/2015/150120/ncomms6895/full/ncomms6895.html.
Monastersky, Richard. 2015. "The Greatest Vanishing Act in Prehistoric America." *Scientific American*, November 14. http://www.scientificamerican.com/article/the-greatest-vanishing-act-in-prehistoric-america/?WT.mc_id=SA_WR_.
Moorey, P. Roger S. 1982. *Ur 'of the Chaldees': A Revised and Updated Edition of Sire Leonard Woolley's Excavations at Ur*. Ithaca, NY: Cornell University Press.

———. 1988. "The Chalcolithic Hoard from Nahal Mishmar, Israel, in Context." *World Archaeology* 20, no. 2: 171–89.

Moran, Sarah V. 1998. *Alien Art: Extraterrestrial Expressions on Earth*. Surrey, UK: Bramley.

Morell, Virginia. 1996. *Ancestral Passions: The Leakey Family and the Quest for Humankind's Beginnings*. New York: Touchstone.

Morelle, Rebecca. 2015. "Egypt's Animal Mummy 'Scandal' Revealed." *BBC News*, May 11. http://www.bbc.com/news/science-environment-32656743.

Morelle, Rebecca, and Stuart Denman. 2015. "Vast Replica Recreates Prehistoric Chauvet Cave." *BBC News*, April 24. http://www.bbc.com/news/science-environment-32403867.

Moro-Abadía, Oscar. 2006. "The History of Archaeology as a 'Colonial Discourse.'" *Bulletin of the History of Archaeology* 16, no. 2: 4–17.

Morris, Sarah P. 1989. "A Tale of Two Cities: The Miniature Frescoes from Thera and the Origins of Greek Poetry." *American Journal of Archaeology* 93: 511–35.

Moskowitz, Clara. 2012. "The Secret Tomb of China's 1st Emperor: Will We Ever See Inside?" *LiveScience*, August 17. http://www.livescience.com/22454-ancient-chinese-tomb-terracotta-warriors.html.

Moss, Stephen. 2014. "Noah's Ark Was Round—So the Ancient Tablet Tells Us." *Guardian*, February 11. http://www.theguardian.com/books/2014/feb/11/noahs-ark-round-ancient-british-museum-mesopotamian-clay-tablets-flood.

———. 2015. "Will We Ever Actually Get to See the 5,000-Year-Old Superhenge?" *Guardian*, September 7. http://www.theguardian.com/uk-news/shortcuts/2015/sep/07/superhenge-standing-stones-near-stonehenge.

Mott, Nicholas. 2012. "Why the Maya Fell: Climate Change, Conflict—And a Trip to the Beach?" *National Geographic News*, November 11. http://news.nationalgeographic.com/news/2012/11/121109-maya-civilization-climate-change-belize-science/.

Moye, David. 2016. "King Tut's Knife Was Made from a Meteorite." *Huffington Post*, June 1. http://www.huffingtonpost.com/entry/king-tut-knife-meteorite_us_574f586ee4b0c3752dcc7014.

Moyer, Justin William. 2014. "More Evidence Mayan Civilization Collapsed Because of Drought." *Washington Post*, December 30. http://www.washingtonpost.com/news/morning-mix/wp/2014/12/30/more-evidence-mayan-civilization-collapsed-because-of-drought/.

Mueller, Tom. 2016. "How Tomb Raiders Are Stealing Our History." *National Geographic* (June): 58–81. http://www.nationalgeographic.com/magazine/2016/06/looting-ancient-blood-antiquities/.

Mulliez, Dominique. 2007. "Delphi: The Excavation of the Great Oracular Centre." In *Great Moments in Greek Archaeology*, edited by Panos Valavanis, 134–57. Translated by David Hardy. Los Angeles: J. Paul Getty Museum.

Musgrave, Jonathan H., Richard A. H. Neave, and A. John N. W. Prag. 1995. "Seven Faces from Grave Circle B at Mycenae." *Annual of the British School at Athens* 90: 107–36.

Nagesh, Ashitha. 2016. "Flood Maps Reveal Long-Lost Roman Roads across England." *Metro*, January 2. http://metro.co.uk/2016/01/02/flood-maps-reveal-long-lost-roman-roads-across-england-5596264/.

Naik, Gautam. 2013. "Very Well Aged: Archaeologists Say Ancient Wine Cellar Found: Discovery in Israel Thought to Date Back 3,700 Years." *Wall Street Journal*, November 22. http://www.wsj.com/articles/SB10001424052702304337404579213652875322822.

Naughton, David. 2015. "Exploring the Ancient City of Teotihuacan." *Harvard Divinity School News & Events*, October 2. http://hds.harvard.edu/news/2015/10/02/exploring-ancient-city-teotihuacan#

Neese, Shelley. 2009. "Cracking the Code." *Jerusalem Post*, August 19. http://www.jpost.com/Local-Israel/Around-Israel/Cracking-the-code.

Neild, Barry. 2014. "King Tut Replica Tomb Opens to Public in Egypt." *CNN*, May 2. http://www.cnn.com/2014/05/01/travel/tutankhamuns-replica-tomb-egypt/.

Netburn, Deborah. 2013. "3,700-Year-Old Wine Cellar Held Booze You Might Not Want to Drink." *Los Angeles Times*, November 22. http://www.latimes.com/science/sciencenow/la-sci-sn-ancient-wine-cellar-found-3700-years-old-20131122-story.html.

———. 2016. "Chauvet Cave: The Most Accurate Timeline Yet of Who Used the Cave and When." *Los Angeles Times*, April 12. http://www.latimes.com/science/sciencenow/la-sci-sn-chauvet-caves-timeline-20160412-story.html.

Neuendorf, Henri. 2015. "UNESCO Head Warns of 'Industrial Scale' Looting in Syria." *Artnet.com*, September 21. https://news.artnet.com/art-world/unesco-warning-looting-syria-333814.

Niemeier, Wolf-Dietrich. 1988. "The 'Priest King' Fresco from Knossos. A New Reconstruction and Interpretation." In *Problems in Greek Prehistory. Papers Presented at the Centenary Conference of the British School of Archaeology at Athens, Manchester, April 1986*, edited by Elizabeth B. French and Ken A. Wardle, 235–44. Bristol, UK: Bristol Classical Press.

Nigro, Lorenzo. 2006. "Results of the Italian-Palestinian Expedition to Tell es-Sultan: At the Dawn of Urbanization in Palestine." *Rosapat* 2: 1–40. https://www.academia.edu/1179527/Results_of_the_Italian-Palestinian_Expedition_to_Tell_es-Sultan_at_the_Dawn_of_Urbanization_in_Palestine.

Nolan, Linda Ann. 2005. "Emulating Augustus: The Fascist-Era Excavation of the Emperor's Peace Altar in Rome." *Archaeology Odyssey* 8, no. 3: 38–47.

Nomade, Sébastien, Dominique Genty, Romain Sasco, Vincent Scao, Valérie Féruglio, Dominique Baffier, Hervé Guillou et al. 2016. "A 36,000-Year-Old

Volcanic Eruption Depicted in the Chauvet-Pont d'Arc Cave (Ardèche, France)?" *PLOS One*, January 8. http://journals.plos.org/plosone/article?id=10.1371/journal.pone.0146621.

Oates, Joan, and David Oates. 2001. *Nimrud: An Assyrian Imperial City Revealed*. London: British School of Archaeology in Iraq.

O'Brien, Jane. 2015. "Remains of English Jamestown Colony Leaders Discovered." *BBC News*, July 28. http://www.bbc.com/news/magazine-33680128.

Olariu, Cristian. 2012. "Archaeology, Architecture and the Use of *Romanità* in Fascist Italy." *Studia Antiqua et Archaeologica* 18: 351–75.

Osborne, Hannah. 2015. "World's Oldest Pictograph Discovered in Göbekli Tepe Shows Decapitated Head in Vulture Wing." *International Business Times*, July 16. http://www.ibtimes.co.uk/worlds-oldest-pictograph-discovered-gobekli-tepe-shows-decapitated-head-vulture-wing-1511137.

O'Toole, Thomas. 1979. "Ebla Tablets: No Biblical Claims; Ebla Tablets Misread, Scholars Report." *Washington Post*, December 9: A18.

Owen, Edward. 2011. "Lost City of Atlantis 'Buried in Spanish Wetlands.'" *Telegraph*, March 14. http://www.telegraph.co.uk/news/worldnews/europe/spain/8381219/Lost-city-of-Atlantis-buried-in-Spanish-wetlands.html.

Owsley, Douglas W., and Richard L. Jantz, eds. 2014. *Kennewick Man: The Scientific Investigation of an Ancient American Skeleton* (Peopling of the Americas Publications). College Station: Texas A&M University Press.

Packer, James. 1989. "Politics, Urbanism, and Archaeology in 'Roma capitale': A Trouble Past and a Controversial Future." *American Journal of Archaeology* 93, no. 1: 137–41.

———. 1997. "Report from Rome: The Imperial Fora, a Retrospective." *American Journal of Archaeology* 101, no. 2: 307–330.

Painter, Borden W. Jr. 2005. *Mussolini's Rome: Rebuilding the Eternal City*. Italian and Italian American Studies. New York: Palgrave Macmillan.

Papazoglou-Manioudaki, Lena, Argyro Nafplioti, Jonathan H. Musgrave, Richard A. H. Neave, Denise Smith, and A. John N. W. Prag. 2009. "Mycenae Revisited Part 1: The Human Remains from Grave Circle A: Stamatakis, Schliemann and Two New Faces from Shaft Grave VI." *Annual of the British School at Athens* 104: 233–77.

Papazoglou-Manioudaki, Lena, Argyro Nafplioti, Jonathan H. Musgrave, and A. John N. W. Prag. 2010. "Mycenae Revisited Part 3: The Human Remains from Grave Circle A at Mycenae; Behind the Masks; A Study of the Bones of Shaft Graves I-V." *Annual of the British School at Athens* 105: 157–224.

Parcak, Sarah H. 2009. *Satellite Remote Sensing for Archaeology*. Boston: Routledge.

Parcak, Sarah H., David Gathings, Chase Childs, Gregory Mumford, and Eric H. Cline. 2016. "Satellite Evidence of Archaeological Site Looting in Egypt: 2002–2013." *Antiquity* 90, no. 349: 185–205.

Parrot, Andre. 1955. *Discovering Buried Worlds*. New York: Philosophical Library.

Patric, John. 1937. "Imperial Rome Reborn." *National Geographic* 71/3 (May): 269–325.

Pazanelli, Roberta, Eike D. Schmidt, and Kenneth D. S. Lapatin. 2008. *The Color of Life: Polychromy in Sculpture from Antiquity to the Present*. Los Angeles: Getty Research Institute.

Pearce, Laurie E., and Cornelia Wunsch. 2014. *Documents of Judean Exiles and West Semites in Babylonia in the Collection of David Sofer*. Bethesda, MD: CDL Press.

Pearson, Stephanie. 2003. "XX Factor: Explorers." *Outside Online*, December 1. http://www.outsideonline.com/1882931/xx-factor.

Perrottet, Tony. 2005. "The Glory That Is Rome." *Smithsonian*, October. http://www.smithsonianmag.com/history/the-glory-that-is-rome-70425698/?no-ist.

Petter, Hugh. 2000. "Back to the Future: Archaeology and Innovation in the Building of *Roma Capitale*." In *Ancient Rome: The Archaeology of the Eternal City*, edited by Jon Coulston and Hazel Dodge, 332–53. Oxford University School of Archaeology Monograph 54. Oxford, UK: Oxford University School of Archaeology.

Pettinato, Giovanni. 1981. *The Archives of Ebla: An Empire Inscribed in Clay*. Garden City, NY: Doubleday.

———. 1991. *Ebla, A New Look at History*. Translated by C. Faith Richardson. Baltimore: Johns Hopkins University Press.

Phillips, Phillip. 1955. "American Archaeology and General Anthropological Theory." *Southwestern Journal of Anthropology* 11: 246–47.

Piening, Heinrich. 2013. "Examination Report: The Polychromy of the Arch of Titus Menorah Relief." *Images* 6: 26–29. doi: 10.1163/18718000-123400002. https://www.academia.edu/5332530/Heinrich_Pienings_Preliminary_Report_of_the_Arch_of_Titus_Digital_Restoration_Project_Images_6_2013_.

Pincus, Jessie, Tim DeSmet, Yotam Tepper, and Matthew J. Adams. 2013. "Ground Penetrating Radar and Electromagnetic Archaeogeophysical Investigations at the Roman Legionary Camp at Legio, Israel." *Archaeological Prospection* (2013): 1–13.

Plaut, W. Gunther. 1978. "Ancient Tablets Hold Out Promise of Fresh Look at the Bible. *Globe and Mail* (Canada), May 13.

Pollard, Justin. 2007. *The Story of Archaeology: In 50 Great Discoveries*. London: Quercus.

Polosmak, Natalia. 1994. "A Mummy Unearthed from the Pastures of Heaven." *National Geographic* 186/4 (October): 80–103.

Pool, Christopher A. 2007. *Olmec Archaeology and Early Mesoamerica*. Cambridge: Cambridge University Press.

Pope, Saxton. 1923. *Hunting with the Bow and Arrow*. Berkeley: University of California Press.

Portal, Jane. 2007. *The First Emperor: China's Terracotta Army*. Cambridge, MA: Harvard University Press.

Povoledo, Elisabetta. 2012. "Technology Identifies Lost Color at Roman Forum." *International New York Times*, June 24. http://www.nytimes.com/2012/06/25/arts/design/menorah-on-arch-of-titus-in-roman-forum-was-rich-yellow.html?_r=0

———. 2015. "Scientists Hope to Learn How Pompeians Lived, before the Big Day." *New York Times*, October 5. http://www.nytimes.com/2015/10/06/world/europe/scientists-hope-to-learn-how-pompeians-lived-before-the-big-day.html?_r=0.

Preston, Douglas. 2014. "The Kennewick Man Finally Freed to Share His Secrets." *Smithsonian*, September. http://www.smithsonianmag.com/history/kennewick-man-finally-freed-share-his-secrets-180952462/#Bc1CIojqQ1gTGHso.99

Pringle, Heather. 2011. "Smithsonian Shipwreck Exhibit Draws Fire from Archaeologists." *Science Insider*, March 10. http://news.sciencemag.org/2011/03/smithsonian-shipwreck-exhibit-draws-fire-archaeologists

Pulak, Cemal. 1998. "The Uluburun Shipwreck: An Overview." *International Journal of Nautical Archaeology* 27: 188–224.

———. 1999. "Shipwreck: Recovering 3,000-Year-Old Cargo." *Archaeology Odyssey* 2, no. 4: 18–29.

———. 2010. "Uluburun Shipwreck." In *The Oxford Handbook of the Bronze Age Aegean*, edited by Eric H. Cline, 862–876. Oxford, UK: Oxford University Press.

Pyne, Lydia. 2016. "Dear Paleoanthropology, Homo Naledi Just Shifted Your Paradigm." *JSTOR Daily*, January 23. http://daily.jstor.org/homo-naledi-and-paradigm-shift/.

Quiles, Anita, Anita Quilesa, Hélène Valladas, Hervé Bocherens, Emmanuelle Delqué-Količ, Evelyne Kaltnecker, Johannes van der Plicht et al. 2016. "A High-Precision Chronological Model for the Decorated Upper Paleolithic Cave of Chauvet-Pont d'Arc, Ardèche, France." *Proceedings of the National Academy of Sciences of the United States of America* 113, no. 17: 4670–75. http://www.pnas.org/content/113/17/4670.full (by subscription only).

Rabinovitch, Ari. 2016. "Archaeologists vs. Robbers in Israel's Race to Find Ancient Scrolls." *Reuters*, June 2. http://www.reuters.com/article/us-israel-archaeology-idUSKCN0YO17J.

Ragan, Mark K. 1999. *The Hunley: Submarines, Sacrifice, and Success in the Civil War*, rev. ed. Charleston, SC: Narwhal Press.

———. 2006. *The Hunley*. Orangeburg, SC: Sandlapper.

Raichlen, David A., Adam D. Gordon, William E. H. Harcourt-Smith, Adam D. Foster, and William Randall Haas Jr. 2010. "Laetoli Footprints Preserve Earliest Direct Evidence of Human-Like Bipedal Biomechanics." *PLoS ONE*, March 22. http://www.ncbi.nlm.nih.gov/pmc/articles/PMC2842428/.

Rasmussen, Morten, Martin Sikora, Anders Albrechtsen, Thorfinn Sand Korneliussen, J. Víctor Moreno-Mayar, G. David Poznik, Christoph P. E. Zollikofer et al. 2015. "The Ancestry and Affiliations of Kennewick Man." *Nature* 523, no. 7561: 455–58. doi: 10.1038/nature14625.

Ravilous, Kate. 2012. "Viking Boat Burial—Ardnamurchan, Scotland." *Archaeology* 65, no. 1 (January–February). http://archive.archaeology.org/1201/features/topten_scotland.html.

Redford, Donald B. 1987. *Akhenaten: The Heretic King*. Princeton, NJ: Princeton University Press.

Redman, Charles. 1978. *The Rise of Civilization: From Early Farmers to Urban Civilization in the Ancient Near East*. San Francisco: W. H. Freeman.

Reeves, Nicholas. 1990. *The Complete Tutankhamun*. London: Thames and Hudson.

———. 2014. "Tutankhamun's Mask Reconsidered." *Bulletin of the Egyptological Seminar* 19: 511–27. https://www.academia.edu/7415055/Tutankhamuns_Mask_Reconsidered_in_press_corrected_proof_2015_.

———. 2015a. "The Burial of Nefertiti? Addenda and Corrigenda." https://www.academia.edu/15247276/The_Burial_of_Nefertiti_Addenda_and_Corrigenda_2015_.

———. 2015b. *The Burial of Nefertiti?* Valley of the Kings Occasional Paper No. 1. Tucson, AZ: Amarna Royal Tombs Project. https://www.academia.edu/14406398/The_Burial_of_Nefertiti_2015_.

Reeves, Nicholas, and Richard H. Wilkinson. 1996. *The Complete Valley of the Kings: Tombs and Treasures of Ancient Egypt's Royal Burial Site*. London: Thames and Hudson.

Reiche, Maria. 1949. *Mystery on the Desert: A Study of the Ancient Figures and Strange Delineated Surfaces Seen from the Air near Nazca, Peru*. Private printing.

Reid, Donald. 2002. *Whose Pharaohs? Archaeology, Museums, and Egyptian National Identity from Napoleon to World War I*. Berkeley: University of California Press.

Reilly, Mary. 2004. "Brian Rose: Raider of the Lost Art(ifacts)." *University of Cincinnati News*, April 22. http://www.uc.edu/News/NR.aspx?ID=1591.

Reinhard, Johan. 1988. *The Nazca Lines: A New Perspective on their Origin and Meaning*. Lima, Peru: Los Pinos.

———. 2005. *The Ice Maiden: Inca Mummies, Mountain Gods, and Sacred Sites in the Andes*. Washington, DC: National Geographic Books.

———. 2007. *Machu Picchu: Exploring an Ancient Sacred Center.* Los Angeles: UCLA, Cotsen Institute of Archaeology.

Renfrew, Colin, and Paul G. Bahn. 2012. *Archaeology: Theories, Methods, and Practice*, 6th ed. London: Thames and Hudson.

———. 2015. *Archaeology Essentials: Theories, Methods, and Practice*, 3rd ed. London: Thames and Hudson.

Riley, Chloe. 2015. "Dueling Gold Mask(s) of Agamemnon Coming Soon to Field Museum." *Chicago Tonight*, November 6. http://chicagotonight.wttw.com/2015/11/06/dueling-gold-masks-agamemnon-coming-soon-field-museum

Ritner, Robert K., and Nadine Moeller. 2014. "The Ahmose 'Tempest Stela': Thera and Comparative Chronology." *Journal of Near Eastern Studies* 73, no. 1: 1–19.

Robins, Gay. 2008. *The Art of Ancient Egypt*, rev. ed. Cambridge, MA: Harvard University Press.

Robinson, Andrew. 2002. *The Man Who Deciphered Linear B: The Story of Michael Ventris*. London: Thames and Hudson.

———. 2012. *Cracking the Egyptian Code: The Revolutionary Life of Jean-François Champollion*. Oxford, UK: Oxford University Press.

Robinson, Julian, and Jack Millner. 2015. "The FAKE Mummies: Ancient Egyptian Embalmers Wrapped Bandages Round Mud and Sticks Because of Shortage of Animals." *Daily Mail*, May 11. http://www.dailymail.co.uk/news/article-3076642/Scandal-Ancient-Egypt-animal-mummy-industry-s-revealed-EMPTY.html.

Roehrenbeck, Carol A. 2010. "Repatriation of Cultural Property–Who Owns the Past? An Introduction to Approaches and to Selected Statutory Instruments." *International Journal of Legal Information* 38, no. 2: Article 11. http://scholarship.law.cornell.edu/ijli/vol38/iss2/11.

Romano, Nick. 2015. "Strapped for Cash, Some Greeks Turn to Ancient Source of Wealth." *National Geographic News*, August 17. http://news.nationalgeographic.com/2015/08/150817-greece-looting-artifacts-financial-crisis-archaeology/.

Romey, Kristin. 2015. "Ancient Egyptian Artifacts Smuggled into U.S. Are Heading Home." *National Geographic News*, April 22. http://news.nationalgeographic.com/2015/04/150422-ancient-egypt-artifact-repatriation-looting-archaeology-smuggling-antiquities-mummy/.

———. 2016. "Canadian Teen Who 'Discovered' Lost Maya City Speaks Out." *National Geographic News*, June 2. http://news.nationalgeographic.com/2016/06/lost-maya-city-mexico-william-gadoury-satellite-discovery-archaeology/.

Rose, C. Brian. 2014. *The Archaeology of Greek and Roman Troy*. Cambridge: Cambridge University Press.

Rose, Mark. 1993. "What Did Schliemann Find—and Where, When, and How Did He Find It?" *Archaeology* 46, no. 6: 33–36.
Rosen, Meghan. 2016. "The Iceman Tells a New Tale: Infection with Ulcer-Causing Bacteria." *ScienceNews*, January 7. https://www.sciencenews.org/article/iceman-tells-new-tale-infection-ulcer-causing-bacteria.
Rothfield, Lawrence. 2008a. *The Rape of Mesopotamia: Behind the Looting of the Iraq Museum*. Chicago: University of Chicago Press.
———, ed. 2008b. *Antiquities under Siege: Cultural Heritage Protection after the Iraq War*. Walnut Creek, CA: AltaMira Press.
Roux, George. 1992. *Ancient Iraq*, new ed. New York: Penguin Books.
Rubalcaba, Jill, and Eric H. Cline. 2011. *Digging for Troy* (Young Adults). Boston: Charlesbridge.
Rubin, Alissa J. 2015. "The Chauvet Cave's Hyperreal Wonders, Replicated." *New York Times*, April 24. http://www.nytimes.com/2015/04/25/arts/design/the-chauvet-caves-hyperreal-wonders-replicated.html.
Ruble, Kayla. 2014. "Drone Footage Shows Extent of Damage from Greenpeace Stunt at Nazca Lines." *Vice News*, December 17. https://news.vice.com/article/drone-footage-shows-extent-of-damage-from-greenpeace-stunt-at-nazca-lines.
Rush, Laurie, ed. 2012. *Archaeology, Cultural Property, and the Military*. Repr. Suffolk, UK: Boydell Press.
Russell, John M. 1991. *Sennacherib's Palace without Rival at Nineveh*. Chicago: University of Chicago Press.
Russon, Mary-Ann. 2014. "China: Ancient Tomb of First Emperor Qin Shi Huang's Grandmother Discovered in Xi'an." *International Business News*, September 11. http://www.ibtimes.co.uk/china-ancient-tomb-first-emperor-qin-shi-huangs-grandmother-discovered-xi-1465022.
Ryan, William B., and Walter C. Pittman. 1998. *Noah's Flood: The New Scientific Discoveries about the Event That Changed History*. New York: Simon and Schuster.
Said-Moorhouse, Lauren. 2013. "Space Archaeologist Unlocks Secrets of Ancient Civilizations." CNN, September 20. http://www.cnn.com/2013/09/02/travel/space-archaeologist-unlocks-secrets/.
Saldarini, Anthony J. 1998. "Babatha's Story: Personal Archive Offers a Glimpse of Ancient Jewish Life." *Biblical Archaeology Review* 24, no. 2: 28–37, 72–74.
Samadelli, Marco, Marcello Melis, Matteo Miccoli, Eduard Egarter Vigl, and Albert R. Zink. 2015. "Complete Mapping of the Tattoos of the 5300-Year-Old Tyrolean Iceman." *Journal of Cultural Heritage* 16, no. 5: 753–58.
Sample, Ian. 2015. "Richard III DNA Tests Uncover Evidence of Further Royal Scandal." *Guardian*, March 25. http://www.theguardian.com/uk-news/2015/mar/25/richard-iii-dna-tests-uncover-evidence-of-further-royal-scandal.

Saura Ramos, Pedro A., Matilde Múzquiz Pérez-Seoane, and Antonio Beltrán Martínez. 1999. *The Cave of Altamira*. New York: Harry Abrams.

Sayce, Archibald H. 1890. *The Hittites: The Story of a Forgotten Empire*, 2nd ed. London: Religious Tract Society.

Scallan, Marilyn. 2015. "Ancient Ink: Iceman Otzi Has World's Oldest Tattoos." *Smithsonian Science News*, December 9. http://smithsonianscience.si.edu/2015/12/debate-over-worlds-oldest-tattoo-is-over-for-now/.

Schaar, Kenneth W. 2012. "Wilhelm Dörpfeld: Schliemann's Important Discovery." In *Archaeology and Heinrich Schliemann—A Century after His Death: Assessments and Prospects; Myth—History—Science,* edited by George S. Korres, Nektarios Karadimas, and Georgia Flouda, 328–32. https://www.academia.edu/3210347/Korres_G._Karadimas_N._and_Flouda_G._eds._2012._Archaeology_and_Heinrich_Schliemann_A_Century_after_his_Death._Assessments_and_Prospects._Myth_-_History_-_Science_Athens.

Schachermeyr, Fritz. 1950. *Poseidon und die Entstehung des griechischen Götterglaubens*. Bonn: Franck.

Schliemann, Heinrich. 1875. *Troy and Its Remains: A Narrative of Researches and Discoveries Made on the Site of Ilium, and in the Trojan Plain.* New York: Benjamin Blom.

———. 1880. *Mycenae: a Narrative of Researches and Discoveries at Mycenae and Tiryns*. New York: Scribner, Armstrong.

———. 1881. *Ilios: The City and Country of the Trojans.* New York: Benjamin Blom.

Schmitt, Axel K., Martin Danišík, Erkan Aydar, Erdal Şen, İnan Ulusoy, and Oscar M. Lovera. 2014. "Identifying the Volcanic Eruption Depicted in a Neolithic Painting at Çatalhöyük, Central Anatolia, Turkey." *PLoS ONE*, January 8. doi: 10.1371/journal.pone.0084711.

Schofield, John, William G. Johnson, and Colleen M. Beck, eds. 2002. *Matériel Culture: The Archaeology of Twentieth Century Conflict*. London: Routledge.

Schofield, Louise. 2007. *The Mycenaeans*. Malibu, CA: J. Paul Getty Museum.

Scott, Douglas, Lawrence Babits, and Charles Haecker, eds. 2007. *Fields of Conflict: Battlefield Archaeology from the Roman Empire to the Korean War.* Westport, CT: Praeger Security International.

Scott, Michael. 2014. *Delphi: A History of the Center of the Ancient World*. Princeton, NJ: Princeton University Press.

Seabrook, John. 2015. "The Invisible Library." *New Yorker*, November 16. http://www.newyorker.com/magazine/2015/11/16/the-invisible-library?utm_content=bufferd6a5a&utm_medium=social&utm_source=facebook.com&utm_campaign=buffer.

Seales, William Brent, Clifford Seth Parker, Michael Segal, Emanuel Tov, Pnina Shor, and Yosef Porath. 2016. "From Damage to Discovery via Virtual Unwrapping: Reading the Scroll from En-Gedi." *Science Advances* 2, no. 9 (September): e1601247; DOI: 10.1126/sciadv.1601247

Shaer, Matthew. 2014. "The Controversial Afterlife of King Tut." *Smithsonian*, December. http://www.smithsonianmag.com/history/controversial-afterlife-king-tut-180953400/.

———. 2016. "A Secret Tunnel Found in Mexico May Finally Solve the Mysteries of Teotihuacán." *Smithsonian*, June. http://www.smithsonianmag.com/history/discovery-secret-tunnel-mexico-solve-mysteries-teotihuacan-180959070/?utm_source=twitter.com&no-ist.

Shanks, Hershel. 1980. "Ebla Update: New Ebla Epigrapher Attacks Conclusions of Ousted Ebla Scholar; Professor Archi Disagrees with Professor Pettinato's Biblical Connections." *Biblical Archaeology Review* 6, no. 3 (May–June): 47–59.

———. 1992. *Understanding the Dead Sea Scrolls*. New York: Vintage Press.

———. 1998. *The Mystery and Meaning of the Dead Sea Scrolls*. Washington, DC: Biblical Archaeology Society.

———. 2002. "Greeks vs. Hittites; Why Troy Is Troy and the Trojan War Is Real." *Archaeology Odyssey* 5, no. 4: 24–35, 53.

———. 2010. *Freeing the Dead Sea Scrolls: And Other Adventures of an Archaeology Outsider*. New York: Bloomsbury Academic.

Shaw, Maria. 2004. "The 'Priest-King' Fresco from Knossos: Man, Woman, Priest, King, or Someone Else?" In ΧΑΡΙΣ: *Essays in Honor of Sara A. Immerwahr*, edited by Anne P. Chapin, 65–84. *Hesperia* Supplement 33. Princeton, NJ: American School of Classical Studies at Athens.

Shear, T. Leslie Jr. 1984. "The Athenian Agora: Excavations of 1980–1982." *Hesperia* 53, no. 1: 1–57.

Sheftel, Phoebe A. 2002. "'Sending Out of Expeditions': The Contest for Delphi." In *Excavating Our Past: Perspectives on the History of the Archaeological Institute of America*, edited by Susan Heuck Allen, 105–13. Boston: Archaeological Institute of America.

Sheldon, Natasha. 2014. "Human Remains in Pompeii: The Body Casts." http://decodedpast.com/human-remains-pompeii-body-casts/7532.

Shreeve, Jamie. 2015. "This Face Changes the Human Story. But How?" *National Geographic News*, September 10. http://news.nationalgeographic.com/2015/09/150910-human-evolution-change/.

Silberman, Neil A. 1989. *Between Past and Present. Archaeology, Ideology and Nationalism in the Modern Middle East*. New York: Henry Holt.

———. 1993. *A Prophet from Amongst You: The Life of Yaigael Yadin; Soldier, Scholar, and Mythmaker of Modern Israel*. Reading, MA: Addison-Wesley.

Silberman, Neil A., Israel Finkelstein, David Ussishkin, and Baruch Halpern. 1999. "Digging at Armageddon." *Archaeology* (November–December 1999): 32–39.

Silverman, David P. 2003. *Ancient Egypt*. Oxford, UK: Oxford University Press.

Simmons, Alan H. 2007. *The Neolithic Revolution in the Near East: Transforming the Human Landscape*. Tucson: University of Arizona Press.

Smith, Andrew M. II. 2013. *Roman Palmyra: Identity, Community, and State Formation*. Oxford, UK: Oxford University Press.

Smith, Christopher. 2000. "Early and Archaic Rome." In *Ancient Rome: The Archaeology of the Eternal City*, edited by Jon Coulston and Hazel Dodge, 16–41. Oxford University School of Archaeology Monograph 54. Oxford, UK: Oxford University School of Archaeology.

Smith, Michael. 2003. *The Aztecs*, 2nd ed. Oxford, UK: Blackwell.

Smith, Roff. 2016. "Ancient Roman IOUs Found beneath Bloomberg's New London HQ." *National Geographic News*, June 1. http://news.nationalgeographic.com/2016/05/ancient-rome-London-Londinum-Bloomberg-archaeology-Boudicca-archaeology/#close.

Smith-Spark, Laura. 2015. "Syria: ISIS Destroys Ancient Muslim Shrines in Palmyra." *CNN*, June 24. http://www.cnn.com/2015/06/24/middleeast/syria-isis-palmyra-shrines/.

Solecki, Ralph S. 1954. "Shanidar Cave: A Paleolithic Site in Northern Iraq." *Annual Report of the Smithsonian Institution*: 389–425.

———. 1971. *The First Flower People*. New York: Alfred A. Knopf.

———. 1975. "Shanidar IV, a Neanderthal Flower Burial in Northern Iraq." *Science* 190, no. 4217: 880–81.

Solecki, Ralph S., Rose L. Solecki, and Anagnostis P. Agelarakis. 2004. *The Proto-Neolithic Cemetery in Shanidar Cave*. College Station: Texas A&M University Press.

Sommer, Jeffrey D. 1999. "The Shanidar IV 'Flower Burial': A Re-evaluation of Neanderthal Burial Ritual." *Cambridge Archaeological Journal* 9, no. 1: 127–29.

Søreide, Fredrik. 2011. *Ships from the Depths: Deepwater Archaeology*. College Station: Texas A&M Press.

Spencer, Frank. 1990. *Piltdown: A Scientific Forgery*. Oxford, UK: Oxford University Press.

Spindler, Konrad. 1995. *The Man in the Ice: The Discovery of a 5,000-Year-Old Body Reveals the Secrets of the Stone Age*. New York: Harmony Books.

Spivey, Nigel. 2005. *How Art Made the World: A Journey to the Origins of Human Creativity*. New York: Basic Books.

Stanley Price, Nicholas, ed. 1991. *The Conservation of the Orpheus Mosaic at Paphos, Cyprus*. Los Angeles: J. Paul Getty Conservation Institute.

Starn, Orin. 2004. *Ishi's Brain*. New York: W. W. Norton.

Steinbuch, Yaron. 2016. "King Tut's Dagger Came from Outer Space." *New York Post*, June 2. http://nypost.com/2016/06/02/king-tuts-dagger-came-from-outer-space/.

Stephens, John Lloyd. 1949. *Incidents of Travel in Central America, Chiapas, and Yucatán* (2 vols.). Edited with an Introduction and Notes by Richard L. Predmore. New Brunswick, NJ: Rutgers University Press.

———. 1962. *Incidents of Travel in Yucatán* (2 vols.). Edited and with an Introduction by Victor Wolfgang von Hagen. Norman: University of Oklahoma Press.

———. 1970. *Incidents of Travel in Egypt, Arabia Petraea, and the Holy Land*. Edited and with an Introduction by Victor Wolfgang von Hagen. Norman: University of Oklahoma Press.

Stern, Benjamin, Carl Heron, Tory Tellefsen, and Margaret Serpico. 2008. "New Investigations into the Uluburun Resin Cargo." *Journal of Archaeological Science* 35, no. 8 (August): 2188–2203. http://www.sciencedirect.com/science/article/pii/S0305440308000320.

Stewart, Doug. 2006. "Resurrecting Pompeii." *Smithsonian*, February. http://www.smithsonianmag.com/history/resurrecting-pompeii-109163501/?no-ist.

Stiebing, William H. 1984. *Ancient Astronauts, Cosmic Collisions*. Amherst, NY: Prometheus Books.

———. 2009. *Ancient Near Eastern History and Culture*, 2nd ed. New York: Pearson Longman.

Stirling, Matthew W. 1939. "Discovering the New World's Oldest Dated Work of Man." *National Geographic* 76 (August): 183–218.

———. 1940. "Great Stone Faces of the Mexican Jungle." *National Geographic* 78 (September): 309–34.

———. 1941. "Expedition Unearths Buried Masterpieces of Carved Jade." *National Geographic* 80 (September): 278–302.

———. 1947. "On the Trail of La Venta Man." *National Geographic* 91 (February): 137–72.

Stoneman, Richard. 1992. *Palmyra and Its Empire: Zenobia's Revolt against Rome*. Ann Arbor: University of Michigan Press.

Strauss, Barry. 2006. *The Trojan War: A New History*. New York: Simon and Schuster.

Strauss, Mark. 2015. "Desperately Seeking Queen Nefertiti." *National Geographic News*, August 14. http://news.nationalgeographic.com/2015/08/150814-nefertiti-tomb-tutankhamun-tut-archaeology-egypt-dna/.

Stromberg, Joseph. 2012. "Why Did the Mayan Civilization Collapse? A New Study Points to Deforestation and Climatic Change." *Smithsonian*, August 23. http://www.smithsonianmag.com/science-nature/why-did-the-mayan-civilization-collapse-a-new-study-points-to-deforestation-and-climate-change-30863026/?no-ist.

Stuart, David. 2011. *The Order of Days: The Maya World and the Truth about 2012*. New York: Harmony Books.
Stuart, David, and George E. Stuart. 2008. *Palenque: Eternal City of the Maya*. London: Thames and Hudson.
Stuart, George E., and Gene S. Stuart. 1977. *The Mysterious Maya*. Washington, DC: National Geographic Books.
———. 1993. *Lost Kingdoms of the Maya*. Washington DC: National Geographic Books.
Sullivan, Gail. 2014. "In Mexican City Teotihuacan, 2,000-Year-Old Tunnel Holds Ancient Mysteries." *Washington Post*, October 30. http://www.washingtonpost.com/news/morning-mix/wp/2014/10/30/in-mexican-city-teotihuacan-2000-year-old-tunnel-holds-ancient-mysteries/.
Swaddling, Judith. 1999. *The Ancient Olympic Games*, 2nd ed. Austin: University of Texas Press.
Taylor, Jane. 2002. *Petra and the Lost Kingdom of the Nabataeans*. Cambridge, MA: Harvard University Press.
Taylor, Kate. 2011. "Shipwreck Show Postponed." *New York Times*, June 28. http://artsbeat.blogs.nytimes.com/2011/06/28/shipwreck-show-postponed/?_r=0.
Taylor, R. E., and Martin J. Aitken, eds. 1997. *Chronometric Dating in Archaeology*. London: Springer.
Tepper, Yotam. 2002. "Lajjun–Legio in Israel: Results of a Survey in and around the Military Camp Area." In *Limes XVIII: Proceedings of the XVIIIth International Congress of Roman Frontier Studies, Amman,* September 2000, edited by Philip Freeman, Julian Bennett, Zbigniew T. Fiema, and Birgitta Hoffmann, 231–42. British Archaeological Reports S1084. Oxford, UK: British Archaeological Reports.
———. 2003b. "Survey of the Legio Area near Megiddo: Historical and Geographical Research" (master's thesis, Tel Aviv University [Hebrew]).
———. 2003a. "Survey of the Legio Region." *Hadashot Arkheologiyot—Excavations and Surveys in Israel* 115: 29*–31*.
———. 2007. "The Roman Legionary Camp at Legio, Israel: Results of an Archaeological Survey and Observations on the Roman Military Presence at the Site." In *The Late Roman Army in the Near East from Diocletian to the Arab Conquest*: *Proceedings of a Colloquium Held at Potenza, Acerenza, and Matera, Italy* (May), edited by Ariel S. Lewin and Pietrina Pellegrini, 57–71. BAR International Series 1717. Oxford, UK: ArchaeoPress.
Thomas, Carol G., and Craig Conant. 2005. *The Trojan War.* Westport, CT: Greenwood Press.
Thomas, David Hurst. 2001. *Skull Wars: Kennewick Man, Archaeology, and the Battle for Native American Identity*. New York: Basic Books.
Thompson, Homer A. 1983. *The Athenian Agora: A Short Guide.* Meridien, CT: American School of Classical Studies at Athens.

Thompson, Homer A., and Richard E. Wycherley. 1972. *The Agora of Athens: The History, Shape, and Uses of an Ancient City Center.* Vol. 14, *The Athenian Agora*. Princeton, NJ: American School of Classical Studies at Athens.

Thompson, Jason. 2015. *Wonderful Things: A History of Egyptology.* Vol. 1, *From Antiquity to 1881.* Cairo, Egypt: American University in Cairo Press.

Thurman, Judith. 2008. "First Impressions: What Does the World's Oldest Art Say about Us?" *New Yorker*, June 23: 58–67. http://www.newyorker.com/magazine/2008/06/23/first-impressions.

Traill, David A. 1983. "Schliemann's 'Discovery' of Priam's Treasure." *Antiquity* 57: 181–86.

———. 1984. "Schliemann's Discovery of Priam's Treasure: A Re-examination of the Evidence." *Journal of Hellenic Studies* 104: 96–115.

———. 1985. "Schliemann's 'Dream of Troy': The Making of a Legend." *Classical Journal* 81: 13–24.

———. 1993. *Excavating Schliemann*. Illinois Classical Studies Supplement. New York: Scholars Press.

———. 1995. *Schliemann of Troy: Treasure and Deceit*. New York: St. Martin's Griffin.

———. 1999. "Priam's Treasure: The 4,000-Year-Old Hoard of Trojan Gold." *Archaeology Odyssey* 2, no. 3: 14–27, 59.

———. 2000. "'Priam's Treasure': Clearly a Composite." *Anatolian Studies* 50: 17–35.

Trigger, Bruce G. 1984. "Alternative Archaeologies: Nationalist, Colonialist, Imperialist." *Man*, n.s. 19, no. 3: 355–70.

Trinkaus, Erik. 1983. *The Shanidar Neandertals*. New York: Academic Press.

Trümpler, Charlotte, ed. 2001. *Agatha Christie and Archaeology*. London: British Museum Press.

Turner, Lauren. 2016. "Palmyra's Arch of Triumph Recreated in London." *BBC News*, April 19. http://www.bbc.com/news/uk-36070721.

Tyldesley, Joyce A. 1998. *Hatchepsut: The Female Pharaoh*. New York: Penguin Books.

———. 2005. *Nefertiti: Egypt's Sun Queen*. New York: Penguin Books.

Urbanus, Jason. 2015. "The Charred Scrolls of Herculaneum." *Archaeology*, April 6. http://www.archaeology.org/issues/175–1505/trenches/3166-trenches-italy-herculaneum-papyri-scanned.

Ussishkin, David. 1984. "Defensive Judean Counter-Ramp Found at Lachish in 1983 Season." *Biblical Archaeology Review* 10, no. 2: 66–73.

———. 1987. "Lachish: Key to the Israelite Conquest of Canaan?" *Biblical Archaeology Review* 13, no. 1: 18–39.

———. 1988. "Reconstructing the Great Gate at Lachish." *Biblical Archaeology Review* 14, no. 2: 42–47.

———. 2014. *Biblical Lachish: A Tale of Construction, Destruction, Excavation and Restoration*. Washington, DC: Biblical Archaeology Society.

Vance, Erik. 2015. "Losing Maya Heritage to Looters." *National Geographic News*, August 10. http://news.nationalgeographic.com/news/2014/08/140808-maya-guatemala-looter-antiquities-archaeology-science/.

Vanderkam, John, and Peter Flint. 2002. *The Meaning of the Dead Sea Scrolls: Their Significance for Understanding the Bible, Judaism, Jesus, and Christianity*. New York: HarperCollins.

Van Gilder Cooke, Sonia. 2016. "Lead Ink from Scrolls May Unlock Library Destroyed by Vesuvius." *New Scientist*, March 21. https://www.newscientist.com/article/2081832-lead-ink-from-scrolls-may-unlock-library-destroyed-by-vesuvius?utm_content=buffer72dcc&utm_medium=social&utm_source=facebook.com&utm_campaign=buffer

Vergano, Dan. 2014. "Cold War Spy-Satellite Images Unveil Lost Cities." *National Geographic News*, April 25. http://news.nationalgeographic.com/news/2014/04/140425-corona-spy-satellite-archaeology-science/.

Vermes, Geza. 1998. *The Complete Dead Sea Scrolls in English*. New York: Penguin.

Vicker, Ray. 1979. "Untitled Brief Paragraph on Ebla and Pettinato." *Wall Street Journal*, June 18, p. 1.

Vivian, R. Gwinn, and Bruce Hilpert. 2012. *Chaco Handbook: An Encyclopedia Guide (Chaco Canyon)*, 2nd ed. Provo: University of Utah Press.

Vogelkoff-Brogan, Natalia. 2014. "The American Dream to Excavate Delphi; or, How the Oracle Vexed the Americans (1879–1891)." *From the Archivist's Notebook*, October 2. https://nataliavogeikoff.com/2014/10/02/the-american-dream-to-excavate-delphi-or-how-the-oracle-vexed-the-americans-1879–1891/.

Von Däniken, Erich. 1968. *Chariots of the Gods?* New York: Berkley Books.

Von Hagen, Victor Wolfgang. 1947. *Maya Explorer: John Lloyd Stephens and the Lost Cities of Central America and Yucatán*. San Francisco: Chronicle Books.

Wade, Nicholas. 2010a. "A Host of Mummies, a Forest of Secrets." *New York Times*, March 15. http://www.nytimes.com/2010/03/16/science/16archeo.html?pagewanted=all&_r=0.

———. 2015a. "Grave of 'Griffin Warrior' at Pylos Could Be a Gateway to Civilizations." *New York Times*, October 26. http://www.nytimes.com/2015/10/27/science/a-warriors-grave-at-pylos-greece-could-be-a-gateway-to-civilizations.html?_r=0.

———. 2015b. "Unlocking Scrolls Preserved in Eruption of Vesuvius, Using X-Ray Beams." *New York Times*, January 20. http://www.nytimes.com/2015/01/21/science/more-progress-made-toward-learning-contents-of-herculaneum-scrolls.html?_r=0.

———. 2016. "In Greek Warrior's Grave, Rings of Power (and a Mirror and Combs)." *New York Times*, October 3. http://www.nytimes.com/2016/10/04/science/greece-archaeology-pylos-griffin-warrior.html.

Walker, Sally M. 2005. *Secrets of a Civil War Submarine: Solving the Mysteries of the H.L.* Hunley. Minneapolis: Carolrhoda Books.

Walsh, John E. 1996. *Unraveling Piltdown: The Science Fraud of the Century and Its Solution*. New York: Random House.

Walton, Marc S., Andrew Shortland, Susanna Kirk, and Patrick Degryse. 2009. "Evidence for the Trade of Mesopotamian and Egyptian Glass to Mycenaean Greece." *Journal of Archaeological Science* 36, no. 7 (July): 1496–1503. http://www.sciencedirect.com/science/article/pii/S0305440309000934.

Warburton, David, ed. 2009. *Time's Up! Dating the Minoan Eruption of Santorini: Acts of the Minoan Eruption Chronology Workshop, Sandbjerg, November 2007*. Århus: Århus University Press.

Watson, Peter, and Cecilia Todeschini. 2006. *The Medici Conspiracy: The Illicit Journey of Looted Antiquities—From Italy's Tomb Raiders to the World's Greatest Museums*. New York: PublicAffairs.

Waxman, Sharon. 2009. *Loot: The Battle over the Stolen Treasures of the Ancient World*. New York: Times Books.

Weber, Katherine. 2016. "Archaeological Discovery: 2,000-Y-O Military Barracks Found in Rome during Subway Line Dig." *Christian Post*, June 2. http://www.christianpost.com/news/archaeologists-rome-discover-2000-year-old-military-barracks-subway-line-dig-164732/.

Webster, Ben. 2015. "Flood Maps Reveal Lost Roman Roads." *The Times*, December 24. http://www.thetimes.co.uk/tto/news/uk/article4653857.ece.

Weisman, Alan. 2007. *The World without Us*. New York: St. Martin's Press.

Weiss, Harvey. 2012. "Quantifying Collapse: The Late Third Millennium BC." In *Seven Generations since the Fall of Akkad*, edited by Harvey Weiss, 1–24. Wiesbaden, Ger.: Harrassowitz.

Welch, Katherine E. 2007. *The Roman Amphitheatre: From its Origins to the Colosseum*. Cambridge: Cambridge University Press.

Whiston, William. 1999. *Josephus: The New Complete Works*. Translated by William Whiston. New York: Kregel Academic and Professional.

White, Gregory G., and Thomas F. King. 2007. *The Archaeological Survey Manual*. Walnut Creek, CA: Left Coast Press.

White Crawford, Sidney. 2000. *The Temple Scroll and Related Texts*. Sheffield, UK: Sheffield Academic Press.

Wilford, John Noble. 1993a. "Have They Discovered Ancient Walls of Troy?" *Times-News*, February 23. http://news.google.com/newspapers?id=6JVPAAAAIBAJ&sjid=kyQEAAAAIBAJ&pg=5139,5636818&dq=troy+korfmann&hl=en.

———. 1993b. "Outer 'Wall' of Troy Now Appears to Be a Ditch." *New York Times*, September 28. http://www.nytimes.com/1993/09/28/science/outer-wall-of-troy-now-appears-to-be-a-ditch.html.

———. 2006. "A Peruvian Woman of A.D. 450 Seems to Have Had Two Careers." *New York Times*, May 17. http://www.nytimes.com/2006/05/17/world/americas/17mummy.html?ex=1148011200&en=08cced452dd20f1b&ei=5087%0A&_r=0.

———. 2010. "Mapping Ancient Civilization, in a Matter of Days." *New York Times*, May 10. http://www.nytimes.com/2010/05/11/science/11maya.html?pagewanted=all&_r=0.

———. 2013. "Wine Cellar, Well Aged, Is Revealed in Israel." *New York Times*, November 22. http://www.nytimes.com/2013/11/23/science/in-ruins-of-palace-a-wine-with-hints-of-cinnamon-and-top-notes-of-antiquity.html?_r=2.

———. 2015. "Homo Naledi, New Species in Human Lineage, Is Found in South African Cave." *New York Times*, September 10. http://www.nytimes.com/2015/09/11/science/south-africa-fossils-new-species-human-ancestor-homo-naledi.html?_r=1.

Wilkinson, Toby. 2013. *The Rise and Fall of Ancient Egypt*. New York: Random House.

Willey, Gordon R., and Phillip Phillips. 1958. *Method and Theory in American Archaeology*. Chicago: University of Chicago Press.

Williams, Gareth. 2011. *Treasures from Sutton Hoo*. London: British Museum Press.

Williams, Paige. 2016. "Digging for Glory." *New Yorker*, June 27: 46–57. http://www.newyorker.com/magazine/2016/06/27/lee-berger-digs-for-bones-and-glory.

Wise, Michael O. 1990. *A Critical Study of the Temple Scroll from Quran Cave 11*. Chicago: University of Chicago Press.

Wolters, Al. 1996. *The Copper Scroll: Overview, Text, and Translation*. Sheffield, UK: Sheffield Academic Press.

Wong, Kate. 2011. "30 Years after Televised Spat, Rival Anthropologists Agree to Bury the Hand-Ax." *Scientific American*, May 5. http://blogs.scientificamerican.com/observations/30-years-after-televised-spat-rival-anthropologists-agree-to-bury-the-hand-ax/.

Wood, Michael. 1996. *In Search of the Trojan War*, 2nd ed. Berkeley: University of California Press.

Woollaston, Victoria. 2015. "Revealed—What's inside the Pompeii Mummies." *Daily Mail*, September 29. http://www.dailymail.co.uk/sciencetech/article-3253660/Peering-inside-Pompeii-s-tragic-victims-Incredible-CT-scans-reveal-bodies-unprecedented-laying-bare-bones-delicate-facial-features-dental-cavities.html.

Yadin, Yigael. 1966. *Masada: Herod's Fortress and the Zealots' Last Stand*. New York: Random House.

———. 1971. *Bar-Kokhba*. London: Weidenfeld and Nicolson.

———. 1985. *The Temple Scroll: The Hidden Law of the Dead Sea Sect*. London: Weidenfeld and Nicolson.

Yalouris, Athanasia, and Nicolaos Yalouris. 1987. *Olympia: The Museum and the Sanctuary*. Athens, Greece: Ekdotike Athenon.

Yan, Hongau, Jingjing An, Tie Zhou, Yin Xia, and Bo Rong. 2014. "Identification of Proteinaceous Binding Media for the Polychrome Terracotta Army of Emperor Qin Shihuang by MALDI-TOF-MS." *Chinese Science Bulletin* 59, no. 21 (July): 2574–81.

Yasur-Landau, Assaf, Eric H. Cline, and George A. Pierce. 2008. "Middle Bronze Age Settlement Patterns in the Western Galilee, Israel." *Journal of Field Archaeology* 33, no. 1: 59–83.

Zeilinga de Boer, Jelle, and John R. Hale. 2002. "Was She Really Stoned? The Oracle of Delphi." *Archaeology Odyssey* 5, no. 6 (November–December): 46–53, 58. http://www.biblicalarchaeology.org/daily/ancient-cultures/daily-life-and-practice/the-oracle-of-delphi—was-she-really-stoned/.

Zettler, Richard L., and Lee Horne, eds. 1988. *Treasures from the Royal Tombs of Ur.* Philadelphia: University of Pennsylvania Museum of Archaeology and Anthropology.

Zimmer, Carl. 2016. "Eske Willerslev Is Rewriting History with DNA." *International New York Times*, May 16. http://www.nytimes.com/2016/05/17/science/eske-willerslev-ancient-dna-scientist.html?smprod=nytcore-ipad&smid=nytcore-ipad-share.